HEYNE BÜCHER

ESOTERISCHES WISSEN

FLORINDA DONNER-GRAU *stammt aus einer deutschen Familie, die nach Mittelamerika ausgewandert ist. Sie studierte Anthropologie und geriet 1970 bei einem privaten Besuch in Mexiko zum ersten Mal in Berührung mit der Zauberei des Don Juan. Eine Studienreise brachte sie dann in Verbindung mit dem Kreis um Carlos Castaneda, zu dem sie jetzt seit über 20 Jahren gehört. Ihre Ausbildung als Zauberin führte immer wieder dazu, daß sie sich jahrelang in die Einsamkeit zurückzog und in der Nähe von Sonora in völliger Abgeschiedenheit lebte. In den letzten Jahren kommt sie gelegentlich nach Los Angeles und hat auch begonnen, in Seminaren in ihre Traumarbeit einzuführen. Neben dem vorliegenden schrieb sie zwei weitere Bücher über ihre anthropologische Arbeit, die ebenfalls bei Heyne erscheinen sollen.*

Florinda Donner-Grau

Traumwache

Eine Frau geht den Weg der Yaqui-Schamanen

Deutsche Erstausgabe

WILHELM HEYNE VERLAG
MÜNCHEN

HEYNE ESOTERIK
13/9681

Umwelthinweis:
Dieses Buch wurde auf chlor- und säurefreiem Papier gedruckt

Aus dem Englischen übertragen von Olaf Krämer

Titel der Originalausgabe:
BEING IN DREAMING
erschienen bei HarperSanFrancisco, A Division of HarperCollinsPublishers

3. Auflage

Printed in Germany 1998
Umschlaggestaltung: Atelier Adolf Bachmann, Reischach
Umschlagillustration: Tony Stone Bilderwelten, München
Satz: ew print & medien service gmbh, Würzburg
Druck und Bindung: Presse-Druck Augsburg
ISBN 3-453-14233-0

Für alle Jene, die die Träume der Zauberer träumen.
Und für die Wenigen, die sie mit mir träumten.

Anmerkung der Autorin

Meine erste Berührung mit der Welt der Zauberer war weder von mir geplant, noch hatte ich danach gesucht. Sie war eher zufälliger Natur. Im Juli 1970 traf ich in Nord-Mexiko auf eine Gruppe von Menschen, die, wie sich herausstellte, die strikten Gefolgsleute einer Zaubertradition waren, deren Ursprünge bis auf die Indianer des prä-kolumbianischen Mexiko zurückgehen.

Unsere erste Begegnung hatte eine langfristige und überwältigende Wirkung auf mich. Ich kam in Kontakt mit einer Welt, die parallel zu der unsrigen existiert. Zwanzig Jahres meines Lebens habe ich dieser Welt gewidmet. Das folgende Buch ist der Bericht darüber, wie mein erster Kontakt zustande kam und wie er durch jene Zauberer bestärkt und dirigiert wurde, die für meine Anwesenheit zu jener Zeit und an jenem Ort verantwortlich waren.

Die Bedeutendste unter ihnen war eine Frau namens Florinda Matus. Sie war mein Mentor und meine Führerin. Sie war auch diejenige, die mir als Geschenk der Liebe und der Kraft ihren Namen gab.

Diese Leute als Zauberer zu bezeichnen, war nicht meine Idee. *Brujo* oder *bruja* sind die spanischen Ausdrücke für Zauberer oder Hexe – je nach Geschlecht des Praktizierenden. Die negative Konnotation dieser Bezeichnungen habe ich immer von mir gewiesen. Allerdings waren es die Zauberer selbst, die mich in dieser Hinsicht ein für alle Mal beruhigten, indem sie mir erklärten, daß Zauberei etwas sehr Abstraktes sei: eine Fähigkeit, die Grenzen herkömmlicher Wahrnehmung zu erweitern; eine Fähigkeit, die manche Menschen entwickeln und andere nicht. Diese abstrakte Qualität annullierte automatisch jede negative oder positive Deutung der Begriffe, die benutzt werden, um praktizierende Zauberer zu beschreiben.

Die Erweiterung der Grenzen herkömmlicher Wahrnehmung ist ein Konzept, das aus dem Glauben der Zauberer resultiert, daß unsere Wahlmöglichkeiten im Leben limitiert seien, da unser Sein durch eine soziale Ordnung definiert ist. Zauberer glauben, daß diese soziale Ordnung uns gewisse Wahlmöglichkeiten anbietet, die wir nicht in Frage stellen. Indem wir diese vorgegebenen Möglichkeiten akzeptieren, setzen wir unseren beinahe grenzenlosen Fähigkeiten ein Limit.

Glücklicherweise, so sagen die Zauberer, besteht diese Limitation lediglich in Bezug auf unsere sozialen Aspekte und nicht in Bezug auf unsere andere Seite; die praktisch kaum zugänglich ist, da sie nicht im Bereich des gewöhnlichen Bewußtseins angesiedelt ist. Das Hauptanliegen der Zauberer besteht deshalb in der Enthüllung dieser Seite. Sie tun dies, indem sie den zerbrechlichen und gleichzeitig unverwüstlichen Schild menschlicher Vorstellungen in bezug auf unser Wesen und unsere Fähigkeiten zerschlagen.

Zauberer wissen, daß es in unserer Alltagswelt Menschen gibt, die auf der Suche nach alternativen Realitätsmodellen ins Unbekannte vorstoßen. Ihrer Ansicht nach bestünden die Auswirkungen dieser Vorstöße idealerweise darin, die notwendige Energie aus unseren Erkenntnissen dort zu ziehen, um uns von unserer Realitäts-Definition zu lösen. Leider sind diese Vorstöße ihrer Natur nach lediglich mentale Anstrengungen. Kaum jemals hat uns ein neuer Gedanke oder eine neue Idee wirklich verändert.

In der Welt der Zauberer habe ich erfahren, daß diese jenes Abkommen, durch das wir Realität definieren, brechen können, ohne sich von der Welt zurückzuziehen oder sich bei dem Vorgang zu verletzen.

Vorwort

Vom Ende der sechziger bis in die Mitte der siebziger Jahre war Florinda Donner-Grau, gemeinsam mit Taisha Abelar, Carol Tiggs und mir, Schülerin von Don Juan Matus, einem Meisterzauberer der Yaqui-Indianer aus dem Staat Sonora in Mexiko. Seit Don Juan diese Welt verlassen hat, widmete sie ihr Leben ausdrücklich der Aufgabe, das von ihm Erlernte für sich unter Beweis zu stellen. Das vorliegende Buch ist ein Nebenprodukt dieser Arbeit.

Aufgrund eines Umstandes, den Don Juan als natürliche Konstellation der energetischen Muster Florinda Donner-Graus betrachtete – eine ihre Wahrnehmbarkeit betreffende Fähigkeit, die sie unverwechselbar machte –, erteilten er und zwei weitere Hexen seiner Gruppe, Florinda Grau und Zuleica Abelar, ihr besondere Anweisungen und Ausbildung in einer Zauberkunst, die man die »Kunst des Träumens« nennt.

Don Juan zufolge praktizierten die Zauberer des prä-kolumbianischen Mexiko zwei unterschiedliche Künste: Die Kunst des Träumens und die Kunst der Pirschjägerei. Ob man es in der einen oder der anderen Kategorie zur Meisterschaft bringt, hängt von den angeborenen Begabungen des Praktizierenden ab. Träumer sind jene, die über die Fähigkeit verfügen, einen besonderen Aspekt des normalen Bewußtseins, den die Zauberer als »Traum-Aufmerksamkeit« bezeichnen, auf gewöhnliche Träume anzuwenden. Und Pirschjäger sind in der Lage, einen weiteren Aspekt des normalen Bewußtseins, die »Aufmerksamkeit des Pirschjägers«, auf die Schlüsselelemente einer beliebigen Situation im alltäglichen Leben anzuwenden, um dadurch ihren Pfad zu verändern oder ihn nicht verlassen zu müssen.

Don Juan hat nie einen Zweifel daran gelassen, daß die Auffassungen der Zauberer des Altertums nach wie vor Gültigkeit besitzen und daß die modernen Zauberer sich ebenfalls in diese beiden unterschiedlichen Traditionen unterteilen lassen. Deshalb bestand sein Hauptanliegen als Lehrer darin, seinen Schülern durch rigoroses Training und eiserne Disziplin die Ideen und Praktiken der Zauberer des Altertums nahezubringen.

Was die Kunst des Träumens betrifft, so sind die Zauberer der Ansicht, daß sich der Schüler nach erfolgreicher Meisterung der Traumaufmerksamkeit den Gegenständen der gewöhnlichen Träume zuwenden und so diese Träume augenblicklich in »bewußtes Träumen« verwandeln kann. Für die Zauberer ist das Träumen wie eine Pforte, die sich in andere Welten öffnet; reale Welten, jedoch unfaßbar für den rationalen Verstand des modernen Menschen.

Als mir Don Juan zum ersten Mal von der Kunst des Träumens erzählte, fragte ich ihn: »Wollen Sie damit sagen, Don Juan, daß ein Zauberer seine Träume für real hält?«

»Ein Zauberer hält nichts für etwas anderes, als was es ist«, erwiderte er. »Träume sind Träume. Ich jedoch spreche von einer vollkommen anderen Ausgangssituation. Bewußtes Träumen darf nicht mit Tagträumen verwechselt werden. Träumen ist eine Realität für sich.«

»Was wollen Sie damit sagen? Erklären Sie es mir genauer.«

»Begreife endlich, daß ein Zauberer kein Narr und auch kein Fall für den Nervenarzt ist. Ein Zauberer verfügt weder über die Muße noch liegt es in seiner Natur, sich oder andere zu täuschen oder einen falschen Zug zu machen. Zu viel steht für ihn auf dem Spiel. Er könnte seine essentielle Ordnung riskieren, um deren Perfektionierung er sich sein ganzes bisheriges Leben lang bemüht hat. Ein Zauberer verschwendet nichts, was ihm mehr bedeutet als sein eigenes Leben, nur um anderen etwas vorzumachen. Für einen Zauberer ist das Träumen etwas sehr Simples, da er in Träumen imstande ist zu handeln; er kann aus einer Menge von Möglichkeiten die passende zur Erreichung seiner Ziele wählen.«

»Wollen Sie damit sagen, daß Träume so real sind wie das, was wir gerade tun?«

»Die Träume nicht, aber das Träumen. Wenn dir an Vergleichen gelegen ist, kann ich dir sagen, daß das Träumen möglicherweise sogar realer ist. Während des Träumens kann die Natur der Dinge und der Lauf der Ereignisse verändert werden. Doch all dies ist nicht wichtig.«

»Was ist dann wichtig, Don Juan?«

»Mit der Wahrnehmung zu spielen. Zu Träumen heißt, die Reichweite des Wahrnehmbaren bis zu einem Punkt zu erweitern, an dem die Wahrnehmungsgrenzen des Verstandes überschritten werden.«

Nach Aussage der Zauberer besitzen alle Menschen die natürliche Fähigkeit zum Träumen oder zur Pirschjägerei. Für viele stellt es keine Schwierigkeit dar, Kontrolle über das bewußte Träumen oder die Pirschjägerei zu erlangen, und wir sind darin so geschickt, daß uns die meiste Zeit über nicht einmal auffällt, daß wir es tun. Die Geschichte der Ausbildung von Florinda Donner-Grau ist ein Beispiel für dieses Geschick. Sie benötigte dafür Jahre härtester Arbeit; nicht etwa um Kontrolle über ihr Träumen zu erlangen, sondern um ihre Fertigkeiten als Träumerin zu erkennen und diese in einen sinnvollen Zusammenhang zu integrieren.

Jemand fragte Florinda Donner-Grau einmal, was der Anlaß für die Arbeit an ihrem Buch gewesen sei. Sie gab zur Antwort, daß sie es für unbedingt erforderlich gehalten habe, anderen von ihren Erfahrungen während der Konfrontation mit dem bewußten Träumen und der Entwicklung ihrer Fähigkeit zu träumen zu berichten, um jene, die ernsthaft an Don Juans Behauptungen über die unbegrenzten Möglichkeiten der Wahrnehmung interessiert sind, zumindest intellektuell anzuregen oder sie gar zu eigener Traumarbeit zu inspirieren.

Don Juan war der Ansicht, daß weder heutzutage noch zu irgendeinem anderen Zeitpunkt irgendwo auf der Welt ein System existierte, das jenem der prä-kolumbianischen Zauberer vergleichbar wäre und sich in ähnlicher Form mit der Natur unserer Wahrnehmung befaßt hätte.

Carlos Castaneda

1

Einer spontanen Eingebung folgend, entschied ich mich nach dem Besuch einer Kindstaufe bei einer Freundin in Nogales, Arizona, einen Abstecher nach Mexiko zu machen. Als ich gerade dabei war, mich zu verabschieden, bat mich Delia Flores, eine der Anwesenden, sie mit nach Hermosillo zu nehmen.

Sie war dunkelhäutig, ca. 45 Jahre alt, von mittlerer Größe und kräftigem Wuchs. Sie wirkte ausgesprochen stämmig, und ihr schwarzes Haar war zu einem dicken Zopf geflochten. Ihr rundliches, so gerissen wie mädchenhaft wirkendes Gesicht wurde von einem Paar dunkler, glänzender Augen erhellt.

In der Annahme, es handele sich bei ihr um eine in Arizona lebende Mexikanerin, erkundigte ich mich, ob sie zum Übertritt der Grenze eine Touristenkarte benötige.

»Wozu sollte ich eine Touristenkarte brauchen? Etwa um in mein eigenes Land einzureisen?« erwiderte sie, mit vor gespielter Überraschung weit aufgerissenen Augen.

»Ihrem Verhalten und Dialekt nach habe ich angenommen, Sie kämen aus Arizona«, sagte ich.

»Meine Eltern waren Indianer aus Oaxaca«, erklärte sie. »Aber ich bin eine *ladina.*«

»Was ist eine ladina?«

»Ladinos sind clevere Stadtindianer«, erklärte sie, und in ihrer Stimme schwang ein mir unverständlicher Stolz mit, als sie hinzufügte: »Sie übernehmen die Sitten des Weißen Mannes und haben eine derartige Raffinesse darin entwickelt, daß sie imstande sind, sich überall hineinzuschwindeln.«

»Darauf wäre ich nicht unbedingt stolz«, bemerkte ich kritisch. »Diese Eigenschaft gereicht Ihnen ganz gewiß nicht zum Vorteil, Mrs. Flores.«

Mit einem breiten Grinsen lachte sie mir zu und antwortete fröhlich: »Einem echten Indianer oder einem echten Weißen vielleicht nicht. Aber ich bin damit vollauf zufrieden.« Sie lehnte sich in meine Richtung und fügte hinzu: »Nenn' mich einfach Delia. Ich habe das unbestimmte Gefühl, wir beide werden noch gute Freunde.«

Da ich nicht wußte, was ich darauf sagen sollte, konzentrierte ich mich auf die Straße. Schweigend fuhren wir am Grenzübergang vor, wo der Beamte nach meiner Touristenkarte fragte, Delia jedoch ungehindert passieren ließ. Er schien sie nicht einmal wahrgenommen zu haben – zwischen den beiden wurden weder Worte noch Blicke gewechselt. Als ich versuchte, mit Delia zu sprechen, schnitt sie mir mit einer gebieterischen Handbewegung das Wort ab, woraufhin der Grenzbeamte mich fragend ansah. Als ich nichts sagte, zuckte er mit den Schultern und winkte mich durch.

»Weshalb hat er deine Papiere nicht sehen wollen?« fragte ich, als wir den Grenzposten hinter uns gelassen hatten.

»Oh, der kennt mich«, log sie. Und da sie wußte, daß ich wußte, daß sie log, brach sie in schamloses Gelächter aus. »Ich glaube, ich habe ihm Angst eingejagt, und er traute sich nicht mit mir zu reden«, log sie erneut und lachte wieder.

Um sie vor einer ständigen Steigerung ihrer Lügengeschichten zu bewahren, wechselte ich das Thema und begann, Tagesthemen und Nachrichten von allgemeinem Interesse anzusprechen. Doch abgesehen davon fuhren wir die meiste Zeit schweigend dahin. Es war kein unangenehmes oder zwanghaftes Schweigen; es hatte etwas von der Wüstenlandschaft um uns herum, grenzenlos, karg und auf seltsame Weise beruhigend.

»Wo soll ich dich absetzen?« fragte ich sie, als wir nach Hermosillio kamen.

»In der Innenstadt«, erwiderte sie. »Immer wenn ich hierher komme, steige ich im gleichen Hotel ab. Die Besitzer sind gute Bekannte. Sie werden Dir sicher zum gleichen Vorzugspreis ein Zimmer vermieten wie mir.«

Dankbar nahm ich ihr Angebot an.

Das Hotel war alt und heruntergekommen, und der Blick aus meinem Zimmerfenster bescherte mir nur einen staubigen Innenhof. Ein Doppelbett mit einem Aufbau aus vier Pfählen sowie eine massive altmodische Kommode verliehen dem Zimmer eine beklemmende Enge. Im Laufe der Zeit hatte man nachträglich ein kleines Badezimmer angebaut, doch unter dem Bett befand sich noch der Nachttopf passend zu der Wasch-Schüssel auf der Kommode.

Die erste Nacht war grauenhaft. Ich wachte unzählige Male auf, und in meinen Träumen schien jemand in meinem Zimmer zu flüstern, und Schatten bewegten sich an den Wänden. Hinter den Möbeln tauchten seltsame Formen und monströse Tiere auf, und in den Ecken des Zimmers materialisierten sich bleiche, geisterhafte Menschengestalten.

Am nächsten Tag erkundete ich eingehend die Stadt und die nähere Umgebung. Obwohl ich am Abend vollkommen erschöpft war, konnte ich nicht einschlafen. Als es mir schließlich doch gelang, versank ich in einem gräßlichen Alpdruck und bemerkte schließlich, daß an meinem Fußende eine dunkle, amöbenhafte Kreatur auf mich lauerte. Aus höhlenhaften Spalten drangen ihre in der Dunkelheit schimmernden Tentakeln auf mich ein. Als die Kreatur sich über mich beugte, atmete sie vernehmlich und erzeugte dabei kurze, raspelnde Geräusche, die stets in einem leisen Pfeifton endeten.

Die schimmernden Fangseile, die die Kreatur um meinen

Nacken schlang, erstickten meine Schreie und während dieses Wesen – von dem ich instinktiv annahm, daß es weiblichen Geschlechtes war – sich auf mich legte und mich zu zerquetschen begann, verlor ich das Bewußtsein.

Schließlich wurde dieser zeitlose Augenblick zwischen Tag und Traum durch ein energisches Klopfen an die Tür meines Zimmers und die Stimmen aufgeregter Hotelgäste auf dem Flur unterbrochen. Ich drehte das Licht an und murmelte durch die verschlossene Tür hindurch einige Entschuldigungen und Erklärungen.

Den Alptraum noch wie Schweiß auf meiner Haut, begab ich mich ins Bad und betrachtete mich im Spiegel. Fast hätte ich wieder aufgeschrieen. Die blutunterlaufenen Streifen an meiner Kehle und die roten Punkte, die in regelmäßigen Abständen über meine Brust liefen, sahen aus wie eine unvollendete Tätowierung. Maßlos entsetzt, begann ich meine Taschen zu packen und betrat gegen drei Uhr morgens die wie ausgestorben wirkende Lobby des Hotels, um meine Rechnung zu begleichen.

»Wohin willst du um diese Uhrzeit?« fragte Delia Flores, die plötzlich aus einer Tür hinter der Rezeption aufgetaucht war. »Ich habe bereits von deinem Alptraum gehört. Das ganze Hotel hat sich Sorgen gemacht.«

Vor Freude über ihren Anblick umarmte ich sie und begann sofort zu schluchzen.

»Na, na«, sagte sie beruhigend und streichelte meinen Kopf. »Wenn du willst, kannst du bei mir im Zimmer schlafen. Ich werde auf dich achtgeben.«

»Um nichts in der Welt bleibe ich in diesem Hotel«, sagte ich. »Ich fahre sofort zurück nach Los Angeles.«

»Hast du des öfteren Alpträume?« fragte sie beiläufig, während sie mich zu einer quietschenden Couch in der Ecke führte.

»Solange ich mich erinnern kann. Mal mehr, mal weniger heftig«, sagte ich. »Eigentlich habe ich mich daran gewöhnt, doch heute Nacht hatte ich den gräßlichsten und realistischsten Alptraum meines Lebens.«

Sie blickte mich lange und abschätzend an und sprach dann mit bedächtiger Stimme, ihre Worte absichtsvoll verschleppend: »Möchtest du deine Alpträume vielleicht loswerden?« Während sie dies sagte, warf sie einen Blick über ihre Schulter, so als fürchte sie, jemand könne hinter der Tür stehen und uns belauschen. »Ich kenne jemanden, der dir helfen könnte.«

»Sehr, sehr gern«, flüsterte ich und löste das Halstuch um meinen Hals, um ihr die roten Male zu zeigen. Ich schilderte ihr die genauen Details meines Alptraums. »Hast du so etwas schon einmal gesehen?« fragte ich sie.

»Sieht schlimm aus«, verkündete sie und untersuchte sorgfältig die Streifen an meiner Kehle. »Auf keinen Fall solltest du abfahren, ohne meine Medizinfrau gesprochen zu haben. Sie lebt ungefähr hundert Meilen südlich von hier. Mit dem Auto sind wir in zwei Stunden da.«

Die Aussicht darauf, einer Heilerin zu begegnen, beruhigte mich. Seit meiner Kindheit in Venezuela hatte ich Kontakt mit Heilern gehabt. Wann immer ich krank wurde, riefen meine Eltern den Doktor, und sobald er gegangen war, wickelte unsere venezuelanische Haushälterin mich in ein paar Decken und schaffte mich zum Heiler. Als ich älter wurde und mich nicht länger von einem Medizinmann behandeln lassen wollte – schließlich tat dies keine meiner Freundinnen –, überzeugte sie mich, daß es nicht schaden könne, zweifach geschützt zu sein. Mittlerweile war mir dieser Brauch so in Fleisch und Blut übergegangen, daß ich auch in Los Angeles im Krankheitsfall für gewöhnlich einen Doktor und eine Heilerin aufsuchte.

»Meinst du, sie wird mich heute behandeln?« fragte ich Delia und erinnerte sie daran, daß Sonntag war.

»Sie würde dich an jedem Tag der Woche behandeln«, versicherte Delia. »Warte kurz hier, und ich werde dich zu ihr bringen. Ich bin in einer Minute wieder da.«

»Weshalb solltest du wegen mir einen derartigen Umweg machen?« fragte ich, und mit einem Mal beunruhigte mich ihr Angebot. »Schließlich kennst du mich überhaupt nicht.«

»Genau deshalb!« rief sie aus. Mit milder Nachsicht, als könne sie die aufsteigenden Zweifel in meinem Inneren erkennen, blickte sie mich von oben herab an. »Was könnte ein triftigerer Grund sein?« fragte sie. »Einem Unbekannten zu helfen, ist entweder ein Akt der Narretei oder aber ein Akt großer Selbstbeherrschung. In meinem Fall handelt es sich um große Selbstbeherrschung.«

Sprachlos starrte ich in ihre Augen, die diese Welt mit Neugier und Erstaunen und ohne Angst zu akzeptieren schienen. Etwas an ihrem Wesen beruhigte mich. Nicht nur, daß ich ihr vertraute; ich hatte auch das Gefühl, sie schon immer gekannt zu haben. Ich war mir sicher, daß zwischen uns eine Verbindung und eine außergewöhnliche Nähe bestand, über deren genaue Natur ich mir jedoch noch nicht im klaren war.

Trotzdem dachte ich kurz daran, meine Taschen zu schnappen und zu meinem Wagen zu rennen, sobald sie wieder hinter der Tür verschwunden war, um ihre Sachen zu holen. Auf keinen Fall wollte ich durch meinen Übermut in weitere Schwierigkeiten geraten. Doch trotz nagender Zweifel hielt mich eine unerklärliche Neugier zurück.

Ich hatte beinahe zwanzig Minuten gewartet, als endlich eine Frau im roten Hosenanzug und mit hochhackigen Schuhen aus der Tür hinter der Rezeption trat und unter der Deckenbeleuchtung stehenblieb. Mit gekonnter Geste warf sie ihren Kopf zurück, so daß die Locken ihrer blonden Perücke im Licht glänzten.

»Du hast mich nicht erkannt, hab' ich recht?« lachte sie vergnügt.

»Bist du es, Delia?« rief ich aus und starrte sie mit offenem Mund an.

»Was hältst du davon?« fragte sie. Immer noch kichernd, trat sie mit mir hinaus auf den Bürgersteig. Sie warf ihren Korb und ihre Reisetasche auf den Rücksitz meines kleinen Cabriolets und setzte sich neben mich. »Die Medizinfrau, zu der ich dich bringe, behauptet, daß nur die ganz Jungen und die ganz Alten es sich leisten können, unmöglich auszusehen.«

Bevor ich Delia daran erinnern konnte, daß sie weder das eine noch das andere war, gestand sie mir, daß sie wesentlich älter sei, als sie aussehe. Ihr Gesicht strahlte, als sie sich mir zuwandte und ausrief: »Ich trage diese Klamotten, weil ich meine Freunde überraschen will!«

Ob sie damit mich oder ihre Medizinfrau meinte, sagte sie nicht. Was mich anging, war die Überraschung gelungen. Nicht nur ihre Kleidung, sondern ihr gesamtes Verhalten hatte sich verändert – keine Spur mehr von der unnahbaren, mißtrauischen Frau, die mit mir von Nogales nach Hermosillo gefahren war.

»Dies wird eine wunderbare Fahrt werden«, verkündete sie. »Bitte laß das Verdeck herunter.« Ihre Stimme klang froh und verträumt. »Wie ich es liebe, nachts mit offenem Verdeck zu fahren.«

Bereitwillig stimmte ich ihr zu, und als wir Hermosillo endlich verließen, war es bereits vier Uhr morgens. Der Himmel war von samtenem Schwarz, übersät mit unzähligen Sternen. Er schien weiter entfernt zu sein als alle anderen Nachthimmel, die ich in meinem Leben gesehen hatte. Obwohl wir schnell fuhren, kam es mir vor, als würden wir uns nicht von der Stelle bewegen. In endloser Reihe tauchten die knotigen Silhouetten der Kakteen und Mesquitebäume im Licht der Scheinwerfer auf, nur um wieder zu verschwinden; alle schienen sie die gleiche Form und Größe zu haben.

»Ich habe uns ein bißchen süßes Gebäck und eine Thermoskanne mit *champurrado* eingepackt«, sagte Delia und langte nach ihrem Korb auf dem Rücksitz. »Vor Morgengrauen werden wir nicht ankommen.« Sie goß mir eine halbe Tasse dickflüssige Schokolade mit Maisbrei ein und fütterte mich häppchenweise mit einem Stück Kuchen.

»Wir durchfahren verzaubertes Terrain«, sagte sie, während sie von der köstlichen Schokolade trank. »Ein magisches Land, bevölkert von Menschen auf dem Kriegspfad.«

»Wer soll auf dem Kriegspfad sein?« fragte ich und versuchte, nicht allzu überheblich zu klingen.

»Die Yaqui von Sonora«, erwiderte sie und wartete schweigend auf meine Reaktion. »Ich bewundere die Yaqui-Indianer dafür, daß sie sich in permanentem Kriegszustand befinden«, fuhr sie fort. »Zunächst waren es die Spanier und bis 1934 dann die Mexikaner, die die Grausamkeit, Schläue und Erbarmungslosigkeit der Yaqui-Krieger zu spüren bekamen.«

»Ich habe für kriegerische Menschen nichts übrig«, erklärte ich. Um mich für meinen streitlustigen Tonfall zu entschuldigen, fügte ich gleich darauf hinzu, daß ich aus einer deutschen, durch die Kriegswirren getrennten Familie stamme.

»Dein Fall liegt anders«, behauptete sie. »Ihr habt nicht für die Freiheit gekämpft.«

»Augenblick!« protestierte ich. »Gerade weil ich für die Freiheit bin, verabscheue ich den Krieg so nachdrücklich.«

»Wir reden von zwei verschiedenen Formen des Krieges«, beharrte sie.

»Krieg ist Krieg«, warf ich ein.

»Deine Art Krieg«, fuhr sie fort, ohne auf meinen Einwand einzugehen, »findet zwischen zwei Brüdern statt, die beide herrschen wollen und um die Vormacht kämpfen.« Sie lehnte sich zu mir und fügte in dringlichem Flüsterton hinzu: »Der Krieg, von dem ich spreche, ist der zwischen einem Sklaven und seinem Herrn, der Menschen als sein Eigentum betrachtet. Erkennst du den Unterschied?«

»Nein. Tue ich nicht«, insistierte ich störrisch und wiederholte, daß Krieg Krieg sei, egal aus welchem Grund er geführt wurde.

»Da kann ich dir nicht zustimmen«, sagte Delia und lehnte sich laut seufzend in ihrem Sitz zurück. »Möglicherweise liegt der Grund für die Unvereinbarkeit unserer Philosophien in unterschiedlichen sozialen Realitäten.«

Verblüfft durch ihre Wortwahl, verlangsamte ich die Geschwindigkeit. Ich wollte nicht unhöflich erscheinen, doch daß ausgerechnet sie akademische Konzepte zum Besten gab, schien mir derartig unpassend und kam so unerwartet, daß ich laut auflachen mußte.

Delia schien sich daraus nichts zu machen; offenbar zufrieden mit sich selbst, blickte sie mich lächelnd von der Seite an. »Sobald du meinen Standpunkt verstehst, wirst du deine Meinung ändern«, sagte sie so ernsthaft und in derartig freundlichem Ton, daß ich mich für mein Lachen schämte. »Möglicherweise entschuldigst du dich sogar dafür, mich ausgelacht zu haben«, fügte sie hinzu, so als habe sie meine Gedanken gelesen.

»Ich entschuldige mich, Delia«, sagte ich aus vollem Herzen. »Meine Unhöflichkeit tut mir leid. Deine Behauptungen haben mich so überrascht, daß ich nicht wußte, wie ich reagieren sollte.« Ich sah sie kurz an und fügte reumütig hinzu, »Deshalb habe ich gelacht.«

»Ich habe nicht von einer Entschuldigung für dein soziales Verhalten gesprochen«, sagte Delia und schüttelte enttäuscht den Kopf. »Ich meinte eine Entschuldigung für dein Unverständnis menschlichen Elends.«

»Ich habe keine Ahnung, wovon du sprichst«, sagte ich unbehaglich und spürte, wie ihre Blicke mich förmlich durchdrangen.

»Als Frau solltest du sehr wohl in der Lage sein, dieses Leid zu verstehen«, sagte sie. »Du bist dein ganzes Leben Sklavin gewesen.«

»Wovon redest du eigentlich?« fragte ich, mittlerweile irritiert durch ihre Impertinenz. Ich beruhigte mich jedoch sogleich mit dem Gedanken, die arme Indianerin habe ohne Zweifel einen unerträglich dominanten Ehemann daheim. »Glaub' mir Delia, ich bin wirklich nicht gerade unfrei. Ich kann tun und lassen, was ich will.«

»Du kannst vielleicht tun und lassen, was dir gefällt, aber frei bist du deswegen nicht«, beharrte sie. »Du bist eine Frau und damit automatisch der Gnade der Männer ausgeliefert.«

»Ich bin der Gnade von niemandem ausgeliefert«, rief ich.

Ich wußte nicht, ob es an meiner Behauptung oder an dem Ton meiner Stimme lag, daß Delia in laute Lachsalven ausbrach. Sie lachte mich aus, so wie ich sie eben ausgelacht hatte.

»Du scheinst deine Rache zu genießen«, sagte ich pikiert. »Jetzt bist du am Drücker, nicht wahr?«

»Das läßt sich überhaupt nicht vergleichen«, sagte sie, mit einem Mal wieder ernst. »Du hast über mich gelacht, weil du dir überlegen vorkamst. Ein Sklave, der wie ein Herr spricht, erheitert den Herrn. Zumindest für den Augenblick.«

Ich versuchte, sie zu unterbrechen und ihr zu versichern, daß es mir nie in den Sinn gekommen wäre, sie als Sklavin und mich als Herrin zu betrachten, doch sie ignorierte meine Bemühungen. Im gleichen ernsthaften Tonfall erklärte sie mir, daß sie über mich gelacht habe, weil ich ganz offenbar meiner eigenen Weiblichkeit gegenüber blind und unempfänglich sei.

»Was ist los mit dir, Delia?« fragte ich verwirrt. »Du beleidigst mich.«

»Allerdings«, gab sie bereitwillig zu und kicherte, ohne sich aus meinem aufsteigenden Ärger auch nur das Mindeste zu machen. Mit lautem Klatschen schlug sie mir auf's Knie. »Was mir Sorgen macht, ist die Tatsache, daß du dir über dein weibliches Sklavendasein nicht im klaren bist.«

Mit meinem letzten Rest Geduld versuchte ich ihr zu erklären, daß sie Unrecht hatte. »Heutzutage gibt es keine Sklaven mehr.«

»Frauen sind Sklaven«, insistierte Delia. »Männer versklaven Frauen. Männer benebeln Frauen. Ihr Wunsch, uns als ihr Eigentum zu brandmarken, benebelt uns«, erklärte sie. »Dieser Nebel hängt um unsere Nacken wie ein Joch.«

Als sie meinen verständnislosen Gesichtsausdruck bemerkte, lächelte sie, lehnte sich in ihrem Sitz zurück und verschränkte die Hände vor ihrer Brust. »Sex benebelt Frauen«, fügte sie mit sanfter, aber bestimmter Stimme hinzu. »Derartig benebelt sind Frauen, daß sie nicht einmal in der Lage zu erkennen, daß ihr niedriger Status in der Welt die direkte Folge dessen ist, was ihnen sexuell angetan wird.«

»Das ist der größte Unfug, den ich je gehört habe!« rief ich und verfiel in eine behäbige Schmährede über die sozialen, ökonomischen und politischen Gründe für den niedrigen Status der Frau. Ausgiebig erging ich mich über die positiven Veränderungen, die während der letzten zehn Jahre stattgefunden hatten und darüber, wie erfolgreich Frauen in ihrem Kampf gegen die Vorherrschaft des Mannes gewesen waren. Leicht genervt durch ihren ironischen Gesichtsausdruck konnte ich es mir nicht verkneifen, sie darauf hinzuweisen, daß ihre Urteilsfähigkeit ohne Zweifel durch ihre eigenen Erfahrungen gefärbt worden sei.

Sichtlich bemüht sich zusammenzureißen, begann ihr Körper vor unterdrücktem Gelächter förmlich zu beben. »In Wirklichkeit hat sich überhaupt nichts geändert. Frauen sind weiterhin Sklaven. Wir sind als Sklaven aufgewachsen. Die gebildeten Sklaven sind mittlerweile damit beschäftigt, die sozialen und politischen Mißstände der Frauen aufzuzeigen. Doch ist kein einziger Sklave in der Lage, sich auf die Wurzel seines Übels – den Sexualakt – zu konzentrieren, es sei denn, es handelt sich dabei um eine Vergewaltigung oder andere Formen körperlichen Mißbrauchs.« Ein winziges Lächeln teilte ihre Lippen, während sie erklärte, daß religiöse Männer, Philosophen und Wissenschaftler seit Jahrhunderten darauf bestehen, daß Männer und Frauen einem biologischen, gottgegebenen Imperativ folgen, der direkt mit ihren Fortpflanzungsfähigkeiten in Verbindung steht.

»Man machte uns glauben, daß Sex gut für uns sei«, unterstrich sie ihre Ausführung. »Unsere Annahme dieses überlieferten Glaubens machte es uns möglich, die richtige Frage zu stellen.«

»Und welche Frage ist das?« frage ich und gab mir große Mühe, angesichts ihrer irrigen Überzeugungen nicht in Gelächter auszubrechen.

Delia schien mich nicht gehört zu haben; sie schwieg so lange, daß ich glaubte, sie sei eingeschlafen. Deshalb erschrak ich leicht, als sie sagte: »Die Frage, die sich niemand zu stellen traut, lautet: Was geschieht eigentlich mit uns Frauen, wenn wir flachgelegt werden?«

»Also wirklich, Delia«, tadelte ich sie mit gespielter Entrüstung.

»Die Benebelung der Frauen ist so vollständig, daß wir uns auf jeden Aspekt unserer Unterlegenheit konzentrieren, nur nicht auf den, der die Ursache für alle anderen ist«, fuhr sie fort.

»Delia, es geht nun einmal nicht ohne Sex«, lachte ich. »Was würde aus der menschlichen Rasse werden, wenn wir nicht ...«

Mit gebieterischer Handbewegung unterband sie meine Frage und mein Gelächter. »Frauen wie du imitieren in ihrem Feuereifer nach Gleichheit die Männer«, sagte sie. »Frauen imitieren Männer bis zu dem Punkt, wo sie sich für eine Form des Sex interessieren, der nichts mehr mit Fortpflanzung zu tun hat. Sie setzen Freiheit und Sex gleich, ohne dabei in Betracht zu ziehen, was eigentlich mit ihrem Körper und ihren Gefühlen geschieht, wenn sie Sex haben. Wir sind derartig indoktriniert worden, daß wir tatsächlich glauben, Sex sei gut für uns.«

Sie stieß mich mit dem Ellbogen in die Seite und fügte dann in singendem Tonfall hinzu: »Sex ist gut für uns. Er bereitet uns Wonne. Er ist notwendig. Er behebt Depression, Repression und Frustration. Er kuriert uns von Kopfschmerz, von niedrigem wie hohem Blutdruck. Er läßt Pickel verschwinden. Er läßt Arsch und Titten wachsen und reguliert den menstrualen Zyklus. Mit einem

Wort: er ist fantastisch! Sex ist gut für Frauen. Das sagt jeder.« Sie hielt einen Augenblick inne und verkündete dann in dramatischer Zuspitzung: »Ein guter Fick pro Tag treibt den Doktor in den Sarg.«

Mir erschienen ihre Behauptungen ungeheuer witzig, doch die Erinnerung daran wie meine Familie und Freunde und sogar unser Hausarzt mir gegen alle meine Jugendleiden, die durch das Heranwachsen in einer strikten und repressiven Umwelt entstanden waren, Sex empfohlen hatten, ernüchterte mich schlagartig. Der Doktor hatte behauptet, nach der Eheschließung würde ich regelmäßige Monatsblutungen bekommen und Gewicht zulegen. Ich würde besser schlafen. Ich würde netter und ausgeglichener sein.

»Ich weiß nicht, was an dem Bedürfnis nach Sex und Liebe falsch sein soll«, sagte ich defensiv. »Was ich diesbezüglich erlebt habe, hat mir sehr gut gefallen. Und mich benebelt niemand. Ich bin frei! Ich suche mir aus, mit wem und wann ich es machen will.«

In Delias Augen stand ein durchtriebenes Funkeln, als sie sagte: »Daß du deinen Partner selbst aussuchst, ändert nichts an der Tatsache, daß du gebumst wirst.« Als wolle sie ihren harschen Tonfall lindern, fügte sie dann lächelnd hinzu: »Freiheit und Sex gleichzusetzen, darin besteht wohl die ultimative Ironie. Unsere Benebelung durch die Männer ist so komplett, so umfassend, daß sie uns die notwendige Energie und Imagination beraubt hat, mit der wir die wirkliche Ursache für unsere Versklavung erkennen könnten.« Und mit besonderem Nachdruck fügte sie hinzu: »Einen Mann sexuell zu begehren oder sich romantisch mit ihm einzulassen, sind die einzigen Möglichkeiten, die der Sklavin bleiben. Alles, was man uns jemals über diese beiden Möglichkeiten erzählt hat, ist nichts weiter als Entschuldigungen, die uns zur Mittäterschaft und Ignoranz bewegen sollen.«

Ich war entrüstet und mittlerweile sicher, daß sie eine verklemmte, männerhassende Xanthippe sein mußte. »Weshalb hast du eine derartige Abneigung gegen Männer, Delia?« frage ich in meinem zynischsten Tonfall.

»Ich habe keine Abneigung gegen sie«, versicherte sie mir. »Ich wehre mich nur leidenschaftlich gegen unsere Unfähigkeit zu erkennen, wie gründlich wir indoktriniert worden sind. Der auf uns lastende Druck ist so groß, daß wir uns willig zu Komplizen der Männer machen lassen. Wer es wagt abzuweichen wird ausgeschlossen und als Männerhasserin hingestellt.«

Ich warf ihr einen verstohlenen Blick zu. Ich hatte entschieden, daß sie deshalb so abschätzig über Sex und Liebe sprechen mußte, weil sie schließlich nicht mehr die Jüngste war; ohne Zweifel lagen die Gefilde körperlicher Lustbarkeiten bereits weit hinter ihr.

Leise kichernd legte Delia die Hände hinter ihren Kopf. »Ich habe meine körperlichen Gelüste keinesfalls aus Altersgründen hinter mir gelassen«, gestand sie, »sondern weil ich die Möglichkeit erhielt, meine Energie und meine Imagination zu benutzen und nicht mehr die Sklavin zu sein, zu der man mich erzogen hat.«

Die Tatsache, daß Delia meine Gedanken gelesen hatte, erstaunte mich jetzt weniger, doch fühlte ich mich zutiefst beleidigt. Ich begann mich zu verteidigen, doch lösten meine Worte bei ihr nur weiteres Gelächter aus. Sobald sie sich beruhigt hatte, wandte sie sich mir zu. Ihr Gesicht war streng und ernst, wie das eines Lehrers, der seinen Schüler zurechtweisen will. »Wenn du keine Sklavin bist, weshalb wurdest du dann erzogen, *to be a* Hausfrau?« fragte sie. »Und wie kommt es, daß alles woran du denken kannst *is to* heiraten und dein *future* Herr Gemahl, *who will* Dich mitnehmen?«

Die Art, wie sie Deutsch und Englisch vermischte, brachte mich derartig zum Lachen, daß ich den Wagen anhalten mußte, um einen Unfall zu vermeiden. Mit einem Mal interessiert an dem Ursprung ihrer Deutschkenntnisse vergaß ich völlig, mich gegen ihren unschmeichelhaften Vorwurf zu verteidigen, daß alles was ich vom Leben wolle, ein Ehemann sei, der mich in den Sonnenuntergang entführte. Doch wie sehr ich sie auch bat, verächtlich ignorierte sie mein Interesse an ihrem Deutsch.

»Du und ich werden noch genug Zeit haben, um über meine Deutschkenntnisse zu sprechen«, versicherte sie mir. Spöttisch betrachtete sie mich und fügte dann hinzu, »oder darüber, was es heißt, eine Sklavin zu sein.« Noch bevor ich etwas darauf antworten konnte, schlug sie vor, über weniger persönliche Dinge zu sprechen.

»Zum Beispiel?« fragte ich und startete den Wagen.

Delia hatte ihren Sitz in Liegestellung gebracht und schloß die Augen. »Ich möchte dir etwas von den vier größten Führern der Yaquis erzählen«, sagte sie sanft. »Ich interessierte mich für Führer, für ihre Erfolge und für ihre Fehlschläge.«

Bevor ich dazwischenmurren konnte, daß ich nun wirklich kein sonderliches Interesse an Kriegsgeschichten hätte, erklärte Delia, daß Calixto Muni der erste Yaqui-Häuptling gewesen sei, der ihre Neugier geweckt habe. Eine besonders gute Geschichtenerzählerin war sie nicht; ihre Erzählung war schnörkellos und beinahe akademisch. Dennoch verschlang ich jedes Wort.

Calixto Muni war ein Indianer, der unter der Flagge der Piraten jahrelang die Karibik besegelt hatte. Nach der Rückkehr in sein Heimatland Sonora im Jahre 1730 führte er einen Aufstand des Militärs gegen die Spanier an, wurde nach einem Verrat gefangengenommen und anschließend von den Spaniern hingerichtet.

Anschließend erteilte Delia mir eine lange und klare Ausführung darüber, wie in den zwanziger Jahren des neunzehnten Jahrhunderts die mexikanische Regierung nach Erreichung der Unabhängigkeit Mexikos daran gegangen war, das Land der Yaqui aufzuteilen und wie sich daraufhin der Widerstand der Indianer gegen dieses Vorhaben zu einem Aufstand ausgeweitet hatte. Ein Mann namens Juan Bandera sei es gewesen, so erzählte sie, der – geführt vom Großen Geist – militärische Einheiten unter den Yaqui rekrutiert hatte. Oft nur mit Pfeil und Bogen bewaffnet, bekämpften Banderas Krieger fast zehn Jahre lang erfolgreich die mexikanischen Truppen. Erst im Jahre 1832 wurde Juan Bandera schließlich besiegt und hingerichtet.

Der nächste bedeutende Führer der Yaqui war ein Mann aus Hermosillo namens José Maria Leyva, besser bekannt als Cajeme – »der, der nicht trinkt« . Er war in den Genuß einer schulischen Ausbildung gekommen und hatte im Dienst für die mexikanische Armee weitreichende militärische Kenntnisse erworben, dank derer es ihm gelungen war, sämtliche Städte der Yaqui unter einer Flagge zu vereinen. Seit Cajemes erstem Aufstand in den siebziger Jahren des 19. Jahrhunderts hatte sich seine Armee in einem Zustand offener Revolte gegen die Regierung befunden. 1887 wurde er in seinem festungsähnlichen Bergversteck in Buatachive von der mexikanischen Armee besiegt. Obwohl es Cajeme gelang zu entkommen und sich in Guayamas zu verstecken, wurde auch er schließlich verraten und hingerichtet.

Der letzte der großen Yaqui-Helden war Juan Maldonado, bekannt als Tetabiate – »der rollende Stein«. Er organisierte die Überreste der Yaqui-Armee in den Bergen von Bacatete, von wo aus er für viele Jahre einen grimmigen, verzweifelten Guerillakrieg gegen die mexikanischen Truppen führte.

»Zum Beginn dieses Jahrhunderts«, beendete Delia ihre Geschichte, »hatte der Diktator Porfirio Diaz die systematische Ausrottung der Yaqui eingeleitet. Die Indianer wurden auf offenem Feld bei der Arbeit erschossen. Tausende wurden zusammengetrieben und auf Schiffen nach Yucatan gebracht, um dort in den Agavenplantagen zu arbeiten oder in Oaxaca Zucker anzubauen.«

Obwohl mich ihr Wissen beeindruckte, wußte ich immer noch nicht, weshalb sie mir all dies erzählte. »Du klingst wie eine Gelehrte, eine Expertin für das Leben der Yaqui«, sagte ich bewundernd. »Wer bist du in Wirklichkeit?«

Für den Bruchteil einer Sekunde schien meine rein rhetorische Frage sie zutiefst zu verstören, doch sie erholte sich schnell und antwortete: »Ich habe dir bereits gesagt, wer ich bin. Zufällig weiß ich eine Menge über die Yaquis. Ich lebe unter ihnen.« Einen Augenblick lang schwieg sie und nickte dann, als sei sie zu einem Entschluß gelangt. »Ich habe dir von den Führern der Yaqui erzählt, weil es für uns Frauen wichtig ist, die Schwächen und Stärken der Führer zu kennen.«

»Wozu?« fragte ich, verwirrt. »Wen interessieren schon Führer? Für mich sind sie allesamt ein Haufen Trottel.«

Delia kratzte sich unter ihrer Perücke am Kopf, nieste einige Male und bemerkte mit zögerndem Lächeln: »Unglücklicherweise sind Frauen darauf angewiesen, sich um die Führer zu scharen, es sei denn, sie haben vor, selbst Führer zu werden.«

»Wen sollen sie denn führen?« fragte ich sarkastisch.

Erstaunt blickte sie mich an und rieb sich mit mädchenhafter Geste den Oberarm. »Das ist nicht so einfach zu erklären«, murmelte sie. Ein eigenartiger, sanfter Ton hatte sich über ihre Stimme gelegt, eine Mischung aus Zärtlichkeit, Unentschiedenheit und Mangel an Interesse. »Ich lasse es lieber. Sonst verliere ich dich noch völlig. Alles, was ich soweit sagen kann ist, daß ich weder eine Gelehrte noch eine Geschichtswissenschaftlerin bin. Ich bin Geschichtenerzählerin, und den wichtigsten Teil meiner Geschichte hast du noch nicht gehört.«

»Und welcher soll das sein?« fragte ich, begierig darauf das Thema zu wechseln.

»Bisher habe ich dir nur Fakten geliefert«, sagte sie. »Noch nicht erwähnt habe ich die Welt der Magie, von der aus diese Yaqui-Führer operierten. Für sie waren die Handlungen des Windes und der Schatten, der Tiere und der Pflanzen ebenso wichtig wie die Taten der Menschen. Dieser Teil der Geschichte interessiert mich am meisten.«

»Die Handlungen von Wind und Schatten?« wiederholte ich spöttisch.

Unbeirrt nickte Delia. Sie zog sich im Sitz hoch, nahm ihre blond gelockte Perücke ab und ließ den Wind durch ihr glattes, langes Haar wehen. »Zu unserer Linken befinden sich die Berge von Bacatete«, sagte sie und zeigte auf eine Bergkette, die gegen die nur allmählich verschwindende Dunkelheit des Himmels kaum zu erkennen war.

»Ist das unser Ziel?« fragte ich.

»Heute nicht«, erwiderte sie und versank wieder in ihrem Sitz. Ein rätselhaftes Lächeln spielte um ihre Lippen. »Aber eines Tages wirst du vielleicht Gelegenheit bekommen, diesen Bergen einen Besuch abzustatten«, sagte sie nachdenklich und schloß die Augen. »Die Bacatetes sind bevölkert von Wesen aus einer anderen Welt und einer anderen Zeit.«

»Wesen aus einer anderen Welt und einer anderen Zeit?« wiederholte ich mit gespielter Ernsthaftigkeit. »Wer oder was sind sie?«

»Wesen«, sagte sie unbestimmt. »Wesen, die nicht in unsere Zeit und unsere Welt gehören.«

»Ich bitte dich, Delia. Versuchst du mir Angst einzujagen?« Gegen meinen Willen mußte ich plötzlich lachen. Selbst in der Dunkelheit schien ihr Gesicht zu strahlen. Sie wirkte außerordentlich jung, ihre Haut war glatt und faltenlos und spannte sich wie gegossen über ihre Wangenknochen, ihr Kinn und ihre Nase.

»Nein, ich versuche nicht, dir Angst einzujagen«, sagte sie in sachlichem Ton und steckte eine Haarsträhne hinter ihrem Ohr fest. »Ich versuche lediglich, dir ein bißchen Allgemeinwissen über diese Region zuteil werden zu lassen.«

»Interessant. Und um was für Wesen genau handelt es sich?« wollte ich wissen und biß mir vor Lachen auf die Lippen. »Hast du sie etwa schon einmal gesehen?«

»Selbstverständlich habe ich sie gesehen«, erklärte sie nachsichtig. »Ansonsten würde ich nicht über sie sprechen.« Sie lächelte sanft. »Diese Wesen bevölkerten die Erde zu einer anderen Zeit und haben sich jetzt an entlegene Orte zurückgezogen.«

Als ich merkte, wie ernst es Delia war und wie überzeugt sie von der Existenz jener Wesen zu sein schien, beschloß ich, ihre Naivität zu akzeptieren und mich nicht über sie lustig zu machen. Schließlich war sie es, die mich mit zu ihrer Medizinfrau nahm, und ich hatte nicht vor, sie mit meinem rationalen Gerede vollends gegen mich einzunehmen.

»Handelt es sich bei diesen Wesen um die Geister der in den Schlachten gefallenen Yaqui-Krieger?« fragte ich.

Sie schüttelte den Kopf. Als habe sie Angst, jemand könne uns belauschen, brachte sie ihr Gesicht näher und flüsterte mir ins Ohr. »Es ist hinlänglich bekannt, daß die Berge hier von magischen Geschöpfen bevölkert werden: von sprechenden Vögeln, singenden Büschen und von Steinen, die tanzen. Geschöpfe, die in der Lage sind, jede beliebige Form anzunehmen.«

Sie lehnte sich zurück und betrachtete mich erwartungsvoll. »Bei den Yaquis heißen diese Geschöpfe *surem.* Die Yaquis glauben, daß es sich bei den Surem um uralte Yaquis handelt, die sich der Taufe durch die ersten Jesuiten entzogen.« Zutraulich tätschelte sie mir den Arm. »Paß gut auf dich auf. Man sagt, die Surem mögen blonde Frauen.« Sie kicherte vor Vergnügen. »Vielleicht war das der Grund für deinen Alptraum. Ein Surem hat versucht, dich zu stehlen.«

»Daran glaubst du doch wohl selber nicht, oder?« fragte ich verächtlich, mittlerweile außerstande, meine Verärgerung zu verbergen.

»Nein, ich habe nur erfunden, daß Surem Blondinen mögen«, sagte sie mit beruhigender Stimme. »In Wirklichkeit können sie Blondinen nicht ausstehen.«

Ohne sie anzusehen, wußte ich, daß sie lächelte, und aus den Augenwinkeln sah ich das belustigte Glitzern in ihrem Blick. Es ärgerte mich maßlos. Meiner Einschätzung nach war sie entweder sehr ehrlich, sehr neckisch, oder, was noch schlimmer war, nicht ganz dicht im Kopf.

»Du glaubst doch nicht allen Ernstes, daß Wesen aus einer anderen Welt wirklich existieren, oder etwa doch?« schnappte ich mißmutig. Aus Angst, sie mit dieser Frage verletzt zu haben, warf ich ihr einen kurzen Blick zu und bereitete mich nervös auf eine schnelle Entschuldigung vor. Doch noch bevor ich etwas sagen konnte, erwiderte sie im gleichen, mißmutigen Tonfall, mit dem ich sie zuvor angesprochen hatte:

»Natürlich glaube ich, daß sie existieren. Weshalb sollten sie nicht existieren?«

»Weil es sie schlicht und einfach nicht gibt!« antwortete ich scharf und autoritär und entschuldigte mich sofort dafür. Ich erzählte ihr von meinem pragmatischen Familienhintergrund und davon, wie mein Vater mich überzeugt hatte, daß die Ungeheuer meiner Träume und die Spielgefährten meiner Jugend – unsichtbar für alle außer mir – lediglich Produkte einer übermäßig aktiven Vorstellungskraft waren.

»Von klein auf wurde ich zur Objektivität und zu kritischem Bewußtsein erzogen«, fuhr ich fort. »Meine Welt ist ausschließlich eine Welt der Tatsachen.«

»Da liegt das Problem«, bemerkte Delia. »Tatsachen sind derartig nüchtern, daß meine Lebenskraft schwindet, sobald ich sie nur zu Ohren bekomme.«

»In meiner Welt«, fuhr ich fort und ignorierte ihren Kommentar, »gibt es keine Beweise für die Existenz von Wesen aus einer anderen Welt, sondern lediglich Spekulationen und Wunschdenken«, sagte ich mit Nachdruck. »Ausgeburten einer gestörten Phantasie.«

»Du kannst doch nicht wirklich derartig unterbelichtet sein!« kreischte sie zwischen einigen Lachsalven, als hätte meine Erklärung ihre höchsten Erwartungen übertroffen.

»Läßt sich die Existenz dieser Geschöpfe denn beweisen?« forderte ich sie heraus.

»Woraus könnte ein derartiger Beweis bestehen?« fragte sie mit offensichtlich gespielter Zaghaftigkeit.

»Wenn auch andere Menschen in der Lage wären, sie zu sehen, so wäre das ein Beweis«, sagte ich.

»Du meinst, wenn du in der Lage wärst, sie zu sehen, dann wäre das ein Beweis für ihre Existenz?« forschte sie und rückte näher.

»Das wäre zumindest ein Anfang.«

Seufzend ließ Delia ihren Kopf gegen die Kopflehne sinken und schloß die Augen. Sie schwieg so lange, daß ich glaubte, sie wäre eingeschlafen, und ich erschrak wieder, als sie sich abrupt aufrichtete und mich bat anzuhalten. Sie müsse sich erleichtern, sagte sie.

Um den Zwischenstop nicht ungenutzt zu lassen, beschloß ich, ebenfalls in die Büsche zu gehen. Als ich meine Jeans wieder hochziehen wollte, hörte ich eine männliche Stimme hinter mir laut und vernehmlich: »Ah, wie köstlich!« rufen und seufzen. Mit offener Hose eilte ich zu Delia. »Wir hauen besser schleunigst ab!« rief ich laut. »Zwischen den Büschen hat sich ein Mann versteckt.«

»Unfug«, wischte sie meine Worte zur Seite. »Das einzige Lebewesen in diesen Büschen ist ein Esel.«

»Esel stöhnen nicht wie geile Männer«, erklärte ich ihr und wiederholte, was ich gehört hatte.

Delia wurde von einem Lachanfall übermannt. Als sie merkte, wie entnervt ich war, hob sie die Hand zu einer versöhnlichen Geste. »Hast du den Mann wirklich gesehen?«

»Das war nicht nötig«, gab ich zurück. »Seine Stimme hat mir gereicht.«

Einen Augenblick verharrte sie unschlüssig, dann ging sie zum Auto zurück. Kurz bevor wir die Straßenböschung erreichten, blieb sie unvermittelt stehen, drehte sich zu mir um und sagte flüsternd:

»Ich muß dich darauf aufmerksam machen, daß etwas sehr Seltsames geschehen ist.« Sie nahm mich bei der Hand und führte mich zurück an den Fleck, wo ich gehockt hatte. Und genau dort, zwischen den Büschen, stand ein Esel.

»Der war eben noch nicht hier«, insistierte ich.

Sie musterte mich mit offensichtlichem Wohlbehagen, dann zuckte sie mit den Achseln und wandte sich dem Tier zu. »Kleines Eselchen«, lockte sie mit Kinderstimme, »hast du dir ihren Hintern angeschaut?«

Eine Bauchrednerin, dachte ich. Sie wird das Vieh zum Sprechen bringen. Doch der Esel begnügte sich damit, mehrere Male laut zu brüllen.

»Verschwinden wir trotzdem«, bat ich sie und zog sie am Ärmel. »Sein Besitzer muß hier irgendwo in den Büschen lauern.«

»Aber der kleine Liebling hier hat gar keinen Besitzer«, fuhr sie in der gleichen albernen Kinderstimme fort und schabte die langen, weichen Ohren des Tieres.

»Ganz gewiß wird er einen Besitzer haben«, schnappte ich. »Siehst du nicht, wie gut genährt und gestriegelt er ist?« Mit einer Stimme, die vor Nervosität und Ungeduld allmählich heiser wurde, betonte ich noch einmal, wie gefährlich es für zwei Frauen allein auf einer unbefahrenen Straße in Sonora sein konnte.

Schweigend, als beschäftigte sie sich in Gedanken mit etwas gänzlich anderem, blickte Delia mich an. Dann nickte sie zustimmend und bedeutete mir mit einer Handbewegung, ihr zu folgen. Dicht hinter mir ging der Esel und stieß mit seiner Schnauze mehrere Male gegen meinen Hintern. Einen Fluch murmelnd, drehte ich mich um, doch der Esel war verschwunden.

»Delia!« schrie ich, plötzlich von Angst übermannt. »Was ist mit dem Esel geschehen?«

Erschreckt durch meinen Schrei erhob sich geräuschvoll ein Schwarm Vögel in die Luft. Sie umkreisten uns und flogen dann nach Osten in den dünnen Lichtstreifen, der das Ende der Nacht und den Anbruch des Tages markierte.

»Wo ist der Esel?« fragte ich wieder mit kaum hörbarer Stimme.

»Hier, direkt vor dir«, sagte sie mit sanfter Stimme und zeigte auf einen verknorrten Baum ohne Blattwerk.

»Ich seh ihn nicht.«

»Du brauchst eine Brille.«

»Meine Augen sind vollkommen in Ordnung«, gab ich pikiert zurück. »Ich kann sogar die schönen Blumen auf dem Baum erkennen.« Erstaunt über die Schönheit der strahlend weißen Blüten trat ich näher an den Baum. »Was für ein Baum ist das?«

»Palo Santo.«

Eine atemlose Sekunde lang dachte ich, der Esel, der jetzt hinter dem samtigen silbergrauen Stamm des Baumes hervortrat, habe gesprochen. Ich wandte mich zu Delia und sah sie an.

»Palo Santo!« lachte sie.

Dann kam mir der Gedanke, daß Delia mich zum Narren hielt. Vermutlich gehörte der Esel ihrer Medizinfrau, die ohne Zweifel irgendwo hier in der Nähe wohnte.

»Was ist so lustig?« fragte Delia, die mein arrogantes Grinsen bemerkt hatte.

»Ich habe einen furchtbaren Krampf im Unterleib«, log ich. Mit vor den Bauch gehaltenen Händen hockte ich mich auf den Boden. »Bitte warte beim Auto auf mich.«

Als Delia sich in Bewegung setzte, nahm ich mein Halstuch ab und schlang es um den Hals des Esels. Ich freute mich auf Delias Gesicht, wenn sie nach unserer Ankunft bei der Medizinfrau herausfinden würde, daß ich ihren Trick die ganze Zeit durchschaut hatte.

Leider zerrann meine Hoffnung, den Esel oder den Schal bald wiederzusehen, schnell im Sande. Denn bevor wir endlich das Haus der Heilerin erreichten, waren wir noch zwei volle Stunden unterwegs.

2

Es war ungefähr acht Uhr morgens, als wir bei der Medizinfrau am Rande von Ciudad Obregón ankamen. Sie wohnte in einem massiven alten Haus mit weißgetünchten Mauern und einem Ziegeldach, das sich bereits gräulich verfärbt hatte. Vor den Fenstern hingen schmiedeeiserne Gitter, und die Haustür befand sich in einem bogenförmigen Eingang.

Die schwere Tür stand weit offen. Mit dem Selbstvertrauen der Ortskundigen führte Delia Flores mich durch die dunkle Eingangshalle, einen langen Korridor hinab bis in den hinteren Teil des Hauses und in einen spärlich möblierten Raum, in dem sich nur ein schmales Bett, ein Tisch und einige Stühle befanden. Mir fiel auf, daß sich in jeder Wand des Raumes eine Tür befand; sie waren alle geschlossen.

»Warte hier«, befahl Delia und deutete mit vorgestrecktem Kinn auf das Bett. »Leg dich ein wenig hin, während ich die Heilerin hole. Es kann sein, daß es eine Weile dauert.« Damit ging sie und schloß die Tür hinter sich.

Ich wartete, bis ihre Schritte auf dem Flur verhallt waren. Dann stand ich auf, um das unheimlichste Behandlungszimmer, das mir je untergekommen war, genauer in Augenschein zu nehmen. Die weißgetünchten Wände waren schmucklos, und die hellbraunen Bodenkacheln glänzten wie Spiegel. Es gab weder einen Altar noch Bilder oder Figuren von Heiligen, der Jungfrau Maria oder Jesus, die ich in derartigen Räumen bisher für unentbehrlich gehalten hatte.

Ich öffnete nacheinander die vier Türen und schaute hinaus. Zwei führten auf dunkle Korridore, die anderen beiden hinaus auf einen Hof, der von einem hohen Zaum umgeben war.

Während ich auf Zehenspitzen einen der dunklen Korridore hinabschlich, hörte ich hinter mir ein tiefes, drohendes Knurren. Langsam drehte ich mich um. Keinen halben Meter entfernt stand ein riesiger schwarzer Hund. Er machte keinerlei Anstalten mich anzugreifen, doch blieb er unbeweglich vor mir stehen und fletschte seine Zähne. Ohne dem Tier in die Augen zu schauen, es dennoch nicht aus den Augen lassend, ging ich zurück in den Behandlungsraum.

Der Hund folgte mir bis zur Tür. Vorsichtig schloß ich sie direkt vor der Nase der Bestie und lehnte mich mit dem Rücken an die Wand, bis sich mein Herzschlag wieder normalisiert hatte. Dann legte ich mich auf das Bett und war innerhalb weniger Augenblicke in tiefen Schlaf versunken.

Durch eine behutsame Berührung meiner Schulter wurde ich geweckt. Ich öffnete die Augen und blickte direkt in das faltige, rosafarbene Gesicht einer alten Frau. »Du träumst«, sagte sie, »und ich bin Teil deines Traumes.«

Automatisch nickte ich. Allerdings war ich nicht davon überzeugt, daß ich träumte. Die Frau war außergewöhnlich klein. Allerdings kein Zwerg und auch keine Lilliputanerin, sondern eher von der Größe eines Kindes, mit dünnen Armen und schmalen, zerbrechlich wirkenden Schultern.

»Sind Sie die Heilerin?« fragte ich.

»Ich bin Esperanza«, sagte sie. »Ich bringe die Träume.«

Ihre Stimme klang sanft und ungewöhnlich tief, und ihr Dialekt hatte eine seltsame, exotische Färbung. Es klang so, als seien die Muskeln ihrer Oberlippe nicht an ihr fließendes Spanisch gewöhnt. Ihre Stimme wurde beständig lauter, bis sie zu einer körperlosen Kraft geworden war, die den ganzen Raum zu erfüllen schien. Ihr

Klang erinnerte an das Geräusch fließenden Wassers auf dem Grunde einer tiefen Höhle.

»So spricht keine Frau«, murmelte ich. »Das ist der Klang der Dunkelheit.«

»Ich werde jetzt die Ursache deiner Alpträume beseitigen«, sagte sie und faßte mich mit herrischem Blick ins Auge, während sich ihre Finger sanft um meinen Hals schlossen. »Einen nach dem anderen werde ich sie hervorholen«, versprach sie. Wie eine sanfte Welle glitten ihre Hände über meine Brust. Sie lächelte triumphierend und bedeutete mir dann mit einer Kopfbewegung, ihre ausgestreckten Handflächen zu begutachten. »Siehst du? So einfach war das.«

Sie sah mich derartig zufrieden und verblüfft an, daß ich es nicht übers Herz brachte ihr zu sagen, daß in ihren Handflächen nicht das geringste zu sehen war.

In der Annahme, die Sitzung sei damit beendet, dankte ich ihr und richtete mich auf. Ablehnend schüttelte sie den Kopf und drückte mich auf mein Bett zurück. »Du schläfst«, erinnerte sie mich. »Ich bringe die Träume, hast du das vergessen?«

Gern hätte ich darauf bestanden, hellwach zu sein, doch brachte ich nur ein dümmliches Grinsen zuwege, während ich mit Macht in einen tiefen, beruhigenden Schlaf gezogen wurde.

Gelächter und Geflüster hatten sich wie Schatten um mich versammelt. Ich zwang mich zu erwachen. Unter großer Mühe gelang es mir, die Augen zu öffnen, mich aufzusetzen und mir die Leute in der Tischrunde anzuschauen. Ein eigenartiges Dämmerlicht machte es schwer, klare Umrisse zu erkennen, doch bemerkte ich, daß Delia anwesend war. Gerade wollte ich ihren Namen rufen, als ich ein hartnäckiges Schaben hinter meinem Rücken vernahm und mich umwandte.

Ein Mann kauerte kippelnd auf einem Stuhl und war lautstark

mit dem Schälen von Erdnüssen beschäftigt. Auf den ersten Blick schien er jung, doch gleichzeitig wußte ich, daß er alt war. Er hatte einen zierlichen Körper und ein weiches, glattrasiertes Gesicht. Sein Lächeln war eine Mischung aus Berechnung und Unschuld.

»Willst'n paar?« fragte er.

Noch bevor ich auch nur mit dem Kopf nicken konnte, fiel mir der Unterkiefer nach unten. Staunend sah ich zu, wie er sein Gewicht auf eine Hand verlagerte und seinen kleinen, drahtigen Körper mühelos in den Handstand beförderte. Aus dieser Position warf er mir eine Erdnuß zu; sie flog direkt in meinen offenen Mund.

Ich verschluckte mich, doch augenblicklich sorgte ein scharfer Stoß zwischen meine Schulterblätter dafür, daß ich wieder atmen konnte. Dankbar wandte ich mich um und fragte mich, wer von all den Leuten so flink reagiert haben mochte.

»Ich bin Mariano Aureliano«, sagte der Mann, der mir auf den Rücken geklopft hatte und schüttelte meine Hand. Sein höflicher Tonfall und die charmante Förmlichkeit seiner Geste linderten den wilden Ausdruck seiner Augen und die Strenge seiner adlerhaften Gesichtszüge. Seine geschwungenen Augenbrauen verliehen ihm den Anblick eines Vogels auf der Suche nach Beute. Sein weißes Haar und sein wettergegerbtes, kupferfarbenes Gesicht verrieten ein fortgeschrittenes Alter, doch ging von seinem muskulösen Körper die Vitalität der Jugend aus.

Unter den Anwesenden im Zimmer befanden sich außer Delia noch fünf weitere Frauen. Jede von ihnen schüttelte mir mit der gleichen Höflichkeit die Hand. Ihren Namen erwähnte keine von ihnen, nur daß sie sich freuten meine Bekanntschaft zu machen. Obwohl sie sich äußerlich in keiner Weise glichen, gab es zwischen ihnen eine verblüffende Ähnlichkeit, eine widersprüchliche Mischung aus Jugend und Alter, aus Stärke und Zerbrechlichkeit, die mich sehr sonderbar berührte – obwohl ich durch die rauhe und direkte Art meiner nach männlichen Prinzipien ausgerichteten, patriachialischen deutschen Familie einiges gewöhnt war.

Wie schon bei Mariano Aureliano und dem Mann auf dem Stuhl gelang es mir nicht, das Alter der Frauen zu schätzen. Sie hätten ebensogut in ihren Vierzigern wie auch in den Sechzigern sein können.

Während die Frauen mich unausgesetzt anstarrten, überkam mich ein flüchtiger Anfall innerer Unruhe. Mit einem Mal meinte ich zu wissen, daß sie in der Lage waren, mein Inneres zu durchschauen, und ich spürte, daß sie das dort Gesehene einer eingehenden Betrachtung unterzogen. Ihr amüsiertes und nachdenkliches Lächeln trug wenig dazu bei, mich zu beruhigen. Nur allzubereit, die beklemmende Stille irgendwie zu durchbrechen, wandte ich mich von den Frauen ab und erkundigte mich bei dem Mann auf dem Stuhl, ob er ein Akrobat sei.

»Ich bin Mr. Flores«, sagte er, machte einen Salto rückwärts und landete im Schneidersitz auf dem Boden. »Ein Akrobat bin ich allerdings nicht«, verkündete er. »Sondern vielmehr ein Zauberer.« Diebische Freude stand in seinem Gesicht, als er in seine Tasche griff und den Seidenschal hervorzog, den ich um den Hals des Esels geschlungen hatte.

»Ich weiß, wer Sie sind. Sie sind ihr Ehemann!« rief ich aus und zeigte anklagend mit dem Finger auf Delia. »Ihr habt mich reingelegt!«

Mr. Flores sagte kein Wort. Höflich schweigend blickte er mich an. »Ich bin der Ehemann von niemandem, soviel steht fest«, verkündete er schließlich und verließ radschlagend den Raum.

Einer spontanen Eingebung folgend sprang ich vom Bett auf und ging ihm hinterher auf den Hof. Geblendet durch das helle Tageslicht, stand ich einige Sekunden benommen im Freien, dann überquerte ich den Hof und rannte neben einem Feldweg entlang in ein frisch gepflügtes, durch hohe Eukalyptusbäume unterteiltes

Feld. Es war glühend heiß, und die Strahlen der Sonne brannten auf meiner Haut wie Flammen. Die Furchen des Ackers glitzerten in der Hitze wie riesige, feuchte Schlangen.

»Mr. Flores«, rief ich. Doch niemand antwortete. In der Gewißheit, daß er sich hinter einem der Bäume verborgen hielt, rannte ich quer über das Feld.

»Vorsicht mit den nackten Füßen!« warnte eine Stimme über mir.

Verdutzt sah ich nach oben und direkt in das umgekehrte Gesicht des Mr. Flores, der, an seinen Beinen baumelnd, von einem Ast hing.

»Es ist nicht nur gefährlich, sondern auch vollkommen idiotisch, ohne Schuhwerk herumzulaufen!« ermahnte er mich streng und schwang dabei vor- und zurück wie ein Trapezkünstler. »Hier wimmelt es vor Klapperschlangen. Komm' herauf zu mir. Hier oben ist es sicher und kühl.«

Obwohl ich genau wußte, daß die Äste weit außerhalb meiner Reichweite lagen, streckte ich in kindlichem Vertrauen meine Arme gen Himmel. Bevor ich seine Absicht erkannte, hatte Mr. Flores mich an den Handgelenken ergriffen und in den Baum gezogen, als sei ich nicht schwerer als eine Lumpenpuppe. Verblüfft saß ich neben ihm und schaute auf die raschelnden Blätter, im Licht der Sonne schimmerten sie wie Splitter aus purem Gold.

»Hörst du, was der Wind dir sagen will?« fragte Mr. Flores schließlich nach langem Schweigen. Er bewegte seinen Kopf hin und her, damit ich in den vollen Genuß seiner überaus erstaunlichen Ohrwackelkünste kam.

»Zamurito!« rief ich, jetzt beinahe flüsternd, während mir Erinnerungen durch den Kopf schossen. Zamurito, Kleiner Bussard, war der Spitzname eines Freundes aus meiner Kindheit in Venezuela gewesen. Mr. Flores hatte die gleichen delikaten vogelhaften Gesichtszüge, das tiefschwarze Haar und die senffarbenen Augen. Und was am erstaunlichsten war, wie Zamurito war auch er in der Lage, seine Ohren sowohl unabhängig voneinander als auch gleichzeitig zu bewegen.

Ich erzählte Mr. Flores von meinem Freund, den ich im Kindergarten kennengelernt hatte. In der zweiten Klasse hatten wir uns ein Pult geteilt. Während der langen Mittagspause schlichen wir manchmal aus der Schule und kletterten auf einen Berg in der Nähe, wo wir im Schatten eines Mango-Baumes unser Pausenbrot aßen. Dieser Baum war für uns der größte Baum der Welt; seine tiefsten Äste berührten den Boden, seine höchsten streiften die Wolken. Zur Erntezeit pflegten wir uns mit Mangos regelrecht vollzustopfen.

Der kleine Berggipfel war unser Lieblingsplatz. Bis zu jenem Tag, als wir den Leichnam des Hausmeisters unserer Schule an einem der hohen Äste hängend vorfanden. Wir wagten nicht, uns zu bewegen oder zu weinen; keiner wollte vor dem anderen sein Gesicht verlieren. An jenem Tag kletterten wir nicht in die Zweige, sondern versuchten, unser Essen direkt unter dem toten Mann auf dem Boden einzunehmen. Dabei fragten wir uns, wer wohl zuerst zusammenbrechen würde. Ich hatte schließlich nachgegeben.

»Hast du jemals ans Sterben gedacht?« hatte Zamurito flüsternd gefragt.

Daraufhin warf ich einen Blick auf den über mir hängenden Toten, und im selben Augenblick war der Wind mit ungewöhnlicher Heftigkeit in die Blätter gefahren. In ihrem Rauschen hatte ich klar und deutlich die Stimme des toten Mannes gehört, der mir zuflüsterte, daß der Tod wohltue. Mir wurde so unheimlich, daß ich aufsprang und schreiend davonrannte, ohne zu überlegen, was Zamurito von mir denken mochte.

»Der Wind hat die Zweige und Blätter mit dir sprechen lassen«, sagte Mr. Flores, nachdem ich ihm meine Geschichte erzählt hatte. Seine Stimme klang sanft und tief. Seine goldfarbenen Augen glänzten beinahe fieberhaft, während er fortfuhr zu erklären, daß die Erinnerungen, Empfindungen und Gefühle des alten Hausmeisters im Augenblick seines Todes befreit und von dem Mangobaum aufgenommen worden seien.

»Der Wind hat die Zweige und Blätter mit dir sprechen lassen«, wiederholte Mr. Flores. »Denn der Wind ist von Geburt an dein Verbündeter.« Verträumt schaute er durch die Blätter, weit über das vor ihm in der Sonne liegende Feld hinaus. »Als Frau bist du in der Lage, dem Wind zu befehlen«, fuhr er fort. »Die meisten Frauen wissen es nicht, doch sie können sich jederzeit mit dem Wind unterhalten.«

Verständnislos schüttelte ich den Kopf. »Ich weiß wirklich nicht, wovon Sie sprechen«, sagte ich, und mein Tonfall verriet mein wachsendes Unbehagen. »Ich fühle mich wie in einem Traum, ich könnte fast schwören, einen meiner Alpträume zu haben.«

Sein langes Schweigen verärgerte mich. Ich merkte, wie mir vor Erregung das Blut ins Gesicht schoß. Was tat ich hier oben in einem Baum, in der Gesellschaft eines verrückten, alten Mannes? Zur gleichen Zeit hatte ich Angst, ihn beleidigt zu haben und beschloß, mich für meine Unverblümtheit zu entschuldigen.

»Ich merke, daß meine Worte bei dir nicht gerade auf fruchtbaren Boden fallen«, gestand er. »Das liegt daran, daß deine Kruste zu dick ist. Sie hindert dich daran zu hören, was der Wind zu sagen hat.«

«Meine Kruste?« fragte ich verwirrt und mißtrauisch. »Halten Sie mich für dreckig?«

»Unter anderem«, sagte er und ich errötete. Er lächelte und wiederholte, daß ich von einer zu dicken Kruste eingehüllt sei, die ich auch nicht durch oftmaliges Baden entfernen könne. »Du bist voller Vorurteile«, erklärte er. »Sie hindern dich daran zu erkennen, daß du in der Lage bist, dem Wind zu befehlen.«

Mit zusammengekniffenen, kritischen Augen sah er mich an.

»Nun?« fragte er ungeduldig. Noch bevor ich wußte, wie mir geschah, hatte er meine Hände ergriffen und mich mit einer einzigen schnellen und flüssigen Bewegung sanft wieder auf den Boden abgesetzt. Dabei meinte ich gesehen zu haben, daß sich seine Arme und Beine wie Gummibänder dehnten. Doch hatte es sich dabei nur um ein flüchtiges Bild gehandelt, das ich mir sofort als eine durch die Hitze verursachte optische Täuschung erklärte. Im nächsten Moment wurde ich durch den Anblick von Delia Flores und ihren Freunden abgelenkt, die gerade unter dem Baum ein großes Leinentuch ausbreiteten.

»Seit wann bist du denn hier?« fragte ich Delia, erstaunt darüber, daß mir die Ankunft der Gruppe entgangen war.

»Wir werden dir zu Ehren ein Picknick veranstalten«, sagte sie.

»Weil du ab heute zu uns gehörst«, fügte eine der anderen Frauen hinzu.

»Weshalb gehöre ich zu euch?« fragte ich unbehaglich. Ich wußte nicht, wer gerade gesprochen hatte. In der Erwartung, eine von ihnen würde mir die Bemerkung erklären, ließ ich meinen Blick von einer zur anderen wandern.

Ungeachtet meiner wachsenden Verwirrung beschäftigten sich die Frauen mit dem Leinentuch und sorgten dafür, daß es faltenlos ausgelegt wurde. Je länger ich ihnen zusah, desto besorgter wurde ich; bald schien mir alles überaus befremdlich. Ich war zwar noch imstande, mir zu erklären, weshalb ich Delias Einladung zu ihrer Medizinfrau gefolgt war, doch die Beweggründe für meine anschließenden Handlungen wurde mir immer rätselhafter. Mir schien, als habe sich jemand meiner rationalen Fähigkeiten bemächtigt und zwang mich jetzt, gegen meinen Willen hier zu bleiben, zu reagieren und Dinge zu sagen, die ich nicht sagen wollte. Und jetzt machte man sich zu allem Überfluß auch noch daran, eine Festlichkeit zu meinen Ehren zu veranstalten. Starke Beunruhigung wäre eine gelinde Umschreibung für mein Empfinden in diesem

Augenblick. Wie sehr ich mich auch bemühte, es gelang mir nicht, ruhig und gelassen zu bleiben.

»Ganz sicher habe ich nichts davon verdient«, murmelte ich, meiner deutschen Erziehung die Oberhand gewährend. »Kein Mensch veranstaltet Festivitäten, ohne dabei Hintergedanken zu haben.«

Erst als ich Mariano Aurelianos schallendes Gelächter hörte, bemerkte ich, daß ich von allen Anwesenden angestarrt wurde.

»Es ist sinnlos, herausfinden zu wollen, was dir heute zugestoßen ist«, sagte er und klopfte mir sanft auf die Schulter. »Wir veranstalten ein Picknick, weil wir gern spontanen Eingebungen folgen. Und da du heute von Esperanza geheilt worden bist, behaupten meine Freunde einfach, das Picknick sei dir zu Ehren.« Er sprach in beiläufigem, beinahe gleichgültigem Ton. Seine Augen jedoch sprachen eine andere Sprache; sie blickten hart und ernst, als sei es lebenswichtig für mich, ihm genauestens zuzuhören.

»Für meine Freunde ist es ein Vergnügen, dir zu Ehren ein Picknick zu geben«, fuhr er fort. »Akzeptiere es einfach und ohne Vorurteil.« Während er den Frauen zuschaute, trat ein weicher Ausdruck in seine Augen. Er wandte sich zu mir und fügte hinzu: »Das Picknick ist absolut nicht dir zu Ehren, soviel kann ich dir versichern. Und doch«, grübelte er, »ist es zu deinen Ehren. Dies ist ein Widerspruch, den zu verstehen dich unter Umständen einige Zeit kosten wird.«

»Ich habe niemanden um einen Gefallen gebeten«, sagte ich düster. Wie immer, wenn ich mich bedroht fühlte, war ich mit einem Mal ausgesprochen träge. »Delia hat mich mit hierher genommen, und dafür bin ich ihr dankbar.» Ich fühlte mich verpflichtet hinzuzufügen, daß ich gerne bereit war, für die mir erwiesenen Dienste angemessene Bezahlung zu entrichten.

Sofort fragte ich mich, ob ich ihn mit dieser Bemerkung so verletzt hatte, daß man mich jeden Augenblick bitten würde, den Ort zu verlassen. Und von meinem verletzten Stolz einmal abgesehen, hätte es mir nicht einmal etwas ausgemacht. Ich fürchtete mich und hatte mittlerweile genug von den Leuten.

Zu meiner Überraschung und Verärgerung nahm mich jedoch niemand ernst, schlimmer noch, man lachte mich aus. Je ärgerlicher ich mich gab, desto größer schien ihre Freude daran zu werden, und ihre vor Lachen glänzenden Augen waren auf mich gerichtet, als handele es sich bei meiner Person um einen unbekannten Organismus.

Tiefer Zorn war es schließlich, der mich meine Furcht vergessen ließ. Ich ging zum Angriff über und beschuldigte die Anwesenden, mich zum Narren zu halten. Ich warf Delia und ihrem Ehemann vor – weshalb ich darauf bestand, die beiden als Paar zu sehen, weiß ich heute nicht mehr –, mir einen abartigen Streich gespielt zu haben.

»Du hast mich hierher gebracht«, sagte ich und wandte mich an Delia, »damit du und deine Freunde mich als Clown mißbrauchen können.«

Je mehr ich schimpfte, desto mehr lachten sie. Ich stand kurz davor, aus Selbstmitleid, Wut und Frustration in Tränen auszubrechen, als sich Mariano Aureliano neben mich stellte. Er begann auf mich einzureden wie auf ein kleines Kind. Ich wollte ihm zu verstehen geben, daß ich sehr wohl in der Lage sei, auf mich selbst achtzugeben und auf sein Mitleid verzichten könne, da ich ohnehin auf dem Weg nach Hause war, als mich etwas an seinem Tonfall und in seinen Augen derartig besänftigte, daß ich zunächst meinte, von ihm hypnotisiert worden zu sein. Und doch wußte ich, daß dem nicht so war.

Das Ungewöhnliche und Verstörende an meiner Veränderung bestand in ihrer Vollständigkeit und Geschwindigkeit. Was normalerweise Tage in Anspruch genommen hätte, war in einem Augenblick geschehen. Mein ganzes Leben lang hatte ich über jede

Schmach und jeden Affront – ob eingebildet oder real – der mir zugefügt worden war, tagelang gebrütet. Mit systematischer Gründlichkeit ließ ich mir die Ereignisse durch den Kopf gehen, bis ich auch für das letzte Detail eine befriedigende Erklärung gefunden hatte.

Beim Anblick von Mariano Aureliano wollte ich über meinen Ausbruch lachen. Ich konnte mich kaum noch daran erinnern, was mich eben noch fast zu Tränen der Wut getrieben hatte.

Delia zog mich am Arm und bat mich, den anderen Frauen beim Auspacken der Körbe mit Porzellantellern, Kristallkelchen und dem Silberbesteck behilflich zu sein. Die Frauen sprachen weder mit mir noch untereinander. Lediglich als Mariano Aureliano die Deckel von den Schüsseln hob, kamen ihnen leise Seufzer der Verzückung über die Lippen; es gab *tamales, enchiladas,* einen dampfenden Chili-Eintopf und handgemachte *tortillas.* Nicht etwa aus Getreidemehl – wie sie in Nordmexiko gemacht werden – sondern aus Mais, wie ich sie vorzog.

Delia überreichte mir einen Teller mit Kostproben von allem. Ich aß so gierig, daß ich als erste fertig war. »Dies ist das köstlichste Essen meines Lebens«, schwärmte ich, in der Hoffnung einen Nachschlag zu erhalten. Doch bot mir niemand etwas an. Um meine Enttäuschung zu verbergen, äußerte ich ein Kompliment bezüglich der antiken Spitzenborte an dem Leinentuch, auf dem wir alle saßen.

»Die habe ich angebracht«, sagte eine Frau, die zu Mariano Aurelianos Linken saß. Sie sah alt aus, und ihre wirren grauen Haare fielen ihr ins Gesicht. Trotz der großen Hitze trug sie einen langen Rock, eine Bluse und einen Pullover.

»Das ist echte belgische Spitze«, erklärte sie mit freundlicher, verträumter Stimme. An ihren langen, schmalen Händen, mit denen sie liebevoll die breite Einfassung befingerte, glitzerten kostbare Juwelen. Ausführlich berichtete sie mir von ihrer Handarbeit und zeigte mir die Stiche und Fäden, die sie gewählt hatte, um die Spitze anzubringen. Gelegentlich gelang es mir, durch die Masse von Haar einen kurzen Blick auf ihr Gesicht zu werfen, doch wie sie aussah, hätte ich nicht zu sagen vermocht.

»Echte belgische Spitze«, wiederholte sie. »Sie stammt aus meiner Aussteuer.« Sie nahm einen der Kristallpokale auf, trank einen Schluck Wasser daraus und fügte hinzu: »Die hier stammen ebenfalls aus meiner Aussteuer; echt Baccarat.«

Ich zweifelte nicht an ihren Worten. Die wunderschönen Teller – jeder mit einem anderen Muster versehen – waren von feinstem Porzellan. Ich fragte mich gerade, ob ein diskreter Blick auf den Boden meines Tellers wohl unbemerkt bleiben würde, als die Frau zu Mariano Aurelianos Rechten mich ermunterte, genau das zu tun.

»Nur keine Schüchternheit. Schau ruhig nach«, drängte sie mich. »Du bist hier unter Freunden.« Grinsend hob sie ihren eigenen Teller. »Limoges«, buchstabierte sie, dann nahm sie meinen Teller und bemerkte, daß er aus der Produktion der Rosenthalwerke stamme.

Die Frau hatte zerbrechlich wirkende, kindhafte Gliedmaßen. Sie war klein, mit großen runden Augen und dichten schwarzen Wimpern. Auch ihr Haar war schwarz, bis auf die weiße Krone, die sie zu einem engen kleinen Chignonknoten gekämmt hatte. Als sie begann, mich mit einigen sehr direkten, persönlichen Fragen zu bombardieren, bemerkte ich, daß von ihr eine so ungewöhnliche Schärfe und Kraft ausging, daß mir ein Schauer den Rücken hinunterlief.

Ihr Verhörton machte mir nichts aus. Ich war es gewöhnt, von meinem Vater und meinen Brüdern mit Fragen überwältigt zu werden, sobald ich von einem Rendezvous oder anderen selbständigen Unternehmungen nach Hause zurückgekehrt war. So sehr ich diesen Ton ablehnte, so sehr hatte er doch zum täglichen Umgang im Haus meiner Eltern gehört. Wegen ihm hatte ich nie gelernt, eine Konversation zu führen. Konversation bestand für mich im Parieren verbaler Attacken und darin, mich um jeden Preis zu verteidigen.

Ich war überrascht, daß die aufdringliche Art und Weise der Frau mich nicht augenblicklich in die Defensive trieb.

»Bist du verheiratet?« fragte sie.

»Nein«, sagte ich sanft aber bestimmt und hoffte, sie würde den Gegenstand der Unterhaltung schnell wechseln.

»Hast du einen Mann?« bohrte sie weiter.

»Nein. Habe ich nicht«, erwiderte ich und merkte, wie sich mein alter Abwehrmechanismus zu regen begann.

»Gibt es einen Typ Mann, für den du eine Schwäche hast?« fuhr sie fort. »Besondere Charakterzüge, die du bevorzugst?«

Einen Augenblick lang war ich mir nicht sicher, ob sie mich auf den Arm nahm oder nicht, doch schien sie, genau wie ihre Gefährten, aufrichtig an meinen Antworten interessiert zu sein. Die neugierigen, erwartungsvollen Gesichter um mich herum beruhigten mich. Ich vergaß mein streitlustiges Naturell und die Tatsache, daß die Frauen alt genug waren, um meine Mütter sein zu können und sprach mit ihnen wie mit befreundeten Altersgenossen.

»Groß und gutaussehend muß er sein«, begann ich. »Einen Sinn für Humor muß er haben. Er muß sensibel sein, aber kein Softi. Intelligent, aber nicht intellektuell.« Ich senkte meine Stimme und fügte in vertraulichem Ton hinzu, »Mein Vater pflegte zu sagen, daß Intellektuelle im Herzen schwach sind und ohne Ausnahme zum Verrat neigen. Ich denke, daß ich meinem Vater da rechtgeben muß.«

»Und mehr verlangst du nicht von einem Mann?« begehrte die Frau zu wissen.

»Doch«, beeilte ich mich zu sagen. »Vor allen anderen Dingen muß der Mann meiner Träume athletisch sein.«

»So wie dein Vater?«, warf eine der anderen Frauen ein.

»Selbstverständlich«, sagte ich defensiv. »Mein Vater war ein hervorragender Athlet. Ein großartiger Skifahrer und Schwimmer.«

»Hast du dich gut mit ihm verstanden?« fragte sie.

»Wunderbar«, schwärmte ich. »Ich bewundere ihn. Allein der Gedanke an ihn rührt mich zu Tränen.«

»Weshalb bist du nicht bei ihm?«

»Wir ähneln uns zu sehr«, erklärte ich. »Ich weiß nicht warum, und ich kann es nicht kontrollieren, aber irgendetwas zieht mich von ihm fort.«

»Was ist mit deiner Mutter?«

»Meine Mutter?« seufzte ich und dachte einen Moment lang nach, um die richtigen Worte zu finden. »Sie hat eine außerordentlich starke Persönlichkeit. Von ihr habe ich meine Nüchternheit. Den Teil, der schweigt und der keiner Bestätigung bedarf.«

»Hast du zu deinen Eltern ein gutes Verhältnis?«

»Im Geiste schon«, sagte ich sanft. »In der Praxis bin ich ein Einzelgänger. Ich hatte nie viele Beziehungen.« Dann, als ob etwas in mir nach außen drängte, enthüllte ich eine Schwäche in meinem Wesen, die ich mir selbst in meinen einsichtsvollsten Momenten nie eingestanden hatte. »Ich benutze die Leute eher, als daß ich sie unterstütze oder für sie sorge«, sagte ich, und schwächte diese Behauptung im nächsten Moment ab, indem ich hinzufügte: »Allerdings bin ich durchaus in der Lage, Gefühle zu empfinden.«

Mit einer Mischung aus Erleichterung und Enttäuschung blickte ich von einem zum anderen. Niemand schien meinem Geständnis auch nur die geringste Bedeutung beizumessen. Die Frauen stellten weitere Fragen, und es war ihnen offenbar egal, ob ich ein Held oder ein Schwächling war.

»Ich bin ein ausgemachter Feigling«, behauptete ich. »Doch unglücklicherweise hält mich das nie zurück.«

»Hält dich wovor nicht zurück?« wollte die Frau wissen, die die ganze Zeit gefragt hatte. Ihre schwarzen Augen waren ernst, und ihre wie mit einem Kohlestück gezogenen, breiten Augenbrauen legten sich in kleine Falten.

»Davor, gefährliche Sachen anzustellen«, sagte ich. Erfreut darüber, daß alle der Anwesenden an meinen Lippen zu hängen schienen, erklärte ich, daß es ein weiterer gravierender Fehler meiner Person ist, häufig in Schwierigkeiten zu geraten.

»Von welcher deiner Schwierigkeiten kannst du uns erzählen?« fragte die Frau. Ihr Gesicht, das die ganze Zeit über ernst gewesen war, überzog sich mit einem wie mir schien boshaften Lächeln.

»Wie steht's mit meinen augenblicklichen Schwierigkeiten?« sagte ich halb im Scherz und befürchtete, daß sie meine Bemerkung falsch verstehen könnten. Doch zu meiner Überraschung und Erleichterung lachten alle und schrien durcheinander, als sei etwas besonders Spaßiges geschehen.

»Wie kommt es, daß du ausgerechnet in den Vereinigten Staaten gelandet bist?« fragte die Frau, als sich alle wieder beruhigt hatten.

Ich wußte nicht, was ich antworten sollte und zuckte mit den Schultern. »Eigentlich wollte ich studieren«, murmelte ich schließlich. »Zunächst war ich in England, doch abgesehen von Vergnügungen habe ich dort nicht viel gemacht. Ich habe keine Ahnung, ob und was ich studieren soll. Ich suche nach etwas, aber ich weiß nicht genau, wonach.«

»Was uns zurück zu meiner ersten Frage bringt«, sagte die Frau, ihre dunklen Augen in den schmalen und kecken Gesicht jetzt lebendig und lauernd wie die eines wachsamen Tieres. »Bist du auf der Suche nach einem Mann?«

»Ich schätze, das könnte man so sagen«, gestand ich und fügte dann ungehalten hinzu, »Welche Frau ist das nicht? Und weshalb stellen Sie dauernd die gleiche Frage? Haben Sie jemand Bestimmtes im Kopf? Ist das hier ein Test, oder was?«

»Wir denken tatsächlich an jemanden«, unterbrach Delia Flores. »Allerdings handelt es sich nicht um einen Mann.« Sie und die anderen lachten und quietschten derartig vor Vergnügen, daß ich schließlich ebenfalls anfing zu kichern.

»Und ganz gewiß handelt es sich hier um einen Test«, versicherte mir die Hauptfragestellerin, nachdem wieder Ruhe eingekehrt war. Einen Augenblick schwieg sie und betrachtete mich aufmerksam. »Deinen Erzählungen nach zu urteilen, bist du durch und durch Mittelklasse«, fuhr sie dann fort. Mit einer erzwungen wirkenden Geste warf sie die Arme in die Luft. »Aber was kann man von einer in der Neuen Welt geborenen Deutschen auch schon anderes erwarten?« Als sie den Ärger auf meinem Gesicht bemerkte, fügte sie mit schlecht verhohlenem Grinsen hinzu, »Mittelklässler haben nun einmal mittelständische Träume.«

Mariano Aureliano erkannte, daß ich kurz vor einer Explosion stand und erklärte, daß diese Fragen einzig aus Interesse an meiner Person gestellt würden. Selten nur kämen Gäste zu ihnen und wenn, dann kaum jemals so junge.

»Das heißt aber nicht, daß man mich deswegen beleidigen muß«, beschwerte ich mich.

Als habe ich gar nichts gesagt, fuhr Mariano Aureliano damit fort, Entschuldigungen für die Frau vorzubringen. Wie schon zuvor ließen sein sanfter Ton und ein beruhigender Klaps auf meinen Rücken den Ärger im wahrsten Sinne dahinschmelzen. So engelhaft und anrührend war sein Lächeln, daß ich keinen Augenblick daran dachte, seine Ernsthaftigkeit in Frage zu stellen, auch nicht als er begann, mir Komplimente zu machen. Er sagte, daß ich eine der außergewöhnlichsten und bemerkenswertesten Persönlichkeiten sei, die er je kennengelernt habe. Ich war derartig bewegt und ermutigt, daß ich ihm gestattete, mir jede beliebige Frage zu stellen.

»Hältst du dich für bedeutend?« wollte er wissen.

Ich nickte. »Wir alle sollten uns etwas bedeuten«, bemerkte ich. »Ja, ich halte mich für bedeutend, vielleicht nicht für die Allgemeinheit, aber für mich selbst.« Ausführlich erging ich mich in Betrachtungen über ein positives Selbstbildnis und bemerkte, wie lebenswichtig es für unsere seelische Gesundheit sei, die Einzigartigkeit des Individuums zu stärken.

»Und wie steht es mit den Frauen?« fragte er. »Sind sie deiner Meinung nach wichtiger oder unwichtiger als Männer?«

»Es liegt wohl klar auf der Hand, daß Männer wichtiger sind«, sagte ich. »Frauen haben keine Wahl. Sie müssen zurückstehen, um den reibungslosen Ablauf eines Familienlebens zu gewährleisten.«

»Ist das deiner Meinung nach gerecht?«

»Aber selbstverständlich ist es gerecht«, erklärte ich. »Männer sind Frauen von Geburt an überlegen; aus diesem Grund beherrschen sie die Welt. Mein Vater war autoritär, und obwohl er mich neben meinen Brüdern gleichberechtigt behandelte, machte er keinen Hehl daraus, daß bestimmte Dinge für eine Frau nicht unbedingt von großer Wichtigkeit sind. Deshalb wußte ich nie, was ich studieren sollte oder was ich vom Leben will.« Ich schaute auf Mariano Aureliano und fügte mit hilfloser, niedergeschlagener Stimme hinzu: »Schätzungsweise suche ich nach einem Mann, der so selbstsicher ist wie mein Vater.«

»Sie ist ein ausgemachter Simpel!« unterbrach eine der Frauen.

»Nein, nein, genau das ist sie nicht«, versicherte Aureliano den Anwesenden. »Sie ist lediglich verwirrt und so voller Vorurteile wie ihr Vater.«

»Ihr deutscher Vater«, korrigierte Mr. Flores, dabei besondere Gewichtung auf das Wort *deutsch* legend. Sanft und lautlos wie ein herniederschwebendes Blatt hatte er sich vom Baum herabgelassen und häufte sich eine überreichliche Menge Essen auf den Teller.

»Wie recht du hast«, stimmte Mariano Aureliano zu und grinste. »So voller Vorurteile wie ihr deutscher Vater, daß sie einfach die Dinge wiederholt, die sie ihr ganzes Leben lang gehört hat.«

Mein Zorn, der wie ein Fieber an- und abschwellte, bezog sich nicht nur auf das Gesagte, sondern auch auf die Tatsache, daß man über mich sprach, als sei ich gar nicht anwesend.

»Sie ist rettungslos verloren«, sagte eine der anderen Frauen.

»Für unser Vorhaben ist sie genau richtig«, verteidigte Mariano Aureliano mich im Brustton tiefer Überzeugung.

Mr. Flores setzte sich neben Mariano Aureliano. Und die einzige Frau, die bisher nichts gesagt hatte, bemerkte mit tiefer, kratziger

Stimme, daß sie mit den Männern einer Meinung sei und mich für ihr Vorhaben als genau die richtige erachtete.

Sie war hochgewachsen und schlank. Ihr blasses Gesicht, hager und ernst, wurde von einem weißen Zopf gekrönt und von großen strahlenden Augen buchstäblich erhellt. Trotz ihrer abgetragenen grauen Wollkleidung strahlte sie eine angeborene Eleganz aus.

»Was wollt ihr eigentlich von mir?« schrie ich, unfähig, mich länger zurückzuhalten. »Merkt ihr nicht, wie gräßlich es für mich ist euch zuzuhören? Ihr tut so, als gäbe es mich gar nicht!«

Mariano Aureliano musterte mich mit seinen durchdringenden Augen. »Dich gibt es nicht«, sagte er in einem Ton, dem jede Emotion fehlte. »Jedenfalls noch nicht. Und was das wichtigste ist, du zählst nicht. Jetzt nicht und auch in Zukunft nicht.«

Vor Wut schwanden mir beinahe die Sinne. Derartig rüde und anteilnahmslos hatte noch nie jemand mit mir gesprochen. »Ich kotze und scheiße und pisse auf euch alle im Quadrat, ihr gottverdammten, pimmellutschenden Scheißköpfe!« brüllte ich.

»Oh, mein Gott! Eine deutsche Hinterwäldlerin!« rief Mariano Aureliano aus, und alle lachten.

Ich wollte eben aufspringen und weggehen, als Mariano Aureliano mir mehrmals beruhigend auf den Rücken klopfte.

»Na, na«, murmelte er, als warte er auf ein Bäuerchen.

Und wie zuvor verrauchte meine Wut unter seiner mitfühlenden Anteilnahme, ich fühlte mich unbeschwert und heiter. Fassungslos schüttelte ich den Kopf, sah die Leute an und kicherte. »Mein Spanisch stammt direkt vom Pack auf den Straßen von Caracas«, sagte ich. »Ich kann ungeheuer gut fluchen.«

»Schmecken die süßen *tamales* nicht wunderbar?« fragte Delia und schloß verzückt die Augen.

Bei der Frage schien es sich um ein Stichwort gehandelt zu haben; das Verhör war beendet.

»Natürlich schmecken sie wunderbar!« antwortete Mr. Flores an meiner Stelle. »Sie wünscht nur, sie hätte ein paar mehr abbekommen. Sie hat einen unersättlichen Appetit.« Er setzte sich neben mich. »Mariano Aureliano hat sich diesmal beim Kochen selbst übertroffen.«

»*Er* hat das Essen zubereitet?« fragte ich ungläubig. »Er hat all diese Frauen und er *kocht?*« Beschämt darüber, wie man meine Worte auslegen konnte, beeilte ich mich mit einer Entschuldigung und äußerte meine Verwunderung darüber, daß ein Mexikaner kochte, obwohl sich Frauen im gleichen Haushalt befanden. Das folgende Gelächter machte mir klar, daß ich auch dies nicht hatte sagen wollen.

»Besonders wenn die Frauen ihm gehören, wolltest du doch sagen?« fragte Mr. Flores, dessen Worte vor Gelächter kaum zu verstehen waren. »Aber du hast ganz recht, es sind tatsächlich Marianos Frauen. Oder, um genau zu sein, Mariano gehört ihnen.« Vergnüglich schlug er sich aufs Knie, wandte sich dann der größten der Frauen zu, die bisher nur einmal das Wort erhoben hatte und sagte: »Weshalb erzählst du ihr nicht ein wenig von uns?«

»Ganz offensichtlich hat Mr. Aureliano nicht derartig viele Frauen«, sagte ich, immer noch peinlich berührt.

»Und weshalb nicht?« gab die Frau zurück, und wieder lachten alle. Es war ein fröhliches, junges Lachen, doch es half nicht gegen meine Befangenheit. »Wir alle hier sind verbunden durch unseren Kampf, durch unsere tiefe Zuneigung füreinander und durch die Gewißheit, daß ohne den anderen nichts möglich ist«, sagte sie.

»Ihr seid doch nicht etwa Anhänger einer Sekte, oder?« fragte ich in einem Ton, der meine wachsende Beunruhigung verriet. »Ihr gehört doch nicht zu irgendeiner Kommune, oder?«

»Wir gehören der Kraft«, gab die Frau zurück. »Meine Gefährten und ich sind die Erben einer uralten Tradition. Wir sind Teil eines Mythos.«

Ich verstand nicht, was sie damit sagen wollte. Unbehaglich ließ ich meinen Blick über die anderen Anwesenden schweifen, die mich mit einer Mischung aus Erwartung und Belustigung beobachteten.

Ich konzentrierte mich wieder auf die hochgewachsene Frau. Ihre Augen funkelten. Sie beugte sich über ihren Kristallkelch und vorsichtig nahm sie einen kleinen Schluck.

»Im Grunde sind wir Träumer«, erklärte sie mit weicher Stimme. »Jetzt gerade träumen wir, und die Tatsache, daß du zu uns gestoßen bist, läßt dich mit uns träumen.« Letzteres sagte sie so leise, daß ich den Inhalt ihrer Worte nicht verstand.

»Sie meinen, ich schlafe und träume Sie?« fragte ich in gespielter Ungläubigkeit und biß mir auf die Lippen, um mein aufkommendes Gelächter zu unterdrücken.

»Das trifft es nicht ganz, doch für den Augenblick mag es genügen«, gab sie zu. Unbeeindruckt von meinem nervösen Gekicher fuhr sie fort zu erklären, daß mein Erlebnis eher einem außergewöhnlichen Traum gleiche, bei dem mich alle Anwesenden unterstützten, indem sie den Traum mit mir träumten.

»Das ist doch völlig idiotisch«, begann ich, doch die Frau brachte mich mit einer Handbewegung zum Schweigen.

»Wir alle träumen den gleichen Traum«, versicherte sie mir und schien dabei von einer mir völlig unverständlichen Freude beseelt.

»Wie steht es mit dem köstlichen Essen, daß ich eben zu mir genommen habe?« fragte ich und suchte nach der Chilisauce, die auf meine Bluse gekleckert war. Ich zeigte ihr die Flecken. »Das ist ja wohl kaum ein Traum. Das Essen habe ich gegessen!« insistierte ich mit zu lauter, erregter Stimme. »Ganz gewiß sogar! Ich selbst habe es gegessen.«

Mit kühler Beherrschung, als habe sie einen derartigen Ausbruch erwartet, sah sie mich an »Wie steht es dagegen mit der Tatsache, daß Mr. Flores dich in die Krone des Eukalyptusbaumes gehoben hat?« gab sie gelassen zu bedenken.

Ich wollte ihr eben erklären, daß er mich nicht in die Krone sondern lediglich auf einen Ast gehoben hatte, als sie flüsterte: »Hast du schon einmal darüber nachgedacht?«

»Nein, habe ich nicht«, erwiderte ich schnippisch.

»Selbstverständlich hast du das nicht«, stimmte sie mir zu und nickte wissend mit dem Kopf als sei ihr völlig klar, daß mir eben klargeworden war, daß selbst der niedrigste Ast der uns umgebenden Bäume unmöglich vom Boden aus zu erreichen war. Dann sagte sie, daß ich nicht daran gedacht habe, weil Menschen in Träumen nicht rational denken würden. »In Träumen können wir nur handeln«, betonte sie.

»Einen Augenblick mal«, unterbrach ich sie. »Mir ist vielleicht ein wenig schwindelig, schließlich sind Sie und Ihre Freunde die seltsamsten Leute die mir je begegnet sind. Aber ich bin so wach, wie es wacher nicht geht.« Als ich merkte, daß sie mich auslachte, schrie ich: »Das hier ist kein Traum!«

Mit einem kaum wahrnehmbaren Nicken ihres Kopfes, deutete sie auf Mr. Flores, der mit flinken Bewegungen nach meiner Hand griff und sich mit mir im Schlepptau auf einen Zweig des nächsten Eukalyptusbaumes schwang. Dort oben saßen wir einen Augenblick, und noch bevor ich etwas sagen konnte, zog er mich wieder mit auf den Boden, hinunter auf die gleiche Stelle, an der ich eben noch gesessen hatte.

»Verstehst du jetzt, was ich meine?« fragte die hochgewachsene Frau.

»Nein, tue ich nicht«, kreischte ich, in der Gewißheit, Opfer einer Halluzination gewesen zu sein. Meine Furcht wandelte sich in Wut, und ich ließ einen Strom übelster Verwünschungen vom Stapel. Als die Wut verraucht war, übermannte mich eine Welle des Selbstmitleids. Ich begann zu schluchzen. »Was habt ihr mit mir gemacht?« frage ich zwischen den Schluchzern. »Habt ihr mir was ins Essen gemischt? Oder ins Wasser?«

»Nichts derartiges«, sagte die große Frau freundlich. »So etwas hast du nicht nötig ...«

Ich konnte sie kaum verstehen. Meine Tränen waren wie ein dunkler Schleier, der ihr Gesicht und ihre Worte verschwimmen ließ.

»Warte«, hörte ich sie sagen. »Warte, noch nicht aufwachen.«

Etwas an ihrer Stimme war so zwingend, daß ich wußte, mein Leben würde davon abhängen, sie wiederzusehen. Mittels einer unbekannten und völlig unerwarteten Kraft gelang es mir, durch den Schleier meiner Tränen hindurchzusehen.

Ich hörte ein leises, klapperndes Geräusch, und dann sah ich sie wieder. Sie lächelten, und ihre Augen schienen so intensiv, als würden sie von einem inneren Feuer erleuchtet. Ich entschuldigte mich zunächst bei der Frau und dann bei den beiden Männern für meinen albernen Ausbruch. Doch sie wollten davon nichts hören. Sie behaupteten, ich hätte mich außerordentlich gut geschlagen.

»Wir sind lebende Bestandteile eines Mythos«, sagte Mariano Aureliano, schürzte seine Lippen und blies in die Luft. »Ich werde dich jetzt zu dem Menschen blasen, der den Mythos gerade in seinen Händen hält. Er wird dir dabei behilflich sein, all dies zu klären.«

»Und wer soll das sein?« fragte ich schnodderig. Ich wollte noch fragen, ob derjenige so vorurteilsvoll wie mein Vater sein würde, wurde jedoch von Mariano Aureliano abgelenkt. Immer noch blies er in die Luft. Seine weißen Haare standen zu Berge; seine Wangen waren rot und gebläht.

Als handele es sich um eine Antwort auf seine Bemühungen, fuhr eine sanfte Brise durch die Blätter des Eukalyptus. Als sei er sich meiner unausgesprochenen Gedanken und meiner Verwirrung bewußt, nickte er beruhigend. Sanft drehte er mich, bis mein Blick genau auf die Bacatete-Berge fiel.

Die Brise wurde zum Wind, der so harsch und kalt wurde, daß

das Luftholen wehtat. Mit einer schnellen, fließenden Bewegung erhob sich die große Frau, ergriff meine Hand und zog mich mit ihr durch die Furchen des frisch gepflügten Ackers. Ich hätte schwören können, daß sie mit ihren ausgestreckten Armen eine Windsäule aus Staub und toten Blättern anlockte, die in der Ferne zu kreisen begonnen hatte.

»Im Traum ist alles möglich«, flüsterte sie.

Lachend öffnete ich meine Arme, um den Wind zu empfangen. Um uns herum tanzten Staub und Blätter mit solcher Macht, daß alles vor meinen Augen verschwamm. Mit einem Mal befand sich die große Frau in weiter Ferne. Ihr Körper schien sich in rötlichem Licht aufzulösen, bis er vollkommen aus meinem Sichtfeld verschwunden war. Dann gab es nur noch Dunkelheit.

3

Es war mir unmöglich festzustellen, ob es sich bei dem Picknick um einen Traum oder um eine reale Begebenheit gehandelt hatte. Ich war nicht in der Lage, mich an die Ereignisse seit meinem Einschlafen im Zimmer der Medizinfrau in korrekter zeitlicher Abfolge zu erinnern. Am deutlichsten erinnerte ich mich daran, daß ich mit Delia am Tisch saß und wir uns unterhielten.

Da mir derartige Aussetzer meines Erinnerungsvermögens noch aus der Kindheit vertraut waren, machte ich mir zunächst nicht allzuviel Gedanken wegen dieser Diskrepanz. Als Kind konnte ich es kaum erwarten, zum Spielen aus dem Haus zu kommen und habe oft noch im Halbschlaf mein Bett verlassen. Ich schlich dann durch das Fenstergitter ins Freie und wachte regelmäßig am Dorfplatz wieder auf, um mit den Kindern zu spielen, die nicht so früh zu Bett geschickt wurden wie ich.

Für mich bestand kein Zweifel daran, daß es sich bei dem Picknick um eine reale Begebenheit gehandelt hatte, obwohl es mir nicht gelang, sie in einen zeitlichen Rahmen zu stellen. Ich dachte nach und versuchte, die Ereignisse zu rekonstruieren, zögerte jedoch bei dem Gedanken an das Versagen meiner Erinnerung in der Kindheit. Aus irgendeinem Grund vermied ich es, Delia nach ihren Freunden zu fragen, und freiwillig bot sie mir keinerlei Information an. Schließlich fragte ich sie nach der Heilbehandlung, von der ich sicher wußte, daß sie auf der Traumebene stattgefunden hatte.

»Ich hatte einen ausgesprochen lebhaften Traum von einer Heilerin«, begann ich vorsichtig. »Nicht nur, daß sie mir ihren Namen nannte, sie hat mir sogar versichert, daß meine Alpträume nie wiederkommen werden.«

»Das war kein Traum«, behauptete Delia, und ihre Stimme drückte deutlich Mißfallen aus. Sie starrte mich mit einer Intensität an, die mir unangenehm war. Am liebsten wäre ich davongelaufen. »Die Medizinfrau hat dir ihren Namen genannt«, fuhr Delia fort. »Und ganz gewiß hat sie dich von deinen Schlafkrankheiten befreit.«

»Trotzdem war es ein Traum«, beharrte ich. »Die Medizinfrau in meinem Traum war nicht größer als ein Kind. Sie kann unmöglich echt gewesen sein.«

Delia griff nach dem Glas mit Wasser, trank jedoch nicht davon. Wieder und wieder drehte sie es, ohne dabei einen Tropfen zu verschütten, dann sah sie mich mit glitzernden Augen an. »Die Heilerin hat dir den Eindruck vermittelt, sie sei klein, weiter nichts«, sagte sie und nickte zufrieden, als sei ihr diese Erklärung soeben erst eingefallen. Mit langgezogenen, schlürfenden Lauten trank sie kleine Schlucke Wasser, und der Ausdruck in ihren Augen wurde sanft und nachdenklich. »Um dich zu heilen, mußte sie klein sein.«

»Sie mußte klein sein? Du meinst, ich habe mir nur eingebildet, daß sie klein ist?«

Delia nickte mehrere Male und lehnte sich dann flüsternd zu mir herüber. »Du mußt verstehen, daß du geträumt hast. Und doch war dies kein Traum. Die Heilerin ist tatsächlich zu dir gekommen und hat dich geheilt, allerdings hast du dich an einem anderen Ort befunden.«

»Jetzt mal langsam, Delia«, unterbrach ich. »Was redest du denn da zusammen? Ich weiß, daß ich geträumt habe. Die ganze Zeit war mir bewußt, daß ich träumte, obwohl die Träume mir vollkommen real erscheinen. Darin bestand doch meine Krankheit, erinnerst du dich?«

»Nach deiner Heilung ist es vielleicht nicht länger eine Krankheit, sondern ein Talent«, bemerkte Delia lächelnd. »Aber um auf deine Frage zurückzukommen: die Medizinfrau erschien dir als Kind, weil du selbst noch sehr jung warst, als deine Alpträume zum ersten Mal auftauchten.«

Ihre Behauptung schien dermaßen aus der Luft gegriffen, daß ich nicht einmal darüber lachen konnte. »Und jetzt bin ich geheilt?« fragte ich ironisch.

»Allerdings«, versicherte sie mir. »Im Traum werden Heilungen mit außerordentlicher Leichtigkeit vollzogen, beinahe mühelos. Die Schwierigkeit besteht darin, jemanden zum Träumen zu bewegen.«

»Was soll daran schwierig sein?« fragte ich genervt. »Jeder Mensch hat Träume. Wir alle müssen einmal schlafen, oder etwa nicht?«

Verächtlich rollte Delia ihre Augen zur Decke und sah mich dann an. »Ich spreche nicht von gewöhnlichen Träumen. Das Träumen hat einen Zweck; gewöhnliche Träume haben keinen.«

»Aber ganz gewiß haben sie das!« entgegnete ich heftig und erging mich in einer längeren Abhandlung über die Wichtigkeit von Träumen. Ich zitierte aus Werken der Psychologie, der Kunst und der Philosophie.

Delia war von meinen Kenntnissen nicht im mindesten beeindruckt. Sie stimmte mir zu, daß gewöhnliche Träume in der Tat notwendig seien, um die geistige Gesundheit einer Person zu gewährleisten, gleichzeitig bestand sie jedoch darauf, daß es ihr um etwas anderes ginge. »Das Träumen hat einen Zweck; gewöhnliche Träumen haben das nicht«, wiederholte sie.

»Was für einen Zweck?« fragte ich herablassend.

Als wolle sie ihr Gesicht verbergen, drehte sie den Kopf zur Seite. Einen Augenblick später sah sie mich wieder an. In ihren Augen stand jetzt eine Kälte und Distanz, deren Unbarmherzigkeit mir Furcht einjagte. »Das Träumen hat immer einen praktischen

Zweck«, erklärte sie. »Es dient dem Träumer auf einfache oder kompliziierte Weise. Dir hat es geholfen, die Krankheiten der Nacht loszuwerden. Den Hexen beim Picknick hat es geholfen, deine Essenz zu erkennen. Mir hat es geholfen, mich der Aufmerksamkeit des Grenzbeamten zu entziehen, der dich nach deinem Visum gefragt hat.«

»Ich versuche zu verstehen, was du sagst, Delia«, antwortete ich und fragte mich Nachdruck: »Meinst du damit, daß es möglich ist, Leute gegen ihren Willen zu hypnotisieren?«

»Du kannst es nennen wie du willst«, sagte sie. In ihrem Gesicht sah ich eine Gleichgültigkeit, die nur wenig Sympathie bekundete. »Du bist noch nicht imstande zu begreifen, daß du selbst relativ mühelos in der Lage bist, dich in einen – wie du es nennst – hypnotischen Zustand zu versetzen. Wir hier nennen es Träumen: ein Traum, der kein Traum ist, sondern ein Zustand, in dem wir nahezu alles tun können, was unser Herz begehrt.«

Fast hätte ich Delia verstanden, doch fehlten mir die Worte, um meine Gedanken und meine Gefühle zu fassen. Verdutzt starrte ich sie an. Plötzlich erinnerte ich mich an eine Begebenheit aus meiner Jugend. Als man mir endlich gestattet hatte, Fahrstunden im Jeep meines Vaters zu nehmen, demonstrierte ich zum völligen Erstaunen meiner versammelten Familie, daß ich bereits wußte, wie man schaltete. Seit Jahren hatte ich es in meinen Träumen geübt. Mit einer Sicherheit, die selbst mir unheimlich war, fuhr ich auf meinem ersten Ausflug die alte Straße von Caracas nach La Guayra hinab. Ich überlegte, ob ich Delia von dieser Begebenheit berichten sollte, fragte sie aber statt dessen nach der Körpergröße der Heilerin.

»Die Frau ist nicht groß, aber auch nicht so klein, wie du sie gesehen hast. In ihrem Heiltraum projezierte sie ihre Winzigkeit zu deinem Vorteil, und darum wurde sie klein. Das ist das Wesen der Magie. Du mußt zu dem werden, als was du wahrgenommen werden willst.«

»Ist sie eine Magierin?« fragte ich erwartungsvoll. Der Gedanke, sie könnten alle Mitglieder einer Zaubernummer beim Zirkus sein, war mir bereits mehrere Male durch den Kopf geschlossen und hätte einiges erklärt.

»Nein, Magierin ist sie nicht«, sagte Delia. »Sie ist eine Hexe.«

Dabei warf sie mir einen derartig verächtlichen Blick zu, daß ich mich für meine Frage schämte. »Magier geben Vorführungen«, erklärte sie und sah mich unverblümt an. »Hexen sind in der Welt, ohne Teil der Welt zu sein.« Eine lange Zeit schwieg sie, dann kam ein Seufzer über ihre Lippen. »Würdest du jetzt gern Esperanza sehen?« fragte sie.

»Ja«, sagte ich begierig. »Sogar sehr gern.«

Der Gedanke, daß es sich bei der Heilerin in meinem Traum um eine echte Person gehandelt haben könnte, ließ mein Herz schneller schlagen. Und obwohl ich Delia nicht 100%ig glaubte, so hoffte ich doch, daß sie Recht haben möge. Meine Gedanken überschlugen sich, mit einem Mal fiel mir ein, daß Delia mir gegenüber den Namen der Heilerin nicht erwähnt hatte.

Ich war so vertieft in meine Gedanken, daß mir Delias Bemerkung entging.

»Entschuldige, was hast du gesagt?«

»Du kannst dir nur Klarheit verschaffen, indem du noch einmal träumst," wiederholte sie. Mit sanftem Lächeln machte sie eine Handbewegung, so als wolle sie jemanden zum Betreten des Zimmers auffordern.

Ihre Worte sagten mir nichts; ich war bereits beim nächsten Gedanken. Esperanza war also echt, das hieß, daß sie mir Einsichten und Klarheit verschaffen würde. Außerdem war sie bei dem Picknick nicht zugegen gewesen und hatte mich nicht so von oben herab behandelt wie die anderen Frauen. Ich hegte die vage Hoffnung, daß Esperanza mich gemocht haben könnte und dieser Gedanke erfüllte mich mit Vertrauen. Um meine wahren Gefühle vor Delia zu verbergen, erklärte ich ihr, wie sehr ich mich darauf freue, die Heilerin zu sehen. »Ich würde ihr gern meinen Dank aussprechen und ihr gerne etwas für ihre Dienste geben.«

»Bezahlt ist bereits«, behauptete Delia. Das spöttische Glitzern in ihren Augen verriet eindeutig, daß sie meine Gedanken gelesen hatte.

»Wieso ist bereits bezahlt?« fragte ich leicht hysterisch. »Wer hat bezahlt?«

»Das ist schwierig zu erklären«, antwortete Delia mit einer Freundlichkeit, die mich augenblicklich beruhigte. »Es begann alles auf der Feier deiner Freundin in Nogales. Dort bist du mir gleich aufgefallen.«

»Bin ich?« fragte ich erwartungsvoll und hoffte auf ein Kompliment über meine geschmackvolle und sorgfältig zusammengestellte Garderobe.

Unbehagliche Stille war die Folge. Es war mir nicht möglich, Delias Blick unter ihren halbgeschlossenen Lidern auszumachen. In ihrer Stimme schwang eine seltsame und beunruhigende Gelassenheit, als sie mir mitteilte, daß ich jedesmal, wenn ich mit der Großmutter meiner Freundin gesprochen hatte, vollkommen abwesend gewirkt hätte, geradeso als würde ich schlafen.

»Abwesend ist noch gelinde gesagt«, sagte ich. »Du machst dir keine Vorstellung, was ich mir alles einfallen lassen mußte, um die alte Dame davon zu überzeugen, daß ich nicht die Reinkarnation des Teufels persönlich bin.«

Delia schien mich nicht gehört zu haben. »Ich wußte sofort, daß du eine große Begabung zum Träumen hast«, fuhr sie fort. »Deshalb bin ich dir durch das Haus gefolgt und habe deine Handlungen beobachtet. Du warst dir nicht bewußt, was du tatest oder sagtest. Und doch ging es dir gut, du lachtest und hast geredet und gelogen wie gedruckt, um dich beliebt zu machen.«

»Willst du mich als Lügnerin bezeichnen?« versuchte ich zu

scherzen. Einen Moment lang war ich versucht, meinen aufkommenden Ängsten nachzugeben. Ich starrte auf den Wasserkrug, der sich auf dem Tisch befand, bis das bedrohliche Gefühl gewichen war.

»Ich würde es nicht wagen, dich eine Lügnerin zu nennen«, verkündete Delia etwas zu schnell. »Ich nenne dich eine Träumerin.« Ihre Stimme klang ernst, doch ihre Augen funkelten vor Heiterkeit und einer freundlichen Bosheit als sie fortfuhr: »Die Zauberer, von denen ich aufgezogen wurde, haben mich gelehrt, daß es keine Rolle spielt, was man sagt, solange man die Kraft hat, es zu sagen.« Ihre Stimme klang jetzt so enthusiastisch, daß ich mir sicher war, hinter einer der Türen belausche jemand unsere Unterhaltung. »Und diese Kraft erhalten wir durch Träumen. Du bist dir nicht im klaren darüber, weil du es von Natur aus tust, aber wenn du in Schwierigkeiten kommst, beginnst du augenblicklich zu träumen.«

»Bist du von Zauberern aufgezogen worden?« fragte ich, um das Thema zu wechseln.

»Selbstverständlich bin ich das«, erklärte sie, als handele es sich dabei um die normalste Sache der Welt.

»Waren deine Eltern Zauberer?«

»Oh, nein«, sagte Delia und kicherte. »Die Zauberer haben mich eines Tages gefunden und in ihre Obhut genommen.«

»Wie alt warst du? Warst du noch ein Kind?«

Delia lachte, als hätte ich mit meiner Frage den Gipfel des Humors erreicht. »Nein, ein Kind war ich nicht mehr«, sagte sie. »Ich war ungefähr in deinem Alter, als sie mich gefunden haben und mit meiner Aufzucht begannen.«

»Was meinst du mit Aufzucht?«

Ohne ihren Blick direkt auf mich zu richten, starrte Delia mich an. Für einen Augenblick dachte ich, sie habe mich nicht gehört, oder sie wolle mir nicht antworten. Ich wiederholte meine Frage. Sie zuckte mit den Schultern und lächelte. »Sie haben mich aufgezogen, wie man Kinder aufzieht«, sagte sie schließlich. »Es spielt keine Rolle, wie alt man ist; in ihrer Welt bist du ein Kind.«

Plötzlich besorgt, jemand könnte uns belauschen, schaute ich über meine Schulter und flüsterte: »Wer sind diese Zauberer?«

»Das ist eine knifflige Frage«, sagte sie grüblerisch. »Im Augenblick kann ich dir darauf nicht einmal eine Teilantwort geben. Alles, was ich dir sagen kann ist, daß sie mir sagten, ich solle niemals lügen, nur damit man mir glaubt.«

»Weshalb sollte man sonst lügen?« fragte ich.

»Aus reinem Vergnügen an der Lüge«, gab Delia ohne zu zögern zurück. Dann erhob sie sich von ihrem Stuhl und ging auf die Tür zu, die in den Hof führte. Bevor sie hinaustrat, wandte sie sich mir mit einem breiten Grinsen auf dem Gesicht zu. »Kennst du das Sprichwort: ›Wenn du nicht lügst, um andere zu überzeugen, kannst du sagen was du willst, egal was andere von dir denken‹?«

»Ein derartiges Sprichwort habe ich noch nie gehört.« meinte ich und verdächtigte sie, es soeben erfunden zu haben. »Abgesehen davon verstehe ich auch nicht, was du damit sagen willst«, fügte ich förmlich hinzu.

»Ja, das glaube ich dir«, sagte sie und sah durch ihre langen schwarzen Haarsträhnen an mir vorbei. Mit einer Bewegung ihres Kinns bedeutete sie mir, ihr zu folgen. »Laß uns Esperanza einen Besuch abstatten.«

Ich sprang auf und eilte ihr hinterher, um im Türrahmen abrupt aufgehalten zu werden. Von der Helligkeit draußen geblendet, blieb ich stehen und fragte mich, was geschehen war. Es schien, als sei seit meiner Begegnung mit Mr. Flores auf dem Acker keine Zeit vergangen. Die Sonne stand nach wie vor im Zenith.

Als Delia um eine Ecke ging, erhaschte ich einen Blick auf ihren roten Rock. Durch einen steinernen Torbogen eilte ich ihr hinterher, direkt auf eine wunderschöne Terrasse.

Der Kontrast zwischen dem gleißenden Sonnenlicht und den

tiefen Schatten auf der Terrasse war so groß, daß ich zunächst nichts erkennen konnte. Still stand ich dort und atmete die feuchte Luft ein; sie duftete nach Orangenblüten, Geißblatt und Gartenwicken. Die Wicken rankten sich um scheinbar vom Himmel herabgelassene Drähte und bildeten vor dem Hintergrund der grünen Bäume, Sträucher und Farnkräuter einen farbenprächtigen Teppich.

In einem Schaukelstuhl in der Mitte der Terrasse saß die Medizinfrau aus meinem Traum.

Sie schien viel älter als Delia und die anderen Frauen, die am Picknick teilgenommen hatten, obwohl ich nicht zu sagen vermochte, woher genau dieser Eindruck stammte. Träumerisch und mit geschlossenen Augen schaukelte sie vor und zurück. Ein qualvoller Schmerz erfaßte mich, und mit einem Mal hatte ich das Gefühl, daß jedes weitere Schaukeln sie mehr und mehr von mir entfernen würde. Während ich ihr zusah, umhüllte mich eine Woge tiefen inneren Leides und das Gefühl unbeschreiblicher Einsamkeit. Ich wollte die Terrasse überqueren und sie in den Arm nehmen, doch irgendeine Kraft ließ meine Füße nicht von der Stelle kommen.

»Esperanza«, brachte ich schließlich flüsternd über die Lippen, meine Stimme so schwach, daß ich mich selbst kaum hören konnte.

Die Frau öffnete die Augen und lächelte, als habe sie mich erwartet. Sie erhob sich und trat auf mich zu. Sie war so groß wie ich, etwa einen Meter sechzig. Ihr Körper hatte nichts Kindliches; sie war dünn, beinahe zerbrechlich, und doch strahlte sie eine Lebenskraft aus, bei der ich mich mickrig und verschrumpelt vorkam.

»Wie ich mich freue, dich wiederzusehen«, sagte sie aufrichtig. Sie bedeutete mir, einen der Korbstühle zu nehmen und mich zu ihr zu setzen.

Als ich mich umsah, entdeckte ich die anderen Frauen, unter ihnen auch Delia. Halb verdeckt durch die Sträucher und Bäume saßen sie ebenfalls auf Korbstühlen und sahen mich neugierig an. Einige lächelten, während die anderen unbeirrt damit fortfuhren, *tamales* von den Tellern auf ihren Knien zu verzehren.

Trotz der alltäglichen und etwas profanen Beschäftigung des Essens wirkten die Frauen in dem schattendurchwirkten Licht der Terrasse wie körperlose Wesen. Und doch schien jede von ihnen sehr präsent, ohne daß ich sie genau hätte ausmachen können. Das grünliche Licht, das sich wie ein transparenter Nebel über uns gelegt hatte, schien sie zu absorbieren. Der flüchtige, doch ehrfurchtgebietende Gedanke, daß dieses Haus von Geistern bewohnt sei, schoß mir durch den Kopf.

»Möchtest du etwas essen?« fragte Esperanza mich. »Delia hat das leckerste Essen zubereitet, das du dir vorstellen kannst.«

»Nein, vielen Dank«, murmelte ich mit mir unbekannter Stimme. Auf ihren fragenden Gesichtsausdruck hin fügte ich kläglich hinzu: »Ich bin nicht hungrig.« Ich war so nervös und aufgeregt, daß ich selbst im Angesicht des Hungertodes keinen Bissen heruntergebracht hätte.

Esperanza mußte meine Furcht bemerkt haben. Sie beugte sich zu mir und klopfte mir beruhigend auf den Arm. »Was möchtest du wissen?«

»Ich dachte, ich hätte Sie geträumt«, platzte ich heraus, und als ich das Lachen in ihren Augen bemerkte, fügte ich hinzu: »Träume ich jetzt gerade?«

»Ja, aber du schläfst nicht«, erwiderte sie, ihre Worte langsam und sorgsam artikulierend.

»Wie kann ich träumen, wenn ich nicht schlafe?«

»Manchen Frauen gelingt dies mit größter Selbstverständlichkeit«, führte sie aus. »Sie träumen, ohne zu schlafen. Du bist eine dieser Frauen. Andere müssen ihr ganzes Leben daran arbeiten, diese Fähigkeit zu erwerben.«

Ich bemerkte den bewundernden Unterton in ihrer Stimme,

doch fühlte ich mich davon nicht im mindesten geschmeichelt. Im Gegenteil, ich war nur besorgter denn je. »Wie kann es möglich sein zu träumen, ohne zu schlafen?«

»Selbst wenn ich es dir erklären würde, wärst du nicht in der Lage, es zu verstehen«, erklärte sie. »Glaub' mir, es ist besser, die Erklärungen auf einen späteren Zeitpunkt zu verschieben.« Wieder tätschelte sie meinen Arm und lächelte freundlich. »Für den Augenblick reicht es, wenn du weißt, daß ich diejenige bin, die die Träume bringt.«

Ich war anderer Ansicht, wagte aber nicht, es ihr zu sagen. »Bin ich wach gewesen, als Sie mich von meinen Alpträumen geheilt haben? Und habe ich geträumt, daß ich mit Delia und den anderen auf dem Acker saß?« fragte ich statt dessen.

Esperanza blickte mich lange an und nickte dann weise, als habe sie sich soeben entschieden, eine unglaubliche Wahrheit zu enthüllen. »Du bist zu dumm, um das Geheimnis unserer Arbeit zu verstehen«, sagte sie in einem so sachlichen und objektiven Tonfall, daß es mir gar nicht in den Sinn kam, mich zu verteidigen oder mich darüber zu ärgern.

»Aber du könntest dafür sorgen, daß ich es verstehe, stimmt's?« bat ich eifrig.

Die anderen Frauen kicherten. Es lag kein Spott darin, sondern es klang wie das Murmeln eines gedämpften Chores, der von allen Seiten widerhallte und der aus den Schatten der Terrasse und nicht von den Frauen zu kommen schien. Es war wie ein Flüstern, eine sublime Warnung, die dafür sorgte, daß ich nicht nur mein Vertrauen verlor, sondern auch meine Zweifel und meinen Wissensdrang. Ich wußte jetzt, daß ich beide Male zur gleichen Zeit wach gewesen war und geträumt hatte. Doch war ich unfähig, den Ursprung dieses Wissens auszumachen. Es lag weit jenseits dessen, was ich mit Worten zu erklären imstande gewesen wäre.

Nach einigen Augenblicken fühlte ich mich allerdings bemüßigt, meine Wahrnehmung genauer zu untersuchen und die Ereignisse in einen logischen Zusammenhang zu stellen.

Offensichtlich erfreut, blickte Esperanza mich an. »Ich werde dir erklären, wer wir sind und was wir tun«, sagte sie dann.

Ihren Ausführungen stellte sie eine Warnung voran. Was immer sie mir erklärte, würde für mich nicht ohne weiteres glaubhaft sein. Deshalb müßte ich meine Vorurteile zurückstellen und mich bereit erklären, ihr ohne Unterbrechungen oder Fragen zuzuhören. »Meinst du, das kannst du schaffen?«

»Natürlich«, beeilte ich mich zu antworten.

Einen Augenblick lang schwieg sie und maß mich mit abschätzendem Blick. Sie mußte meine Unsicherheit und die Frage, die mir auf den Lippen brannte, bemerkt haben.

»Es geht nicht darum, daß ich dir deine Fragen nicht beantworten möchte«, fuhr sie fort, »nur bist du im Moment noch nicht in der Lage, die Antworten zu verstehen.«

Ich nickte – nicht etwa aus Zustimmung, sondern weil ich fürchtete, daß sie beim kleinsten Laut aufhören würde zu sprechen.

In einem sanften Murmeln erklärte sie mir etwas, was mir faszinierend und unglaublich zugleich erschien. Sie behauptete, ein Nachkomme jener Hexen zu sein, die vor tausend Jahren – lange vor dem Eintreffen der spanischen Eroberer – im Tal von Oaxaca gelebt hatten.

Danach schwieg Esperanza lange Zeit.

Ihre Augen, die sie auf die bunten Gartenwicken gerichtet hatte, schienen weit in die Vergangenheit zurückzublicken. »Was mich betrifft, so bezeichnet man den für dich relevanten Teil der Arbeit dieser Hexen als Träumen«, fuhr sie fort. »Diese Zauberer und Hexen verfügten über außergewöhnlich träumerische Kräfte und waren in der Lage, Taten zu vollbringen, die weit über die gewöhnliche Vorstellungskraft hinausgingen.«

Die Arme um meine Knie geschlungen, hörte ich ihr zu. Esperanza war eine brilliante Erzählerin und eine ausgesprochen begabte Schauspielerin. Ihr Gesichtsausdruck wechselte mit jeder ihrer Ausführungen; manchmal hatte sie den Ausdruck einer jungen Frau, dann den einer alten, dann wieder sah sie aus wie ein Mann oder ein unschuldiges, lausbübisches Kind.

Sie sagte, daß Männer und Frauen vor tausend Jahren im Besitz eines Wissens gewesen seien, das es ihnen ermöglicht hatte, unsere normale Welt nach Gutdünken zu betreten und wieder zu verlassen. Deshalb hatten sie ihr Leben in zwei Bereiche aufgeteilt: den Tag und die Nacht. Tagsüber gingen sie gewöhnlichen Aktivitäten nach und stellten ein normales, unauffälliges Verhalten zur Schau. Doch nachts wurden sie zu Träumern. Systematisch gingen sie daran, Träume zu träumen, die die Grenzen der angenommenen Realität sprengten.

Wieder hielt sie inne, als wolle sie mir Zeit geben, ihre Worte auf mich wirken zu lassen.

»Im Schutze der Nacht gelang ihnen etwas Unvorstellbares; sie schafften es, bei wachem Bewußtsein zu träumen.«

In Erwartung der Frage, die ich im Begriff war zu stellen, erklärte Esperanza, daß Träumen im Wachzustand bedeutet, sich in einen Traum zu begeben, der den Träumer mit der notwendigen Energie versorgt, unglaubliche Taten zu vollbringen – wach und bei vollem Bewußtsein.

Durch die aggressive Art und Weise, in der meine Familie miteinander kommuniziert hatte, hatte ich nicht gelernt, jemand für längere Zeit zuzuhören. Gelang es mir nicht, direkte, streitbare Fragen einzuwerfen, bedeutete mir die interessanteste verbale Auseinandersetzung nichts. Hinderte man mich am Streiten, so wurde ich unruhig. Um alles in der Welt wollte ich Esperanza unterbrechen. Und obwohl ich durchaus Fragen hatte, rührte mein Wunsch, sie zu unterbrechen, nicht aus dem Drang, mehr zu erfahren. Ich wollte mit ihr streiten, nur um mir wieder einigermaßen normal vorzukommen.

Als wüßte sie um meinen inneren Kampf, starrte Esperanza mich eine Sekunde lang an und forderte mich dann auf zu sprechen. Ich öffnete meinen Mund, um wie gewöhnlich mit dem nächstbesten Gedanken herauszuplatzen – selbst wenn dies nicht das Mindeste mit dem eigentlichen Gegenstand der Unterhaltung zu tun hatte. Mit aller Kraft versuchte ich, mich zu artikulieren, brachte jedoch zur allgemeinen Erheiterung der Frauen nur einige gurgelnde Geräusche hervor.

Esperanza fuhr in ihrem Vortrag fort, als habe sie meine vergeblichen Anstrengungen nicht bemerkt. Es war ihr gelungen, meine ungeteilte Aufmerksamkeit zu erregen. Sie sagte, daß der Ursprung des Wissens der Zauberer nur in Form einer Legende verständlich sei. Ein übermächtiges Wesen, erfüllt mit Mitleid um das Elend der menschlichen Kondition – von Nahrungssuche und Fortpflanzung getrieben zu werden wie ein Tier – verlieh dem Menschen die Kraft zu träumen und zeigte ihm, wie er seine Träume nutzbringend anwenden konnte.

»Selbstverständlich geben Legenden die Wahrheit nur in verschleierter Form wieder«, fuhr sie fort. »Ihr Erfolg beruht auf der Überzeugung der Menschheit, es handele sich bei ihnen lediglich um erfundene Geschichten. Legenden von Männern, die sich in Vögel oder Engel verwandeln, werden demnach als Aufzeichnungen einer verschleierten Wahrheit behandelt, die entweder das Produkt einer ausschweifenden Phantasie oder die verzerrten Wahrnehmungen primitiver oder geistesgestörter Menschen sind.«

»So obliegt es seit Tausenden von Jahren den Zauberern, neue Legenden zu schaffen und die verborgene Wahrheit hinter den alten Legenden zu enthüllen.«

»An dieser Stelle gelangen die Träumer ins Spiel. Frauen eignen sich am besten zum Träumen. Ihnen ist es von ihrer Anlage her möglich, von ihrem Selbst loszulassen.«

»Die Frau, die mir das Träumen beibrachte, war in der Lage, zweihundert Träume gleichzeitig zu unterhalten.«

Esperanza beobachtete mich aufmerksam, so als wolle sie meine Reaktion auf das Gesagte abschätzen. Ich hatte keine Idee, wovon sie sprach. Sie erklärte, daß man einen Traum unterhielt, indem man in der Lage war, einen bestimmten Traum über sich selbst aus freiem Willen zu betreten. Auf diese Weise war ihre Lehrerin in der Lage gewesen, zweihundert verschiedene Träume über sich selbst zu betreten.

»Frauen sind unvergleichliche Träumer«, versicherte Esperanza. »Frauen sind extrem praktisch veranlagt. Das ist notwendig, um einen Traum aufrechtzuerhalten, denn ein Traum muß in direktem Bezug zu praktischen Aspekten aus der Welt des Träumers stehen. In ihrem Lieblingstraum erschien meine Lehrerin als ein Falke. In einen anderen träumte sie sich als Eule. Abhängig von der Tageszeit war sie in der Lage, sich entweder in das eine oder das andere Wesen zu versetzen, und da sie während ihres Traumes nicht schlief, verwandelte sie sich tatsächlich mit Haut und Haaren in einen Falken oder eine Eule.«

In ihrer Stimme lag derartig viel Überzeugungskraft und Ernsthaftigkeit, daß ich vollkommen unter ihren Bann geriet. Keine Sekunde zweifelte ich an ihr und ihren Worten. Alles was sie sagte, erschien mir vollkommen glaubwürdig.

Sie erklärte weiter, daß Frauen, die derartig träumen wollen, über eine eiserne Disziplin verfügen müßten.

Sie lehnte sich in meine Richtung und erklärte in vertraulichem Flüsterton, so als wolle sie nicht, daß die anderen uns hörten: »Mit eiserner Disziplin meine ich nicht etwa die Aufrechterhaltung einer anstrengenden Routine, sondern daß Frauen die von ihnen erwartete Routine brechen.«

»Dies muß in ihrer Jugend geschehen«, betonte Esperanza. »Und was am allerwichtigsten ist, ihre Kraft muß unversehrt sein. Wenn Frauen alt genug sind, um mit den körperlichen Aspekten ihrer Weiblichkeit abzuschließen, meinen sie oft, es sei nun an der Zeit, sich mit unweltlichen oder außerirdischen Gedanken und Aktivitäten zu befassen. Wenn sie wüßten, daß sie so kaum je an ihr Ziel kommen.« Freundlich schlug sie auf meinen Bauch, als sei er eine Trommel. »Das Geheimnis unserer Stärke liegt im Mutterleib.«

Esperanza nickte nachdrücklich, als habe sie die dümmliche Frage gehört, die mir gerade in den Sinn gekommen war: »Im Mutterleib?«

Sie fuhr fort: »Frauen müssen damit beginnen, ihre Mütterleiber zu verbrennen. Sie können es sich nicht leisten, weiterhin der fruchtbare Boden zu sein, der auf die gottgegebene Besamung durch den Mann wartet.«

Sie ließ mich nicht aus den Augen, lächelte und fragte dann: »Bist du zufällig religiös?«

Ich schüttelte den Kopf. Sprechen konnte ich nicht. Meine Kehle war so zugeschnürt, daß ich kaum zu atmen vermochte. Vor Angst und Erstaunen war ich wie gelähmt, was weniger am Inhalt ihrer Worte lag als an der Veränderung, die mit ihr vorgegangen war. Ich hätte nicht sagen können, wann genau diese Veränderung eingetreten war, doch schien ihr Gesicht mit einem Mal verjüngt und strahlend, als glühe sie von innen heraus.

»Ausgezeichnet!« rief Esperanza. »Auf diese Weise mußt du dich nicht mit altem Glaubensballast herumschlagen. Der ist schwer wieder loszuwerden. Ich selbst bin als gläubige Katholikin erzogen worden und fast gestorben, als ich mich ernsthaft mit meinem Verhältnis zur Religion auseinandersetzen sollte.« Sie seufzte. Ihre wehmütig gewordene Stimme wurde noch sanfter, als sie hinzufügte: »Allerdings war das noch gar nichts im Vergleich zu dem Kampf, den ich bestehen mußte, um eine wirkliche Träumerin zu werden.«

Aufgeregt wagte ich kaum zu atmen. In mir machte sich ein angenehmes Gefühl breit, vergleichbar mit einem schwachen elektrisierenden Strom. Ich erwartete einen greulichen Schlachtenbericht zwischen ihr und irgendwelchen schrecklichen Wesen und konnte meine Enttäuschung kaum verbergen, als sie mir enthüllte, daß es sich dabei lediglich um einen inneren Kampf gehandelt hatte.

»Um eine Träumerin zu werden, mußte ich mein Selbst bezwingen«, erklärte Esperanza. »Nichts auf der Welt ist schwieriger. Nichts. Wir Frauen sind die elendesten Sklaven des Selbst. Das Selbst ist unser Käfig. Er besteht aus Geboten und Erwartungen, die uns vom Augenblick unserer Geburt an eingeflößt werden. Du weißt selbst, wie es ist. Ist das Erstgeborene ein Junge, wird gefeiert. Ist es ein Mädchen, gibt es ein Achselzucken und ein freundliches: ›Macht ja nichts. Ich hab' sie trotzdem lieb und werde alles für sie tun!‹«

Aus Respekt für die alte Frau lachte ich nicht laut heraus. Noch nie in meinem Leben hatte ich derartige Behauptungen über mich ergehen lassen müssen. Ich hielt mich selbst für eine freie und unabhängige Frau. Doch Esperanzas Ausführungen zufolge war ich nicht besser dran als jede andere Frau. Und im völligen Gegensatz zu meiner sonstigen Reaktion auf derartige Ideen stimmte ich ihr zu. Immer schon hatte man mir deutlich gemacht, daß die Tatsache meiner weiblichen Geburt mir die Existenz einer Abhängigen beschert hatte. Mir war beigebracht worden, daß eine Frau von Glück sagen konnte, wenn sie so begehrenswert war, daß Männer etwas für sie in die Wege leiteten. Mir war erzählt worden, daß es eine Erniedrigung meiner Weiblichkeit darstellte, wenn ich mich bemühte, etwas zu erreichen, daß mir durch andere mühelos erhältlich war. Der Platz einer Frau war im Haus, bei Ehemann und Kindern, so hatte man mir eingeschärft.

»Genau wie du wurde ich von einem autoritären, aber nachsichtigen Vater erzogen«, fuhr Esperanza fort. »Genau wie du, habe ich gedacht, ich sei frei. Die Zauberer zu verstehen – daß Freiheit nicht bedeutete, ich selbst zu sein –, hat mich fast um den Verstand gebracht. Ich identifizierte mich mit der Behauptung meiner Weiblichkeit. Und darauf verwandte ich alle meine Zeit, Mühe und Energie.«

»Die Zauberer dagegen verstehen Freiheit als die Fähigkeit, das Unmögliche und völlig Unerwartete zu schaffen – einen Traum ohne Basis zu träumen, einen Traum, der keine Entsprechung in der Realität unseres Alltags hat.« Wieder konnte ich ihre Stimme kaum verstehen, als sie fortfuhr: »Das Wissen der Zauberer ist es, was aufregend und neu ist. Eine Frau braucht Imagination, um ihr Selbst zu verändern und eine Träumerin zu werden.«

Wäre ihr Kampf gegen das Selbst nicht erfolgreich verlaufen, so sagte Esperanza, hätte sie das Leben einer normalen Frau führen müssen: ein Leben, das ihre Eltern für sie geplant hatten. Ein Leben der Niederlagen und Erniedrigungen. Ein Leben bar aller Mysterien. Ein Leben, das von Bräuchen und Traditionen vorprogrammiert worden war.

Esperanza kniff mich in den Arm. »Paß besser auf«, ermahnte sie mich.

»Tue ich ja«, murmelte ich defensiv und rieb meinen Arm; ich war mir sicher gewesen, daß sie das Schwinden meiner Konzentrationsfähigkeit nicht bemerkt hatte.

»Niemand wird dich gegen deinen Willen verführen oder in die Welt der Zauberer hineinziehen«, warnte sie. »Du mußt dich selbst dafür entscheiden, nachdem du weißt, was dich erwartet.«

Meine Stimmungsschwankungen erstaunten mich – mir wurde klar, wie irrational sie waren. Eigentlich hätte ich mich fürchten sollen, doch war ich so ruhig, als handele es sich bei meiner Anwesenheit an diesem Ort um die natürlichste Sache der Welt.

»Das Geheimnis der weiblichen Kraft liegt in der weiblichen Bauchhöhle«, sagte Esperanza und klatschte mir wieder leicht auf den Bauch. Sie sagte, daß Frauen mit ihrem Unterleib träumten oder besser gesagt, aus ihm heraus. Die Tatsache, daß sie in der Lage waren zu gebären, machte sie zu idealen Träumern.

Noch bevor ich »Weshalb soll ausgerechnet die Bauchhöhle so wichtig sein?« zu Ende denken konnte, antwortete Esperanza auf die Frage.

»Die Bauchhöhle ist das Zentrum unserer schöpferischen Kraft«, erklärte sie, »einer Kraft, die soweit reicht, daß wir fortfahren könnten, uns zu reproduzieren, selbst wenn es keinen einzigen Mann auf der Welt mehr gäbe. Dann wäre die Welt ausschließlich von der weiblichen Rasse bevölkert.« Sie fügte hinzu, daß die einseitige Fortpflanzung allerdings nur Doppelgänger ihrer jeweiligen Erzeugerinnen hervorbringen könnte.

Ich war von ihrem Wissen um diese Dinge tief beeindruckt und konnte es mir nicht verkneifen, Esperanza zu unterbrechen. Ich erwähnte, daß ich in meiner Biologieklasse bereits etwas über die Jungfernzeugung und asexuelle Fortpflanzung gelesen hatte.

Sie zuckte beiläufig mit den Schultern und fuhr mit ihren Ausführungen fort. »Frauen, die über die Fähigkeit und die notwendigen Organe zur Reproduktion verfügen, sind in der Lage, mittels der gleichen Organe Träume zu erzeugen.« Sie bemerkte den Zweifel in meinen Augen und warnte mich. »Zerbrich dir jetzt nicht den Kopf darüber, wie so etwas geschieht. Die Erklärung ist sehr einfach und aus diesem Grund äußerst schwierig zu verstehen. Ich selbst habe noch Probleme damit. Deshalb handele ich in bester Frauenmanier: Ich träume und überlasse die Erklärungen den Männern.«

Esperanza fügte hinzu, daß die alten Zauberer ihr Wissen an biologischen Nachfahren und ausgewählte Nichtfamilienmitglieder weitergereicht hatten, doch seien die Resultate katastrophal gewesen. Die durch willkürliche Bevorzugung auserwählten neuen Zauberer waren nicht in der Lage gewesen, das Wissen zu mehren.

Schließlich wurden sie ausgelöscht, und ihre Vernichtung hätte um ein Haar das Verschwinden des gesamten Wissens zur Folge gehabt. Die wenigen Zauberer, die übrig geblieben waren, bestimmten, daß ihr Wissen niemals wieder an die eigenen Nachfahren oder bevorzugten Personen weitergegeben werden sollte, sondern an jene, die durch eine unpersönliche Macht auserwählt worden waren. Eine Macht, die sie den Geist nannten.

»Und damit wären wir bei dir angekommen«, verkündete Esperanza. »Die alten Zauberer entschieden, daß nur die genau Bestimmten qualifiziert genug sein würden. Du wurdest uns bestimmt. Und jetzt bist du hier! Du bist eine geborene Träumerin. Jetzt liegt es an den Kräften, die uns lenken, wie du dich entscheidest. An dir liegt es nicht. An uns natürlich auch nicht. Du kannst lediglich annehmen oder ablehnen.«

An der Dringlichkeit ihrer Stimme und dem zwingenden Leuchten ihrer Augen wurde mir klar, daß diese Erklärung in voller Ernsthaftigkeit abgegeben worden war. Diese Ernsthaftigkeit war es auch, die mich davon abhielt, vor Lachen laut herauszuplatzen. Außerdem war ich mittlerweile zu erschöpft.

Die geistige Anstrengung, die ich aufbringen mußte, um ihr zu folgen, war zu intensiv gewesen. Jetzt wollte ich nur noch schlafen. Esperanza bestand darauf, daß ich meine Beine ausstreckte, mich niederlegte und ein wenig entspannte. Ich befolgte ihren Rat so gewissenhaft, daß ich auf der Stelle einschlief.

Als ich meine Augen wieder öffnete, wußte ich nicht, wie lange ich geschlafen haben mochte. Ich sehnte mich nach der beruhigenden Gegenwart von Esperanza und den anderen Frauen, doch befand sich außer mir niemand mehr auf der Terrasse. Trotzdem fühlte ich mich nicht einsam; aus irgendeinem Grund schienen die Frauen zwischen all dem Grün, das mich umgab, unverändert präsent zu sein, und ich fühlte mich geborgen. Eine leichte Brise bewegte die Blätter. Warm und sanft spürte ich, wie sie über meine geschlossenen Lider strich. Der Wind umspielte mich, dann wehte er über mich, so wie er über die Wüste weht, flink und ohne einen Laut.

Den Blick auf die Fliesen am Boden gerichtet, wanderte ich auf der Terrasse herum und versuchte, das komplizierte Muster des Bodenbelags zu entziffern. Zu meiner Freude führten mich die Streifen von einem Korbstuhl zum nächsten. Ich versuchte, mich zu erinnern, wer wo gesessen hatte, doch so sehr ich mich auch bemühte, es gelang mir nicht.

Der köstliche Geruch von gebratenen Zwiebeln, Knoblauch und Gewürzen lenkte mich ab. Dem Geruch folgend, landete ich in einer großen rechteckigen Küche. Niemand war zu sehen. Die hellen Kacheln an den Wänden erinnerten mich an das Muster auf der Terrasse. Ich hörte auf, nach weiteren Parallelen zu suchen, denn auf dem rohen Holztisch mitten im Raum entdeckte ich das herrlich duftende Essen. In der Annahme, daß es für mich bestimmt sei, setzte ich mich und aß alles bis auf den letzten Bissen auf. Es war der gleiche scharfgewürzte Eintopf wie beim Picknick; aufgewärmt schmeckte er sogar noch besser.

Als ich dabei war, das Geschirr in den Abwasch zu stellen, entdeckte ich unter meinem Teller eine Notiz und eine handgezeichnete Landkarte. Beides stammte von Delia. Sie schlug vor, daß ich die Reise nach Los Angeles via Tucson antreten solle, wo sie mich in einem kleinen Restaurant treffen würde, dessen Lage auf der Karte verzeichnet war. Nur dort, so schrieb sie, würde sie mir mehr über sich und ihre Freunde berichten.

4

Neugierig auf das, was mir Delia zu sagen haben würde, fuhr ich auf dem Weg nach Los Angeles über Tucson. Am späten Nachmittag fuhr ich an dem beschriebenen kleinen Restaurant vor. Ein alter Mann wies mir den Weg zu einem freien Parkplatz. Ich erkannte ihn erst, als er die Fahrertür meines Wagens öffnete.

»Mariano Aureliano!« rief ich. »Was für eine Überraschung. Ich freue mich, Sie zu sehen. Sie habe ich am wenigsten erwartet!«

»Ich habe auf dich gewartet«, sagte er. »Deshalb haben wir diesen Parkplatz für dich freigehalten.«

Bei der Einfahrt hatte ich einen stämmigen Indianer bemerkt, der mit einem alten roten Lieferwagen gerade den Parkplatz verließ, als ich ankam.

»Ich fürchte, Delia hat es nicht geschafft, rechtzeitig aufzutauchen«, sagte Mariano Aureliano entschuldigend. »Unerwartet mußte sie nach Oxaca.« Er lächelte einnehmend. »Ich bin an ihrer Stelle gekommen. Ich hoffe, daß ist dir recht«, fügte er hinzu.

»Sie haben keine Ahnung, wie sehr ich mich freue, Sie zu sehen«, sagte ich wahrheitsgemäß. Ich war davon überzeugt, daß er, mehr noch als Delia, in der Lage sein würde, Licht in die Ereignisse der letzten Tage zu bringen. »Esperanza hat mir erklärt, daß ich mich in einer Art Trance befunden hätte, als wir uns getroffen haben«, fügte ich hinzu.

»Das hat sie gesagt?« fragte er beinahe geistesabwesend.

Der Ton seiner Stimme, sein Verhalten und sein ganzes Auftreten wichen so stark vom Eindruck meiner letzten Begegnung mit ihm ab, daß ich ihn unverwandt anstarrte, um herauszufinden, was genau sich an ihm verändert hatte. Das intensive, wie aus Stein gemeißelte Gesicht hatte alle Grimmigkeit verloren. Doch hatte ich mit dem Durcheinander meiner eigenen Situation alle Hände voll zu tun und schenkte dem Gedanken keine weitere Beachtung.

»Esperanza hat mich allein im Haus zurückgelassen«, fuhr ich fort. »Sie und die anderen Frauen sind gegangen, ohne mir auch nur auf Wiedersehen zu sagen. Aber das macht überhaupt nichts«, fügte ich eilig hinzu. »Obwohl ich auf Unhöflichkeit normalerweise sehr allergisch reagiere.«

»Sieh einer an!« rief er aus, als habe ich gerade etwas sehr Bedeutungsvolles zum Besten gegeben.

Aus Furcht, er könne sich durch die Bemerkung über seine Gefährten angegriffen fühlen, erklärte ich sofort, daß ich nicht der Meinung sei, Esperanza oder die anderen seien unfreundlich gewesen. »Ganz im Gegenteil, sie waren außerordentlich liebenswürdig«, versicherte ich. Ich wollte ihm berichten, was Esperanza mir gesagt hatte, doch sein beständiges Starren ließ mich nicht zu Wort kommen. Dieses Starren war weder ärgerlich noch bedrohlich, sondern durchdringend, ein Blick, der durch all meine Abwehrmechanismen schnitt. Ich war mir sicher, daß er direkt in mein unaufgeräumtes, fieberhaft arbeitendes Hirn schauen konnte.

Um meine Nervosität zu verbergen, schaute ich an ihm vorbei und erklärte in unbeschwertem, beinahe scherzhaftem Ton, daß es mir nicht das Mindeste ausgemacht habe, allein im Haus zurückzubleiben. »Ich fand es faszinierend, daß ich jede Ecke dort zu kennen schien«, gestand ich und hielt einen Moment inne, um mich zu fragen, welche Wirkung meine Worte auf ihn haben würden. Er starrte mich weiterhin unverwandt an.

»Ich bin ins Bad gegangen, und mir fiel auf, daß ich dort nie zuvor gewesen war«, fuhr ich fort. »Dort gibt es keine Spiegel; daran habe ich mich erinnert, bevor ich den Raum betrat. Dann fiel mir ein, daß es im gesamten Haus keine Spiegel gab. Also durchstreifte ich das Haus und fand, wie erwartet, nicht einen einzigen Spiegel.« Da er immer noch keine Reaktion zeigte, fuhr ich fort ihm zu erzählen, daß ich beim Radiohören auf dem Weg nach Tucson den Verlust eines Kalendertages bemerkt hatte. »Ich muß den ganzen Tag verschlafen haben«, endete ich meinen Bericht mit gequälter Stimme.

»Einen ganzen Tag hast du nicht geschlafen«, bemerkte Mariano Aureliano gleichgültig. »Du bist ziemlich lange durch das Haus gewandert und hast uns eine Menge erzählt, bevor du wie ein Stein eingeschlafen bist.«

Ich lachte und war einem hysterischen Anfall nahe, doch schien er das nicht zu bemerken. Er lachte ebenfalls, und ich entspannte mich ein wenig.

»Für gewöhnlich schlafe ich nicht wie ein Stein«, fühlte ich mich bemüßigt zu erklären. »Ich habe eigentlich einen sehr leichten Schlaf.«

Er schwieg. Als er endlich sprach, war seine Stimme ernst und fordernd. »Erinnerst du dich nicht, daß du unbedingt wissen wolltest, wie die Frauen sich ohne Spiegel ankleiden und frisieren?«

Mir fiel keine Antwort ein, und er fuhr fort: »Erinnerst du dich nicht, wie seltsam es dir schien, daß an den Wänden keine Bilder hingen, und daß es keine –«

»Ich kann mich nicht daran erinnern, mit irgend jemandem gesprochen zu haben«, unterbrach ich ihn ungeduldig. Dann schaute ich ihn vorsichtig an, ob er nicht einfach behauptete, ich habe mit jedem im Haus gesprochen, um mich zu verwirren, während sich in Wirklichkeit nichts Derartiges zugetragen hatte.

»Sich an etwas nicht zu erinnern heißt nicht, daß es nicht geschehen ist«, sagte er knapp.

Unwillkürlich bekam ich ein Flattern im Bauch. Es lag nicht am

Ton seiner Stimme, sondern an der Tatsache, daß er auf einen unausgesprochenen Gedanken von mir geantwortet hatte.

In der Gewißheit, daß weiteres Reden meine wachsende innere Unruhe zerstreuen würde, verfiel ich in einen langen und unklaren Bericht über mein Befinden. Ich erzählte, was geschehen war. Als ich versuchte, die Ereignisse im Haus zu rekonstruieren, tauchten Lücken im zeitlichen Ablauf zwischen meiner Heilbehandlung und meiner Fahrt nach Tucson auf, die ich nicht zu füllen imstande war. Ich wußte, daß ich einen ganzen Tag verloren hatte.

»Du und deine Leute, ihr führt irgendetwas Merkwürdiges und Bedrohliches mit mir im Schilde. Irgendwas geht hier vor«, schloß ich in einem Anfall von Selbstgerechtigkeit.

»Jetzt wirst du albern«, verkündete Mariano Aureliano und lächelte zum ersten Mal. »Wenn dir etwas merkwürdig und bedrohlich vorkommt, dann nur, weil es neu für dich ist. Du bist eine Frau, die hart im Nehmen ist. Früher oder später wirst du verstehen.«

Das Wort *Frau* verärgerte mich. Mir wäre lieber gewesen, wenn er stattdessen *Mädchen* gesagt hätte. Ich war daran gewöhnt, meinen Ausweis vorzeigen zu müssen, um meine Volljährigkeit unter Beweis zu stellen. Und jetzt fühlte ich mich mit einem Mal alt.

»Jugend darf es nur in den Augen des Betrachters geben«, sagte er, als habe er erneut meine Gedanken gelesen. »Wer dich anschaut, soll deine Jugend und deine Kraft sehen; doch darfst du dich nicht als Kind fühlen. Unschuldig sollst du sein, aber nicht unreif.«

Aus unerfindlichen Gründen waren seine Worte mehr, als ich zu ertragen imstande war. Ich wollte anfangen zu weinen, nicht weil ich verletzt war, sondern aus reiner Mutlosigkeit. Unschlüssig, wie ich mich verhalten sollte, schlug er vor, daß wir etwas Eßbares zu uns nehmen sollten. »Ich sterbe vor Hunger«, sagte ich und versuchte, heiter dabei zu klingen.

»Nein, das tust du nicht«, sagte er bestimmt. »Du versuchst nur, das Thema zu wechseln.«

Entsetzt und irritiert durch den Klang seiner Worte sah ich ihn an. Meine Überraschung verwandelte sich unversehens in Zorn. Nicht nur war ich hungrig, ich war außerdem erschöpft von der langen Fahrt. Am liebsten hätte ich ihm all meinen Ärger und meine Frustration entgegengeschrien, doch seine Augen ließen es nicht zu. In seinem starren, stechenden Blick lag etwas reptilienhaftes, und einen Augenblick lang fürchtete ich, er könne mich verschlingen, so wie eine Schlange einen vor Furcht erstarrten, wehrlosen Vogel verschluckt.

Die Mischung aus Angst und Furcht eskalierte derartig, daß ich spürte, wie mir das Blut ins Gesicht schoß. Und an einem schwachen Heben seiner Augenbrauen merkte ich, daß mein Gesicht mittlerweile violett angelaufen sein mußte. Seit frühster Kindheit hatte ich unter enormen Wutanfällen gelitten. Abgesehen von einigen Trostversuchen hatte mich nie jemand an der Durchführung dieser Anfälle gehindert, und über die Jahre hatte ich sie zu wahrhaft königlichen Tobsuchtsanfällen perfektioniert. Der Grund für diese Anfälle bestand nicht etwa darin, daß mir etwas verweigert wurde, sondern in der Annahme, daß mir eingebildete oder tatsächliche Erniedrigungen zugefügt wurden.

Unter den jetzigen Umständen schämte ich mich für diese Angewohnheit. Ich versuchte, mich unter Kontrolle zu bekommen und mich zu beruhigen, was mir unter Aufbietung all meiner Kraftreserven schließlich auch gelang.

»Du hast einen ganzen Tag bei uns verbracht, an den du dich jetzt nicht mehr erinnern kannst«, fuhr Mariano Aureliano, scheinbar unbeeindruckt von meinen Stimmungsschwankungen, fort. »In dieser Zeit warst du außerordentlich gesprächsbereit und offen. Das haben wir sehr zu schätzen gewußt. Wenn du träumst, bist du ein viel besserer Mensch, anziehend und einfallsreich. Du hast uns gestattet, dich gründlichst kennenzulernen.«

Seine Worte lösten eine Lawine in meinem Innern aus. Ich war sehr wohl daran gewöhnt, die versteckte Botschaft hinter scheinbar harmlosen Worten zu entdecken. »Dich gründlichst kennenzulernen« hatte mich ungemein geärgert, insbesondere »gründlichst«. Das konnte nur eins bedeuten, dachte ich und wies den Gedanken gleichzeitig als vollkommen absurd zurück.

Ich wurde von meinen Kalkulationen so sehr absorbiert, daß ich nicht länger imstande war, auf seine Worte zu hören. Er erzählte irgendetwas von meinem verlorenen Tag, doch verstand ich nur Bruchstücke des Gesagten. Ich mußte ihn völlig verständnislos angeschaut haben, denn er hörte augenblicklich auf zu sprechen.

»Du hörst nicht zu«, ermahnte er mich streng.

»Was habt ihr mit mir gemacht, als ich in Trance war?« fuhr ich ihn an. Dem Ton meiner Stimme nach handelte es sich eher um eine Anschuldigung als um eine Frage.

Meine eigenen Worte erstaunten mich, denn ich hatte keine derartigen Unterstellungen geplant; die Worte waren wie von selbst herausgekommen. Mariano Aureliano schien noch überraschter als ich. Fast wäre er an einem Lachanfall erstickt, der seinem überraschten und schockierten Gesichtsausdruck folgte.

»Wir schleichen nicht herum und vergehen uns an kleinen Mädchen«, versicherte er mir. Nicht nur klangen seine Worte mit einem Mal sehr ernst, er schien durch meine Anschuldigung auch verletzt. »Esperanza hat dir doch gesagt, wer wir sind. Wir sind sehr ernsthafte Leute«, betonte er und fügte dann spöttisch hinzu, »und wir wollen mit dir ins Geschäft kommen.«

»Was für ein Geschäft soll das sein?« begehrte ich streitlustig zu wissen. »Esperanza hat kein Wort darüber verloren, was ihr von mir wollt.«

»Das hat sie mit großer Gewißheit doch getan«, gab er mit solcher Bestimmtheit zurück, daß ich fragte, ob er nicht unsere Unterhaltung auf der Terrasse belauscht hatte. Zugetraut hätte ich es ihm.

»Esperanza hat dir erklärt, daß du uns gezeigt worden bist«, fuhr er fort. »Diese Tatsache treibt uns jetzt, genau wie deine Angst dich treibt.«

»Ich werde nicht getrieben, von nichts und niemandem!« schrie ich und vergaß dabei, daß er mir immer noch nicht gesagt hatte, was sie von mir wollten.

Ohne sich auch nur im geringsten von meinem Ärger beirren zu lassen, erklärte er, daß Esperanza mir mehr als deutlich gemacht hatte, daß sie mich von nun an erziehen wollten.

»Mich erziehen!« kreischte ich. »Ihr habt ja den Verstand verloren! Ich bin ausreichend erzogen!«

Er ignorierte meinen Anfall und erklärte, daß ihre Hingabe an diese Aufgabe total sei und es zumindest in ihren Augen keinen großen Unterschied darstellte, ob ich das verstehe oder nicht.

Unfähig meine Furcht zu verbergen, starrte ich ihn an. Nie zuvor hatte ich jemanden erlebt, der zugleich mit geradezu zwingender Gelassenheit und solch starker innerer Anteilnahme sprach. Um meine Beunruhigung zu verbergen, versuchte ich, eine Kraft in meine Stimme zu legen, die ich nicht im mindesten verspürte. »Was wollen Sie eigentlich damit sagen, daß Sie vorhaben, mich zu erziehen?«

»Genau das, was du hörst«, antwortete er. »Wir sind entschlossen, dich anzuleiten.«

»Aber wieso?« fragte ich, zur gleichen Zeit neugierig und verängstigt. »Seht ihr nicht, daß ich keine Führung brauche, ich will keine ...«

Meine Worte gingen in seinem fröhlichen Gelächter unter. »Ganz gewiß bedarfst du der Führung. Esperanza hat dir schon gezeigt, wie bedeutungslos dein Leben ist.« In Erwartung meiner nächsten Frage gebot er mir mittels einer Handbewegung zu schweigen. »Was die Frage betrifft, weshalb du und nicht jemand anders, so hat sie dir erklärt, daß wir durch den Geist erfahren, wen wir annehmen sollen und wen nicht. Der Geist hat dich auserwählt.«

»Augenblick mal, Mr. Aureliano«, protestierte ich. »Ich möchte nicht unhöflich oder undankbar erscheinen, aber ich suche keine Hilfe, soviel müßten Sie verstehen. Ich möchte nicht geführt werden, auch wenn ich wahrscheinlich wirklich Führung bräuchte. Allein beim Gedanken daran dreht sich mir der Magen um. Verstehen Sie, was ich meine? Mache ich mich verständlich?«

»Machst du, und ich verstehe, was du meinst«, wiederholte er wie ein Echo und trat einen Schritt von meinem ausgestreckten Zeigefinger zurück. »Doch genau die Tatsache, daß du nichts brauchst, macht dich zum geeigneten Kandidaten.«

»Kandidaten?« schrie ich. Allmählich hatte ich genug von seiner Hartnäckigkeit. Ich sah mich um und frage mich, ob die Gäste des kleinen Restaurants uns wohl gehört hatten. »Was soll das überhaupt?« kreischte ich weiter. »Sie und Ihre Gefährten sind ein Haufen Irrer! Laßt mich in Ruhe, verstanden? Ich brauche weder Sie noch sonst jemanden!«

Zu meiner Überraschung und mit morbider Erleichterung stellte ich fest, daß Aureliano endlich die Geduld verlor und anfing, mich zu schelten, wie es mein Vater und meine Brüder getan hatten. Mit kontrollierter und gleichmäßiger Stimme, die nur von uns beiden gehört werden konnte, begann er, mich zu beleidigen. Er nannte mich dumm und verwöhnt. Und als verliehen ihm diese Beleidigungen einen besonderen Schwung, sagte er etwas Unverzeihliches. Mein einziger Verdienst, so rief er, habe bisher darin bestanden, blond und blauäugig in einem Land auf die Welt zu kommen, in dem die Träger von blauen Augen und blonden Haaren begehrt und verehrt wurden.

»Du hast nie in deinem Leben um etwas kämpfen müssen«, behauptete er. »Die Untertanenmentalität der *cholos* in deinem Land sorgte dafür, daß sie dich für etwas Besonderes hielten und auch so behandelten. Privilegien, die auf dem Besitz blonder Haare und blauer Augen beruhen, gehören wohl zum Dümmsten überhaupt.«

Ich war fuchsteufelswild. Noch nie hatte ich mir eine Beleidigung gefallen lassen, und an diesem Nachmittag machten sich die lautstarken Kämpfe in meinem Elternhaus und die eindeutigen Vulgaritäten, die ich während meiner Kindheit auf den Straßen von Caracas gelernt und nie wieder vergessen hatte, endlich bezahlt. Ich warf Mariano Aureliano einige Sachen an den Kopf, die ich mir bis heute nicht verzeihen kann.

Ich war dermaßen aufgeregt, daß mir die Anwesenheit des stämmigen Indianers, der sich zu uns gesellt hatte, gar nicht aufgefallen war. Ich bemerkte ihn erst, als ich sein lautes Lachen hörte. Er und Mariano Aureliano wälzten sich mittlerweile praktisch am Boden und hielten sich vor Lachen die Bäuche.

»Was soll daran so witzig sein?« schrie ich, mich an den stämmigen Indianer wendend und ihn ebenfalls in meinen Schwall von Beleidigungen einbeziehend.

»Was für eine Dreckschleuder diese Frau ist!« bemerkte er in akzentfreiem Englisch. »Wenn ich dein Vater wäre, würde ich dir das Maul mit Seife auswaschen.«

»Wer hat dich fetten Scheißhaufen um deine Meinung gefragt?« In blinder Wut trat ich ihn vors Schienbein.

Er schrie vor Schmerz auf und verfluchte mich.

Gerade wollte ich seinen Arm ergreifen und ihn beißen, als Aureliano mich von hinten schnappte und in die Luft schleuderte.

Die Zeit blieb stehen. So endlos, so wenig wahrnehmbar war mein Fall, daß ich meinte, für immer in der Luft hängengeblieben zu sein. Doch landete ich nicht, wie erwartet, mit gebrochenen Knochen auf dem Boden, sondern in den Armen des kräftigen Indianers. Er schwankte nicht einmal, als er mich auffing wie ein Kopfkissen – ein Kopfkissen mit zweiundvierzig Kilogramm Gewicht.

Ich bemerkte das hinterhältige Funkeln in seinen Augen und befürchtete, daß er mich wieder in die Luft schmeißen würde. Er mußte meine Angst bemerkt haben, denn er lächelte und setzte mich sanft auf den Boden.

Zorn und Kraft nun gleichermaßen verbraucht, lehnte ich mich gegen mein Auto und begann zu heulen.

Mariano Aureliano legte seinen Arm um mich und streichelte mir Haar und Schultern, so wie es mein Vater getan hatte, als ich ein Kind gewesen war. Mit beruhigender, sanfter Stimme versicherte er mir, daß ihm meine herausgebrüllten Beleidigungen nicht das mindeste ausgemacht hätten.

Schuldgefühle und Selbstmitleid ließen mich noch heftiger schluchzen.

Zum Zeichen seiner Resignation schüttelte er den Kopf, obgleich seine Augen vor Freude sprühten. Dann gestand er mir – offenbar, um mich zum Lachen zu bringen –, daß er es immer noch nicht für möglich hielt, daß ich derartig üble Redensweisen nicht nur kannte, sondern sogar benutzte. »Andererseits ist Sprache wohl dazu da, benutzt zu werden«, sagte er nachdenklich, »und üble Beschimpfungen haben ebenfalls ihren Platz.«

Ich war nicht im mindesten amüsiert. Und nachdem meine Selbstmitleidsattacke vorüber war, erinnerte ich mich wieder seines Vorwurfs, daß alles, was für mich spreche, meine blonden Haare und meine blauen Augen seien.

Er mußte meine Gedanken erraten haben, denn er versicherte mir, daß er alles nur gesagt habe, um mich zu verärgern und daß an dem Gesagten kein Quentchen Wahrheit sei. Ich wußte, daß er log. Für einen Augenblick kam ich mir doppelt beleidigt vor und erkannte dann mit Entsetzen, daß meine Verteidigung in Scherben lag. Mit einem einzigen Hieb hatte er mir die Maske entrissen. Selbst mein schlimmster Feind hätte mich nicht mit einem derartig präzisen und vernichtenden Schlag treffen können. Und doch wußte ich, daß Mariano nicht mein Feind war – was immer er sonst auch sein mochte.

Diese Einsicht verwirrte mich zutiefst, so als würde eine unsichtbare Macht etwas in meinem Inneren auflösen: Mein Bild von mir selbst. Etwas, daß mir Kraft und Stärke verliehen hatte, war jetzt dabei, sich zu erschöpfen.

Mariano Aureliano nahm mich am Arm und begleitete mich ein Stück in Richtung des kleinen Restaurants. »Schließen wir einen Waffenstillstand«, sagte er joval. »Du mußt mir einen Gefallen tun.«

»Sie brauchen mich nur zu fragen«, antwortete ich in einem Versuch, seinem Tonfall zu entsprechen.

»Kurz bevor du hierher kamst, habe ich im Restaurant ein Sandwich bestellt, und man hat sich geweigert, mich zu bedienen. Als ich mich beschwerte, warf der Koch mich vor die Tür.« Niedergeschlagen blickte Mariano Aureliano mich an und fügte hinzu: »So geht's einem, wenn man Indianer ist.«

»Sie müssen sich beim Manager über den Koch beschweren!« rief ich in aufrechter Entrüstung. Meine eigenen Schwierigkeiten waren auf mysteriöse Weise verschwunden und vergessen.

»Das würde mir absolut nichts nützen«, gestand Mariano Aureliano vertraulich. Die einzige Weise, auf die ich ihm behilflich sein konnte, so versicherte er, bestand darin, mich selbst in das Restaurant zu begeben, am Tresen Platz zu nehmen, ein Mahl zu bestellen und eine tote Fliege in mein Essen fallen zu lassen.

»Um dann den Koch zu beschuldigen«, führte ich seinen Satz zu Ende. Ich mußte lachen, so absurd kam mir der Plan vor. Als ich jedoch merkte, daß es ihm ernst war, versprach ich ihm zu tun, um was er mich gebeten hatte.

»Warte hier«, sagte Mariano Aureliano, dann ging er mit dem stämmigen Indianer, den er mir immer noch nicht vorgestellt hatte, auf den roten Lieferwagen zu, der am Straßenrand geparkt war. In wenigen Augenblicken waren sie wieder zurück.

»Nebenbei«, sagte Mariano Aureliano«, das hier ist John. Er ist ein Indianer vom Stamme der Yuma in Arizona.«

Ich wollte gerade fragen, ob er auch ein Zauberer sei, doch Mariano Aureliano kam mir zuvor. »Er ist das jüngste Mitglied unserer Gruppe«, gestand er.

Nervös kichernd streckte ich ihm meine Hand entgegen. »Freut mich, Sie kennenzulernen.«

»Gleichfalls«, erwiderte John mit tiefer, angenehmer Stimme und hielt mit warmen Händen meine Hand. »Ich hoffe, wir beiden werden nie wieder Krach haben«, grinste er.

Obwohl er kaum riesig zu nennen war, schien er über die Vitalität und Stärke eines Titanen zu verfügen. Selbst seine großen weißen Zähne schienen unzerstörbar.

Scherzhaft befühlte John meine Oberarmmuskeln. »Ich wette, du kannst jedem mit einem Schlag die Lichter ausblasen«, sagte er.

Noch bevor ich mich für meine Tritte und Beleidigungen entschuldigen konnte, drückte Mariano Aureliano mir eine kleine Schachtel in die Hand.

»Die Fliege«, flüsterte er. »John schlägt vor, daß du dies hier überziehst«, setzte er hinzu und zog eine schwarze Lockenperücke aus seiner Tasche. »Keine Sorge, sie ist brandneu«, versicherte er mir, während er mir die Perücke überstülpte. Dann hielt er mich mit ausgestrecktem Arm auf Distanz und nahm mich kritisch in Augenschein. »Nicht schlecht«, sagte er nachdenklich und achtete darauf, daß mein langer blonder Pferdeschwanz gut versteckt war. »Ich möchte nicht, daß dich jemand erkennt.«

»Deswegen brauche ich mich nicht zu verkleiden», erwiderte ich. »Hier in Tucson kennt mich keine Menschenseele.« Ich verdrehte den Seitenspiegel an meinem Wagen und betrachtete mich. »So kann ich dort unmöglich hineingehen«, protestierte ich. »Ich sehe aus wie ein Pudel.«

Mariano Aureliano sah mich mit verzweifeltem Amusement an,

während er ein paar rebellische Locken arrangierte. »Vergiß nicht, daß du am Tresen Platz nehmen und Himmel und Hölle zusammenschreien mußt, sobald du die Fliege in deinem Essen entdeckst.«

»Wieso?«

Er sah mich an wie einen Schwachkopf. »Weil du Aufmerksamkeit erregen mußt, um den Koch bloßzustellen«, erklärte er.

Im Inneren des Restaurant verzehrten zahlreiche Gäste ein frühes Abendessen. Trotzdem dauerte es nicht lange, bis ich einen Platz am Tresen bekam und von einer freundlichen, älteren Bedienung nach meinen Wünschen befragt wurde.

Der Koch war hinter der Metalleiste mit den Bestellungen verborgen. Wie seine beiden Helfer schien auch er mexikanischer Abstammung zu sein. Er erledigte seine Arbeit mit derartiger Freude, daß ich ihn augenblicklich als harmlos einstufte, unfähig, irgendeine Bösartigkeit zu begehen. Doch als ich an den alten Indianer dachte, der draußen auf mich wartete, verspürte ich nicht das kleinste bißchen Schuld und entleerte die Streichholzschachtel über meinem perfekt zubereiteten Hacksteak – mit solchem Geschick und in einer Geschwindigkeit, daß selbst die Gäste rechts und links von mir nichts von meiner Aktion bemerkten.

Als ich eine riesige, tote Küchenschabe auf meinem Essen entdeckte, schrie ich aus tiefempfundendem Ekel.

»Was gibt's, Darling?« fragte die Kellnerin besorgt.

»Erwartet der Koch etwa, daß ich das hier esse?« beschwerte ich mich. Ich mußte mir keine besondere Mühe geben, um ärgerlich zu klingen. Ich war entrüstet über Mariano Aureliano, nicht über den Koch. »Wie kann er mir das antun?« fragte ich laut und vernehmlich.

»Es kann sich nur um einen dummen Zufall handeln«, erklärte die Kellnerin den beiden neugierigen und besorgten Kunden rechts und links von mir. Sie zeigte dem Koch den Teller.

»Faszinierend!« sagte der Koch mit lauter, klarer Stimme. Sich nachdenklich das Kinn reibend, untersuchte er das Essen. Er schien nicht im mindesten erregt. Ich unterhielt den vagen Verdacht, daß er mich auslachte. »Diese Schabe muß entweder von der Decke gefallen sein«, führte er aus und betrachtete fasziniert meinen Schopf, »oder aber aus Ihrer Perücke.«

Noch bevor ich den Vorwurf entrüstet von mir weisen konnte, bot er mir die freie Auswahl von der Speisekarte an. »Auf Kosten des Hauses«, versprach er.

Ich bestellte ein Steak mit gebackener Kartoffel, das im Handumdrehen vor mir stand. Als ich ein wenig Salatsoße über den Feldsalat schüttete, entdeckte ich unter einem der Blätter eine lebendige, ausgewachsene Spinne. Ich war von dieser offensichtlichen Provokation so geschockt, daß ich nicht einmal imstande war aufzuschreien. Mit strahlendem Lächeln sah mich der Koch hinter der Metallschiene an und winkte mir zu.

Vor der Tür wartete Mariano Aureliano ungeduldig auf mich. »Was ist geschehen?« wollte er wissen.

»Sie und Ihre ekelhafte Küchenschabe!« rief ich und fügte ärgerlich hinzu: »Nichts ist geschehen. Der Koch hat sich kein bißchen aufgeregt. Er hat sich außerordentlich gut amüsiert – auf meine Kosten natürlich. Der einzige, der sich aufgeregt hat, war ich.«

Auf sein Drängen lieferte ich Mariano Aureliano einen detaillierten Bericht der Ereignisse. Je länger ich redete, desto zufriedener schien er. Verärgert von seiner Reaktion sah ich ihn wütend an. »Und was soll daran so lustig sein?« wollte ich wissen.

Obwohl er versuchte, ein ernstes Gesicht zu bewahren, begann seine Unterlippe zu zucken. Explosionsartig wurde aus seinem leisen Gekicher ein lautes, freudiges Lachen. »Du darfst dich nicht so ernst nehmen«, schalt er mich. »Du bist eine ausgezeichnete Träumerin, aber ganz gewiß keine gute Schauspielerin.«

»Ich schauspielere nie. Und da drinnen habe ich garantiert nicht geschauspielert«, sagte ich defensiv und mit schriller, hoher Stimme.

»Ich habe mich auf deine Überzeugungskraft verlassen«, sagte er. »Du solltest den Koch von der Unwahrheit überzeugen. Ich dachte wirklich nicht, daß dies ein Problem darstellen würde.«

»Wie können Sie es wagen, mich auch noch zu kritisieren?« schrie ich. »Ich habe mich Ihnen zuliebe zum Narren gemacht und alles, was Sie dazu sagen können ist, daß ich keine gute Schauspielerin bin!« Ich riß mir die Perücke vom Kopf und warf sie nach ihm. »Bestimmt habe ich jetzt Läuse!«

Mariano Aureliano ignorierte meinen Ausbruch und fuhr fort zu erzählen, daß Florinda ihn von meiner Unfähigkeit, mich zu verstellen, bereits informiert hatte. »Aber wir mußten sicher gehen, damit wir dich dementsprechend einordnen konnten«, fügte er mit ruhiger Stimme hinzu. »Zauberer sind entweder Träumer oder Pirschjäger. Manche vereinen beides in sich.«

»Wovon reden Sie da? Was soll dieser Quatsch von Träumern und Pirschjägern?«

»Träumer beschäftigen sich mit Träumen«, erklärte er mit weicher Stimme. »Sie beziehen ihre Macht und ihre Weisheit aus Träumen. Pirschjäger beschäftigen sich dagegen mit Menschen, mit der Welt des Alltags. Sie beziehen ihre Weisheit und ihre Macht aus der Interaktion mit ihren Mitmenschen.«

»Offensichtlich haben Sie keinerlei Ahnung, wer ich bin«, sagte ich verächtlich. »Ich interagiere ausgezeichnet mit anderen Menschen.«

»Nein, tust du nicht«, widersprach er mir. »Du hast selbst zugegeben, daß du keine Ahnung davon hast, wie man eine Konversation betreibt. Du bist keine schlechte Lügnerin, aber leider lügst du nur, wenn du etwas willst. Deine Lügen sind zu spezifisch, zu persönlich. Und willst du wissen weshalb?« Er schwieg einen Moment, als wolle er mir Zeit für die Antwort geben. Bevor ich jedoch darüber nachdenken konnte, setzte er hinzu: »Weil die Dinge für dich entweder schwarz oder weiß sind, ohne Abstufungen. Und das meine ich nicht unter einem moralischen Gesichtspunkt, sondern unter dem der Zweckmäßigkeit. Deiner eigenen Zweckmäßigkeit. Du bist eben ein durch und durch autoritärer Mensch.« Mariano Aureliano und John wechselten Blicke, dann begradigten beide ihre Schulterhaltung, schlugen die Hacken zusammen und taten etwas in meinen Augen Unverzeihliches. Sie hoben ihre Arme zum Salut der Faschisten und sagten: »Mein Führer!«

Je mehr sie lachten, desto größer wurde meine Wut. Ich fühlte, wie das Blut in meinen Ohren rauschte und mir ins Gesicht schoß. Und dieses Mal versuchte ich nicht, mich zu beruhigen. Ich trat gegen meinen Wagen und schlug mit den Händen auf das Dach.

Anstatt auch nur einen Versuch zu meiner Beruhigung zu unternehmen, wie es meine Freunde oder meine Eltern getan hätten, standen die beiden Männer dort und lachten, als unterhalte ich sie auf denkbar köstlichste Weise.

Ihre Gleichgültigkeit und das völlige Fehlen jeder Anteilnahme war für mich so schockierend, daß mein Zorn von selbst nachließ. Niemals im Leben hatte man mir so wenig Beachtung zukommen lassen. Ich war verloren. Mir wurde bewußt, daß ich alle meine Manöver durchgespielt hatte. Bis heute war mir nicht klar gewesen, daß ich nicht wußte, was zu tun war, wenn jemand auf meine Tobsuchtsanfälle keine Reaktion zeigte.

»Jetzt ist sie verwirrt«, sagte Mariano Aureliano zu John. »Sie weiß nicht, was sie als nächstes tun soll.« Er legte seinen Arm um die kräftigen Schultern des Indianers und fügte leise, doch laut genug, daß ich es hören konnte, hinzu: »Gleich wird sie anfangen zu heulen und nicht eher wieder aufhören, bis wir sie trösten. Nichts auf der Welt ist so anstrengend wie eine verwöhnte Fotze.«

Das brachte das Faß zum Überlaufen. Wie ein verwundeter Stier senkte ich den Kopf und stob auf Mariano Aureliano zu.

Meine unerwartete und bösartige Attacke überraschte ihn so, daß er um ein Haar die Balance verloren hätte; das verschaffte mir genügend Zeit, um meine Zähne in sein Bauchfleisch zu schlagen. In einer Mischung aus Schmerz und Gelächter schrie er auf.

John packte mich um die Hüfte und zog mich fort. Ich lockerte meinen Biß nicht, bis sich schließlich meine Brücke löste. Im Alter von dreizehn hatte ich mir während eines Gefechtes zwischen deutschen und venezolanischen Schülern an der deutschen Oberschule in Caracas die oberen Frontzähne ausschlagen lassen.

Die beiden Männer heulten förmlich vor Lachen. John lag über dem Kofferraum meines Volkswagens, hielt sich die Seiten und schlug auf den Wagen ein. »Sie hat eine Zahnlücke wie ein Footballspieler!« kreischte er zwischen zwei Lachanfällen.

Meine Scham war grenzenlos. Vor Ärger gaben meine Knie nach. Ich glitt auf den Asphalt wie eine Lumpenpuppe und fiel in Ohnmacht.

Als ich wieder zu mir kam, saß ich im Inneren des Lieferwagens. Mariano Aureliano massierte mir den Rücken. Lächelnd fuhr er mir mehrere Male übers Haar und nahm mich dann in den Arm.

Was mich überraschte, war das Fehlen meiner gewohnten Emotionen; ich war weder beschämt noch verärgert. Ich war entspannt und fühlte mich wohl. In mir herrschte eine Gelassenheit und innere Ruhe, die ich bisher nicht gekannt hatte. Zum ersten Mal in meinem Leben wurde mir klar, daß ich niemals mit mir und anderen im Reinen gewesen war.

»Wir haben dich wirklich gern«, sagte Mariano Aureliano. »Aber du mußt dich von deinen Tobsuchtsanfällen befreien sonst bringen sie dich ins Grab. Diesmal war es meine Schuld. Ich muß mich bei dir entschuldigen. Ich habe dich absichtlich provoziert.«

Ich war zu ruhig, um irgendetwas darauf zu antworten. Ich stieg aus, um meine Arme und Beine zu strecken. In meinen Waden tobten schmerzhafte Krämpfe.

Nach einem Augenblick der Stille entschuldigte ich mich bei den beiden Männern. Ich erklärte ihnen, daß sich meine Stimmungsschwankungen verstärkt hatten, seit ich mit dem kompulsiven Verzehr von Colagetränken begonnen hatte.

»Hör auf, das Zeug zu trinken«, schlug Mariano Aureliano vor. Dann wechselte er völlig das Thema und redete weiter, als habe sich nicht das Mindeste ereignet. Er sei wirklich außerordentlich erfreut, daß ich mich entschlossen habe, ihnen anzugehören, sagte er.

»Wirklich?« fragte ich verständnislos. »Gehöre ich jetzt zu euch?«

»Ganz gewiß!« rief er aus. »Eines Tages wirst du alles verstehen.« Er zeigte mit dem Finger auf einen Schwarm Krähen, die krächzend über uns hinwegflogen. »Die Krähen sind ein gutes Omen. Schau dir an, wie schön sie sind. Wie ein Gemälde am Himmel. Sie gerade in diesem Augenblick zu sehen heißt, daß wir uns wiedertreffen werden.«

Ich starrte auf die Vögel, bis sie außer Sichtweite waren. Als ich mich nach Mariano Aureliano umdrehte, war er fort. Ohne das leiseste Geräusch war der Lieferwagen davongefahren.

5

Ohne Rücksicht auf die dornigen Büsche eilte ich dem Hund hinterher, der mit rasender Geschwindigkeit durch den Salbei rannte. Bald hatte ich sein goldenes Fell in dem wildwuchernden, duftenden Unterholz aus den Augen verloren und war nur noch seinem Gebell gefolgt, das jetzt in der Ferne immer schwächer wurde.

Voller Unbehagen warf ich einen Blick auf den immer dichter werdenden Nebel. Es schien, als konzentriere er sich direkt an meinem Standort, und bald war ich außerstande, den Himmel über mir zu erkennen. Die Spätnachmittagsonne war kaum noch auszumachen und hing in der Luft wie ein verlöschender Feuerball. Die atemberaubende Aussicht von den Santa Susana-Mountains auf die Bucht von Santa Monica war in Windeseile aus meinem Blickfeld verschwunden.

Um den Hund machte ich mir keine Sorgen. Doch hatte ich nicht die leiseste Ahnung, wie ich zu dem abgelegenen Platz gelangen sollte, den meine Freunde als Ort für ein Picknick erkoren hatten. Ebensowenig wußte ich, wo der Weg geblieben war, auf dem ich den Hund verfolgt hatte.

Ich unternahm ein paar zaghafte Schritte in die ungefähre Richtung, in die der Hund verschwunden war, dann blieb ich plötzlich stehen. Durch einen Nebelschwaden hindurch sah ich, wie sich von oben kommend ein kleiner Lichtpunkt auf mich zubewegte. Ein weiterer folgte, dann noch einer, wie kleine Flammen, die man an einem Faden aufgezogen hatte. Die Lichter schienen in der Luft zu hängen, sie zitterten und vibrierten, und kurz bevor sie mich erreicht hätten, verschwanden sie, als habe der Nebel um mich herum sie verschluckt.

Da die Lichter höchstens ein paar Meter von mir entfernt verschwunden waren, näherte ich mich ihrem vermeintlichen Standort, um sie noch einmal sehen zu können. Während ich angestrengt in den Nebel starrte, sah ich, wie etwa fünfzig Zentimeter über dem Boden einige menschliche Umrisse durch die Luft glitten, so als bewegten sie sich auf Zehenspitzen auf einem Wolkenuntergrund. Die Umrisse hockten sich einer nach dem anderen auf den Boden, und gemeinsam bildeten sie einen Kreis. Ich unternahm noch ein paar unschlüssige Schritte und hielt inne, als der Nebel sich verdichtete und die Umrisse verschwanden.

Überrascht und verwirrt blieb ich bewegungslos stehen. Eine ungewöhnliche Angst hatte sich meiner bemächtigt. Nichts familiäres, sondern eine Angst in meinem Körper, in meinem Bauch; eine Angst, wie Tiere sie spüren müssen. Ich weiß nicht mehr, wie lange ich dort stand, doch als sich der Nebel ein wenig lichtete, erblickte ich in etwa zwanzig Meter Entfernung zwei Männer, die mit gekreuzten Beinen auf dem Boden saßen. Flüsternd unterhielten sie sich. Das Geräusch ihrer Stimmen schien in kleinen, wie Baumwollbüschel wirkenden Nebelfeldern aus allen Richtungen an meine Ohren getragen zu werden. Ich verstand nicht, was der Gegenstand ihrer Unterhaltung war; doch die Tatsache, daß ich ab und an ein mir bekanntes Wort ausmachen konnte, trug sehr zu meiner Erleichterung bei; die beiden sprachen Spanisch.

»Ich habe mich verlaufen!« rief ich in Spanisch.

Als wären sie Zeugen einer Erscheinung, drehten sich die beiden Männer langsam, zögernd und ungläubig nach mir um. Schnell sah ich mich um, ob irgendjemand hinter mir Anlaß für eine derartig dramatische Reaktion gäbe. Doch ich sah niemanden.

Grinsend erhob sich einer der Männer, streckte seine Glieder, bis die Gelenke knackten und legte dann mit wenigen ausladenden Schritten die Entfernung zwischen uns zurück. Er war jung, nicht sehr groß, doch kräftig gebaut. Seine dunklen Augen strahlten vor Vergnügen und Neugier.

Ich erzählte ihm, daß ich mit Freunden unterwegs gewesen war und sie auf der Jagd nach einem entlaufenen Hund verloren hatte. »Ich habe nicht die leiseste Ahnung, wie ich sie wiederfinden soll«, schloß ich.

»In diese Richtung kannst du jedenfalls nicht weitergehen«, warnte mich der Mann. »Wir stehen auf einer Klippe.« Vertraulich ergriff er meinen Arm und führte mich an den Rand des Abgrundes, der sich keine drei Meter von meinem Standort entfernt auftat. »Mein Freund dort« , sagte er und zeigte auf den anderen Mann, der sitzengeblieben war und mich anstarrte, »hat mir erzählt, daß sich dort unten ein alter Indianerfriedhof befindet, gerade als du auftauchtest und uns beinahe zu Tode erschreckt hast.« Er nahm mein Gesicht und meinen langen blonden Zopf in Augenschein. »Kommst du aus Schweden?«

Immer noch ein wenig fassungslos darüber, was der junge Mann über den Indianerfriedhof gesagt hatte, starrte ich in den Nebel. Als Studentin der Ethnologie hätte ich mich normalerweise mit Begeisterung auf einen Indianerfriedhof gestürzt. Doch im Augenblick schien mir nichts auf der Welt gleichgültiger als die Frage, ob sich in der nebligen Leere vor mir ein solcher befand oder nicht. Ich dachte nur daran, daß ich selbst wahrscheinlich in den Abgrund gestürzt wäre, wenn ich die Lichter nicht gesehen hätte.

»Bist du aus Schweden?« wiederholte der junge Mann seine Frage.

»Genau«, log ich und bereute es augenblicklich. Allerdings fiel mir nicht ein, wie ich es hätte korrigieren können, ohne dabei mein Gesicht zu verlieren.

»Du sprichst perfekt Spanisch«, meinte der Mann. »Schweden haben ein erstaunliches Gespür für Sprachen.«

Obwohl ich mich furchtbar schuldig fühlte, fügte ich hinzu, daß dies weniger ein Geschenk sei als vielmehr eine Notwendigkeit, wenn der Schwede mit dem Rest der Welt kommunizieren wollte. »Abgesehen davon bin ich in Südamerika aufgewachsen.«

Aus irgendeinem Grund schien diese Information den jungen Mann zu erstaunen. Ungläubig schüttelte er den Kopf und schwieg eine Weile gedankenverloren. Dann, als sei er plötzlich zu einem Entschluß gelangt, nahm er mich mit festem Griff bei der Hand und führte mich an die Stelle, wo der andere Mann saß.

Ich befand mich nicht gerade in Plauderstimmung und wollte so bald wie möglich zu meinen Freunden zurückkehren. Doch fühlte ich mich in der Gesellschaft des jungen Mannes so wohl, daß ich ihm einen detaillierten Bericht meiner Erfahrung mit den Lichtern und den menschlichen Umrissen gab, anstatt ihn nach dem Weg zurück auf den Wanderpfad zu fragen.

»Wie seltsam, daß der Geist sie verschont hat«, murmelte der sitzende Mann mit den dunklen, zusammengezogenen Augenbrauen wie zu sich selbst. Doch offensichtlich sprach er mit seinem Gefährten, der als Antwort etwas murmelte, was ich nicht verstand. Die beiden tauschten verschwörerische Blicke, die mein Unbehagen noch verstärkten.

»Wie bitte?« fragte ich und wandte mich dabei an den sitzenden Mann. »Ich habe nicht verstanden, was du gesagt hast.«

Aggressiv und mißmutig zugleich starrte er mich an.

»Du bist gewarnt worden«, stellte er mit tiefer, resonanter Stimme fest. »Die Abgesandten des Todes sind zu deiner Hilfe gekommen.«

»Die was?« fühlte ich mich gezwungen zu sagen, obwohl ich ihn sehr wohl verstanden hatte. Ich sah mir den Mann genauer an. Für einen Moment war ich mir sicher, ihn zu kennen, doch mußte ich nach längerem Hinsehen feststellen, daß ich ihn noch niemals zuvor gesehen hatte. Er war nicht so jung wie sein Begleiter, doch alt war er auch noch nicht. Mit Sicherheit war er Indianer. Seine Haut war von dunklem Braun und sein Haar schwarzblau, glatt und dick wie ein Besen. Und doch rührte seine Vertrautheit weniger aus seinem Äußeren als vielmehr aus seinem Mißmut, einem Mißmut, wie ich ihn sonst nur von mir selbst kannte.

Offenbar bereitete ihm meine Musterung Unbehagen, denn er erhob sich abrupt und murmelte: »Ich werde dich zu deinen Freunden bringen. Folge mir und wage es ja nicht zu stolpern. Du wirst auf mich fallen und uns beide ums Leben bringen«, fügte er in schroffem Ton hinzu.

Noch bevor ich ihn darüber aufklären konnte, daß er keinen unbeholfenen Trampel vor sich hatte, führte er mich einen steilen Abhang an der Klippe hinab.

»Kennst du dich hier überhaupt aus?« rief ich ihm mit vor Nervosität schriller Stimme hinterher. Ich selbst hatte vollkommen die Orientierung verloren. – Nicht, daß ich normalerweise besonders gut darin gewesen wäre, sie zu behalten, doch daß ich auf meiner Jagd nach dem Hund einen Berg bestiegen hatte, war mir vollends entgangen.

Der Mann drehte sich um. Für den Bruchteil einer Sekunde wurde sein Gesicht von einem flüchtigen Lächeln erhellt, das seine Augen jedoch nicht erreicht. Mit unbewegtem Ausdruck sah er mich aus dunklen Augen an. »Ich werde dich zu deinen Freunden bringen«, wiederholte er.

Obwohl ich ihn nicht leiden konnte, glaubte ich ihm. Er war relativ klein, vielleicht einen Meter fünfundsechzig und von leichtem Knochenbau, trotzdem erweckte er den Eindruck einer massiven und kompakten Person. Mit ungewöhnlicher Sicherheit bewegte er sich durch den Nebel, und mit Leichtigkeit und Anmut meisterte er eine Strecke, die mir wie eine Steilwand erschien.

Der junge Mann stieg hinter mir ab und war mir jedes Mal behilflich, wenn ich nicht weiterkam. Sein Verhalten entsprach dem eines fürsorglichen, altmodischen Kavaliers. Seine Hände waren fest und schön und berührten mich mit unglaublicher Sanftheit. Er verfügte offenbar über erstaunliche Kräfte. Ohne jede sichtbare Anstrengung hob er mich mehrere Male hoch. Mochte dies in Anbetracht meines kümmerlichen Gewichtes auch nicht gerade aufsehenerregend sein, so war die Tatsache, daß er dabei auf einem Abhang stand und nur einige Zentimeter größer war als ich, doch sehr beeindruckend.

»Du mußt den Abgesandten des Todes danken«, sagte der ältere Mann, sobald wir auf ebener Erde angekommen waren.

»Muß ich das?« fragte ich spöttisch. Der Gedanke, »Vielen Dank« zu den Abgesandten des Todes zu sagen, besaß in meinen Augen etwas Lachhaftes. »Muß ich dazu auf die Knie fallen?« fragte ich, mühsam ein Grinsen unterdrückend.

Der Mann merkte nicht, daß ich versuchte, komisch zu sein. Er legte die Hände auf seine Hüften und blickte mir direkt in die Augen, sein hageres und schmales Gesicht jetzt ohne jedwedes Zeichen der Freundlichkeit. In den zusammengekniffenen Augen unter den borstigen Augenbrauen lag etwas Bedrohliches. Abrupt wandte er sich von mir ab und setzte sich in einiger Entfernung auf einen Felsen. »Bevor du den Abgesandten des Todes nicht gedankt hast, können wir diesen Ort nicht verlassen«, verkündete er.

Mit einem Mal wurde mir klar, daß ich mutterseelenallein hier an diesem gottverlassenen Ort war, zwischen zwei fremden Männern, von denen einer möglicherweise sogar gefährlich war. Ich wußte, daß er sich nicht von der Stelle bewegen würde, bis ich seiner idiotischen Forderung nachgegeben hatte. Zu meinem Erstaunen war mir zum Lachen zumute, und ich empfand keine Angst.

Das allwissende Lächeln auf dem Gesicht des jüngeren Mannes

ließ keinen Zweifel daran, daß er wußte, wie ich fühlte. Er schien sich daran zu freuen.

»Auf die Knie brauchst du nicht unbedingt zu fallen«, sagte er, und als er mit seiner Belustigung nicht länger hinter dem Berg halten konnte, begann er mit heller, rauher Stimme zu lachen; ein Lachen, das rollte wie die Kiesel um mich herum. Er hatte schneeweiße und gleichmäßige Zähne wie ein Kind, und auf seinem Gesicht sah ich zur gleichen Zeit etwas Lausbübisches und Freundliches. »Es reicht, ›Danke‹ zu sagen«, drängte er mich. »Nun, sag's schon. Was hast du denn dabei zu verlieren?«

»Ich komme mir dämlich vor«, gestand ich in einem Versuch, ihn auf meine Seite zu bringen. »Ich werde es nicht tun.«

»Wieso?« fragte er interessiert. »Es dauert höchstens eine Sekunde, und es wird kein bißchen weh tun.« Den letzten Teil betonte er lächelnd.

Gegen meinen Willen mußte ich kichern. »Tut mir leid, aber es geht einfach nicht«, wiederholte ich. »So bin ich nun einmal. Sobald jemand darauf besteht, daß ich etwas gegen meinen Willen tun soll, verkrampfe ich mich regelrecht und werde wütend.«

Den Blick auf den Boden gerichtet, sein Kinn auf die Hände gestützt, nickte der junge Mann nachdenklich mit dem Kopf. »Fest steht, daß irgendetwas deinen Absturz, vielleicht sogar deinen Tod verhindert hat«, sagte er nach einer langen Pause. »Etwas Unerklärliches.«

Ich stimmte ihm zu und erklärte, daß ich selbst absolut erstaunt sei. Dann versuchte ich mich in einer Erklärung über Phänomene, die zur rechten Zeit am rechten Ort geschehen.

»Kann schon sein«, sagte er. Dann grinste er wieder und versetzte mir einen frechen Stupser direkt aufs Kinn. »Aber das erklärt noch lange nicht deine Situation«, sagte er. »Du bist beschenkt worden. Du kannst den Geber Zufall nennen, Umstände oder eine Verkettung von glücklichen Ereignissen. Was bleibt, ist die Tatsache, daß dir Schmerz und Verletzung erspart blieben.«

»Vielleicht hast du recht«, lenkte ich ein. »Ich sollte dankbar sein.«

»Nicht unbedingt dankbar. Eher flexibler und ein wenig offener«, sagte er und lachte. Er bemerkte meine wachsende Verärgerung und öffnete seine Arme, als wolle er das gesamte Gestrüpp in seine Umarmung mit einschließen. »Mein Freund ist der Ansicht, daß deine Vision mit dem Indianerfriedhof zu tun hat, der sich im übrigen genau hier an dieser Stelle befindet.«

»Ich sehe keinen Indianerfriedhof«, erklärte ich defensiv.

»Er ist nicht so einfach auszumachen«, erwiderte er und kniff die Augen zusammen, als habe er Schwierigkeiten mit der Sicht. »Und das liegt nicht am Nebel. Selbst an einem sonnigen Tag ist hier nicht mehr zu sehen als ein paar Büsche.« Er ging auf die Knie und sah grinsend zu mir auf. »Für das geschulte Auge jedoch handelt es sich um eine ungewöhnliche Anordnung von Buschwerk.« Er legte sich flach auf den Boden und drehte den Kopf auf die linke Seite. Mit einer Handbewegung bedeutete er mir, es ihm gleichzutun.

»Nur so kann man den Friedhof überhaupt erkennen«, erklärte er, als ich neben ihm auf der Erde lag. »Ohne meinen Freund dort drüben hätte ich das nicht gewußt. Er weiß eine Menge interessanter und aufregender Dinge.«

Zunächst konnte ich nichts erkennen, dann entdeckte ich nach und nach eine Anordnung von Felsen im dichten Unterholz. Dunkel und glänzend, als habe die Feuchtigkeit des Nebels sie reingewaschen, kauerten sie in Kreisform, mehr Kreaturen als große Steine.

Als ich merkte, daß der Steinkreis in seiner Form exakt dem Kreis der menschlichen Umrisse entsprach, den ich vorher im Neben gesehen hatte, unterdrückte ich einen Aufschrei.

»Jetzt bekomme ich es wirklich langsam mit der Angst zu tun«, murmelte ich und rutschte unbehaglich hin und her. »Es klingt absurd, aber ich könnte beschwören, daß dies die Menschen sind, die ich vorher gesehen habe.«

»Ich weiß«, flüsterte er so leise, daß ich näherrücken mußte, um ihn zu verstehen. »Mein Freund, der Indianer ist, wie du sicher bemerkt hast, sagt, daß bestimmte Indianerfriedhöfe eine Reihe oder einen Kreis von Felsen haben. Diese Felsen sind die Abgesandten des Todes.« Er sah mir tief in die Augen, als wolle er sicherstellen, daß er meine volle Aufmerksamkeit habe. »Sie sind die Abgesandten, nicht etwa die Repräsentanten der Abgesandten.«

Unverwandt starrte ich den Mann an, nicht weil ich nicht wußte, was ich von seinen Behauptungen halten sollte, sondern weil sich sein Gesicht ständig veränderte, während er sprach und lächelte. Obwohl seine Gesichtszüge unverändert blieben, erschien er mir von einem Augenblick zum anderen wie ein sechsjähriges Kind, dann wie ein siebzehnjähriger Junge und schließlich wie ein alter Mann.

»Das mag ein seltsamer Glaube sein«, fuhr er ungeachtet meiner zweifelnden Blicke fort. »Ich habe selbst nicht viel damit anfangen können, bis du aus dem Nichts hier aufgetaucht bist – gerade als mein Freund von den Abgesandten des Todes sprach – und behauptetest, sie soeben gesehen zu haben.«

»Wenn ich mißtrauisch wäre«, fuhr er fort, und in seiner Stimme schwang etwas Bedrohliches mit, »dann würde ich glauben, daß ihr beide unter einer Decke steckt.«

»Ich kenne den Mann gar nicht!« verteidigte ich mich, verärgert durch den bloßen Gedanken an die Möglichkeit; dann flüsterte ich ihm so leise, daß nur er es verstehen konnte, ins Ohr: »Um ehrlich zu sei, bekomme ich beim Anblick deines Freundes eine Gänsehaut.«

»Wenn ich mißtrauisch wäre«, wiederholte der junge Mann und ignorierte meinen Einwurf, »dann würde ich denken, daß ihr beide versucht, mir Angst einzujagen. Aber ich bin nicht mißtrauisch. Und so bleibt mir nur, meine Vorurteile zu begraben und mich über dich zu wundern.«

»Über mich brauchst du dich nicht zu wundern«, sagte ich gereizt. »Ich weiß überhaupt nicht, wovon du redest.« Ich warf ihm einen ärgerlichen Blick zu. Seine Verwirrung interessierte mich nicht. Auch er ließ mir eine Gänsehaut den Rücken herablaufen.

»Er spricht von den Angesandten des Todes«, sagte der ältere Mann. Er war zu uns getreten und sah mit merkwürdigem Blick auf mich herab.

Mittlerweile wollte ich nur noch fort von dem Ort und den beiden Verrückten, also stand ich auf und verkündete lauthals meinen Dank. Meine Stimme hallte wider, als habe das Unterholz sich in Fels verwandelt. Ich lauschte, bis das Echo verschwunden war und begann dann gegen mein besseres Wissen, wieder und wieder laut schreiend meine Dankbarkeit zu bekunden.

»Ich denke, die Abgesandten werden mehr als zufrieden sein«, sagte der junge Mann und stupste mich gegen den Unterschenkel. Lachend ließ er sich auf den Rücken rollen. In seinen Augen lag eine ebenso wundervolle Stärke wie in seinem ansteckenden, kraftvollen Lachen. Trotz seines Gelächters zweifelte ich keinen Augenblick daran, daß ich mich tatsächlich bei den Abgesandten des Todes bedankt hatte. Und seltsamerweise fühlte ich mich nun von ihnen beschützt.

»Wer seid ihr?« fragte ich den Jüngeren der beiden.

In einer einzigen kraftvollen und geschmeidigen Bewegung kam er auf die Füße. »Ich bin José Luis Cortéz; meine Freunde nennen mich Joe«, sagte er und ergriff meine Hand. »Und das hier ist mein Freund Gumersindo Evans-Pritchard.«

Weil ich bei der Nennung seines Namens nicht laut auflachen wollte, biß ich mir auf die Lippen und beugte mich vor, um einen imaginären Insektenbiß an meinem Knie zu kratzen. »Muß wohl ein Floh gewesen sein«, sagte ich und blickte von einem zum anderen. Beide starrten zurück und hinderten mich daran, einen Scherz über den Namen zu machen. Der Ausdruck auf ihren Gesichtern war so ernsthaft, daß mir augenblicklich das Lachen verging.

Gumersindo Evans-Pritchard griff nach meiner Hand, die schlaff herabhing und schüttelte sie kräftig. »Ich freue mich, deine Bekanntschaft zu machen«, sagte er in perfektem Englisch, das einen Akzent der britischen Oberklasse durchschimmern ließ. »Einen Augenblick lang habe ich dich für eine von der total hochnäsigen Fotzensorte gehalten.«

Meine Augen weiteten sich, und zur gleichen Zeit fiel mir der Kiefer hinab. Obwohl ich irgendwo tief im Innern registrierte, daß seine Worte als Kompliment und nicht als Beleidigung gemeint waren, war ich so schockiert, daß ich mich nicht bewegen konnte. Ich selbst war nicht gerade prüde – unter den richtigen Umständen konnte ich jeden in Grund und Boden fluchen –, doch irgendetwas am Klang des Wortes *Fotze* erschien mir derartig abstoßend und widerlich, daß es mir die Sprache verschlagen hatte.

Joe eilte zu meiner Rettung. Er entschuldigte sich für das Benehmen seines Freundes und erklärte, daß es sich bei Gumersindo um einen sozialen Bilderstürmer mit extremen Ansichten handele. Noch bevor ich Gelegenheit hatte anzubringen, daß es Gumersindo definitiv gelungen war, meinen Begriff von angemessenem Verhalten ins Wanken zu bringen, fügte Joe hinzu, daß Gumersindos Besessenheit mit der Identität eines Bilderstürmers mit seinem Nachnamen, Evans-Pritchard, zu tun hatte. »Was niemanden überraschen wird«, wie Joe bemerkte. »Sein Vater ist ein Engländer, der Gumersindos Mutter, eine Indianerin aus Jalisco, noch vor seiner Geburt im Stich ließ.«

»Evans-Pritchard?« wiederholte ich vorsichtig und wandte mich dann an Gumersindo, um ihn zu fragen, ob er etwas dagegen habe, daß Joe die Familienleichen vor einem Fremden aus dem Keller holte.

»Er hat keine Leichen im Keller«, antwortete Joe für seinen

Freund »Und weißt du warum?« Er starrte mich mit seinen glänzenden dunklen Augen an, die weder braun noch schwarz waren, sondern die Farbe reifer Kirschen hatten.

Ratlos schüttelte ich den Kopf, irritiert von seinem zwingenden Blick. Mit dem einen Auge schien er mich anzulachen, das andere blickte todernst, bedrohlich und unheilverkündend.

»Weil das, was du Leichen im Keller nennst, in Wirklichkeit Gumersindos Quelle der Kraft ist«, fuhr Joe fort. »Weißt du, daß sein Vater mittlerweile ein berühmter englischer Anthropologe ist? Gumersindo haßt ihn aus tiefstem Herzen.«

Gumersindo nickte kaum merklich mit dem Kopf, als sei er stolz auf seinen Haß.

Ich konnte mein Glück kaum fassen. Sie sprachen über niemanden anderen als E. E. Evans-Pritchard, einen der bedeutendsten Sozio-Anthropologen des zwanzigsten Jahrhunderts. Und dies ausgerechnet in dem Semester, da ich an der UCLA ein Arbeitspapier über Sozio-Anthropologie und ihre wichtigsten Vertreter zu erstellen hatte.

Was für ein gelungener Zufall! Ich mußte mich zwingen, vor Aufregung nicht zu jubeln und unbeherrscht auf- und abzuspringen. Mit einem derartigen Geheimnis aufwarten zu können! Ein bedeutender Anthropologe, der eine Indianerin verführt und dann im Stich gelassen hatte. Die Tatsache, daß Evans-Pritchard nie in Mexiko Feldarbeit geleistet hatte – er war vor allem für seine Forschungen in Afrika bekannt –, irritierte mich nicht im geringsten; mit Sicherheit würde ich bei Nachforschungen herausbekommen, daß er anläßlich eines Aufenthaltes in den Vereinigten Staaten einen Abstecher nach Mexiko gemacht hatte. Vor mir stand der lebende Beweis.

Mit süßem Lächeln sah ich Gumersindo an und gab mir innerlich das Versprechen, nichts ohne seine Einwilligung zu verraten. Obwohl mir die eine oder andere Bemerkung gegenüber meinen

Professoren nicht unangebracht schien; schließlich wurden einem Informationen von dieser Tragweite nicht jeden Tag präsentiert.

Fieberhaft arbeitete mein Hirn an den Möglichkeiten der Auswertung. Vielleicht nur eine kleine Versammlung einiger auserwählter Studenten, daheim bei einem meiner Professoren. Ich mochte ihn zwar nicht besonders, doch gefiel mir die kindliche Art, auf die er seine Studenten zu beeindrucken suchte. Gelegentlich trafen wir uns bei ihm zuhause, und jedes Mal hatte ich auf seinem Schreibtisch eine Notiz des berühmten Ethnologen Claude Lévi-Strauss bemerkt.

»Du hast uns deinen Namen noch nicht genannt«, sagte Joe höflich und zog mich dabei freundlich am Ärmel.

»Carmen Gebauer«, gab ich ohne zu zögern den Namen einer Freundin aus früher Kindheit an. Um mein Unbehagen und das Schuldgefühl wegen der wieder mit großer Leichtigkeit vorgetragenen Lüge ein wenig zu lindern, fragte ich Joe, ob er aus Argentinien stamme. Im Angesicht seines befremdeten Gesichtsausdruckes beeilte ich mich hinzuzufügen, daß seine Art zu sprechen unverkennbar argentinisch sei. »Obwohl du beileibe nicht aussiehst wie ein Argentinier«, bemerkte ich.

»Ich bin Mexikaner«, sagte er. »Und deinem Akzent nach zu urteilen bist du entweder in Kuba oder Venezuela aufgewachsen.«

Ich hatte keine Lust, diese Konversation weiter fortzusetzen und wechselte eilig das Thema. »Weißt du, wie man zurück auf den Wanderpfad gelangt?« fragte ich, mit einem Mal besorgt, meine Freunde könnten sich nun Sorgen machen.

»Nein, weiß ich nicht«, gestand Joe mit kindlicher Offenheit. »Aber Gumersindo Evans-Pritchard weiß es.«

Gumersindo ging durch das Gestrüpp voran und führte uns auf einen schmalen Weg, der auf der anderen Seite des Berges anstieg. Nach kurzer Zeit hörten wir die Stimmen meiner Freunde und das Bellen des Hundes.

Ich fühlte mich immens erleichtert und war zugleich enttäuscht und verwirrt, weil keiner der beiden Männer sich darum bemüht hatte, mit mir in Kontakt zu bleiben.

»Wir werden uns sicher wiedertreffen«, sagte Joe zum Abschied unverbindlich.

Gumersindo Evans-Pritchard überraschte mich, indem er mir galant die Hand küßte. Er tat dies mit einer solchen Natürlichkeit und Eleganz, daß es mir gar nicht in den Sinn kam, ihn auszulachen.

»Das liegt ihm im Blut«, erklärte Joe. »Obwohl nur zur Hälfte Engländer, ist seine Kultiviertheit über jeden Vorwurf erhaben. Er ist durch und durch galant.«

Ohne ein weiteres Wort oder einen Blick zurück verschwanden die beiden im Nebel. Ich bezweifelte stark, daß ich sie je wiedersehen würde. Da ich mich wegen der Lüge über meinen wirklichen Namen immer noch schuldig fühlte, wäre ich ihnen um ein Haar nachgerannt, doch der Hund meiner Freunde hinderte mich daran, indem er an mir hochsprang und mir das Gesicht leckte.

6

Verblüfft starrte ich auf den Gastdozenten. In seinem Dreiteiler, mit kurzem, gelocktem Haar und glattrasiertem Gesicht wirkte Joe Cortéz unter den langhaarigen, mit Ketten behangenen und leger gekleideten, bärtigen Studenten in der Aula der Universität von Kalifornien wie ein Mann aus einer anderen Epoche.

Eilig zwängte ich mich in einen der hinteren Sitze des vollgepackten Auditoriums neben der Freundin, mit der ich die Wanderung durch die Santa Susana-Mountains unternommen hatte.

»Wer ist das?« fragte ich sie.

Ungeduldig und mit ungläubigem Kopfschütteln sah sie mich an, dann kritzelte sie *Carlos Castaneda* auf ein Stück Papier.

»Wer zum Teufel ist Carlos Castaneda?« fragte ich und mußte gegen meinen Willen kichern.

»Ich habe dir sein Buch gegeben«, zischte sie und fügte hinzu, daß es sich bei ihm um einen bekannten Anthropologen handelte, der umfangreiche Feldarbeit in Mexiko geleistet hatte.

Eigentlich wollte ich meiner Freundin sofort gestehen, daß es sich bei dem Sprecher um den gleichen Mann handelte, den ich auf der Wanderung in den Bergen getroffen hatte, doch aus gutem Grund hielt ich den Mund. Wegen dieses Mannes wäre unsere Freundschaft beinahe in die Brüche gegangen, eine Freundschaft, die mir sehr viel bedeutete. Unerbittlich hatte meine Freundin die Meinung vertreten, daß es sich bei der Geschichte um Evans-Pritchard um leeres Gerede handelte. Ich wiederum bestand auf der Ansicht, daß die beiden Männer überhaupt keinen Grund gehabt hätten, mir einen Bären aufzubinden. Ich wußte, daß sie die Wahrheit gesagt hatten. Meine Freundin hatte mich daraufhin eine leichtgläubige Närrin geschimpft.

Da keine von uns beiden nachgeben wollte, hatte sich die Stimmung zusehends erhitzt. In der Hoffnung uns zu beruhigen, hatte ihr Ehemann schließlich gemeint, daß man mir möglicherweise die Wahrheit gesagt hatte. Verärgert über seinen Mangel an Loyalität hatte meine Freundin ihn angeschrien, den Mund zu halten.

In aggressiver Stimmung hatten wir den Rückweg angetreten. Es dauerte einige Wochen, bis sich die Luft wieder ein wenig gereinigt hatte. In der Zwischenzeit war ich damit beschäftigt gewesen, meine Informationen über den Sohn von Evans-Pritchard anhand einiger anderer anthropologischer Kapazitäten zu verifizieren, die etwas kompetenter waren als meine Freundin oder ich. Natürlich hatte man mich dabei wie einen Idioten behandelt. Aus reiner Sturköpfigkeit bestand ich darauf, daß nur ich allein die Wahrheit kannte. Meine pragmatische Erziehung hatte mich gelehrt, daß man nur dann log, wenn man etwas nicht auf andere Weise bekommen konnte. Und mir war schleierhaft, was die beiden Männer durch ihre Lüge zu gewinnen gehabt hätten.

Der Vorlesung Carlos Castanedas schenkte ich kaum Beachtung. Zu sehr beschäftigte mich die Frage, weshalb er mir einen falschen Namen genannt hatte. Ich war daran gewöhnt, anhand einfacher Äußerungen oder einer Beobachtung auf die Motivationen von Menschen zu schließen und hatte große Schwierigkeiten, einen Hinweis auf seine Beweggründe zu finden. Dann erinnerte ich mich daran, daß ich ihm ja ebenfalls einen falschen Namen genannt hatte. Auch ich war nicht in der Lage gewesen zu erklären, weshalb ich das getan hatte.

Nach längerer Überlegung beschloß ich, daß mangelndes Vertrauen der Grund dafür gewesen sein mußte. Er war mir einfach zu selbstsicher und zu frech erschienen, um ihn ins Vertrauen ziehen zu können. Meine Mutter hatte mir eingebläut, keinem Latino-Mann zu trauen, der sich mir nicht unterwürfig näherte. Sie pflegte Latinos mit Bantamhähnen zu vergleichen, deren Interessen ausschließlich aus Kampf, Nahrungsaufnahme und Geschlechtsverkehr – in genau dieser Reihenfolge – bestanden. Ohne nachzudenken, muß ich ihr wohl geglaubt haben.

Schließlich sah ich mir Carlos Castaneda genauer an. Aus seinem Vortrag wurde ich nicht schlau, doch faszinierten mich seine Bewegungen. Er schien mit seinem gesamten Körper zu sprechen, und anstatt aus dem Mund schienen seine Worte von seinen Händen zu fließen, Hände, die er mit der Anmut und Behendigkeit eines Magiers zu bewegen verstand.

Unverfroren ging ich nach der Vorlesung auf ihn zu. Er war von einer Traube Studenten umgeben. Gegenüber den weiblichen Seminarteilnehmern verhielt er sich derartig eifrig und charmant, daß ich automatisch beschloß, ihn dafür zu verachten.

»Du hast mir einen falschen Namen genannt, Joe Cortéz«, sagte ich auf Spanisch und zeigte anklagend mit dem Finger auf ihn.

Die Hand auf den Bauch gelegt, als habe er soeben einen Schlag erhalten, starrte er mich mit demselben ungläubigen und unschlüssigen Ausdruck an, den er auch bei unserer ersten Begegnung in den Bergen an den Tag gelegt hatte.

»Daß dein Freund Gumersindo Evans-Pritchard heißt, war ebenfalls eine Lüge«, fügte ich hinzu, noch bevor er Gelegenheit hatte, sich von der Überraschung zu erholen. »Oder etwa nicht?«

Er machte eine Geste, mit der er mich bat, nicht fortzufahren, doch schien er nicht im mindesten verlegen. Allerdings stand in seinen Augen ein so deutlicher Ausdruck einfachen und reinen Wunderns, daß mein heiliger Zorn auf der Stelle verrauchte. Sanft hielt er mein Handgelenk, als wollte er verhindern, daß ich mich wieder entfernte.

Nachdem er sein Gespräch mit den Studenten beendet hatte, führte er mich schweigend zu einer Bank, die abgelegen im nördlichen Teil des Campus unter einer riesigen Pinie stand.

»Dies alles ist derartig merkwürdig, daß es mir wirklich die Sprache verschlägt«, sagte er in Englisch, nachdem wir uns gesetzt hatten. Er sah mich an, als könne er es immer noch nicht glauben, daß ich neben ihm saß. »Ich hätte nie gedacht, daß ich dich wiedersehen würde«, fügte er nachdenklich hinzu. »Nachdem wir gegangen waren, haben mein Freund und ich – sein Name lautet übrigens Nestor – lange über dich gesprochen. Wir kamen zu dem Schluß, daß es sich bei dir um einen Halbgeist gehandelt haben mußte.« Unvermittelt verfiel er in Spanisch und erzählte, daß die beiden Männer in der Hoffnung, mich zu finden, sogar zu der Stelle zurückgekehrt waren, an der wir uns getrennt hatten.

»Weshalb wolltet ihr mich unbedingt finden?« fragte ich in der sicheren Annahme, er würde mir auf Englisch antworten, er sei zurückgekehrt, weil er mich gemocht habe.

Im Spanischen gibt es keinen Ausdruck dafür, jemanden einfach zu mögen. Die Antwort muß etwas blumiger und zur gleichen Zeit präziser ausfallen. Im Spanischen ruft man entweder ein angenehmes Gefühl hervor – *me caes bien* – oder aber man erregt grenzenlose Leidenschaft – *me gustas.*

Meine Frage ließ ihn lange schweigen. Er schien unschlüssig, ob er überhaupt etwas sagen sollte. Schließlich erklärte er, daß unsere nachmittägliche Begegnung im Nebel für einen tiefen emotionalen Aufruhr in seinem Innern gesorgt habe. Während er dies sagte, wirkte sein Gesicht wie bezaubert und seine Stimme verriet ehrfürchtige Scheu, als er hinzufügte, daß unser Treffen im Vorlesungssaal ihm beinahe den Garaus gemacht hätte.

»Weshalb?« fragte ich mit erwachender Eitelkeit. Ich bereute die

Frage augenblicklich, da ich annahm, er würde mir sogleich gestehen, daß er sich Hals über Kopf in mich verliebt hatte, was mir ausgesprochen unangenehm gewesen wäre. Ich hätte nicht gewußt, wie ich darauf reagieren sollte.

»Das ist eine sehr lange Geschichte«, sagte er immer noch nachdenklich. Er bewegte die Lippen, als spreche er mit sich selbst und probe seinen nächsten Satz.

Ich war bestens vertraut mit den Anzeigen, die Männer kurz vor ihren Brautwerbungen zur Schau zu stellen pflegten. »Ich habe nichts von dir gelesen«, sagte ich, um ihn in eine andere Richtung zu lenken. »Worum geht es in deiner Arbeit?«

»Ich habe ein paar Bücher über Zauberei geschrieben«, gab er zurück.

»Was für Zauberei? Vodoo, Geisterbeschwörungen, oder was?«

»Kennst du dich mit Zauberei ein wenig aus?« fragte er mit erwartungsvoller Stimme.

»Selbstverständlich, ich bin damit aufgewachsen. Ich habe lange an der Küste von Venezuela gelebt, in einem Gebiet, das berühmt für seine Zauberer ist. Die meisten Sommer meiner Kindheit habe ich in Gesellschaft einer Hexenfamilie verbracht.«

»Hexen?«

»Ja«, sagte ich, zufrieden mit seiner Reaktion. »Mein Kindermädchen war eine Hexe. Eine Schwarze aus Puerto Cabello. Sie hat mich bis zur Pubertät beaufsichtigt. Meine Eltern waren beide berufstätig und froh, daß sie auf mich achtgab. Sie kam bei weitem besser mit mir zurecht als meine Eltern und ließ mich machen, was ich wollte. Vater und Mutter erlaubten ihr, mich überallhin mitzunehmen. Während der Ferien besuchte ich ihre Familie. Es handelte sich nicht um ihre biologische Familie, sondern um ihre Hexenfamilie. Und obwohl es mir nicht gestattet war, an ihren Ritualen teilzunehmen, habe ich doch eine Menge mitbekommen.«

Neugierig, als schenke er mir keinen Glauben, starrte er mich an. Dann fragte er abwesend lächelnd, was genau mein Kindermädchen zu einer Hexe gemacht habe.

»Alles Mögliche. Sie hat Hühner getötet und sie den Göttern als Opfer dargebracht. Sie und die anderen Hexen – Männer wie Frauen – tanzten, bis sie in Trance fielen. Sie rezitierte geheime Beschwörungen, die die Kraft hatten, ihre Freunde zu heilen und ihren Feinden Schaden zuzufügen. Ihre Spezialität waren Liebestränke, die sie aus medizinischen Pflanzen und allen möglichen Absonderungen des menschlichen Körpers, wie Menstruationsblut, Harn und insbesondere Schamhaaren zubereitete. Außerdem stellte sie Glücksbringer her, die beim Spiel oder in Angelegenheiten der Liebe behilflich waren.«

»Und das haben deine Eltern zugelassen?« fragte er ungläubig.

»Daheim wußte außer mir und den Kunden des Kindermädchens niemand etwas davon«, erklärte ich. »Sie machte Hausbesuche, wie jeder andere Doktor auch. Bei uns im Haus verbrannte sie höchstens einmal ein paar Kerzen hinter der Toilettenschüssel, wenn ich Alpträume hatte. Da es mir zu helfen schien und die Kacheln kein Feuer fangen konnten, hatte meine Mutter nichts dagegen.«

Mit einem Mal stand Castaneda auf und begann zu lachen.

»Was ist daran so lustig?« fragte ich in der Annahme, er halte meine Geschichte für erfunden. »Jedes Wort ist wahr, dafür garantiere ich.«

»Du behauptest irgendetwas, und nur weil du es behauptest, hältst du es für die Wahrheit«, sagte er mit ernstem Gesicht.

»Aber ich habe dir die Wahrheit gesagt«, insistierte ich.

»Ich durchschaue Menschen«, sagte er ruhig. »Ich kann zum Beispiel erkennen, daß du der festen Überzeugung bist, ich werde dir einen Antrag machen. Du hast dich selbst davon überzeugt, und nun ist es die Wahrheit. Davon rede ich.«

Ich versuchte, etwas zu sagen, doch vor Entrüstung blieb mir der Atem weg. Gern wäre ich weggelaufen, doch erschien mir das als zu peinlich.

Er legte die Stirn in Falten, und ich hatte den unangenehmen Eindruck, daß er wußte, was ich fühlte. Mein Gesicht war rot angelaufen. Ich zitterte vor unterdrückter Wut. Trotzdem spürte ich nach wenigen Augenblicken eine außerordentliche Gelassenheit, die nicht bewußt von mir herbeigeführt worden war; ich hatte das starke Empfinden, daß sich in meinem Inneren etwas verlagert hatte. Vage erinnerte ich mich daran, schon einmal eine ähnliche Erfahrung gehabt zu haben, doch verblaßte meine Erinnerung so schnell, wie sie gekommen war.

»Was treibst du da mit mir?« murmelte ich

»Ich bin in der Lage, Menschen zu durchschauen«, sagte er in zerknirschtem Ton. »Nicht immer und ganz gewiß nicht jeden, aber zumindest die aus meinem engsten Kreis. Weshalb ich dich durchschaue, verstehe ich allerdings nicht.«

An seiner Ernsthaftigkeit bestand für mich kein Zweifel. Und er selbst schien erstaunter, als ich es war. Er setzte sich wieder und rückte näher. Eine Weile war es vollkommen still. Einfach keine Konversation mehr betreiben zu müssen, ohne mir dabei dumm vorzukommen, war ein außergewöhnlich angenehmes Erlebnis. Ich blickte in den Himmel hinauf; er war wolkenlos und klar wie blaues Glas. Eine sanfte Brise wehte durch die Pinienzweige, und Nadeln regneten auf uns herab wie kleine Schauer. Dann verwandelte sich die Brise in einen Wind und wehte das getrocknete, gelbe Laub eines nahestehenden Ahornbaumes in unsere Richtung; mit sanftem, rhythmischem Geräusch wirbelten die Blätter um uns herum, bis der Wind sie mit einem einzigen Stoß hoch in die Luft riß.

»Das war eine Demonstration des Geistes«, murmelte er, »und sie galt dir. Der Zauberer, mit dem ich arbeite, würde sagen, es handelte sich um ein Omen. Irgendetwas hat mich auf dich hingewiesen, gerade als ich dachte, daß ich besser gehen sollte. Jetzt muß ich bleiben.«

Sein letzter Satz rief ein unerklärliches Glücksgefühl in mir hervor. Doch handelte es sich dabei nicht um triumphierendes Glück oder Schadenfreude, so wie man sie empfindet, wenn man sich durchsetzt oder Recht bekommt. Eher war es ein tiefes Gefühl der Zufriedenheit, das nicht lange andauert. Plötzlich übernahm mein gewöhnliches Selbst wieder die Situation und gebot, mich solcher Gedanken und Gefühle sofort zu entledigen. Wo ich mich gerade befand, hatte ich nichts zu suchen. Ich hatte eine Vorlesung ausfallen lassen, Mittag mit meinen Freunden verpaßt und es versäumt, meine Bahnen im Frauenschwimmbecken der Universität zu ziehen.

»Vielleicht ist es besser, wenn ich gehe«, sagte ich, um mir ein wenig Erleichterung zu verschaffen; doch so, wie die Worte herauskamen, klangen sie selbstmitleidig – was sie in gewisser Weise auch waren.

Anstatt zu gehen, fragte ich ihn so beiläufig wie möglich, ob er schon immer die Eigenschaft besessen habe, Menschen zu durchschauen.

»Nein, nicht immer.« Der Ton seiner Stimme verriet deutlich, daß ihm mein innerer Kampf nicht entgangen war. »Der alte Zauberer, mit dem ich arbeite, hat es mir gerade beigebracht.«

»Könnte er es auch mir beibringen?«

»Ja, ich denke, das würde er tun.« Er schien erstaunt über seine Aussage. »Wenn seine Gefühle dir gegenüber den meinen ähneln, wird er es ganz gewiß versuchen.«

»Hast du vorher schon etwas von Zauberei verstanden?« fragte ich ruhig, mich langsam von meiner Aufregung erholend.

»In Lateinamerika denkt jeder, er verstehe etwas von Zauberei, und ich habe es auch geglaubt. In dieser Hinsicht unterscheide ich mich kaum von dir. Nach meiner ersten Begegnung mit der wirklichen Zauberei merkte ich jedoch, daß es sich dabei um etwas völlig anderes handelte.«

»Was war es stattdessen?«

»Es war einfach. So einfach, daß es mir Angst bereitete«, gestand er. »Gewöhnlich denken wir, die Zauberei habe etwas mit dem Bösen zu tun und fürchten sie deshalb. Doch die Zauberei, mit der ich in Berührung kam, war nicht im mindesten böse, und gerade deshalb erschien sie mir als das Gräßlichste auf der Welt.«

Ich unterbrach ihn und wies darauf hin, daß er von weißer im Gegensatz zu schwarzer Magie sprach.

»Rede doch nicht solch einen Quatsch daher, verdammt noch mal!« schnappte er unwirsch.

Der Schock über eine derartige Anfuhr verschlug mir den Atem. Augenblicklich befand ich mich wieder im inneren Zwiespalt. Um meinen Blicken auszuweichen, wandte er sich ab. Er hatte es gewagt, mich anzuschreien, und ich wurde jetzt derartig wütend, daß ich kurz vor einem Anfall stand. In meinen Ohren begann es zu rauschen, und vor meinen Augen tanzten dunkle Punkte. Wäre er nicht mit einem flinken Satz zur Seite ausgewichen, hätte ich ihn geschlagen.

»Du bist äußerst undiszipliniert«, sagte er und setzte sich wieder. »Und außerdem gewalttätig. Dein Kindermädchen muß dir aufs Wort gehorcht und dich behandelt haben, als wärst du aus Zuckerguß.« Er bemerkte meinen zornigen Gesichtsausdruck und erklärte, daß er mich nicht aus Ungeduld oder Wut angeschrien habe. »Mir persönlich ist es gleichgültig, ob du zuhörst oder nicht«, erklärte er. «Doch für jemand anderes ist es wichtig, und für diesen jemand habe ich geschrieen. Jemand, der uns beobachtet.«

Zunächst war ich verdutzt, dann wurde mir unbehaglich. Ich sah mich um und fragte mich, von wo der Zaubermeister uns beobachten mochte.

Joe Cortéz ignorierte mich und fuhr fort. »Mein Vater hat mir nie erzählt, daß es einen ständigen Zeugen gibt, weil er es nicht wußte. Und auch du weißt es nicht.«

»Was redest du denn da für einen Quatsch zusammen?« fragte ich mit kratziger und ärgerlicher Stimme. Er hatte mich angeschrien und beleidigt. Sollte er sich einbilden, daß ich über seine Handlungen einfach hinwegsehen würde, konnte er sich auf etwas gefaßt machen. »Das lasse ich dir nicht durchgehen«, dachte ich und lächelte ihn bösartig an. »Mit mir nicht, Freundchen.«

»Ich spreche von einer Macht, einer Wesenheit, einer Präsenz, die weder Macht, noch Wesenheit, noch Präsenz darstellt«, erklärte er mit engelhaftem Lächeln. Meine düstere Stimmung schien er gar nicht wahrzunehmen. »Klingt vielleicht wie Schwachsinn, ist es jedoch nicht. Ich beziehe mich auf etwas, was nur Zauberer wissen. Sie nennen es den Geist. Unseren persönlichen Beobachter, unseren ständigen Zeugen.«

Ich weiß nicht wieso, doch mit einem Mal besaß er meine ungeteilte Aufmerksamkeit. Er sprach weiter von jener Macht, die nicht Gott sei und überhaupt nichts mit Religion oder Moralität zu tun hatte, sondern vielmehr eine unpersönliche Macht darstellte, eine Kraft, die uns erst dann zur Verfügung stand, wenn wir gelernt hatten, unser Selbst auf ein Nichts zu reduzieren. Selbst die Tatsache, daß er mittlerweile meine Hand hielt, störte mich nicht. Im Gegenteil, mir gefiel die starke und weiche Berührung seiner Hand. Auf morbide Weise begann mich die seltsame Macht zu faszinieren, die er auf mich ausübte. Ich war entgeistert darüber, daß ich am liebsten bis in alle Ewigkeit neben ihm auf der Bank gesessen und seine Hand gehalten hätte.

Er sprach weiter. Und gebannt lauschte ich seinen Worten. Abartigerweise fragte ich mich zur gleichen Zeit, wann er endlich nach meinem Bein grabschen würde. Ich war mir sicher, daß ihm die Berührung meiner Hand nicht reichen würde und hatte keine Ahnung, wie ich ihn von seinem weiteren Vorhaben hätte abhalten sollen. Oder verhielt es sich möglicherweise sogar so, daß ich gar nicht vorhatte, ihn davon abzuhalten?

Er erklärte, daß er so achtlos und undiszipliniert wie nur möglich gewesen war, ohne sich dessen bewußt zu sein, da er im Modus der Zeit gefangen gewesen war.

»Was ist der Modus der Zeit?« fragte ich mit rauher, unfreundlicher Stimme, die verbergen sollte, wie sehr ich seine Gegenwart genoß.

»Die Zauberer nennen sie die Modalität der Zeit«, sagte er. »Heutzutage sind es die Normen des Mittelstandes. Ich bin ein Mann des Mittelstandes, genau wie du eine mittelständische Frau bist.«

»Derartige Klassifikationen haben keinerlei Gültigkeit«, unterbrach ich ihn rüde und riß meine Hand los. »Es handelt sich dabei um primitive Verallgemeinerungen.« Mißtrauisch beäugte ich ihn. Irgendetwas an seinen Worten war mir ungewöhnlich bekannt vorgekommen, doch fiel mir nicht ein, wo ich sie zuvor gehört haben könnte oder welche Bedeutung sie für mich gehabt hatten. Und doch spürte ich, daß sie möglicherweise von lebenswichtiger Signifikanz waren, würde ich es nur fertigbringen, mich an ihren Kontext zu erinnern.

»Erspar' mir das sozialwissenschaftliche Geschwätz«, sagte er jovial. »Das ist mir so klar wie dir.«

Überrollt von einer Welle totaler Frustration, ergriff ich seine Hand und biß hinein. »Tut mir wirklich leid«, murmelte ich sofort, bevor er sich von der Überraschung erholen konnte. »Ich weiß selbst nicht, warum ich es getan habe. Seit meiner Kindheit habe ich niemanden mehr gebissen.« In Erwartung eines Vergeltungsschlages rückte ich an den äußersten Rand der Bank. Doch nichts geschah.

»Du bist unglaublich primitiv«, war alles, was er sagte, während er sich abwesend die Hand rieb.

Ich ließ einen tiefen Seufzer der Erleichterung vernehmen. Seine Macht über mich war gebrochen, und nun erinnerte ich mich, daß ich noch eine alte Rechnung mit ihm zu begleichen hatte. Er hatte mich vor meinen Freunden und Kommilitonen zum Narren gemacht. »Kehren wir noch einmal zu unserem Originalproblem zurück«, sagte ich, bemüht, meinen Ärger aufwallen zu lassen. »Was sollte der ganze Unsinn über den Sohn von Evans-Pritchard? Du mußt doch gewußt haben, daß ich mich damit zum Gespött der Leute mache.« In der sicheren Annahme, daß eine derartige Konfrontation unmittelbar nach meinem Biß ihn endlich veranlassen würde, seine Selbstbeherrschung oder zumindest die Fassung zu verlieren, nahm ich ihn gründlich unter die Lupe. Ich erwartete, daß er beginnen würde zu schreien, daß sein Selbstvertrauen und seine unverschämte Art endlich einen Knacks bekämen. Doch blieb er vollkommen unbeeindruckt, atmete tief durch, und sein Gesicht bekam einen ernsthaften Ausdruck.

»Ich bin mir darüber im klaren, daß man denken könnte, ich erzähle Leuten Geschichten zu ihrer bloßen Unterhaltung«, begann er in heiterem Ton. »Doch es steckt mehr dahinter.« Er kicherte leise, und ich erinnerte mich daran, daß er bei unserer ersten Begegnung nicht hat wissen können, daß ich Studentin der Anthropologie war und mich daher mit meinen falschen Äußerungen zum Narren machen würde. Er hielt einen Augenblick inne, als suchte er nach den geeigneten Worten, dann zuckte er hilflos mit den Achseln und fügte hinzu: »Ich kann dir wirklich nicht erklären, weshalb ich dir meinen Freund als den Sohn von Evans-Pritchard vorgestellt habe, ohne dir mehr von mir und meinen Absichten zu offenbaren. Und das wäre etwas unpraktisch.«

»Wieso?«

»Je mehr du von mir erfährst, desto tiefer wirst du hineingezogen.« Er blickte mich nachdenklich an, und ich sah, daß es ihm ernst war. »Und damit meine ich keine geistige Anteilnahme. Ich meine, daß du dich dadurch mit mir persönlich einlassen würdest.«

In meinen Augen war dies eine derartig offene Zurschaustellung seiner Frechheit, daß ich mein Selbstvertrauen auf der Stelle zurückgewann. Ich verfiel – bestens bewährt – in sarkastisches Gelächter und sagte schneidend: »Du bist durch und durch ekelhaft. Glaub' mir, du bist genau der Typ von eingebildetem Latino-Macho, gegen den ich mein Leben lang gekämpft habe.« Als ich die Überraschung auf seinem Gesicht sah, fügte ich hochnäsig hinzu: »Wie kannst du es wagen zu glauben, ich könnte mich mit jemanden wie dir einlassen?«

Wider mein Erwarten lief er nicht rot im Gesicht an, sondern klatschte sich mit der Hand aufs Knie und lachte schallend, als habe er noch nie etwas so Komisches gehört. Zu meiner Bestürzung begann er, mich auch noch wie ein kleines Kind an den Rippen zu kitzeln.

Weil ich nicht lachen wollte, kreischte ich entrüstet auf: »Was fällt dir ein, mich einfach anzufassen!« In der Absicht, mich auf der Stelle zu entfernen, erhob ich mich, am ganzen Körper bebend, und schockierte mich gleich darauf selbst, indem ich mich unvermittelt wieder setzte.

Als ich merkte, daß er vorhatte, mich erneut zu kitzeln, ballte ich meine Hände zu Fäusten und hielt sie vor mein Gesicht. Ich schlage dir die Nase ein, wenn du mich noch einmal anfaßt«, warnte ich ihn.

Von meiner Drohung gänzlich unbeeindruckt, legte er den Kopf gegen die Lehne der Bank und schloß die Augen. Er lachte fröhlich, ein tiefes glucksendes Lachen, das mich am ganzen Körper erschaudern ließ. »Du bist der Präzedenzfall eines deutschen Mädchens, das unter Farbigen aufgewachsen ist«, sagte er und setzte sich seitlich auf die Bank, so daß er mich ansehen konnte.

»Woher weißt du, daß ich Deutsche bin? Das habe ich dir nie erzählt«, sagte ich mit versiegender Stimme, die eigentlich bedrohlich hätte klingen sollen.

»Von unserer ersten Begegnung an wußte ich, daß du Deutsche bist«, sagte er. »In dem Augenblick, als du mir vorlogst, du seist Schwedin, hast du es noch einmal bestätigt. Nur Deutsche, die nach dem Ende des Zweiten Weltkrieges in der Neuen Welt geboren werden, lügen so. Zumindest solange sie in den Vereinigten Staaten leben.«

Obwohl ich es nicht zugeben wollte, hatte er Recht. Mir war oft Feindseligkeit entgegengeschlagen, wenn Leute erfahren hatten, daß meine Eltern Deutsche waren; in ihren Augen machte uns diese Tatsache automatisch zu Nazis. Es war gleichgültig, ob ich ihnen darlegte, daß es sich bei meinen Eltern um Idealisten gehandelt hatte. Und natürlich mußte ich mir selbst eingestehen, daß meine Eltern wie alle guten Deutschen dachten, sie seien von Geburt her etwas Besseres als andere. Im Grunde jedoch waren sie gute Seelen, die ihr ganzes Leben kein Interesse an Politik gehabt hatten.

»Ich habe dir lediglich zugestimmt«, wies ich ihn in beißendem Tonfall zurecht. »Du hast blonde Haare, blaue Augen und hohe Wangenknochen gesehen, und alles, was dir dazu einfiel, war: Eine Schwedin. Sonderlich einfallsreich bist du nicht gerade, das kann man festhalten, stimmt's?« Ich ging daran, meinen eben gewonnenen Vorteil auszubauen. »Du selbst hattest keinerlei Grund zu lügen, es sei denn, du wärst von Natur aus ein Lügner.« Gegen meinen Willen hob sich meine Stimme, und ich stieß ihm mit dem Zeigefinger gegen die Brust. »Joe Cortéz, ha?« fügte ich höhnisch hinzu.

»Ist dein wirklicher Name Cristina Gebauer?« schoß er zurück und imitierte meine laut und häßlich dröhnende Stimme.

»Carmen Gebauer!« schrie ich, wütend darüber, daß er sich an den Namen nicht korrekt erinnert hatte. Plötzlich beschämt über meinen Ausbruch, ging ich zu einer chaotischen Selbstverteidigung über. Als ich nach wenigen Augenblicken merkte, daß ich überhaupt nicht wußte, wovon ich eigentlich sprach, hielt ich mitten im

Satz inne und gestand ihm, daß ich in der Tat Deutsche sei und es sich bei Carmen Gebauer um den Namen einer Freundin aus meiner Kindheit handelte.

»Das gefällt mir«, sagte er mit sanfter Stimme, kaum in der Lage, ein Lächeln zu unterdrücken. Ob er sich auf meine Lügen oder mein Geständnis bezog, konnte ich nicht sagen. Sein Blick strahlte vor Freundlichkeit und Belustigung, und mit wehmütiger und zarter Stimme begann er mir die Geschichte seiner Kindheitsfreundin, Fabiola Kunze, zu erzählen.

Verwirrt wandte ich mich von ihm ab und starrte auf den nahen Ahornbaum und die dahinterstehenden Pinien. Um mein Interesse an seiner Geschichte zu verbergen, begann ich mit meinen Fingernägeln zu spielen; ich schob die Nagelhäute zurück und ging sorgfältig und methodisch daran, mir den Lack von den Nägeln abzuziehen.

Die Geschichte der Fabiola Kunze ähnelte so sehr meiner eigenen, daß mein vorgetäuschtes Desinteresse nach wenigen Augenblicken verschwand und ich ihm aufmerksam zuhörte. Ich hatte den Verdacht, die Geschichte sei frei erfunden, doch mußte ich anerkennend feststellen, daß er Kenntnis über einige Details besaß, die nur eine Tochter deutscher Eltern in der Neuen Welt wissen konnte.

Angeblich hatte Fabiola geradezu Todesangst sowohl vor dunkelhäutigen Latino-Jungen als auch vor Deutschen gehabt. Die Latinos ängstigten sie durch ihre Unverantwortlichkeit, die Deutschen durch ihre Vorhersagbarkeit.

Als er beschrieb, wie sonntagnachmittags bei Fabiola zwei Dutzend Deutsche um eine wunderschön gedeckte Tafel saßen – nur bestes Porzellan, Silber und Kristall – und das Mädchen nacheinander zwei Dutzend Monologe über sich ergehen lassen mußte, die man dort als Konversation bezeichnete, hätte ich beinahe laut aufgelacht.

Je mehr Einzelheiten er über diese Sonntagnachmittage zutage förderte, desto unwohler wurde mir: Da war Fabiolas Vater, der sich politische Debatten unter dem Dach seines Hauses verbat, jedoch kompulsiv darauf hinarbeitete, ebensolche anzuzetteln und auf zahllosen Umwegen versuchte, anzügliche Witze über katholische Priester anzubringen. Oder die lähmende Angst der Mutter: daß ihr kostbares Porzellan in den Händen täppischer Lümmel zerbrechen könnte.

Seine Worte waren Stichworte, auf die ich unterbewußt reagierte. Szenen der Sonntagnachmittage meiner eigenen Jugend erschienen wie Bilder auf einer Wand vor meinem geistigen Auge.

Ich war einem hysterischen Anfall nahe. Ich wollte um mich treten und schreien, wie ich nie zuvor geschrien hatte; ich wollte diesen Mann hassen, doch es gelang mir nicht. Ich verlangte Entschuldigungen und Rechtfertigungen, aber ich erhielt weder das eine noch das andere von ihm. Ich wollte ihn beherrschen, ich wollte, daß er sich in mich verliebte, nur damit ich ihn zurückweisen konnte.

Durch meine infantilen Gefühle beschämt, versuchte ich schließlich mit aller Macht, mich zusammenzureißen. Ich gab vor, gelangweilt zu sein und lehnte mich in seine Richtung. »Weshalb hast du mir einen falschen Namen genannt?«

»Er war nicht falsch«, verkündete er. »Das ist mein Name. Ich habe mehrere Namen. Zauberer haben für verschiedene Anlässe unterschiedliche Namen.«

»Wie praktisch!« rief ich sarkastisch.

»Ausgesprochen praktisch«, wiederholte er und zwinkerte mir kurz zu, was mich wieder auf die Palme trieb.

Dann tat er etwas vollkommen Unerwartetes und Befremdliches: Er legte seine Arme um mich. In seiner Umarmung lag nichts Sexuelles oder Anzügliches. Sie war spontan und herzlich, wie die aufrichtige Geste eines Kindes, das einen Freund zu trösten sucht.

Seine Berührung beruhigte mich augenblicklich und ich brach in unkontrolliertes Schluchzen aus.

»Ich bin solch ein Idiot«, gestand ich unter Tränen. »Ich wollte dich verprügeln, und nun schau mich an. Ich liege dir in den Armen.« Ich wollte noch hinzufügen, daß mir das gefiel, als mich ein Energieschwall durchströmte. Als sei ich soeben aus einem Traum erwacht, stieß ich ihn von mir. »Laß mich los!« zischte ich und stampfte von dannen.

Ich hörte, wie er vor Lachen fast erstickte, doch störte mich das nicht im geringsten; mein Anfall war sofort verflogen. Ich blieb wie angewurzelt stehen, am ganzen Körper zitternd, unfähig, mich zu entfernen. Als sei ich an einem gigantischen Gummiband befestigt, kehrte ich zurück zu unserer Bank.

»Mach dir nichts daraus«, sagte er freundlich. Er schien genau zu wissen, was mich zu der Bank zurückgezogen hatte. Er klopfte mir den Rücken, wie man es bei einem kleinen Kind nach dem Essen tut.

»Es liegt nicht an dir oder mir«, fuhr er fort. »Es ist etwas, daß außerhalb von uns agiert und für uns handelt. Bei mir spielt sich dieses Etwas seit geraumer Zeit auf. Mittlerweile habe ich mich daran gewöhnt. Ich verstehe allerdings nicht, was es mit dir macht. Deshalb frag mich nicht. Ich kann es dir noch nicht erklären«, sagte er als erwarte er meine Frage.

Ich wollte ihn trotzdem fragen, doch hatte mein Verstand ausgesetzt. Mir war, als würde ich schlafen und lediglich träumen, daß ich sprach.

Kurze Zeit später war meine Taubheit wieder verschwunden. Ich fühlte mich animierter, wenn auch noch nicht in meiner alten Form. »Was geschieht mit mir?« fragte ich.

»Etwas von außerhalb zwingt dich zu fokussieren und stößt dich voran«, sagte er. »Es benutzt mich als Werkzeug. Irgendetwas will deine mittelständische Gesinnung verändern.«

»Komm mir nicht mit dieser Mittelstandsidiotie«, sagte ich kläglich. Es klang jedoch mehr so, als bat ich ihn um Gnade. In der Annahme, meine gewohnte Schärfe sei mir dauerhaft abhanden gekommen, lächelte ich hilflos.

»Dabei handelt es sich übrigens nicht um meine eigene Meinung oder meine Ideen«, sagte er. »Bei mir handelt es sich genau wie bei dir um ein unverfälschtes Produkt der Ideologie des Mittelstandes. Stell dir mein Grauen vor, als ich einer anderen, überzeugenderen Ideologie gegenübertreten mußte. Es hat mich förmlich zerrissen.«

»Von welcher Ideologie sprichst du?« fragte ich zaghaft. Meine Stimme war jetzt so leise, daß man sie kaum noch hören konnte.

»Ein einzelner Mann brachte sie mir nahe«, erklärte er. »Oder besser gesagt, der Geist sprach und handelte durch ihn. Der Mann ist ein Zauberer. Ich habe über ihn geschrieben. Sein Name ist Juan Matus. Er konfrontierte mich mit meiner Mittelstandsmentalität.«

»Einmal stellte Juan Matus mir die grandiose Frage: ›Was ist deiner Ansicht nach eine Universität?‹ Natürlich antwortete ich ihm wie ein Sozialwissenschaftlicher: ›Ein Zentrum höherer Bildung!‹ Er korrigierte mich und erklärte, daß Universitäten ›Mittelständische Anstalten‹ genannt werden müßten, weil dort unsere mittelständischen Wertvorstellungen perfektioniert würden. Wir besuchen die Anstalten, um zu Professionisten zu werden, so sagte er. Die Ideologie unserer sozialen Herkunft schreibe uns vor, daß wir uns auf die Einnahme von Managerpositionen vorzubereiten haben. Juan Matus behauptete, daß Männer sich an den Mittelstands-Anstalten einschrieben, um zu Ingenieuren, Anwälten, Doktoren etc. zu werden, und Frauen, um einen passenden Ehemann, Ernährer und Vater für ihre Kinder zu finden. Passend heißt in diesem Fall: den Werten der Mittelklasse entsprechend.«

Eigentlich wollte ich ihm widersprechen, ihn anschreien, daß ich Menschen kannte, die nicht unbedingt an Karrieren oder an der Suche nach Ehepartnern interessiert waren, sondern die sich für

Ideen interessierten und um einer Sache selbst Willen zu lernen bereit waren. Allerdings kannte ich keine derartigen Menschen. Ein gräßlicher Druck legte sich auf meine Brust, und ich bekam einen trockenen Hustenanfall. Doch lag es nicht am Husten oder meinem körperlichen Unbehagen, daß ich mich auf meinem Platz wand und nicht in der Lage war, ihm etwas entgegenzusetzen. Es lag an der Gewißheit, mit der er über mich sprach: Ich besuchte tatsächlich die Universität, weil ich hoffte, dort einen passenden Mann zu finden...

Erneut zum Abmarsch bereit, erhob ich mich wieder. Ich hatte meine Hand bereits zum Abschied ausgestreckt, als etwas kräftig an meinem Rücken zu ziehen schien. So stark war die Bewegung, daß ich mich setzen mußte, um nicht zu stürzen. Ich wußte, daß nicht er es war, der mich berührt hatte, denn ich hatte ihn die ganze Zeit unverwandt angesehen.

Gedanken an Menschen, an die ich mich kaum noch erinnerte, an Träume, die ich noch nicht ganz vergessen hatte, schossen mir mit einem Mal in großer Zahl durch den Kopf und arrangierten sich zu einem komplizierten Muster, dem ich mich nicht entziehen konnte. Unbekannte Gesichter, Halbsätze, dunkle Ansichten von Ortsschatten und verschwommene Bilder fremder Menschen ließen mich für einen Moment in eine Art Schwebezustand gleiten. Ich stand kurz davor, eine entscheidende Erinnerung, ob dieses Kaleidoskopes von Bildern und Geräuschen zu haben, doch verflüchtigte sich das Wissen, und ein Gefühl der Ruhe und der Ausgeglichenheit überkam mich, eine innere Ruhe, die so tief in mir wurzelte, daß ich keinen Wunsch mehr danach verspürte, mich dem Mann gegenüber durchzusetzen.

Als hätte ich keine Sorge auf der Welt – und in diesem Moment hatte ich das auch nicht – streckte ich meine Beine von mir und begann zu erzählen. Ich konnte mich nicht daran erinnern, jemals so offen über mich selbst gesprochen zu haben, und ich hatte keine

Ahnung, weshalb ich ihm gegenüber plötzlich alle Schutzmaßnahmen fallen ließ. Ich berichtete ihm von Venezuela, meinen Eltern, meiner Kindheit, meiner inneren Unruhe, meinem bedeutungslosen Leben. Ich erzählte ihm Dinge, die ich nicht einmal mir selbst eingestanden hätte.

»Seit letztem Jahr studiere ich Anthropologie. Und ich weiß überhaupt nicht, warum«, sagte ich. Allmählich wurde mir angesichts meiner Enthüllungen doch etwas unbehaglich. Rastlos rutschte ich auf der Bank hin und her und sagte beinahe gegen meinen Willen: »Eigentlich interessieren mich spanische und deutsche Literatur weitaus mehr. An der ethnologischen Fakultät eingeschrieben zu sein, straft alles, was ich bisher über mich wußte, Lügen.«

»Gerade dieses Detail fasziniert mich sehr«, sagte er. »Ich kann es dir jetzt nicht im einzelnen auseinandersetzen, aber mir scheint, als sei ich hierher eingeladen worden, um dich zu finden, oder umgekehrt.«

»Was soll das bedeuten?« fragte ich und errötete, da mir bewußt wurde, daß ich das Gesagte ausschließlich unter dem Aspekt der Weiblichkeit aufnahm und interpretierte.

Meine geistige Verfassung schien ihm absolut vertraut. Er griff nach meiner Hand und preßte sie gegen seine Brust. »*Me gustas, nibelunga!*« rief er leidenschaftlich aus, und zur Sicherheit übersetzte er die Worte. »Ich empfinde grenzenlose Leidenschaft für dich, Nibelunga.« Er warf mir den schmachtenden Blick eines *latin-lovers* zu und brach dann in rauhes Gelächter aus. »Du bist der festen Überzeugung, daß ich dies früher oder später sagen werde, also kann ich es genauso gut gleich erledigen.«

Anstatt mich über sein Gefoppe zu ärgern, lachte ich; sein Humor gefiel mir. Die einzigen Nibelungen, die ich kannte, stammten aus den Sagenbüchern meines Vaters. Siegfried und die Nibelungen. Soweit ich mich erinnerte, handelte es sich bei ihnen um unter der Erde lebende, zwergenhafte Zauberwesen.

»Willst du mich als Zwerg bezeichnen?« fragte ich im Scherz.

»Gott bewahre!« protestierte er. »Du bist ein mystisches, deutsches Geschöpf.«

Als hätten wir nichts anderes zu tun, waren wir kurz darauf auf dem Weg in die Santa Susana-Mountains, zu jenem Platz, an dem wir uns das erste Mal begegnet waren. Keiner von uns sagte ein Wort, als wir uns der Klippe über dem Indianerfriedhof näherten. Wie alte Freunde setzten wir uns dort schweigend nieder und merkten nicht, wie der Nachmittag zur Nacht wurde.

7

Jose Cortéz parkte seinen Lieferwagen am Fuße des Berges. Er kam auf meine Seite, um die Tür zu öffnen, und mit einer galanten Geste half er mir beim Aussteigen. Ich war erleichtert, daß wir endlich angehalten hatten, obwohl ich nicht wußte warum. Wir waren bereits seit dem frühen Morgen unterwegs und befanden uns mitten im Niemandsland. Doch jetzt beim Einatmen der kalten Nachtluft, verblaßten die Hitze des Tages, die weite Wüstenlandschaft, die gnadenlose Sonne und der Staub der Straße zu vagen Erinnerungen.

Durch den Wind wurde die Luft zu etwas Schmackhaftem, Lebendigem. Der Mond war nicht zu sehen. Die Sterne schienen in ihrer Vielzahl und ihrer leuchtenden Pracht unsere Einsamkeit noch zu bestärken. Unter der bedrückenden Pracht erstreckten sich zu allen Seiten schemenhafte Hügel und die Wüste, die voller Schatten und wispernder Geräusche war. Ich versuchte, mich an den Gestirnen zu orientieren, jedoch wußte ich nicht, wie man die Sternbilder erkennt.

»Wir blicken nach Osten«, flüsterte Joe Cortéz, als habe ich soeben laut gedacht; dann versuchte er geduldig mir die Hauptsternenkonstellationen der Sommernacht zu erklären. Ich erinnerte mich lediglich an den Stern Vega, weil ich dabei an Lope de Vega, einen spanischen Schriftsteller des siebzehnten Jahrhunderts, denken mußte.

Während wir schweigend auf der Ladefläche seines Lieferwagens saßen und in den Himmel schauten, durchlebte ich noch einmal die Stationen unserer Reise.

Vor weniger als vierundzwanzig Stunden, beim Abendessen in einem japanischen Restaurant, hatte er mich aus heiterem Himmel gefragt, ob ich ihn auf eine Reise nach Sonora begleiten würde.

»Ich komme gern mit«, hatte ich spontan geantwortet. »Das Semester ist vorbei. Ich bin frei. Wann willst du fahren?«

»Heute Nacht!« sagte er. »Um genau zu sein, gleich nachdem wir gegessen haben.«

In der sicheren Annahme, daß es sich bei seiner Einladung um einen Scherz handelte, hatte ich gelacht. »So überhastet kann ich nicht abreisen«, erklärte ich. »Wie wäre es mit morgen früh?«

»Heute Nacht«, insistierte er sanft und bot mir seine Hand. Erst als ich die freudige Erregung und das diebische Vergnügen in seinen Augen bemerkte, wurde mir klar, daß er sich nicht etwa von mir verabschiedete, sondern ein Abkommen besiegelte.

»Entscheidungen müssen augenblicklich in die Tat umgesetzt werden«, verkündete er und ließ die Worte ohne weiteren Kommentar in der Luft hängen. Wir starrten sie an, als seien wir tatsächlich in der Lage, ihre Form und ihre Größe zu erkennen.

Obwohl ich mich nicht daran erinnern konnte, eine Entscheidung getroffen zu haben, nickte ich. Unausweichlich und prompt war das Angebot wie eine Chance an mich herangetragen worden. Zu seinem Zustandekommen hatte ich nichts beigetragen.

Mit umwerfender Klarheit sah ich mich plötzlich wieder auf meiner letzten Reise nach Sonora vor einem Jahr. Bei der Erinnerung an die Furcht und den Schock versteifte sich mein Körper, während sich einige unzusammenhängende Bilder tief in meinem Inneren zu regen begannen. Manche Begebenheiten jener seltsamen Reise waren so vollständig aus meinem Bewußtsein verschwunden, daß es mir gelegentlich immer noch so schien, als habe die Reise gar nicht stattgefunden. Und doch standen mir ihre

Einzelheiten jetzt so klar vor Augen wie an dem Tage, als sie passiert waren.

Vor unbeschreiblicher Furcht zitternd, wandte ich mich an Joe Cortéz, um ihm von der Reise zu erzählen. Er starrte mich mit ungewöhnlicher Intensität an; seine Augen schienen wie tiefe, dunkle Tunnel, die mein Unbehagen absorbierten und dafür sorgten, daß die Bilder jener Reise wieder in den Hintergrund traten. Nachdem sie ihre Kraft verloren hatten, blieb nur ein nichtssagender, leerer Gedanke in meinem Kopf zurück. In jenem Augenblick war ich der festen Überzeugung, Joe Cortéz nicht alles erzählen zu können, da ein wahres Abenteuer meiner Ansicht nach seinen Ablauf selbst diktierte und weil die aufregendsten und bildhaftesten Ereignisse meines Lebens immer jene gewesen waren, die ich einfach hatte geschehen lassen, ohne mich einzumischen.

»Wie soll ich dich nennen? Joe Cortéz oder Carlos Castaneda?« begehrte ich mit aufgesetzter Jovalität zu wissen.

Die Falten in seinem kupferfarbenen Gesicht verzogen sich zu einem Lächeln. »Ich bin ein Gefährte deiner Kindheit. Gib' mir einen Namen. Ich werde dich *Nibelunga* nennen.«

Mir fiel kein passender Name ein. »Stehen deine Namen in einem bestimmten Zusammenhang?« fragte ich ihn.

»Nun«, erwiderte er nachdenklich, »Joe Cortéz ist Koch, Gärtner, Mann für alles; ein dienstbeflissener und gewissenhafter Mann. Carlos Castaneda ist ein Mann der akademischen Welt, allerdings glaube ich nicht, daß du ihn bereits kennengelernt hast.« Er sah mich unentwegt an und lächelte; in seinem Lächeln lag etwas Kindliches und überaus Vertrauenerweckendes.

Ich entschied, ihn Joe Cortéz zu nennen.

Wir verbrachten die Nacht in einem Motel in Yuma, Arizona – in separaten Zimmern. Nachdem wir Los Angeles verlassen hatten, war ich die ganze lange Fahrt damit beschäftigt gewesen, mich wegen des Schlafarrangements halb krank zu sorgen. Manchmal fürchtete ich, er würde sich auf mich stürzen, noch bevor wir das Motel erreicht hatten. Schließlich war er ein gesunder junger Mann, zudem für meinen Geschmack etwas zu selbstsicher und aggressiv. Wäre er Amerikaner oder Europäer gewesen, hätte ich mir weniger Sorgen gemacht. Doch da er Latino war, wußte ich, was seine Schlußfolgerungen sein würden. Nachdem ich seine Einladung angenommen hatte, ein paar Tage mit ihm zu verbringen, ging er nun davon aus, daß ich auch das Bett mit ihm teilen würde.

Seine aufmerksame und gedankenvolle Art, die er mir gegenüber während der Fahrt an den Tag legte, paßte nur allzugut in das Bild, das ich von ihm hatte: Er bereitete den Boden für seinen Angriff.

Als wir das Motel schließlich erreichten, war es bereits spät. Er ging in das Büro des Managers, um sich nach unseren Zimmern zu erkundigen. Ich blieb im Wagen und ließ ein peinliches Szenario nach dem anderen vor meinen Augen abrollen.

Ich war derartig mit meinen Phantasien beschäftigt, daß ich seine Rückkehr nicht bemerkte. Er rasselte mit einem Schlüsselbund vor meinem Gesicht, und vor Schreck zuckte ich zusammen und ließ den braunen Papierbeutel mit unterwegs gekauften Toilettenartikeln fallen, den ich unbewußt gegen meine Brust gepreßt hatte.

»Ich habe dir ein Zimmer im hinteren Teil des Motels besorgt«, sagte er. »Es liegt zum Hof hinaus.« Er zeigte auf eine Tür, die einige Schritte entfernt war und fügte hinzu: »Ich werde hier an der Straße schlafen. Ich bin daran gewöhnt, bei Krach zu schlafen.« Er lachte leise. »Andere Zimmer gibt es nicht.«

Enttäuscht nahm ich den Schlüssel entgegen. Meine Szenarios zerfielen. Jetzt würde ich nicht die Gelegenheit haben, ihn zurückzuweisen. Nicht, daß ich das wirklich gewollt hätte, doch gierte meine Seele nach einem Triumph, egal wie klein er auch sein mochte.

»Ich verstehe nicht, weshalb wir unbedingt zwei Zimmer mieten müssen«, bemerkte ich mit einstudierter Beiläufigkeit. Meine Hand zitterte, als ich die Toilettenartikel vom Boden auflas und in den Papierbeutel stopfte. Was ich gerade gesagt hatte, klang nahezu unglaublich, und doch war ich nicht imstande, mich zu bremsen. »Bei dem Verkehr wirst du nicht schlafen können, und du brauchst Schlaf, genau wie ich.« Ich konnte mir nicht vorstellen, daß jemand imstande sein würde, bei dem Krach, der vom Highway zu uns herübertönte, zu schlafen.

Ohne ihn anzuschauen, stieg ich aus dem Wagen. »Wir können im gleichen Zimmer schlafen – natürlich nur in getrennten Betten.«

Einen Augenblick stand ich benommen und entsetzt in der Nacht. Niemals zuvor in meinem Leben hatte ich etwas Ähnliches angezettelt oder eine so eindeutig schizoide Reaktion an den Tag gelegt. Ich sprach Dinge aus, die ich nicht meinte. Oder war es so, daß ich sie durchaus meinte und mir über meine wahren Gefühle nicht im klaren war?

Ein Lachanfall bereitete meiner Verwirrung ein jähes Ende. Er lachte so laut, daß die Lichter in den umliegenden Zimmern angingen und man ihm zurief, den Mund zu halten.

»Mit dir in einem Zimmer schlafen, damit du dich mitten in der Nacht über mich hermachen kannst«, brachte er zwischen zwei Lachanfällen hervor. »Möglicherweise auch noch gerade nach meiner geliebten Dusche. Das kommt überhaupt nicht in Frage!«

Ich wurde so rot, daß mir die Ohren brannten. Ich wollte vor Scham sterben. Dies war ganz gewiß keines meiner Szenarios. Ich stieg wieder in den Wagen und knallte die Tür zu. »Fahr' mich zum Busbahnhof!« zischte ich ihn voll unterdrückter Wut an. »Weshalb zum Teufel bin ich bloß mit dir gefahren? Ich sollte mein Gehirn untersuchen lassen!«

Lachend öffnete er die Tür und zog mich langsam ins Freie. »Bitte, laß uns nicht nur im gleichen Raum, sondern auch im gleichen Bett schlafen.« Er sah mich verlegen an. »Bitte laß mich mit dir schlafen!« bettelte er mit so großer Überzeugungskraft, als ob er es wirklich meinte.

Entgeistert riß ich mich von ihm los und brüllte: »Darauf kannst du dein ganzes Leben lang warten!«

»Na also«, sagte er. »Bei einer derartig vehementen Abfuhr wage ich nicht, darauf zu bestehen.« Er ergriff meine Hand und küßte sie. »Du hast mich abblitzen lassen und mich an meinen Platz verwiesen. Ende der Debatte. Du bist rehabilitiert.«

Einem Heulanfall nahe, wandte ich mich ab. Mein Verdruß rührte nicht etwa aus der Tatsache, daß er sich weigerte, die Nacht mit mir zu verbringen – hätte er das wirklich vorgehabt, wäre ich vollkommen ratlos gewesen – sondern daher, daß er mich scheinbar besser kannte als ich mich selbst. Ich hatte seinen Worten keinen Glauben geschenkt, weil ich annahm, er schmeichelte sich selbst. Stattdessen hatte er mich durchschaut, und diese Erkenntnis bereitete mir mit einem Male Angst.

Er kam näher und nahm mich in die Arme – eine simple und anrührende Geste. Wie schon zuvor, verschwand mein innerer Zwist sofort, als hätte es ihn nie gegeben. Auch ich umarmte ihn und sagte etwas für meine Begriffe schier Unglaubliches: »Dies ist das aufregendste Abenteuer meines Lebens.« Augenblicklich wollte ich meine Behauptung zurücknehmen. Diese Worte stammten nicht von mir. Ich wußte nicht einmal, was sie bedeuten sollten. Ganz gewiß war dies nicht das aufregendste Abenteuer meines Lebens. Ich hatte viele aufregende Reisen um den ganzen Globus unternommen.

Meine Irritation erreichte ihren Höhepunkt, als er mir schnell und sanft einen Gutenachtkuß gab, so wie man ein Kind küßt, und mir dies gegen meinen Willen gefiel. Dann schob er mich den Gang hinab, in Richtung meines Zimmers.

Dort angekommen, setzte ich mich auf die Bettkante und schluchzte vor Frustration, Ärger und Selbstmitleid. Solange ich zurückdenken konnte, hatte ich bekommen, was ich wollte. Daran war ich gewöhnt. Verwirrt zu sein und nicht zu wissen, was ich wollte, war eine für mich vollkommen neue Empfindung, und eine höchst unwillkommene obendrein.

Ohne meine Kleider abzulegen, schlief ich unruhig, bis er am frühen Morgen an die Tür klopfte und mich aufweckte.

Den ganzen Tag lang fuhren wir auf Umgehungsstraßen. Wie er schon angekündigt hatte, handelte es sich bei Joe Cortéz tatsächlich um einen gewissenhaften Mann. Während der langen Autofahrt erwies er sich als der freundlichste, rücksichtsvollste und unterhaltsamste Reisegefährte, den man sich nur wünschen konnte. Er verwöhnte mich mit Essen, Liedern und Geschichten. Er verfügte über einen erstaunlich tiefen, klaren Bariton und kannte jedes meiner Lieblingslieder. Außerdem rührselige Liebeslieder aus jedem Land Südamerikas, sämtliche Nationalhymnen, alte Balladen und sogar Abzählreime.

Seine Geschichten brachten mich zum Lachen, bis mir die Bauchmuskeln schmerzten. Als Geschichtenerzähler brachte er es fertig, mich mit jeder unverhofften Wendung tiefer in seine Erzählungen zu verwickeln. Seine geradezu unheimlich genauen Imitationen jedes nur erdenklichen südamerikanischen Dialektes – das eigentümliche Portugiesisch Brasiliens eingeschlossen – waren mehr als nur bloße Imitationen, sie grenzten an Zauberei.

»Wir steigen besser vom Dach des Wagens herunter«, unterbrach seine Stimme meine Träumereien. »In der Wüste wird es nachts sehr kalt.«

»Eine unwirtliche Gegend«, sagte ich in der Hoffnung, wir würden wieder in den Wagen klettern und davonfahren. Unbehaglich sah ich zu, wie er einige Taschen aus dem Inneren des Wagens entfernte. Er hatte alle möglichen Geschenke für die Leute erstanden, die wir nun besuchen wollten. »Weshalb hast du hier mitten im Niemandsland geparkt?«

»Du stellst die dümmsten Fragen, Nibelunga«, gab er zurück. »Ich habe hier geparkt, weil an dieser Stelle unsere Reise mit dem Auto beendet ist.«

»Haben wir unser mysteriöses Ziel, über das du nicht sprechen kannst, erreicht?« fragte ich sarkastisch.

Einzig seine Weigerung, mir etwas über unser genaues Ziel mitzuteilen, hatte einen Schatten auf die ansonsten wunderbare Fahrt geworfen.

Im Bruchteil einer Sekunde wurde ich derartig wütend auf ihn, daß ich ihm die Nase hätte einschlagen können. Doch der Gedanke daran, daß meine plötzliche Reizbarkeit lediglich das Resultat eines langen und anstrengenden Tages sein könnte, beruhigte mich sofort wieder.

»Ich war gerade unausstehlich, meinte es aber nicht so«, sagte ich mit jovialer Stimme, die selbst in meinen Ohren falsch klang.

Es kostete mich die größte Kraft, meinen Jähzorn zurückzuhalten. Ich war äußerst beunruhigt darüber, daß er imstande war, mich so leicht und schnell in so rasende Wut zu versetzen.

»Du weißt wirklich nicht, wie man Gegebenheiten umkehrt«, sagte er mit breitem Lächeln. »Du weißt lediglich, wie man sie erzwingt.«

»Oh, ich verstehe, Joe Cortéz hat sich verabschiedet. Wirst du mich jetzt wieder beleidigen, Carlos Castaneda?«

Fröhlich glucksend kicherte er über meine Bemerkung, die ich total ernst gemeint hatte. »Dieser Ort ist kein Niemandsland«, sagte er. »Die Stadt Arizpe liegt ganz in der Nähe.«

»Und im Norden liegt die Grenze der Vereinigten Staaten«, leierte ich herunter. »Und Chihuahua liegt im Osten und Los Angeles irgendwo nordwestlich von hier.«

Abschätzig schüttelte er den Kopf und ging voraus. Schweigend liefen wir einen schmalen Pfad entlang durch den *chaparral,* den ich eher fühlte, als das ich ihn sehen konnte. Als wir in die Nähe einer weiten Lichtung kamen, die von kleinwüchsigen Mesquitebäumen begrenzt wurde, verbreiterte sich der Pfad. In der Dunkelheit zeichneten sich die Umrisse von zwei Häusern ab. Im größeren der beiden brannten zwei Lichter. Das kleine, dunkle Haus stand abseits in einiger Entfernung.

Wir gingen auf das große Haus zu. Fahle Motten flatterten im Lichtschein, der durch die Scheiben drang.

»Ich wollte dir sagen, daß die Leute, die wir gleich treffen werden, ein wenig seltsam sind«, sagte er mit flüsternder Stimme. »Sag' nichts. Laß mich reden.«

»Ich sage, was ich sagen will«, beharrte ich. »Und ich schätze überhaupt nicht, wenn man mir sagt, wie ich mich zu benehmen habe. Ich bin kein Kind mehr. Abgesehen davon sind meine Manieren in der Öffentlichkeit makellos. Ich werde dich schon nicht blamieren.«

»Steig endlich von deinem hohen Roß, verdammt noch mal!« zischte er mit kontrollierter Stimme.

»Behandele mich nicht wie deine Frau, Carlos Castañeda!« schrie ich aus voller Kraft und sprach seinen Namen dabei so aus, wie ich es für richtig hielt: mit einem spanischen *n*, was ihm – wie ich wußte – ausgesprochen unangenehm war.

Doch wurde er nicht wütend. Es brachte ihn zum Lachen, wie so oft, wenn ich erwartet hatte, daß er vor Zorn explodieren würde. Nie tut er das, dachte ich und seufzte niedergeschlagen. Er verfügte über außergewöhnlichen Gleichmut. Nichts schien ihn je aus der Ruhe zu bringen oder dafür zu sorgen, daß er seine Fassung verlor. Sogar wenn er schrie, klang es immer aufgesetzt.

Gerade als er an die Tür klopfen wollte, wurde diese von innen geöffnet. Die dunkle Silhouette eines schlanken Mannes erschien im rechteckigen, lichterfüllten Türrahmen. Mit einer barschen Bewegung seines Armes forderte er uns auf einzutreten. Wir traten in einen Vorraum voller Pflanzen. Eilig, so als wolle er sein Gesicht verbergen, ging der Mann uns voraus und öffnete ohne ein Wort der Begrüßung die nächste Tür.

Wir folgten ihm einen langen Korridor hinab auf einen Innenhof, wo ein junger Mann in einem Korbstuhl saß und mit trauriger Stimme zu seiner Gitarre sang. Als er uns sah, hielt er inne. Er ließ meinen Gruß unerwidert und nahm sein Spiel wieder auf, sobald wir um die Ecke verschwunden waren und einen weiteren, ebenso dunklen Korridor hinabschritten.

»Warum sind alle hier so unhöflich?« flüsterte ich in Joe Cortéz' Ohr. »Bist du sicher, daß das hier das richtige Haus ist?«

Er kicherte leise. »Ich habe dir doch gesagt, daß sie exzentrisch sind«, flüsterte er.

»Kennst du diese Leute überhaupt?«

»Was ist das für eine Frage?« schnappte er mit ruhiger, aber bedrohlicher Stimme. »Selbstverständlich kenne ich sie.«

Wir waren an einem erleuchteten Türrahmen angelangt. Seine Augen glänzten.

»Werden wir die Nacht hier verbringen?« fragte ich unwohl.

»Ich habe nicht die leiseste Ahnung«, flüsterte er mir ins Ohr und küßte mich dann auf die Wange. »Und jetzt hör bitte auf, Fragen zu stellen. Ich versuche gerade mein Bestes, um ein beinahe unmögliches Manöver möglich zu machen.«

»Was für ein Manöver?« flüsterte ich zurück. Mit einem Mal wurde ich von einer unangenehmen inneren Unruhe erfaßt, die mich gleichzeitig in Erregung versetzte. Das Wort *Manöver* war der Schlüssel dazu gewesen.

Mit meinen intimsten Gefühlen offenbar aufs Beste vertraut, ergriff er sanft meine Hand und küßte sie – seine Berührung beförderte mich über die Türschwelle und ließ mir einen angenehmen Schauer über den Körper laufen. Wir betraten ein geräumiges, spärlich erleuchtetes und karg möbliertes Wohnzimmer. Es entsprach ganz und gar nicht meinen Vorstellungen von einem provinziellen mexikanischen Wohnzimmer. Die Wände und die niedrige Decke waren von makellosem Weiß, das weder durch Bilder noch irgendeine Verzierung in seiner Wirkung geschwächt wurde.

An der Tür der gegenüberliegenden Wand befand sich eine breite Couch. Darauf saßen drei ältere und elegant gekleidete Frauen. Ihre Gesichter konnte ich nicht genau erkennen, doch sahen sie sich auf befremdliche Weise ähnlich und kamen mir irgendwie bekannt vor. Ich war derartig verblüfft, daß ich die beiden Personen, die in den großen Lehnstühlen neben der Couch saßen, beinahe nicht bemerkt hätte.

Begierig, zu den drei Frauen zu gelangen, machte ich einen unbeabsichtigt großen Schritt. Mir war entgangen, daß der Steinboden des Raumes durch eine Stufe erhöht worden war. Als ich mich wieder fing, bemerkte ich den wunderschönen orientalischen Teppich sowie die Frau, die in einem der Lehnstühle saß.

»Delia Flores!« rief ich aus. »Mein Gott! Ich kann es kaum glauben!« Um sicherzustellen, daß es sich bei ihr nicht um ein Hirngespinst handelte, berührte ich sie mit der Hand. »Was geht hier vor?« frage ich, anstatt sie zu begrüßen. Im gleichen Augenblick wurde mir klar, daß es sich bei den anderen Frauen um eben jene handelte, die ich im letzten Jahr im Haus der Medizinfrau getroffen hatte.

Gaffend, mein Verstand vor Schrecken wie gelähmt, stand ich dort. Ein schnelles Lächeln zuckte im Gesicht der Frau, als sie sich einem alten, weißhaarigen Mann zuwandte, der in dem anderen Lehnstuhl saß.

»Mariano Aureliano.« Meine Stimme war nur noch ein schwaches, zittriges Wispern. Meine gesamte Energie schien verschwunden. Ich wandte mich an Joe Cortéz und beschuldigte ihn in der gleichen schwächlichen Stimme, mich hereingelegt zu haben. Ich wollte ihn anschreien, ihn beleidigen, ihm körperlichen Schaden zufügen. Doch verfügte ich nicht einmal mehr über genügend Kraft, um den Arm zu heben. Um ein Haar hätte ich nicht bemerkt, daß er ebenfalls wie angewurzelt dort stand, sein Gesicht aschgrau vor Schrecken und Erstaunen.

Mariano Aureliano erhob sich aus seinem Sessel und kam mit

zur Umarmung ausgestreckten Armen auf mich zu. »Wie ich mich freue, dich wiederzusehen.« Seine Stimme war sanft, und seine Augen schienen vor Aufregung und Freude zu leuchten. Mit einer kraftvollen Umarmung hob er mich vom Boden. Regungslos hing mein Körper in seinen Armen. Ich hatte weder Kraft genug noch verspürte ich den Wunsch, seine warmherzige Umarmung zu erwidern. Kein Wort kam mir über die Lippen. Er setzte mich wieder ab, und mit der gleichen überschwenglichen Wärme begrüßte er Joe Cortéz.

Delia Flores und ihre Freundinnen gesellten sich zu mir. Eine nach der anderen umarmte mich und flüsterte mir etwas ins Ohr. Ihre liebevollen Berührungen und ihre sanften Stimmen trösteten mich ein wenig, doch begriff ich nicht, was sie sagten. Mein Verstand hatte mich verlassen. Wohl konnte ich fühlen und hören, doch schien nichts einen Sinn zu geben.

Mariano Aureliano starrte mich an und sagte mit klarer, meine Verwirrung durchschneidender Stimme: »Du bist nicht hereingelegt worden. Ich habe dir gleich gesagt, daß ich dich zu ihm blasen würde.«

»Dann sind Sie also ...« Unfähig, den Satz zu beenden, schüttelte ich den Kopf, während mir endlich klar wurde, daß es sich bei mariano Aureliano genau um den Mann handelte, von dem Joe Cortéz mir berichtet hatte: Juan Matus, der Zauberer, der den Lauf seines Lebens verändert hatte.

Ich öffnete den Mund, um etwas zu sagen, schloß ihn jedoch bald wieder. Ich meinte, von meinem eigenen Körper getrennt zu werden. Mein Verstand weigerte sich, weitere Unerklärlichkeiten zu verarbeiten. Und dann sah, wie Mr. Flores aus dem Schatten in den Vordergrund trat. Sobald ich bemerkte, daß es sich bei ihm um den Mann handelte, der uns ins Haus gelassen hatte, schwanden mir die Sinne.

Als ich wieder zu mir kam, lag ich auf der Couch. Ich fühlte mich ausgesprochen wohl und frei von innerer Unruhe. Ich setzte mich auf. Neugierig, wie lange ich wohl gewußtlos gewesen sein mochte, blickte ich auf meine Armbanduhr.

»Genau zwei Minuten und zwanzig Sekunden«, verkündete Mr. Flores und starrte auf sein nacktes Handgelenk. Er hatte auf einem Ledersessel in der Nähe der Couch Platz genommen. Im Sitzen wirkte er um einiges größer als im Stehen, denn seine Beine waren kurz und sein Oberkörper lang.

»Wie dramatisch, einfach so dahinzuschwinden«, bemerkte er und setzte sich neben mir auf die Couch. »Es tut mir wirklich leid, daß wir dich erschreckt haben.« Seine bernsteinfarbenen Augen glänzten vor Freude und straften seinen besorgten Tonfall Lügen. »Und ich entschuldige mich ebenfalls dafür, dich an der Tür nicht begrüßt zu haben.« Sein Gesicht war nachdenklich, während er an meinem Zopf zog. »Mit den Haaren unter dem Hut und der schweren Lederjacke hast du ausgesehen wie ein Junge.«

Ich wollte aufstehen, mußte mich jedoch an der Couch festhalten. Ich war immer noch ein wenig benommen. Unsicher blickte ich mich um. Die Frauen hatten den Raum verlassen, ebenso Joe Cortéz. Mariano Aureliano saß in einem der Lehnsessel und starrte vor sich hin. Möglicherweise war er mit offenen Augen eingeschlafen.

»Als ich euch Händchenhalten sah, habe ich zuerst gedacht, Charlie Spider sei schwul geworden«, fuhr Mr. Flores fort. Er hatte Englisch gesprochen und formulierte die Worte präzise, wunderschön und mit offensichtlicher Freude an der Sprache.

»Charlie Spider?« Ich lachte über den Namen und seine förmliche Aussprache. »Wer soll das sein?«

»Weißt du das nicht?« fragte er mich, seine Augen vor Erstaunen weit aufgerissen.

»Nein, weiß ich nicht. Sollte ich es wissen?«

Ratlos kratzte er sich am Kopf. »Mit wem hast du händchengehalten?«

»Als wir das Zimmer betraten, hat Carlos meine Hand gehalten.«

»Na also«, sagte Mr. Flores und blickte mich verzückt an, so als hätte ich soeben ein besonders schwieriges Rätsel gelöst. Als er meinen unverändert verständnislosen Gesichtsausdruck bemerkte, fügte er hinzu: »Carlos Castaneda ist nicht nur Joe Cortéz, sondern auch Charlie Spider.«

»Charlie Spider«, murmelte ich leise. »Das ist ein äußerst einprägsamer Name.» Von allen drei Namen gefiel er mir am besten, was ohne Zweifel an meiner besonderen Vorliebe für Spinnen lag. Ich hatte keinerlei Angst vor ihnen, nicht einmal vor den riesigen Exemplaren aus den Tropen. In den Ecken meiner Wohnung fanden sich immer Spinnweben, denn ich konnte mich nicht überwinden, die feinen Netze beim Hausputz einfach zu zerstören.

»Weshalb nennt er sich Charlie Spider?« fragte ich neugierig. »Verschiedene Namen für unterschiedliche Gelegenheiten«, rezitierte Mr. Flores, als handelte es sich um einen Slogan. »Mariano Aureliano ist derjenige, der dir all dies erklären sollte.«

»Hört Mariano Aureliano auch auf den Namen Juan Matus?«

Mr. Flores nickte nachdrücklich. »Allerdings«, sagte er mit breitem, fröhlichem Lächeln. »Auch er hat verschiedene Namen für verschiedene Gelegenheiten.«

»Und wie steht es mit Ihnen, Mr. Flores? Haben auch Sie mehrere Namen?«

»Flores ist mein einziger Name. Genaro Flores.« Seine Stimme klang kokett. Er lehnte sich zu mir und sagte mit einem anzüglichen Flüstern: »Du darfst mich Genarito nennen.«

Unfreiwillig schüttelte ich den Kopf. Irgend etwas an ihm bereitete mir noch mehr Angst als Mariano Aureliano. Doch war es mir unmöglich herauszufinden, was der Grund für meine Gefühle war. Nach außen schien Mr. Flores um vieles zugänglicher als der andere Mann. Er war kindlich verspielt und angenehm im Umgang. Und doch gelang es mir nicht, mich in seiner Gegenwart zu entspannen.

»Daß ich nur einen Namen habe, liegt daran, daß ich kein Nagual bin«, unterbrach Mr. Flores meine Überlegungen.

»Und was ist ein Nagual?«

»Das ist ungeheuer schwierig zu erklären.« Er lächelte entwaffnend. »Das können dir nur Mariano Aureliano oder Isidoro Baltazar erklären.«

»Wer ist Isidoro Baltazar?«

»Isidoro Baltazar ist der neue Nagual.«

»Mehr brauchen Sie nicht zu sagen«, erwiderte ich besorgt. Ich legte meine Hand auf die Stirn und setzte mich wieder auf die Couch. »Sie verwirren mich, Mr. Flores, und ich bin immer noch nicht ganz bei Kräften.« Ich sah ihn bittend an. »Wo ist Carlos?«

»Charlie Spider spinnt einen spinnenhaften Traum«, sagte Mr. Flores in einwandfreiem Englisch und kicherte zufrieden, als genieße er gerade einen ganz besonders cleveren Scherz. Voller Freude sah er auf Mariano Aureliano – der ununterbrochen an die Wand starrte – und dann wieder auf mich und auf seinen Freund. Er mußte mein wachsendes Unbehagen gespürt haben, denn er zuckte hilflos mit den Schultern und hob seine Hände zu einer resignierten Geste, während er sagte: »Carlos, auch bekannt als Isidoro Baltazar, stattet soeben einen Besuch bei...«

»Er ist nicht mehr hier?« Mein Aufschrei sorgte dafür, daß Mariano Aureliano in meine Richtung blickte. Allein mit den beiden alten Männern zu sein, machte mir jetzt weitaus mehr zu schaffen als die Tatsache, daß Carlos Castaneda unter einem weiteren Namen bekannt war und den neuen Nagual darstellte – was immer das auch zu bedeuten haben mochte.

Mariano Aureliano erhob sich aus seinem Sessel, verbeugte sich tief und streckte mir seine Hand entgegen, um mir aufzuhelfen. »Was auf der Welt könnte entzückender und angenehmer für zwei alte Männer sein, als über dich zu wachen, bis du aus deinen Träumen erwacht bist?«

Sein einnehmendes Lächeln und seine altmodische Höflichkeit waren unwiderstehlich, und augenblicklich entspannte ich mich. »Auch ich kann mir nichts Angenehmeres vorstellen«, stimmte ich freudig erregt zu und folgte ihm über einen Flur in ein hell erleuchtetes Eßzimmer zu einem ovalen Mahagonitisch, der an der gegenüberliegenden Wand stand. Galant rückte er einen Stuhl für mich ab, wartete, bis ich mich gesetzt hatte und kündigte dann an, daß er in die Küche gehen und mir etwas Köstliches zu essen besorgen würde. Mein Angebot, ihm dabei behilflich zu sein, wies er auf liebenswürdige Weise zurück.

Anstatt sich gehend zum Tisch zu bewegen, schlug Mr. Flores ein Rad quer durch den Raum und schätzte die Entfernung mit derartiger Präzision ab, daß er nur wenige Zentimeter von der Tischplatte entfernt zum Stehen kam. Sein Gesicht verriet kein Zeichen der Anstrengung; er atmete nicht einmal schneller als gewöhnlich.

»Obwohl Sie abstreiten, ein Akrobat zu sein, halte ich sie und Ihre Freunde für Mitglieder einer Zaubernummer«, sagte ich.

Den Schalk im Nacken erwiderte Mr. Flores: »Du hast vollkommen recht. Wir sind Mitglieder einer Zaubernummer!« und griff nach einem von zwei Tonbechern, die auf einem langen Regal standen. Er goß mir eine Tasse heiße Schokolade ein. »Ich pflege, unter Hinzunahme eines Stückchens Käse, ein Mahl daraus zu machen.« Damit schnitt er mir eine Scheibe Manchego-Käse ab.

Beides zusammen schmeckte phantastisch.

Ich hätte gerne eine zweite Portion gehabt, doch machte er keine Anstalten, mir noch etwas anzubieten. Für meine Begriffe war eine einzige Tasse – noch dazu nur halbvoll – nicht genug. Mein ganzes Leben hatte ich eine Schwäche für heiße Schokolade gehabt, und ich war in der Lage, außergewöhnlich große Mengen davon zu trinken, ohne das mir davon schlecht würde. Ich war mir sicher, er würde mir eine weitere Tasse einschenken, ohne daß ich ihn direkt danach fragen mußte, wenn ich mich nur stark genug auf meinen

Wunsch konzentrierte. So hatte ich es auch gemacht, wenn ich mir als Kind etwas in den Kopf gesetzt hatte.

Gierig sah ich zu, wie er zwei Tassen und zwei Untertassen aus dem großen Geschirrschrank nahm. Ich bemerkte, daß sich zwischen dem Kristall, Porzellan und Silber auf den Regalen eine merkwürdige Ansammlung prähispanischer Tonfiguren und prähistorischer Ungeheuer befand.

»Dies ist das Haus der Hexen«, sagte Mr. Flores in verschwörerischem Ton, als wolle er die Unstimmigkeiten im Porzellanschrank erklären.

»Die Frauen Mariano Aurelianos?« getraute ich mich zu fragen.

Er antwortete nicht, sondern bedeutete mir, mich umzudrehen. Direkt hinter mir stand Mariano Aureliano.

»Genau die«, sagte Mariano Aureliano fröhlich und stellte eine Porzellanterrine auf den Tisch. »Eben jene Hexen, die diese köstliche Ochsenschwanzsuppe zubereitet haben.« Mit einer Silberkelle tat er mir einen Teller auf und drängte mich dann, ein Stückchen Limone sowie eine Avokadoscheibe hinzuzufügen.

Ich tat wie mir geheißen und verzehrte mehrere Portionen, bis ich mich endlich körperlich befriedigt, beinahe vollgestopft hatte. Lange Zeit saßen wir am Tisch, und die Ochsenschwanzsuppe hatte ausgesprochen beruhigend gewirkt. Mir ging es gut. Etwas in mir, das sich gewöhnlich ausgesprochen gehässig zu äußern pflegte, hatte sich aufgelöst. Mein Körper und mein Geist waren jetzt dankbar dafür, daß sie keine Energie zur Verteidigung meines Selbst aufzuwenden hatten.

Mit dem Kopf nickend, als würde er schweigend jeden meiner Gedanken bestätigen, beobachtete Mariano Aureliano mich interessiert und belustigt.

Ich wollte ihn mit Juan Matus anreden, als er mir zuvorkam. »Für Isidoro Baltazar bin ich Juan Matus. Für dich, der Nagual Mariano Aureliano.« Lächelnd beugte er sich vor und flüsterte in vertraulichem Ton: »Der Mann, der dich hierher chauffierte, ist der neue Nagual, der Nagual Isidoro Baltazar. Diesen Namen solltest du verwenden, wenn du mit ihm oder über ihn sprichst.«

»Du schläfst nicht, aber ganz wach bist du auch nicht«, fuhr Mariano mit seiner Erklärung fort, »deshalb wirst du alles verstehen und Dich an alles erinnern können, was wir zu dir sagen.« Als er merkte, daß ich ihn unterbrechen wollte, fügte er mit strenger Stimme hinzu: »Und heute nacht wirst du ausnahmsweise keine dummen Fragen stellen.«

Es lag weniger an seinem Tonfall als an der von ihm ausgehenden Schärfe und seiner eigentümlichen Sprechweise, daß mir ein kalter Schauer über den Rücken lief. Meine Zunge war wie gelähmt; ganz von selbst brachte mein Kopf es jedoch fertig, zustimmend zu nicken.

»Du mußt sie auf die Probe stellen«, erinnerte Mr. Flores seinen Freund. Ein ausgesprochen hinterhältiger Glanz tauchte in seinen Augen auf, als er hinzufügte: »Oder noch besser, laß mich sie auf die Probe stellen.«

Mariano Aureliano schwieg – ein langer und bedächtiger Augenblick, erfüllt von ominösen Ahnungen meinerseits. Dann nahm er mich kritisch in Augenschein, so als ob meine Gesichtszüge ihm Zugang zu einem wichtigen Geheimnis verschaffen würden.

Gebannt durch seine neugierigen und durchdringenden Augen, wagte ich es nicht einmal zu blinzeln.

Er nickte nachdenklich, und Mr. Flores fragte mich mit tiefer, ernster Stimme: »Bist du in Isidoro Baltazar verliebt?«

Und ich will verdammt sein, wenn ich nicht mit mechanischer, lebloser Stimme »Ja« sagte.

Mr. Flores rückte näher, bis sich unsere Köpfe beinahe berührten. »Bist du wirklich bis über beide Ohren in ihn verliebt?« fragte er flüsternd, von unterdrücktem Lachen geschüttelt.

Wieder sagte ich ja, und beide Männer brachen in brüllendes

Gelächter aus. Das Geräusch des schallenden Gelächters der beiden, das wie Ping-Pong-Bälle von Wand zu Wand zu springen schien, riß mich schließlich aus meinem trancehaften Zustand. Mich an das Geräusch klammernd, gelang es mir, den Bann zu brechen.

»Was zumTeufel treibt ihr hier?!« schrie ich aus Leibeskräften.

Vor Erstaunen sprangen die beiden Männer von ihren Stühlen auf. Sie sahen zuerst mich an, dann sich gegenseitig und brachen wieder in ekstatisches Gelächter aus, ohne ein Ende finden zu können. Je eloquenter meine Beleidigungen wurden, desto größer schien ihr Vergnügen. Etwas an ihrem Lachen war so ansteckend, daß ich mitlachen mußte.

Sobald wir uns ein wenig beruhigt hatten, bombardierten Mariano Aureliano und Mr. Flores mich mit Fragen. Ihr besonderes Interesse galt dabei meiner ersten Begegnung mit Isidoro Baltazar. Jedes noch so absurde und unwichtige Detail schien sie vor Freude förmlich überschäumen zu lassen. Und als ich den Gang der Ereignisse zum vierten oder fünften Mal wiedergab, hatte ich entweder meine Geschichte im Vergleich zum ersten Mal vervollkommnet und aufgeblasen oder mich an Einzelheiten erinnert, an die ich mich normalerweise nicht einmal im Traum erinnert hätte.

»Isidoro Baltazar hat dich und die ganze Chose von vornherein durchschaut«, urteilte Mariano Aureliano, als ich schließlich meine voneinander abweichenden Berichte beendet hatte. »Aber er sieht noch nicht gut genug. Er hat nicht einmal begriffen, daß ich dich zu ihm geschickt habe.« Mit boshaftem Blick sah er mich an und korrigierte sich dann: »Eigentlich war nicht ich es, der dich zu ihm geschickt hat. Es war der Geist. Ich habe es allerdings auf Geheiß des Geistes getan und dich in seine Richtung geblasen, als du am mächtigsten warst, mitten in deiner Traumwache.« Er sprach leise, beinahe teilnahmslos; lediglich seine Augen verrieten die Dringlichkeit seiner Worte. »Vielleicht ist die Kraft deiner Traumwache der

Grund, weshalb Isidoro Baltazar dich nicht erkannt hat, obwohl er zu sehen imstande war. Obwohl der Geist es ihn gleich bei eurer ersten Begegnung hat wissen lassen. Ein Lichterspiel im Nebel ist der ultimative Hinweis. Wie dumm von Isidoro Baltazar, das Offensichtliche nicht zu erkennen.«

Er kicherte leise, und ich nickte zustimmend, ohne zu wissen, wem oder was ich hier eigentlich zustimmte.

»Das beweist, daß ein Zauberer wirklich nichts Besonderes ist«, fuhr er fort. »Isidoro Baltazar ist ein Zauberer. Doch ein Mann des Wissens zu werden, ist eine andere Geschichte. Darauf müssen Zauberer manchmal mehrere Leben warten.«

»Worin besteht der Unterschied?«fragte ich.

»Ein Mann des Wissens ist ein Führer«, erklärte er mit gesenkter, leiser Stimme. »Zauberer brauchen Führer, um sie in das Unbekannte hinein und hindurch zu geleiten. Ein Führer ist an seinen Handlungen erkennbar. Führer haben keine Preisschilder am Kopf, daß heißt, man kann sie weder kaufen noch bestechen, weder beschwatzen noch verwirren.«

Er setzte sich bequem auf seinem Stuhl zurecht und fuhr fort zu erklären, daß alle Mitglieder seiner Gruppe besondere Sorgfalt auf das Studium der Führer der letzten Jahrhunderte verwandt hatten, um herauszufinden, ob einer von ihnen die notwendigen Voraussetzungen erfüllte.

»Habt ihr einen gefunden?«

»Einige«, gab er zu. »Bei denen, die wir gefunden haben, hätte es sich auch um Naguale handeln können.« Er legte seine Finger auf meine Lippen. »Naguale sind demzufolge geborene Führer; Männer, die über ungeheuere Energie verfügen und zu Zauberern werden, indem sie ihrem Repertoire noch eine Dimension hinzufügen: das Unbekannte. Gelingt es diesen Zauberern, zu Männern des Wissen zu werden, gibt es für sie praktisch keine Grenzen mehr.«

»Können auch Frauen –« Er ließ mich nicht zu Ende sprechen.

»Frauen, wie du eines Tages begreifen wirst, sind in der Lage, unendlich viel komplexere Dinge zu verrichten.«

»Hat Isidoro Baltazar dich an jemanden erinnert, den du kanntest?« unterbrach Mr. Flores.

»Nun«, begann ich ausladend, »ich habe mich in seiner Gesellschaft gleich wohl gefühlt. Mir war, als hätte ich ihn schon immer gekannt. Er erinnerte mich an jemanden aus meiner Kindheit, so als sei er ein lang vergessener Freund.«

»Du weißt also wirklich nicht, ob du ihn schon einmal getroffen hast?« warf Mr. Flores ein.

»Meinen Sie in Esperanzas Haus?« fragte ich und begann mich zu wundern, ob ich ihn im Haus der Medizinfrau gesehen hatte. Ich konnte mich allerdings nicht daran erinnern.

Enttäuscht schüttelte er den Kopf. Offensichtlich nicht weiter an meiner Antwort interessiert, fragte er stattdessen, ob mir auf der Fahrt zum Haus jemand aufgefallen sei, der uns zugewunken habe.

»Nein«, sagte ich. »Ich habe niemanden winken sehen.«

»Denke scharf nach«, insistierte er.

Ich erzählte den beiden Männern, daß wir kurz hinter Yuma nicht östlich nach Nogales auf dem Highway 8 – was das Naheliegendste gewesen wäre – geblieben waren, sondern daß Isidoro Baltazar nach Süden über die mexikanische Grenze gefahren sei, um danach wieder östlich durch »El Gran Desierto« und schließlich nach Norden durch Sonoyta über Ajo in Arizona wieder nach Mexiko hineinzufahren, um endlich nach Caborca zu gelangen, wo wir zu Mittag eine gekochte Rinderzunge mit köstlicher grüner Chilisauce verzehrt hatten.

»Als wir uns mit vollem Magen wieder auf den Weg machten, habe ich kaum noch auf die Straße geachtet«, gestand ich. »Ich erinnere mich, daß wir durch Santa Ana gefahren sind und dann nach Norden Richtung Cananea und von dort wieder nach Süden. Ein völliges Chaos, wenn ihr mich fragt.«

»Kannst du dich nicht daran erinnern, jemanden auf der Straße gesehen zu haben?« fragte Mr. Flores noch einmal. »Irgendjemand, der euch zugewunken hat?«

Ich schloß meine Augen fest, um das Bild eines uns Zuwinkenden zu visualisieren. Doch für mich hatte die Reise aus Geschichten, Liedern und dem Empfinden körperlicher Erschöpfung bestanden. Als ich meine Augen gerade wieder öffnen wollte, tauchte jedoch das Bild eines Mannes auf. Ich erklärte, daß ich mich schwach an einen jungen Mann erinnerte, der irgendwo am Straßenrand gestanden und versucht hatte, von einem der vorbeifahrenden Wagen mitgenommen zu werden.

»Vielleicht hat er uns zugewinkt«, sagte ich. »Aber ganz sicher bin ich mir nicht.«

Die beiden Männer kicherten wie Kinder, die sich alle Mühe gaben, ein Geheimnis für sich zu behalten.

»Isidoro Baltazar war sich offenbar nicht ganz sicher, daß er uns finden würde«, bemerkte Mariano Aureliano frohgelaunt. »Deshalb hat er diesen Riesenumweg gemacht. Er ist dem Pfad des Zauberers, der Fährte des Kojoten gefolgt.«

»Weshalb sollte er Schwierigkeiten gehabt haben, euch zu finden?« unterbrach ich ihn.

»Bis er den jungen Mann winken sah, hatte er keine Ahnung, ob er uns finden würde oder nicht«, erklärte Mariano Aureliano. »Der junge Mann ist ein Wachposten aus der anderen Welt. Sein Winken war ein Zeichen für euch, weiterzufahren. Schon zu diesem Zeitpunkt hätte Isidoro Baltazar wissen sollen, wer du in Wirklichkeit bist; aber er ist genauso vorsichtig wie du, und wenn er nicht vorsichtig ist, dann ist er extrem leichtsinnig. Darin seit ihr beiden euch ähnlich.« Er schwieg einen Augenblick, um seine Worte wirken zu lassen. »Sich zwischen diesen beiden Extremen zu bewegen, ist der sicherste Weg, das Ablegen des Schiffes zu verpassen. Vorsicht macht genauso blind wie Leichtsinn.«

»Ich verstehe den Zusammenhang nicht ganz«, murmelte ich.

»Wann immer Isidoro Baltazar einen Gast mitbringt, muß er auf das Zeichen des Wächters achten, bevor er seine Reise fortsetzen kann«, fuhr Mariano Aureliano mit seinen Ausführungen fort.

»Einmal kam er in Gesellschaft eines Mädchens, in das er verliebt war«, kicherte Mr. Flores und schloß die Augen, als bewege ihn die Erinnerung an das Mädchen. »Ein großes, dunkelhaariges Mädchen. Kräftig. Große Füße. Hübsches Gesicht. Er fuhr die ganze mexikanische Küste von Kalifornien ab, und der Wächter ließ ihn kein einziges Mal passieren.«

»Soll das heißen, er bringt seine Freundinnen hierher?« fragte ich, getrieben von einer morbiden Neugierde. »Wie viele waren es denn schon?«

»Nicht gerade wenige«, gab Mr. Flores offen zu. »Selbstverständlich hat er das vollkommen auf eigene Faust gemacht. Bei dir liegt die Sache anders«, erklärte er. »Ihr seid kein Liebespaar; du bist einfach zu uns zurückgekehrt. Isidoro Baltazar wäre beinahe abgekratzt, als ihm klar wurde, daß er alle Hinweise des Geistes übersehen hatte. Er war lediglich dein Chauffeur. Wir haben auf dich gewartet.«

»Und wenn der Wächter nicht dort gewesen wäre?«

»Wie immer, wenn Isidoro Baltazar jemanden mitbringt, hätte er uns nicht gefunden, weil es nicht an ihm liegt zu entscheiden, wer Zugang zu der Welt der Zauberer erhält und wer nicht. Nur jene, die der Geist auserwählt hat, dürfen an unsere Pforte klopfen, nachdem jemand aus unserem Kreis sie dorthin geführt hat.«

Ich wollte ihn eben unterbrechen, als ich mich an seine Ermahnung erinnerte, keine dummen Fragen zu stellen. Ich hielt mir die Hand vor den Mund.

Mariano Aureliano grinste anerkennend und erklärte, daß Delia mich in ihre Welt gebracht habe. »Sie ist eine der beiden Säulen, die eine Pforte aus unserer Öffnung machen, wenn man so sagen will. Die andere ist Clara. Du wirst sie demnächst kennenlernen.«

»Nur um dich nach Hause zu bringen, hat Delia die Grenze überquert. Für die Zauberer ist die Grenze ein Symbol und keine Tatsache. Du standest auf der anderen Seite und mußtest hierhier, auf diese Seite gebracht werden. Die andere Seite ist die Welt des Alltags, und dies ist die Welt der Zauberer.«

»Delia hat dich ausgesprochen sanft und professionell eingeführt. Ein untadeliges Manöver, das du im Lauf der Zeit noch sehr zu schätzen lernen wirst.«

Mariano Aureliano erhob sich halb von seinem Stuhl und langte nach der Kompottschüssel auf dem Regal. »Bedien' dich. Es schmeckt vorzüglich.«

Entzückt starrte ich auf die getrockneten Aprikosen in der handbemalten Schüssel und nahm schließlich eine. Sie schmeckte wunderbar. Ich streckte drei auf einmal in den Mund.

Mr. Flores blinzelte mir zu. »Nur zu«, drängte er mich. »Iß sie alle auf, bevor wir den Tisch abräumen.«

Ich errötete und versuchte, mich mit vollem Mund zu entschuldigen.

»Keine Entschuldigungen!« rief Mariano Aureliano. »Sei wer du bist, aber habe dich unter Kontrolle. Wenn du die Aprikosen aufessen willst, dann iß und damit Schluß. Auf keinen Fall darf es dir hinterher leid tun.«

»Na gut, dann esse ich sie auf«, sagte ich. Die beiden lachten.

»Weißt du eigentlich, daß du Isidoro Baltazar bereits letztes Jahr begegnet bist?« fragte Mr. Flores. Seine Schaukelei auf dem gekippten Stuhl war mittlerweile so riskant geworden, daß ich fürchtete, er könne damit jeden Augenblick in den Porzellanschrank kippen. Ein hinterhältiges, aber freudiges Glimmen trat in seine Augen, als er begann, ein bekanntes *ranchera*-Lied zu summen. Anstatt der dazu passenden Worte improvisierte er einen kleinen Vers, der die Geschichte von Isidoro Baltazar, einem berühmten Koch aus Tucson, erzählte. Ein Koch, der niemals seine Fassung verlor, auch nicht, wenn man ihn beschuldigte, tote Küchenschaben ins Essen getan zu haben.

»Oh!« rief ich. »Der Koch! Der Koch in dem kleinen Restaurant war Isidoro Baltazar! Aber das kann ja gar nicht sein«, murmelte ich. »Ich kann mir nicht vorstellen, daß er ...«

Unverwandt starrte ich auf Mariano Aureliano, in der Hoffnung, in seinem Gesicht mit der Adlernase und den stechenden Augen einen Hinweis zu entdecken. Unwillkürlich, als fröstelte ich plötzlich, mußte ich mich schütteln. In seinen kalten Augen lag mit einem Mal etwas Wildes.

»Ja?« drängte er mich. »Du kannst dir nicht vorstelle, daß was ...?« Mit einer Bewegung seines Kopfes wies er mich an, meinen Satz zu beenden.

Fälschlicherweise wollte ich behaupten, daß ich Isidoro Baltazar einer derartig schändlichen Lüge nicht für fähig hielt. Doch ich brachte es einfach nicht heraus.

Der Blick von Mariano Aureliano wurde noch härter, aber ich war zu aufgeregt und zu sehr mit meinem Selbstmitleid beschäftigt, um mich vor ihm zu fürchten.

»Dann war doch alles nur ein Trick!« platzte ich schließlich heraus und starrte ihn wütend an. »Isidoro Baltazar hat die ganze Zeit über gewußt, wer ich bin. Es war ein abgekartetes Spiel.«

»Alles ist ein Spiel«, stimmte Mariano Aureliano bereitwillig zu. »Ein wunderbares Spiel. Das einzige, das sich zu spielen lohnt.« Er schwieg, so als wolle er mir Zeit geben, weitere Beschwerden vorzutragen. Doch noch bevor ich Gelegenheit dazu bekam, erinnerte er mich an die Perücke, die ich über mein Haar gestülpt hatte. »Du hast Isidoro Baltazar unverkleidet nicht erkannt. Wieso meinst du, er hätte dich in deiner Verkleidung als Pudel erkennen können?«

Mariano Aureliano ließ mich nicht aus den Augen. Sein Blick hatte ein wenig von seiner Unerbittlichkeit verloren; jetzt wirkte er traurig und müde. »Du bist nicht hereingelegt, nicht einmal zu etwas verleitet worden. Was nicht heißen soll, daß ich so etwas nicht täte, sollte ich es für notwendig halten«, bemerkte er mit sanfter Stimme. »Ich habe dir von Anfang an gesagt, was hier geschieht. Du bist Zeuge phantastischer Ereignisse geworden, und doch hast du sie nicht bemerkt. Wie die meisten Menschen, verbindest du Zauberei mit bizarrem Verhalten, Ritualen, Drogen und Beschwörungen.« Er beugte sich vor und senkte seine Stimme, bis sie kaum noch zu verstehen war. Dann fügte er hinzu, daß es sich bei wahrer Zauberei um die feinste und exquisiteste Manipulation der Wahrnehmung handle.

»Wahre Zauberei«, warf Mr. Flores ein, »läßt keinen Raum für menschliche Einmischung.«

»Aber Mariano Aureliano sagt, er habe mich zu Isidoro Baltazar geblasen«, behauptete ich mit kindlicher Impertinenz. »Ist das etwa keine Einmischung?«

»Ich bin ein Nagual«, sagte Mariano Aureliano. »Ich bin der Nagual Mariano Aureliano, und die Tatsache, daß ich Nagual bin, gestattet es mir, Wahrnehmung zu manipulieren.«

Ich hing wie gebannt an seinen Lippen, hatte aber nicht die leiseste Ahnung, was er mit der Manipulation von Wahrnehmung sagen wollte. Aus reiner Nervosität griff ich nach der letzten Aprikose auf dem Teller.

»Dir wird noch schlecht werden«, sagte Mr. Flores. »Nun bist du schon so klein und trotzdem solch eine riesige Nervensäge.«

Mariano Aureliano stand auf und stellte sich hinter mich. Dann drückte er mir mit den Händen so auf den Rücken, daß ich die letzte Aprikose, die ich gegessen hatte, wieder aufstoßen mußte.

8

Von diesem Zeitpunkt an bin ich mir über die genaue Abfolge der Ereignisse nicht mehr völlig im klaren. Ich erinnere mich nicht, was als Nächstes passierte. Möglicherweise bin ich eingeschlafen, ohne es zu merken, oder der Druck, den Mariano Aureliano auf meinen Rücken ausübte, war so stark, daß ich das Bewußtsein verlor.

Als ich wieder zu mir kam, lag ich auf einer Matte auf dem Boden. Ich öffnete die Augen und bemerkte eine enorme Helligkeit, so als schiene die Sonne. Ich blinzelte und fragte mich, ob etwas mit meinen Augen nicht stimmte. Ich war außerstande, klar zu sehen.

»Mr. Aureliano«, rief ich. »Mit meinen Augen stimmt etwas nicht!« Vergeblich versuchte ich, mich aufzusetzen.

Eine Frau bot mir ihre Hand, um mir aufzuhelfen. Doch bevor sie mich berührte, saß ich bereits, als sei der bloße Wunsch, mich zu erheben, dem Kontakt mit ihrer Hand zuvorgekommen und habe mich in eine senkrechte Position befördert.

Verwundert wollte ich sie nach diesem Vorgang befragen, doch war es mir kaum möglich, mich aufrecht zu halten. Immer noch war ich nicht in der Lage, auch nur ein einziges Wort hervorzubringen.

Ganz offensichtlich war sie sich meiner Qualen bewußt, denn sie strich mir mehrere Male über den Scheitel und lächelte freundlich. »Du träumst«, sagte sie.

Ich hatte sie nicht sprechen hören, wußte jedoch, daß ihre Worte direkt aus ihrem Bewußtsein in meines gedrungen waren. Sie nickte und teilte mir mit, daß ich tatsächlich in der Lage sei, ihre Gedanken zu hören, ebenso wie sie die meinigen auffing. Sie erklärte mir, daß sie so etwas wie ein Produkt meiner Einbildung sei, in der Lage, auf mich einzuwirken und auf mich zu reagieren.

»Aufgepaßt!« befahl sie. »Ich spreche mir dir, ohne meine Lippen zu bewegen. Versuche, es ebenso zu machen.«

Tatsächlich bewegte sich ihr Mund nicht. Ich fragte mich, ob ich in der Lage sein würde, eine Bewegung ihrer Lippen festzustellen, während sie einzelne Worte artikulierte, und wollte meine Finger auf ihren Mund legen. Sie wirkte ausgesprochen attraktiv und gleichzeitig bedrohlich. Sie ergriff meine Hand und drückte sie an ihre Lippen. Ich fühlte nichts.

»Wie soll ich ohne Lippen reden?« dachte ich.

«Du hast ein Loch zwischen den Beinen«, sprach sie direkt in mein Bewußtsein. »Konzentriere dich völlig darauf. Die Muschi spricht.«

Ihre Bemerkung brachte mich so sehr zum Lachen, daß es mir den Atem verschlug und ich erneut in einer Ohnmacht versank.

Die Frau rüttelte mich wach. Immer noch lag ich auf der gleichen Matte am Boden, doch hatte mir jemand ein dickes Kissen in den Rücken gestopft. Ich blinzelte und schüttelte mich, dann atmete ich tief durch und sah sie an. Sie saß neben mir auf dem Boden.

»Eigentlich ist es nicht meine Art, ohnmächtig zu werden«, sagte ich, überrascht über meine eigenen Worte. Der Klang meiner Stimme erschien mir so versöhnlich, daß ich laut auflachte und den Satz mehrere Male wiederholte.

»Ich weiß, ich weiß«, beschwichtigte sie mich. »Keine Sorge, du bist immer noch nicht ganz wach. Ich heiße Clara. Wir haben uns schon einmal im Haus von Esperanza getroffen.«

Ich hätte protestieren oder sie wenigstens fragen sollen, was sie damit meinte. Doch statt dessen akzeptierte ich ohne den Anflug eines Zweifels, daß ich immer noch schlief und wir uns bei Esperanza getroffen hatten.

Erinnerungen, nebulöse Gedankenfetzen und menschliche Gesichter begannen sich langsam in mein Bewußtsein zu schieben. Plötzlich kam mir ein klarer Gedanke: Ich hatte die Frau schon einmal geträumt. Deshalb war es mir nicht gelungen, ein Ereignis in der Realität mit ihr in Verbindung zu bringen. Kaum hatte ich dies verstanden, erinnerte ich mich an Clara.

»Natürlich kenne ich dich«, sagte ich triumphierend. »Doch sind wir uns in einemTraum begegnet, du bist also nicht echt. Ich muß immer noch träumen, deshalb erinnere ich mich an dich.«

Zufrieden, daß die Dinge so eine einfache Erklärung zu haben schienen, seufzte ich und ließ mich entspannt in das dicke Kissen sinken. Eine deutliche Erinnerung an einen Traum stellte sich ein. Ich wußte nicht mehr genau, wann ich ihn geträumt hatte, doch erinnerte ich mich so deutlich an seinen Inhalt, als habe es sich dabei um ein reales Ereignis gehandelt; in diesem Traum hatte Delia mich Clara vorgestellt und sie als die geselligste unter den Träumerinnen beschrieben. »Sie hat sogar Freunde, die sie bewundern«, hatte Delia mir anvertraut.

Die Clara in jenem Traum war groß, stark und rundlich gewesen. Sie hatte mich keinen Moment aus den Augen gelassen, so als würde sie mit wachsamem Blick und angespanntem Lächeln das Mitglied einer unbekannten Spezies beobachten. Trotz ihrer eingehenden Musterung hatte ich sie sofort ins Herz geschlossen. Ihre grünen Augen blickten freundlich und nachdenklich, und in ihrer intensiven Wachsamkeit hatten sie mich an die Augen einer Katze erinnert.

»Ich weiß, daß ich gerade träume, Clara« wiederholte ich, so als wolle ich mich selbst beruhigen.

»Nein. Dies ist nicht nur ein einfacher Traum, es ist ein besonderer Traum«, widersprach Clara mir nachdrücklich. »Es lohnt nicht, solchen Gedanken nachzugehen. Gedanken haben Macht; gehe sorgsam mit ihnen um.«

»Clara, du bist nicht echt«, insistierte ich mit schriller Stimme. »Du bist ein Traum. Deshalb erinnere ich mich nicht an dich, wenn ich wach bin.«

Clara lachte über meine Sturheit. »Du hast noch nie versucht, dich an mich zu erinnern«, erklärte sie schließlich. »Es gab keinen Grund dafür. Wir Frauen sind in diesen Belangen furchtbar praktisch. Darin liegt entweder unser großes Versäumnis oder unser Vorteil.«

Ich wollte sie eben fragen, was so praktisch daran sein sollte, mich gerade jetzt an sie zu erinnern, als sie meiner Frage zuvorkam.

»Da ich vor dir stehe, bist du gezwungen, dich an mich zu erinnern. Und du tust es auch.« Sie beugte sich tiefer und starrte mich mit ihrem Katzenblick an. »Du wirst mich nie wieder vergessen. Von den Zauberern, die mich ausgebildet haben, weiß ich, daß Frauen zur Festigung ihres Bewußtseins immer zwei Beweise brauchen. Sie müssen Dinge zwei Mal sehen, zwei Mal lesen, sich zwei Mal fürchten und so fort. Nun sind wir uns das zweite Mal begegnet, und ich erscheine dir stichhaltig und echt.«

Wie zum Beispiel schob sie die Ärmel ihrer Bluse hinauf und spannte ihren Oberarm an. »Fühl' mal«, drängte sie mich.

Kichernd gehorchte ich und befühlte ihre festen und ausgeprägten Muskeln. Sie drängte mich, ebenfalls die Muskeln an ihren Ober- und Unterschenkeln zu berühren.

»Wenn dies wirklich ein besonderer Traum ist«, sagte ich vorsichtig. »Was habe ich dann in diesem Traum zu tun?«

»Alles, was dein Herz begehrt«, sagte sie. »Bis jetzt hältst du dich sehr gut. Allerdings kann ich dich nicht anleiten, denn ich bin kein Traummeister. Ich bin lediglich eine fette Hexe, die sich um andere Hexen kümmert. Meine Partnerin Delia hat dich wie eine Hebamme in die Welt der Zauberer geboren. Gefunden hat dich allerdings Florinda.«

»Wer ist Florinda?« kicherte ich unkontrolliert. »Und wann soll sie mich gefunden haben?«

»Florinda ist ebenfalls eine Hexe«, sagte Clara nüchtern und fing dann auch an zu kichern. »Du kennst sie. In Esperanzas Haus hat sie dich in ihren Traum aufgenommen. Erinnerst du dich an das Picknick?«

»Ah«, seufzte ich genüßlich. »Meinst du etwa die hochgewachsene Frau mit der rauhen Stimme?« Große schlanke Frauen hatte ich schon immer bewundert.

»Die hochgewachsene Frau mit der rauhen Stimme«, bestätigte Clara. »Vor ein paar Jahren hat sie dich auf einer Party entdeckt, die du mit deinem Freund besucht hast. Ein vornehmes Abendessen im Hause eines Ölmillionärs in Huston, Texas.«

»Was hat eine Hexe im Hause eines Ölmillionärs zu suchen?« fragte ich. Erst dann wurde mir die Tragweite ihrer Äußerung klar, und ich war wie vor den Kopf geschlagen. Obwohl ich mich nicht an Florinda erinnern konnte, war mir die Party doch deutlich im Gedächtnis geblieben. Mein Freund und ich waren einzig aus diesem Anlaß mit seinem Privatjet von Los Angeles nach Texas geflogen und am nächsten Tag wieder zurück. Auf der Party hatten sich mehrere mexikanische Geschäftsleute befunden, die kein Englisch sprachen, und ich hatte als Dolmetscherin fungiert.

»Jesus!« rief ich mit unterdrückter Stimme. »Was für ein seltsamer Zufall!« Ausführlich beschrieb ich Clara die Party. Ich war zum ersten Mal in Texas gewesen und hatte wie ein Kaninchen im Scheinwerferlicht auf die anwesenden Männer gestarrt. Nicht etwa, weil sie besonders hübsch gewesen wären, sondern weil sie mir mit ihren Stetson-Hüten, ihren pastellfarbenen Anzügen und Cowboystiefeln so befremdlich erschienen waren. Der Gastgeber hatte mehrere Künstler engagiert, die in einer extra für diesen Anlaß gefertigten Grotte ein Varieté inszenierten, das selbst Las Vegas zur Ehre gereicht hätte. Die Lautstärke der Musik hatte die Grotte erbeben lassen, und vor unseren Augen pulsierten Stroboskopeffekte. Das dargebotene Essen war von exquisiter Qualität.

»Weshalb sollte Florinda ausgerechnet auf eine derartige Party gehen?« fragte ich.

»Es gibt nichts Seltsameres als die Welt der Zauberer«, antwortete Clara. Ohne ihre Arme zu benutzen, schoß sie wie ein Akrobat aus ihrer Sitzposition in den Stand und ging vor mir auf und ab.

»Hat Florinda in Texas mit mir gesprochen?« fragte ich und beäugte Clara listig, um herauszufinden, ob sie jetzt die von mir unterschlagenen Informationen aufzählen würde, Details, die ich unter keinen Umständen freiwillig preisgegeben hätte.

Doch um weiteren Fragen über die Party aus dem Weg zu gehen, schüttelte Clara den Kopf und lächelte mich geistesabwesend an. »Wie kam es, daß Delia bei der Taufe in Nogales anwesend war?« wollte ich wissen.

»Florinda hat sie dorthin geschickt«, gestand Clara und steckte ihr Haar unter dem Strohhut fest. »Durch die Ankündigung deiner Gegenwart hat sie die ganze Party gesprengt.«

»Augenblick mal!« unterbrach ich sie. »Das hier ist gar kein Traum. Was hast du mit mir vor?«

»Ich versuche, dir etwas beizubringen«, sagte Clara gleichmütig. Offenbar war es ihr egal, welche Wirkung ihre Worte auf mich hatten. »Dies ist ein Traum«, sagte sie und beobachtete mich sorgfältig. »Und ganz gewiß sind wir es, die sich in deinem Traum unterhalten, denn ich bin diejenige, die deinen Traum träumt.«

Daß ihre befremdlichen Behauptungen genügten, um mich zu beschwichtigen, war Beweis genug dafür, daß ich träumte. Ich beruhigte mich und beschloß, die Situation einfach als gegeben hinzunehmen. Wie aus weiter Ferne, losgelöst von meinem Willen, hörte ich meine Stimme. »Florinda kann unmöglich gewußt haben, daß ich nach Nogales unterwegs war. Ich habe mich in letzter Minute entschlossen, die Einladung meiner Freundin anzunehmen.«

»Ich wußte, daß du das nicht verstehen würdest«, seufzte Clara. »Mehr noch als jede andere Mutter, die du gehabt haben magst, ist Florinda deine Mutter«, erklärte sie, jedes Wort sorgfältig abwägend und mir dabei in die Augen blickend.

Ihre Behauptung erschien mir geradezu lächerlich, doch brachte ich kein Wort über die Lippen.

»Florinda kann dich fühlen«, fuhr Clara mit einem seltsamen Glitzern in den Augen fort. »Sie benutzt eine Suchvorrichtung und weiß zu jedem Zeitpunkt, wo du dich aufhältst.«

»Was für eine Suchvorrichtung?« fragte ich, mit einem Mal hellwach. Der Gedanke, daß jemand zu jedem Zeitpunkt wußte, was ich vorhatte, erfüllte mich mit Schrecken.

»Ihre Gefühle für dich sind zur gleichen Zeit auch ihre Suchvorrichtung«, bemerkte Clara mit so sanfter und zärtlicher Stimme, daß meine Angst augenblicklich verschwand.

»Welche Gefühle, Clara?«

»Kind, wer weiß das schon?« sagte sie wehmütig. Sie zog ihre Beine an den Körper, legte ihre Arme darum und stützte ihr Kinn auf den Knien. »Ich habe nie eine Tochter wie dich gehabt.«

Sobald ich an die hinter ihren Worten verborgenen Implikationen dachte, verwandelte sich meine Belustigung erneut in Besorgnis. Wieder waren es meine rationalen Überlegungen, die mich in tiefe Zweifel stürzten. Es konnte sich einfach nicht um einen Traum handeln. Ich war hellwach, mein Verstand arbeitete zu präzise, als daß ich hätte schlafen können.

Ich rutschte an dem Kissen in meinem Rücken hinab und schloß die Augen. Durch die Wimpern beobachtete ich Clara und fragte mich, ob sie langsam immer schwächer werden und schließlich verschwinden würde, wie Menschen und Örtlichkeiten es in Träumen zu tun pflegten. Sie blieb. Es wurde mir zusehends klarer, daß weder ich noch Clara schliefen.

»Nein, wir sind nicht wach«, widersprach sie mir.

»Ich bin in der Lage zu sprechen«, sagte ich, um zu beweisen, daß ich bei vollem Bewußtsein war.

»Na wenn schon!« gackerte sie. »Jetzt werde ich dich aufwecken, damit du deine Unterhaltung wirklich bei vollem Bewußtsein fortsetzen kannst.«

»Warte. Warte doch, Clara«, bettelte ich. »Gib mir wenigstens Zeit, mich ein wenig darauf vorzubereiten.« Meine Ungewißheit war mir lieber als herauszufinden, was sie mit mir vorhaben mochte.

Unbeeindruckt von meinen Bitten stand Clara auf und ergriff einen Krug mit Wasser, der auf einem Tischchen in der Nähe stand. Immer noch kichernd, beugte sie sich über mich und hielt den Krug über meinen Kopf. Ich versuchte, mich auf die Seite zu rollen, konnte mich aber nicht bewegen. Mein Körper gehorchte mir nicht; er schien auf der Matte zu kleben. Kurz bevor sie das Wasser über mir ausschüttete, spürte ich ein sanftes Tröpfeln auf meinen Gesicht. Die Kälte des Wassers erzeugte ein außerordentlich seltsames Empfinden. Zunächst verschwamm Claras Gesicht über mir wie unter einer aufgewühlten Wasseroberfläche; dann schien sich die Kälte auf meinen Magen zu konzentrieren und mich nach innen zu ziehen, so als stülpe man einen Kissenbezug von innen nach außen. Zuletzt meinte ich, in einem Wasserkrug zu ertrinken. Tausende von dunklen Blasen wirbelten mich herum, bis schließlich alles schwarz wurde.

Als ich wieder zu mir kam, lag ich nicht mehr auf der Matte, sondern auf der Couch im Wohnzimmer. Zwei Frauen standen am Fußende und starrten mich mit neugierigen Blicken an. Florinda, die große weißhaarige Frau mit der rauhen Stimme, saß neben mir und summte ein altes Wiegenlied – jedenfalls hielt ich es für ein solches – und strich mir zärtlich über Haar, Gesicht und Arme.

Ihre Berührung und der Klang ihrer Stimme hielten mich gefangen. Unbeweglich lag ich dort und starrte ihr in die Augen. Ich war mir sicher, einem dieser lebhaften Träume ausgeliefert zu sein, die gewöhnlich als Alpträume endeten. Florinda sprach zu mir. Sie befahl mir, ihr in die Augen zu schauen. Ihr Worte kamen lautlos zu mir, wie die Schwingen eines Schmetterlings. Der Ausdruck in ihren Augen rief ein altbekanntes Gefühl in mir hervor – die irrationale, erbärmliche Angst meiner Alpträume. Ich sprang auf und rannte auf die Tür zu. Es war die gleiche automatische und animalische Reaktion, die mich in meinen Schreckensträumen heimzusuchen pflegte.

»Fürchte dich nicht, mein Liebling«, sagte die große Frau und kam hinter mir her. »Entspann' dich. Wir sind hier, um dir zu helfen. Es gibt keinen Grund, sich so aufzuregen. Du wirst deinem zarten Körper Schaden zufügen, wenn du ihn unnötiger Angst aussetzt.«

Ich hatte an der Tür haltgemacht, allerdings nicht, weil ihre Worte mich davon überzeugt hatten, daß es besser sei zu bleiben, sondern weil ich nicht in der Lage war, die verfluchte Tür zu öffnen. Verzweifelt rüttelte ich an der Tür, sie bewegte sich keinen Millimeter! Die große Frau stand jetzt direkt hinter mir. Mein Zittern wurde so stark, daß mein ganzer Körper zu schmerzen begann, und mein Herz schlug so laut und unregelmäßig, als ob es jeden Moment aus meiner Brust springen wollte.

»Nagual!« rief die große Frau und blickte über ihre Schulter zurück in den Raum. »Du läßt dir besser was einfallen. Sie stirbt vor Furcht.«

Ich konnte nicht erkennen, mit wem sie sprach, doch in meiner wilden Suche nach einer Fluchtmöglichkeit entdeckte ich eine zweite Tür am anderen Ende des Zimmers. Obwohl ich glaubte, über ausreichend Energie zu verfügen, es bis dorthin zu schaffen, gaben meine Beine nach. Als sei das Leben bereits aus meinem Körper gewichen, sank ich zu Boden. Ich fühlte meinen letzten Atemzug entweichen. Wie die Schwingen eines riesigen Adlers fuhren die langen Arme der Frau hernieder und fingen mich auf. Sie hielt mich in den Armen, drückte ihren Mund auf den meinen und preßte mir Luft in die Lungen.

Allmählich entspannte sich mein Körper; mein Herzschlag normalisierte sich, und ein seltsamer, innerer Frieden überkam mich, der kurz darauf in wilde Aufregung umschlug. Eine Aufregung, die allerdings nicht von meiner Furcht, sondern vom Atem der Frau ausgelöst wurde. Der Atem war heiß; er schien meine Kehle zu verbrennen, meine Lungen, meinen Magen, mein Geschlecht, bis hin zu meinen Händen und Füßen. Innerhalb eines Sekundenbruchteils realisierte ich, daß diese Frau genau war wie ich war, nur größer – so groß, wie ich gern gewesen wäre. Meine Liebe für sie war derartig stark, daß ich sie leidenschaftlich küßte.

Ich spürte, wie ihre Lippen sich zu einem Lächeln öffneten. Dann war sie den Kopf in den Nacken und lachte. »Diese kleine Ratte hier hat mich geküßt«, sagte sie und wandte sich zu den anderen.

»Ich träume!« rief ich, worauf alle so hemmungslos zu lachen begannen wie Kinder.

Zunächst mußte ich mitlachen. Nach wenigen Augenblicken hatte ich mich jedoch wieder gefangen – peinlich berührt durch meine impulsive Handlung und verärgert darüber, bloßgestellt worden zu sein.

Die große Frau umarmte mich. »Ich bin Florinda«, sagte sie, hob mich vom Boden und wog mich in ihren Armen wie ein kleines Kind. »Wir beide sind identisch«, fuhr sie fort. »Du bist so klein, wie ich es gern gewesen wäre. Groß zu sein, ist ein Nachteil. Niemand kann dich auf den Arm nehmen. Ich bin einsachtzig.«

»Ich bin einssechzig«, gestand ich, und wir mußten lachen, weil nichts zwischen uns unausgesprochen zu bleiben schien. Ich war nicht ganz einssechzig und rundete immer auf, und ich war mir sicher, daß Florinda größer war, als sie zugab und daß sie abrundete.

Ich küßte sie auf die Wangen und auf die Augen. Ich liebte sie mit einer Intensität, die mir unbegreiflich war; ein Gefühl ohne den Hauch eines Zweifels, der Furcht oder der Erwartung. Es war eine Liebe, wie sie nur in Träumen vorkommt.

Scheinbar völlig im Einklang mit mir, kicherte Florinda leise. Das mysteriöse Leuchten ihrer Augen und das geisterhafte Weiß ihrer Haare schienen mir wie die Wiederkehr einer lange verschollenen Erinnerung. Ich meinte, sie seit dem Tag meiner Geburt zu kennen. Kinder, die ihre Mütter liebten, mußten verlorene Kinder sein, dachte ich. Die Liebe einer Tochter, gepaart mit Bewunderung für die körperliche Erscheinung der Mutter, mußte zu totaler Liebe führen, einer Liebe, wie ich sie für diese große, geheimnisvolle Frau empfand.

Sie setzte mich ab. »Das ist Carmela«, sagte sie und wandte sich einer schönen Frau mit dunklen Augen und schwarzem Haar zu. Ihre Gesichtszüge waren fein und ihre Haut makellos; sie hatte die schimmernde Blässe eines Menschen, der das Haus nicht oft verläßt.

»Ich bade nur im Mondlicht«, flüsterte sie mir zu, während sie mich umarmte. »Das solltest du auch tun. Deine Haut ist zu hell, um damit in die Sonne zu gehen; du ruinierst deine Haut.«

Ich erkannte ihre Stimme. Sie war die Frau, die mir beim Picknick die direkten und persönlichen Fragen gestellt hatte. Sie hatte dabei eine sitzende Position eingenommen, in der sie klein und zerbrechlich gewirkt hatte. Zu meiner Überraschung war sie fast zehn Zentimeter größer als ich. Im Vergleich zu ihrem kräftigen, muskulösen Körper kam ich mir unbedeutend vor.

Ihren Arm um meine Schultern gelegt, führte Florinda mich zu der zweiten Frau, die bei meinem Erwachen neben der Couch gestanden hatte. Auch sie war muskulös und groß, jedoch nicht so groß wie Florinda. Nach herkömmlichen Maßstäben hätte man sie nicht als schön bezeichnen können, dafür war ihr Gesicht zu grob. Doch hatte sie etwas Auffallendes und überaus Attraktives, woran auch der leichte Schatten auf der Oberlippe nichts änderte. Ich bemerkte ihre ungeheuere Ausstrahlung, eine innere Bewegung, die sie völlig unter Kontrolle zu haben schien.

»Das ist Zoila«, sagte Florinda zu mir.

Zoila machte weder Anstalten, mir die Hand zu geben noch, mich zu umarmen. Carmela lachte und sprach an ihrer Stelle. »Ich freue mich, dich wiederzusehen.«

Zoilas Mund verzog sich zu einem wunderschönen Lächeln und entblößte weiße, starke und gleichmäßige Zähne. Als ihre lange, schlanke und mit glitzernden Juwelen geschmückte Hand meine Wange berührte, wurde mir klar, daß es sich bei ihr um diejenige handelte, deren Gesicht unter einer Mähne strähnigen Haares verborgen geblieben war. Sie hatte die Brüsseler Spitze auf das Laken genährt, das uns während des Picknicks als Unterlage gedient hatte.

Die drei Frauen setzten sich zu mir auf die Couch.

»Bei unserer ersten Begegnung hast du geträumt«, sagte Florinda. »Deshalb konnten wir uns kaum miteinander beschäftigen. Jetzt bist du jedoch wach und kannst uns von dir erzählen.«

Gerade wollte ich sie unterbrechen, um zu bemerken, daß wir uns augenblicklich in einem Traum befänden und daß ich ihnen während des Picknicks, ob schlafend oder wach, bereits alles Berichtenswerte über mich erzählt hätte.

»Nein, nein. Da irrst du dich«, sagte Florinda, als habe ich meine Gedanken laut ausgesprochen. »Jetzt bist du hellwach. Und wir wollen wissen, was seit unserem letzten Treffen geschehen ist. Besonders alles, was Isidoro Baltazar angeht.«

»Sie meinen, ich träume nicht?« fragte ich zaghaft.

»Nein. Dies ist kein Traum«, versicherte sie mir. »Vor wenigen Minuten hast du noch geträumt, doch jetzt liegen die Dinge anders.«

»Ich sehe nicht, was jetzt anders sein sollte.«

»Das liegt daran, daß du eine begabte Träumerin bist«, erklärte sie. »Deine Alpträume sind echt; das hast du selbst gesagt.«

Ich versteifte mich, doch als ob mein Körper wußte, daß er einen weiteren Angstanfall nicht würde aushalten können, entspannte ich mich augenblicklich. Ich wiederholte, was ich Mariano Aureliano und Mr. Flores bereits erzählt hatte. Doch erinnerte ich mich dieses Mal an Einzelheiten, die ich vorher übersehen hatte, wie die beiden verschiedenen Gesichter Isidoro Baltazars und seine parallelen Stimmungen, die sich so deutlich in seinen Augen widergespielt hatten. Sein linkes Auge hatte finster und bedrohlich gewirkt, das rechte freundlich und offen.

»Er ist ein gefährlicher Mann«, bemerkte ich, durch meine Observationen beflügelt. »Er verfügt über die Macht, Ereignissen einen beliebigen Verlauf zu geben, während er selbst unbeteiligt bleibt und zusieht, wie man sich krümmt und windet.«

Die Frauen lauschten meiner Erzählung aufmerksam. Florinda bedeutete mir fortzufahren.

»Es ist leicht, seinem Charme zu erliegen, weil er gleichzeitig ein großzügiger Mann ist«, fuhr ich fort. »Und Großzügigkeit ist möglicherweise die einzige Tugend, der keine von uns widerstehen kann, weil wir ohne Rücksicht auf unsere individuelle Geschichte enteignet worden sind.« Als mir klar wurde, was ich da gesagt hatte, verstummte ich und starrte die Frauen fassungslos an.

»Ich weiß nicht, was in mich gefahren ist«, murmelte ich in einem Versuch, mich zu entschuldigen. »Ich weiß wirklich nicht, weshalb ich so etwas sage, wenn ich selbst nicht einmal so über Isidoro Baltazar denke. Es ist, als würde jemand anders durch mich sprechen. Ich bin überhaupt nicht in der Lage, ein solches Urteil abzugeben.«

»Kindchen, es spielt keine Rolle, woher diese Gedanken kommen«, sagte Florinda. »Offenbar stehst du mit der Quelle selbst in Verbindung. Jeder tut das, aber es bedarf eines Zauberers, um sich dessen bewußt zu werden.«

Ich verstand nicht, was sie mir sagen wollte. Ich wiederholte, daß es nicht meine Absicht gewesen war, solche Unverschämtheiten von mir zu geben.

Florinda kicherte und sah mich eine Weile nachdenklich an. »Benimm dich so, als wärst du in einem Traum. Trau dich und entschuldige dich nicht dauernd«, sagte sie.

Ich kam mir dumm vor, unfähig, meine eigenen Gefühle zu analysieren. Florinda nickte, als stimme sie mir zu und wandte sich dann an ihre Gefährtinnen. »Erzählt ihr von uns.«

Carmela räusperte sich und ergriff das Wort, ohne mich anzusehen: »Wir drei und Delia bilden einen Einheit. Wir befassen uns mit der alltäglichen Welt.«

Ich hing an ihren Lippen, verstand jedoch kein Wort.

»Wir sind die Hexen, die sich mit Menschen befassen«, führte Carmela aus. »Es gibt noch eine andere Gruppe von vier Frauen, die sich überhaupt nicht mit Menschen befassen.« Sie nahm meine Hand und untersuchte meine Handfläche, so als wolle sie mir die Zukunft voraussagen, dann ballte sie sie sanft zu einer Faust. »Im Grunde bist du wie wir. Du bist in der Lage, dich mit Menschen zu befassen. Besonders ähnlich bist du Florinda«, sagte sie. Für einen Augenblick schwieg sie und wiederholte mit verträumten Gesichtsausdruck, was Clara mir schon gesagt hatte. »Florinda ist diejenige, die dich gefunden hat. Solange du dich in der Welt der Zauberer aufhältst, gehörst du ihr. Sie wird dich führen und sich um dich kümmern.« Ihre Stimme klang so bestimmt, daß ich begann, mich unwohl zu fühlen.

»Ich gehöre niemandem«, sagte ich. »Und ich brauche auch niemanden, der sich um mich kümmert.« Meine Stimme klang angestrengt und unnatürlich.

Ohne ein Wort zu sagen, beobachten mich die Frauen mit amüsierten Gesichtern.

»Denkt ihr etwa, ich brauche einen Führer?« fragte ich herausfordernd und mit starrem Blick von einer zu anderen schauend. Ihre Augen waren halb geschlossen, und alle lächelten das gleiche nachdenkliche Lächeln. An ihrem kaum wahrnehmbaren Nicken merkte ich, daß sie darauf warteten, daß ich alles sagte, was ich zu sagen hatte. »Ich komme sehr gut allein zurecht«, schloß ich mit lahmer Stimme.

»Erinnerst du dich noch daran, was du auf der Party angestellt hast, auf der ich dich gefunden habe?« fragte Florinda.

Während ich sie erstaunt anstarrte, flüsterte Carmela mir ins Ohr: »Mach dir keine Sorgen, man kann alles irgendwie erklären.« Bei dem Gedanken daran, daß sie erfahren hatte, wie ich unbekleidet vor Dutzenden von Partygästen herumgelaufen war, wurde ich von Panik überwältigt.

War ich bis zu jenem Zeitpunkt auf mein befremdliches Verhalten auch nicht gerade stolz, so hatte ich es mir zumindest verziehen. Hatte es sich für mich dabei doch um nichts weiteres als um eine Manifestation meiner spontanen Persönlichkeit gehandelt. Zunächst hatte ich im Abendkleid und ohne Sattel einen langen Ausritt an der Seite des Gastgebers absolviert – nachdem jener mich zu einem Wettstreit herausgefordert hatte, in dem es darum ging, ihm zu beweisen, daß ich so gut reiten konnte wie jeder Cowboy. Da einer meiner Onkel in Venezuela eine Pferdezucht gehabt hatte, war ich von Kindesbeinen an im Umgang mit Pferden vertraut. Nach gewonnener Wette war ich, erschöpft durch den Ritt und übermäßigen Alkoholkonsum, splitternackt in den riesigen Pool des Gastgebers gesprungen.

»Ich stand am Pool, als du hineingesprungen bist«, sagte Florinda, die offenbar an meinen Erinnerungen teilhatte. »Du hast mich mit deinem nackten Hintern gestreift und damit alle Anwesenden – mich inklusive – geschockt. Mir gefiel dein Mumm und besonders, daß du nackt von einem Ende des Pools bis zum anderen gelaufen bist, nur um dich an mir zu reiben. Ich habe das als Hinweis darauf interpretiert, daß der Geist mich auf dich aufmerksam machen wollte.«

»Das kann nicht sein«, murmelte ich. »Wenn Sie auf der Party gewesen wären, würde ich mich an Sie erinnern. Sie sind zu groß und auffallend, als das ich Sie hätte übersehen können.« Dies war nicht als Kompliment gemeint; vielmehr wollte ich mich selbst davon überzeugen, daß man versuchte, mich reinzulegen.

»Mir hat gefallen, daß du um jeden Preis auf dich aufmerksam machen wolltest«, fuhr Florinda fort. »Vollends zum Narren hast du dich gemacht, als du auf den Tisch sprangst und schamlos mit dem Arsch gewackelt und getanzt hast, während der Gastgeber einen Schreikrampf bekam.«

Seltsamerweise war ich durch ihre Äußerungen nicht peinlich berührt, sondern vielmehr erleichtert, ja beinahe entzückt. Endlich war die Katze aus dem Sack, mein Geheimnis – etwas, das ich niemals zugegeben hätte – aufgedeckt: Ich war in Wirklichkeit ein Angeber, der alles tun würde, nur um im Mittelpunkt des Interesses zu stehen. Mit einem Mal wurde ich bescheiden, und mein aggressives Verhalten war verschwunden. Ich fürchtete, daß diese Stimmung nicht lange anhalten würde, denn ich wußte aus Erfahrung, daß Einsichten, die ich aus Träumen gewann, nicht lange vorhielten. Doch möglicherweise hatte Florinda recht, und dies war kein Traum – meine neugewonnene Geistesverfassung würde also von Dauer sein.

Meinen Gedankengängen offenbar folgend, nickten die drei Frauen bestätigend. Anstatt mich durch ihre Zustimmung bestärkt zu fühlen, trat jedoch meine alte Unsicherheit wieder auf den Plan. Wie befürchtet, war meine Einsicht nur von kurzer Dauer gewesen. Innerhalb weniger Augenblicke spürte ich brennende Zweifel und wollte die Sitzung beenden.

»Wo ist Delia?« fragte ich.

»Sie ist in Oaxaca«, sagte Florinda und fügte mit spitzer Stimme hinzu: »Sie ist lediglich gekommen, um dich zu begrüßen.«

Ich hatte gehofft, daß man von mir ablassen und ich somit Zeit gewinnen würde, Kräfte zu sammeln, sobald ich das Thema wechselte. Jetzt wußte ich nicht mehr, wie ich mit der Situation umgehen sollte. Florinda der Lüge zu beschuldigen – wie ich es mit jedem anderen gemacht hätte –, war mir nicht mehr möglich. Ich konnte schlecht behaupten, daß ich den Verdacht hegte, die Frauen hätten mich bewußtlos gemacht, um mich zu manipulieren.

»Ihre Behauptungen sind absurd, Florinda«, schalt ich sie. »Sie denken doch nicht, daß ich Sie ernst nehme.« An meiner Unterlippe kauend, warf ich ihr einen langen Blick zu. »Ich weiß, daß Delia sich hier in einem der Zimmer versteckt hält.«

In ihren Augen sah ich, daß sie mein Dilemma verstand. »Dir bleibt keine andere Wahl, als mich ernst zu nehmen«, sagte sie. In ihrer Stimme lag etwas Endgültiges.

In der Hoffnung, eine Antwort zu erhalten, irgendetwas, um mein wachsendes Unbehagen zu mildern, wandte ich mich an die beiden anderen Frauen.

»Solange du von jemandem geführt wirst, ist es einfach zu träumen«, sagte Carmela. »Der einzige Nachteil besteht darin, daß du dazu einen Nagual brauchst.«

»Dauernd höre ich von einem Nagual«, sagte ich. »Was ist ein Nagual?«

»Ein Nagual ist ein mächtiger Zauberer, der andere Zauberer durch die Dunkelheit führt«, erklärte Carmela. »Aber das hat dir der Nagual vor kurzer Zeit alles selbst erklärt. Erinnerst du dich nicht mehr?«

Als mein Körper sich verkrampfte bei dem Versuch, sich zu erinnern, schaltete Florinda sich ein. »Alltägliche Begebenheiten sind einfach zu erinnern, daran sind wir gewöhnt. Träume sind eine andere Sache. Wir müssen uns außerordentlich anstrengen, um uns an Ereignisse aus Träumen zu erinnern, da unser Körper sie an anderer Stelle speichert.«

»Für Frauen, die nicht über so ein nachtorientiertes Hirn verfügen wie du, beginnen die Traumanleitungen damit, eine Karte ihres Körpers anzufertigen – eine qualvolle Tätigkeit, die ihnen zeigt, wo in ihren Körpern die Visionen ihrer Träume gespeichert werden.«

»Wie stellt man solche Karten her, Florinda?« erkundigte ich mich fasziniert.

»Indem du systematisch jeden Zentimeter deines Körpers abklopfst«, sagte sie. »Aber ich bin nicht in der Position, dir weitere Auskünfte zu geben. Ich bin deine Mutter und nicht die Lehrerin deiner Träume. Sie empfiehlt zum Abklopfen einen kleinen Holzhammer, mit dem lediglich die Beine und Hüften abzuklopfen sind. Äußerst selten nur speichert dein Körper die Erinnerungen an Träume in der Brust oder im Bauch. Dort und im Rücken befinden sich die Erinnerungen an den Alltag. Doch das steht auf einem anderen Blatt.«

»Wichtig ist für dich im Augenblick, daß das Erinnern von Träumen durch körperlichen Druck auf genau die Stelle ausgelöst wird, an der die Vision gespeichert ist. Wenn du zum Beispiel deine Vagina drückst, indem du deine Klitoris preßt, so wirst du dich dran erinnern, was Mariano Aureliano dir erzählt hat«, endete sich ihre Ausführungen mit einem Lächeln.

Entgeistert starrte ich sie an und verfiel dann in einen nervösen Kicheranfall. Ich würde überhaupt nichts drücken, soviel stand fest.

Florinda schien meine Verlegenheit zu genießen und lachte ebenfalls. »Wenn du es nicht tust«, drohte sie, »dann werde ich einfach dafür sorgen, daß Carmela es bei dir macht.«

Ich sah Carmela an. Lächelnd, versicherte sie mir, daß sie in der Tat bereit wäre, mir meine Vagina zu drücken.

»Das ist nicht nötig!« schrie ich verzweifelt. »Ich kann mich an alles bestens erinnern!« Und tatsächlich erinnerte ich mich. Nicht nur an Mariano Aurelianos Worte, sondern auch an alle anderen Begebenheiten.

»Ist Mariano Aureliano ...«

»Clara hat dir doch gesagt, daß du ihn Nagual Mariano Aureliano nennen sollst«, unterbrach Carmela mich mitten im Satz.

»Träume sind Pforten ins Unbekannte«, sagte Florinda und streichelte mir den Kopf. »Ein Nagual benutzt den Traum als Mittel der Führung. Und absichtsvolles Träumen ist die Kunst der Zauberer. Der Nagual Mariano Aureliano hat dir geholfen, in Träume zu gelangen, die wir alle zur gleichen Zeit träumten.«

Ich zwinkerte mehrmals mit den Augen und schüttelte den Kopf. Geschockt von der Absurdität meiner Erinnerungen, ließ ich mich nach hinten in die Polster fallen.

Ich erinnerte mich daran, die drei Frauen vor einem Jahr in Sonora geträumt zu haben, in einem Traum, der meiner Empfindung nach ewig gedauert hatte. In jenem Traum war ich Clara, Nélida und Hermelinda zum ersten Mal begegnet. Sie hatten mir erzählt, daß Zuleica ihr Führer sei, doch war es mir damals noch nicht möglich gewesen, sie zu träumen.

Je deutlicher die Erinnerung an diesen Traum wurde, desto klarer wurde mir auch, das all die Frauen auf der gleichen Stufe standen. Die Tatsache, daß jede Gruppe eine Führerin hatte, hatte nichts mit Macht, Prestige oder Leistung zu tun, sondern war nur aus Gründen der Effizienz so. Ich weiß nicht weshalb, doch war ich überzeugt, daß den Frauen die tiefe Zuneigung zueinander das wichtigste war.

In jenem Traum hatten mir alle gesagt, daß Zuleica meine Traumlehrerin sei. An mehr konnte ich mich nicht erinnern, vielleicht deshalb, weil ich sie nur ein einziges und nicht zwei Mal geträumt hatte, um mein Wissen über sie zu manifestieren. Jetzt handelte es sich bei ihnen lediglich um körperlose Erinnerungen.

Ich hörte, wie Florinda sagte, daß es mir nach einigen Versuchen besser gelingen würde, von meinen Traumerinnerungen zu dem Traum, den ich gerade träumte, und danach wieder in den Zustand normaler Wachheit umzuschalten.

Ich hörte, wie sie kicherte, doch befand ich mich nicht länger im gleichen Zimmer wie sie. Ich war draußen, und langsam und vorsichtig schritt ich einen unsichtbaren Pfad entlang. Es war dunkel, weder Mond noch Sterne waren zu sehen.

Angezogen von einer unsichtbaren Kraft, betrat ich einen großen Raum. Abgesehen von zwei kreuz und quer verlaufenden Lichtstreifen, welche auf die Gesichter der anwesenden Menschen fielen, die sich zu einem inneren und einem äußeren Kreis gruppiert hatten, war es dunkel. Das Licht wurde heller und dann wieder dunkler, so als spiele jemand aus der Gruppe mit dem Lichtschalter.

Ich erkannte Mariano Aureliano und Isidoro Baltazar, die mit dem Rücken zueinander in der Mitte des inneren Kreises saßen. Ich erkannt sie an ihrer Energie. Das lag nicht daran, daß ihre Energie heller oder anderer Natur als die der übrigen Anwesenden gewesen wäre; es handelte sich viel mehr um eine größere und massivere Energie. Ein wunderbarer, riesiger Ball unerschöpflicher Brillanz.

Der Raum schimmerte weißlich, und alles darin erschien mir besonders klar und lebendig, vor allem die Lichtstrahlen, die zu den Menschen in den Kreisen führten – oder von ihnen auszugehen schienen. Alle Anwesenden waren durch die Strahlen miteinander verbunden, und es sah aus, als handele es sich bei ihnen um die Schnittpunkte eines gigantischen Spinnennetzes. Wortlos kommunizierten sie durch das Licht. Ich fühlte, wie ich in die stille elektrische Spannung gezogen wurde, bis auch ich ein Teil des leuchtenden Netzes geworden war.

»Was wird jetzt geschehen?« fragte ich und sah Florinda an. Mein Kopf lag in ihrem Schloß, während ich ausgestreckt auf der Couch lag.

Sie antwortete nicht; ebensowenig wie Carmela und Zoila, die mit geschlossenen Augen neben ihr saßen. Ich wiederholte meine Frage noch einige Male, doch als Antwort hörte ich nur die leisen

Atemgeräusche der drei Frauen. Ich war mir sicher, daß sie schliefen; gleichzeitig meinte ich zu spüren, wie ihre Augen mich interessiert musterten. Dunkelheit und Stille bewegten sich durch das Haus wie zwei lebendige Wesen und brachten eisigen Wind und den Geruch der Wüste.

9

Zitternd vor Kälte wickelte ich die Decke enger um mich und setzte mich auf. Ich befand mich in einem fremden Bett in einem mir unbekannten Zimmer, dessen Möblierung nur aus einem Tisch und einem Bett bestand. Trotzdem strahlte meine Umgebung etwas Familiäres aus. Ich vermochte nicht zu sagen, weshalb mir alles so bekannt vorkam. »Vielleicht schlafe ich noch«, dachte ich. »Woher weiß ich, daß ich nicht träume?« Ich sank zurück in die Kissen. Dort blieb ich mit den Armen hinter dem Kopf liegen und ließ die bizarren Ereignisse, deren Zeuge ich geworden war und und die ich – halb Traum, halb Erinnerung – gelebt hatte, Revue passieren.

Bekanntlich hatte alles vor einem Jahr begonnen, als ich mit Delia zum Haus der Medizinfrau gefahren war. Sie hatte behauptet, daß es sich bei meinem Picknick dort um einen Traum gehandelt habe. Ich hatte sie ausgelacht und ihre Behauptungen als absurd zurückgewiesen.

Doch jetzt wußte ich, daß das Picknick ein Traum gewesen war. Nicht mein eigener Traum, sondern ein Traum, zu dem man mich eingeladen hatte. Mein Fehler hatte die ganze Zeit über darin bestanden, diese Tatsache störrisch zu verneinen und als Schwindel abzutun, ohne zu wissen, was ich mit Schwindel eigentlich meinte. Ich hatte die Begebenheit so vollständig verdrängt, daß ich sicher war, sie hätte nie stattgefunden.

Ich würde mich daran gewöhnen müssen, daß es in unserem

Bewußtsein eine Spur gab, die ausschließlich für Träume bestimmt war, eine Rille, in der nur Träume liefen. Wäre ich offen genug gewesen, den Traum in Sonora als solchen zu akzeptieren, so wäre es mir möglich gewesen, die Magie der Ereignisse, die sich während des Träumens ereignet hatten, in Erinnerung zu behalten.

Je mehr ich darüber und über die jüngsten Ereignisse nachdachte, desto unbehaglicher wurde mir. Am meisten überraschte mich die Tatsache, daß ich eigentlich keine Angst vor diesen Leuten verspürte, die man trotz ihrer Hilfsbereitschaft wohl am treffendsten mit dem Wort »furchterregend« bezeichnen konnte. Und mit einem Mal wurde mir klar, daß ich deshalb keine Angst vor ihnen hatte, weil ich sie sehr gut kannte. Der Beweis dafür lag darin, daß sie mein so seltsames wie beruhigendes Empfinden bereits treffend erklärt hatten: Ich war nach Hause gekommen.

Kaum hatte ich diesen Gedanken gefaßt, verwarf ich ihn wieder und fragte mich, ob ich nicht unter einer Geistesstörung litt, die sie erkannt hatten und die jetzt von ihnen noch verstärkt wurde. Ernsthaft und systematisch ging ich daran, meinen Familienstammbaum nach Anzeigen für latente Geisteskrankheiten zu durchkämmen.

Ein Großonkel mütterlicherseits hatte mit der Bibel in der Hand an Straßenecken gestanden und gepredigt. Mein Urgroßvater wie auch mein Großvater hatten jeweils beim Ausbruch des ersten und des zweiten Weltkrieges Selbstmord begangen, da ihnen alles verloren schien. Meine Großmutter hatte sich eine Kugel in den Kopf geschossen, nachdem sie ihre Schönheit und ihre sexuelle Anziehungskraft verloren geglaubt hatte.

Ich selbst neigte zu der Annahme, daß meine emotionslose Distanz zu den Dingen das Erbgut aller jener geistesgestörten Vorfahren war und hatte bisher angenommen, daß mein Wagemut ebenfalls aus diesem Erbschatz stammte.

Diese morbiden Gedanken sorgten für eine so starke innere Unruhe, daß ich aus dem Bett sprang. Mit nervösen, hastigen Bewegungen riß ich mir die Decke vom Leib. Zu meinem völligen Erstaunen stellte ich fest, daß ich ein schweres Flanellnachthemd trug. An meinen Füßen befanden sich kniehohe Wollstrümpfe, ich trug Fäustlinge und eine Strickjacke. »Ich muß krank sein«, murmelte ich unbehaglich. »Weshalb würde ich sonst unter diesen ganzen Kleidern frieren?« Normalerweise schlief ich nackt, egal wie die klimatischen Verhältnisse sein mochten.

Erst jetzt bemerkte ich das Sonnenlicht, das durch ein halbdurchsichtiges Fenster in den Raum fiel. Ich war mir sicher, daß die Helligkeit für mein Erwachen verantwortlich gewesen war. Ich mußte dringend auf die Toilette. Ich machte mir Sorgen, daß das Haus keine Innentoilette haben könnte und begab mich zur offenstehenden Schiebetür am gegenüberliegenden Ende des Zimmers. Wie erwartet, bestand die Toilette aus einem Nachttopf mit Deckel.

»Verflucht noch mal! Ich kann mich nicht auf einen Topf setzen!« brüllte ich.

Die Zimmertür öffnete sich, und Florinda trat ein. »Schon gut«, sagte sie und nahm mich in den Arm. »Im Garten ist ein Plumpsklo. Der Topf ist nur ein Relikt aus der Vergangenheit.«

»Zum Glück ist es bereits Tag«, lachte ich. »So wird niemand erfahren, wieviel Angst ich davor habe, im Dunklen aufs Häuschen gehen zu müssen.«

Florinda warf mir einen fragenden Blick zu, wandte sich ab und fragte dann mit flüsternder Stimme: »Wie kommst du darauf, daß es Tag ist?«

»Soeben hat mich die Sonne geweckt«, sagte ich und ging auf das Fenster zu. Fassungslos starrte ich auf die Dunkelheit draußen.

Florindas Gesicht hellte sich auf. Zwar schien sie es unterdrücken zu wollen, doch zitterten ihre Schultern vor Lachen, als sie auf die Glühbirne in der Stehlampe hinter dem Bett zeigte. Ich hatte sie für die Sonne gehalten.

»Wieso glaubst du, wach zu sein?« fragte sie.

Ich sah sie an: »Wegen meines unwiderstehlichen Drangs, zur Toilette gehen zu müssen.«

Sie nahm mich beim Arm. »Komm, ich bringe dich nach draußen, bevor du dich vollmachst.«

»Ich werde nirgendwohin gehen, bevor Sie mir nicht gesagt haben, ob ich wach bin oder ob ich träume!« schrie ich.

»Gott, welch ein Temperament!« rief Florinda aus und senkte ihren Kopf, bis ihre Stirn die meine berührte. Ihre Augen waren weit aufgerissen. »Du befindest dich auf Traumwache«, fügte sie hinzu, die Silben besonders sorgfältig betonend.

Trotz meines wachsenden Unbehagens begann ich zu lachen. Der Klang meines eigenen Lachens, das wie ein entferntes Echo durch das Zimmer hallte, vertrieb mir die Angst. Jetzt war es mir egal, ob ich wach war oder träumte. Ich wollte nur noch auf die Toilette.

»Wo ist die Bretterbude?« knurrte ich.

»Das weißt du so gut wie ich«, sagte Florinda und faltete die Arme vor der Brust. »Und ganz gewiß wirst du sie nicht rechtzeitig erreichen, wenn du dich nicht durch eigene Willenskraft dorthin beförderst. Auf keinen Fall darfst du die Toilette an dein Bett befördern. Das nennt man faules Träumen, und es ist der sicherste Weg, dein Bett zu beschmutzen. Mach, daß du ins Freie kommst!«

Zu meinem unbeschreiblichen Grausen war ich nicht in der Lage, die Tür zu erreichen. Ich schaffte es einfach nicht, die Füße zum Gehen zu bewegen. Langsam und unsicher, als könnten sie sich nicht entscheiden, in welche Richtung sie sich bewegen sollten, setzte sich ein Fuß vor den anderen. Ich weigerte mich zu akzeptieren, daß meine Füße mir nicht länger gehorchen wollten und versuchte, meine Bewegungen zu beschleunigen, indem ich die Füße abwechselnd mit meinen Händen anhob und wieder aufsetzte.

Meine Anstrengungen schienen Florinda kalt zu lassen. Tränen tiefempfundener Frustration und des Selbstmitleids schossen mir in die Augen, während ich wie angewurzelt im Zimmer stand. Meine Lippen formten das Wort *Hilfe,* doch konnte ich keinen Laut herauskriegen.

»Was ist jetzt schon wieder los?« fragte sie, während sie mich am Arm ergriff und mit sanfter Gewalt auf den Boden drückte. Sie zog mir die schweren Wollsocken aus und untersuchte meine Füße; sie schien sich ernsthafte Sorgen zu machen. Ich wollte ihr erklären, daß meine Bewegungsunfähigkeit das Resultat meiner emotionalen Erschöpfung sei, doch gelang es mir auch unter größten Anstrengungen nicht, meine Gedanken in Worte zu fassen. Während ich versuchte, einen Ton hervorzubringen, bemerkte ich, daß auch mit meinen Augen etwas nicht stimmte: Ich war nicht mehr in der Lage, klar zu sehen. Egal, wie sehr ich meine Augen anstrengte und aus welcher Entfernung ich sie ansah: Florindas Gesicht blieb verschwommen und undeutlich.

»Ich weiß, was mit dir los ist«, flüsterte Florinda mir ins Ohr. »Du mußt auf die Toilette. Los jetzt. Zwing dich dorthin!«

Ich nickte energisch. Ich wußte, daß ich wachträumte und mich in einer Realität befand, zu der ich noch nicht vollständig gehörte, zu der ich jedoch durch diese Menschen Zugang gefunden hatte. Dann fühlte ich mich mit einem Mal unvorstellbar erleichtert und befand mich im Inneren des Bretterhäuschens, nicht in einem geträumten Bretterhaus, sondern in einem echten.

Ich brauchte eine ganze Weile, um seine Echtheit zu überprüfen. Doch schließlich war ich mir sicher. Es war echt.

Dann befand ich mich wieder im Hinterzimmer, ohne zu wissen, wie ich dorthin gekommen war. Florinda hatte eine schmeichelhafte Bemerkung über meine Kapazität zu träumen gemacht. Abgelenkt durch den Anblick eines Stapels von Decken, den jemand an der Wand errichtet hatte, schenkte ich ihr wenig Aufmerksamkeit. Der Stapel war mir beim Aufwachen nicht aufgefallen, und doch war ich mir jetzt sicher, ihn vorher schon einmal gesehen zu haben.

Als ich versuchte, mir ins Gedächtnis zu rufen, wo ich die Decken schon einmal gesehen hatte, verschwand meine gute Laune. Wieder wuchs mein Unbehagen. Ich wußte nicht, ob ich mich noch in dem gleichen Haus befand, in dem ich vor kurzer Zeit mit Isidoro Baltazar angekommen war, oder ob man mich an einen anderen Ort gebracht hatte.

»Wessen Zimmer ist das hier?« fragte ich. »Und wer hat mich in diese Kleider gepackt?« Der Klang meiner eigenen Stimme erschreckte mich.

Florinda streichelte mir übers Haar und bemerkte mit freundlicher Stimme, daß ich mich in meinem eigenen Zimmer befinde, jedenfalls für den Augenblick. Sie hatte mich eingewickelt, um mich vor der Kälte zu schützen, und erklärte, daß es in der Wüste nachts sehr kalt werden könnte.

Mit rätselhaftem Ausdruck, als wolle sie eigentlich etwas anderes sagen, starrte sie mich an. Ich war verstört, denn in ihren Worten fand ich dafür keinen Anhaltspunkt. Ziellos wanderten meine Gedanken, bis ich entschied, daß das Schlüsselwort *Wüste* sein mußte. Vorher hatte ich nicht gewußt, daß sich der Treffpunkt der Hexen in der Wüste befand. Auf unserem Weg hierher waren wir so viele Umwege gefahren, daß ich keine genaue Vorstellung mehr von dem Standort des Hauses hatte.

»In wessen Haus befinden wir uns, Florinda?« fragte ich.

Ihr Gesichtsausdruck wechselte ein paar Mal zwischen nachdenklich und besorgt; sie schien mit der Lösung eines ernsthaften Problems zu ringen. »Du bist zuhause«, sagte sie schließlich mit liebevoller Stimme. Bevor ich ihr sagen konnte, daß sie meine Frage nicht beantwortet hatte, bedeutete sie mir mit einer Handbewegung zu schweigen und zeigte auf die Tür.

Draußen in der Dunkelheit erklang Gewisper. Es hätten der

Wind und die Blätter sein können, doch wußte ich, daß es weder das eine noch das andere war. Es handelte sich um ein beruhigendes, vertrautes Geräusch, und es brachte Erinnerungen an das Picknick zurück. Mir fielen die Worte Mariano Aurelianos ein: »Ich werde dich, wie schon die anderen, zu Jenem wehen, der den Mythos in seinen Händen hält.«

Ich fragte mich, ob Mariano Aureliano den Raum betreten hatte und die Worte in diesem Moment laut aussprach.

Florinda nickte. Sie hatte meine Gedanken gelesen. Und ihr auf mich gerichteter Blick zwang mich, den Sinn seiner Worte zu verinnerlichen. Damals bei dem Picknick hatte ich kaum einen Gedanken an diese Aussage verschwendet, sie war mir einfach zu absurd erschienen. Doch jetzt war ich so neugierig herauszufinden, um wen es sich bei »den anderen« handeln mochte, daß ich mir die Gelegenheit, darüber zu sprechen, nicht entgehen lassen wollte.

»Isidoro hat mir von einigen Leuten berichtet, die mit ihm arbeiten«, begann ich vorsichtig. »Er sagte, sie seien ihm anvertraut worden, und daß es seine heilige Pflicht sei, ihnen zu helfen. Sind sie diejenigen, die ihn hierher ... geweht haben?« fragte ich zögernd.

Florinda nickte und lächelte kaum merklich, weil ich gezögert hatte, das Wort »geweht« zu benutzen. »Es sind die, die der alte Nagual zu dem jungen Nagual geweht hat, es sind Frauen, und sie sind wie du.«

»Wie ich?« fragte ich unsicher. Ich wünschte jetzt, ich wäre auf der Anreise nicht so sehr mit meinen eigenen Stimmungs- und Gefühlsschwankungen befaßt gewesen und hätte besser darauf achtgegeben, was Isidoro Baltazar mir über seine Welt enthüllt hatte.

»In welcher Hinsicht sind diese Frauen wie ich? Kennen Sie sie?« fragte ich.

»Ich habe sie gesehen«, sagte sie ausweichend.

»Wie viele Frauen sind zu Isidoro Baltazar geweht worden?« fragte ich mit nur unzulänglich verhohlenem Mißfallen. Der Gedanke an andere Frauen erschien mir gleichzeitig alarmierend und aufregend.

»Einige. Und obwohl sie dir nicht ähnlich sehen, sind sie wie du. Damit meine ich, daß sie einander ähneln, genau wie ich und meine Mithexen einander ähneln«, erklärte Florinda. »Warst du nicht auch überrascht darüber, wie ähnlich wir uns sahen, als du uns zum ersten Mal begegnet bist?«

Ich nickte. Sie führte aus, daß sie und ihre Gefährtinnen sich – abgesehen von den offensichtlichen körperlichen Unterschieden – so ähnlich waren, weil sie durch ihre bedingungslose Hingabe an die Welt der Zauberer miteinander verbunden seien. »Wir sind durch eine Zuneigung verbunden, die dir noch unverständlich ist.«

»Darauf können Sie Gift nehmen«, bemerkte ich so sarkastisch wie möglich. Dann gewann meine Neugier in Bezug auf die Frauen, die zu Isidoro Baltazar geweht worden waren, wieder die Oberhand. »Wann kann ich sie treffen?«

»Sobald du sie findest«, sagte Florinda. In ihrer Stimme lag eine Autorität, die mich für einen Augenblick verstummen ließ.

»Wie kann ich sie finden, wenn ich sie nicht kenne? Das ist unmöglich.«

»Nicht für eine Hexe«, bemerkte sie beiläufig. »Wie ich schon gesagt habe, siehst du ihnen äußerlich nicht ähnlich, doch innerlich glühst du ebenso hell wie sie. An diesem Glühen wirst du sie erkennen.« Als sei sie tatsächlich in der Lage, ein Glühen in meinem Inneren zu erkennen, sah sie mich durchdringend an. »Es ist das Leuchten der Zauberer.« Es war ihr ernst, und ihre Stimme klang noch tiefer als gewöhnlich.

Ich wollte eben eine unverschämte Bemerkung machen, als irgendetwas an ihrem Verhalten mich zurückhielt. »Bin ich in der Lage, dieses Leuchten zu sehen?« fragte ich.

»Dazu brauchen wir den Nagual«, sagte Florinda und zeigte auf Mariano Aureliano, der in einer dunklen Ecke des Raumes stand.

Bis zu diesem Zeitpunkt war mir seine Anwesenheit nicht aufgefallen, doch hatte sein plötzliches Auftauchen nichts Bedrohliches.

Florinda erklärte ihm mein Anliegen. Mit einer Handbewegung bedeutete er mir, ihm in die Mitte des Zimmers zu folgen. »Ich werde dir das Leuchten zeigen«, sagte er und hockte sich mit erhobenen Händen auf den Boden. Dann wies er mich an, auf seinen Rücken zu steigen.

»Reiterkämpfe?« Ich bemühte mich gar nicht erst, meine Enttäuschung zu verbergen. »Wollten Sie mir nicht das Leuchten der Zauberer zeigen?« Zumindest versprach ich mir irgendeine Vorführung von ihm, eine Demonstration seiner Macht, wie das Vermischen von Formeln und Zauberkräutern über züngelnden Flammen.

Mein enttäuschtes Gesicht ignorierend, drängte Mariano Aureliano mich, ihm meine Arme so um den Nacken zu legen, daß ich ihn nicht würgte.

»Finden Sie nicht, daß ich ein wenig zu alt bin, um herumgeschleppt zu werden?« fragte ich.

Ich hörte, wie ein gurgelndes Lachen in seinem Oberkörper aufstieg und er vor Freude förmlich explodierte. Mit einer einzigen schnellen Bewegung sprang er auf die Füße und schlag seine Arme um meine Knie, bis ich bequem saß. Dann trat er hinaus auf den Flur, ohne daß mein Kopf den Türrahmen berührt hätte.

Er bewegte sich schnell und scheinbar ohne Anstrengung, und ich hatte das Gefühl, einen langen dunklen Korridor entlangzuschweben. Neugierig blickte ich mich um, doch bewegten wir uns zu schnell, und ich konnte nur ein paar kurze Eindrücke erhaschen. Ein angenehmer, durchdringender Geruch hing in der Luft: der Duft von Orangenblüten in der Frische der kalten Nachtluft.

Der Garten war vor Nebel kaum zu erkennen. Alles, was ich ausmachen konnte, war eine gleichförmige Masse dunkler Silhouetten, die sich durch herumziehende Nebelschwaden ständig zu verändern schienen und gelegentlich die Umrisse mir unbekannter Bäume und Steinformationen sichtbar werden ließen. Ganz gewiß befanden wir uns nicht im Haus der Hexen.

Abgesehen von einem gleichmäßigen Atemgeräusch drang kein Laut an meine Ohren. Ich konnte nicht mit Sicherheit sagen, ob es sich dabei um den Atem von Nagual Mariano Aureliano handelte oder um meinen eigenen. Das Geräusch schien sich im gesamten Garten auszubreiten; die Blätter zitterten unter seinem Einfluß, als würde ein starker Wind in die Zweige fahren. Mit jedem Atemzug schien sich das Zittern meines Körpers zu bemächtigen. Ich wurde schwindelig, so daß ich meine Arme noch fester um seine Schultern schlang, um nicht das Bewußtsein zu verlieren. Noch bevor ich ihm sagen konnte, was in mir vorging, wurde ich vom Nebel eingeschlossen und spürte, wie ich im Nichts aufging.

»Leg' dein Kinn oben auf meinen Kopf.« Die Stimme des Nagual schien aus weiter Ferne zu kommen. Seine Worte durchzuckten mich wie ein Stromstoß, denn ich hatte völlig vergessen, daß ich mich auf seinem Rücken befand.

»Auf keinen Fall darfst du mich loslassen«, fügte er mit großem Nachdruck hinzu, während er mich an seinem Rücken hinaufschob, bis mein Kopf sich über dem seinen befand.

»Was passiert, wenn ich loslasse?« fragte ich in einem Tonfall, der wenig Zweifel an meinem wachsenden Unbehagen ließ. »Ich würde ja wohl nur auf die Erde fallen, oder?« Meine Stimme war jetzt beinahe hysterisch.

Er lachte sanft, antwortete jedoch nicht. Mit leichtem, schwingenden Schritt, beinahe so als tanze er, durchquerte er den großen Garten. Und für einen Augenblick war ich mir sicher, daß wir uns in die Luft erhoben hatten; wir waren schwerelos geworden. Dann fühlte ich wieder festen Boden unter seinem Körper. Ob der Nebel sich gelichtet hatte oder wir uns in einem anderen Garten befanden, vermochte ich nicht zu sagen, doch hatte sich etwas verändert. Vielleicht lag es nur an der Luft – sie schien schwerer, und das Atmen war schwieriger geworden.

Die Nacht war mondlos. Die Sterne waren kaum zu sehen, und doch strahlte der Himmel wie von einem unendlich fernen Punkt aus erleuchtet. Mit einem Ruck blieb Mariano Aureliano stehen. Als würde jemand sie in die Luft zeichnen, wurden allmählich die Umrisse von Bäumen sichtbar.

Vor einem besonders großen und verzweigten Zapote-Baum blieb Mariano Aureliano stehen. Am Fuß des Baumes stand eine Gruppe von zwölf bis vierzehn Personen. Das lange Blattwerk, das durch den Nachttau noch tiefer herabhing, verdeckte ihre Gesichter. Ein seltsames grünliches Licht, das von dem Baum auszugehen schien, ließ jeden der Anwesenden unnatürlich klar hervortreten. Ihre Augen, Nasen und Münder schimmerten in dem grünen Licht, und trotzdem war es mir unmöglich, ihre Gesichter zu erkennen. Ich war nicht einmal in der Lage zu sagen, ob es sich um Frauen oder Männer handelte; es waren einfach nur Personen. »Was machen die da?« flüsterte ich in Mariano Aurelianos Ohr. »Wer sind sie?«

»Laß dein Kinn auf meinem Kopf«, zischte er.

Ich drückte mein Kinn mit derartiger Macht auf seinen Kopf, daß ich meinte, mein Gesicht könnte jeden Augenblick in seinem Schädel versinken.

In der Hoffnung, jemanden an der Stimme zu erkennen, wünschte ich einen guten Abend.

Sie lächelten flüchtig. Anstatt meinen Gruß zu erwidern, wandten sich ihre Gesichter ab. Ein merkwürdiges Geräusch drang aus ihrer Mitte. Das Geräusch schien sie zu beleben, denn sie begannen, genau wie der Baum zu leuchten. Ihre Farbe war nicht grün, sondern von schimmernden Gold und schien sich zu konzentrieren, bis sie einen großen goldenen Ball geformt hatte, der unter dem Baum hängen blieb.

Dann teilte sich der Ball in leuchtende Flecken. Wie riesige Glühwürmchen tauchten die Flecken zwischen den Bäumen auf und verschwanden wieder, auf ihrem Weg Licht und Schatten zurücklassend.

»Erinnere dich an dieses Leuchten«, sagte Mariano Aureliano mit leiser Stimme, die in meinem Kopf widerhallte. »Es ist das Leuchten der ... Surem.«

Eine Windbö trug seine Worte davon. Der Wind lebte; er leuchtete vor dem dunklen Hintergrund des Himmels. Er blies mit großer Gewalt und einem seltsamen Geräusch, als würde er die Luft zerreißen. Dann wandte sich der Wind gegen mich; ich war mir sicher, daß er mich vernichten wollte. Als eine besonders kalte Bö mir die Lungen zu vereisen schien, schrie ich vor Schmerz auf. Kälte legte sich über meinen Körper, bis ich bewegungsunfähig geworden war.

Ob es Mariano und der Wind selbst war, der gesprochen hatte, vermochte ich nicht zu sagen. Um mich herum tobte der Wind mit brüllender Lautstärke und erstickte jedes andere Geräusch. Dann tobte er in meinen Lungen. Wie ein lebendiger Organismus wand er sich in mir und schien jede Zelle meines Körpers verzehren zu wollen. Ich spürte, wie meine Widerstandskraft nachließ und dann völlig versagte. Ich fühlte, daß ich sterben mußte. Dann verstummte das Gebrüll. So abrupt trat Stille ein, daß ich in der Lage war, sie zu hören. Dankbar, noch einmal mit dem Leben davongekommen zu sein, lachte ich laut auf.

10

Das Bett war groß und angenehm weich. Ein goldener Glanz erfüllte den Raum, und in der Hoffnung, den Augenblick ein wenig verlängern zu können, schloß ich die Augen und vergrub mich in schläfriger Wonne zwischen den duftenden Laken und Lavendelkissen.

Während ich mich an die Ereignisse der letzten Nacht wie an zusammenhanglose Fetzen aus einem furchterregenden Traum erinnerte, spürte ich jeden Muskel und jeden Knochen meines Körpers. Es schien in meinen Erlebnissen während jener endlosen Traumstunden weder Kontinuität noch irgendeine feststellbare zeitliche Reihenfolge gegeben zu haben. Zweimal war ich nachts aufgewacht, jedes Mal in einem anderen Bett und in einem anderen Zimmer, und selbst das Haus war ein anderes gewesen.

Als führten sie ein Eigenleben, verbanden sich die unzusammenhängenden Bilder und dehnten sich zu einem Labyrinth, das ich mit einem Mal in seiner Gänze wahrzunehmen imstande war. Das heißt, ich erlebte jedes Ereignis noch einmal zur gleichen Zeit. Das Gefühl, diese Bilder würden aus meinem Schädel zu einem wunderbaren Kopfschmuck herauswachsen, erschien mir so real, daß ich aus dem Bett sprang und durch das Zimmer zu einem im Raum befindlichen Schminktisch eilte. Der dreiteilige Spiegel darüber war mit Reispapier verhangen, und als ich versuchte, eine Ecke abzulösen, merkte ich, daß das Papier an dem Glas klebte wie eine Haut.

Der Anblick der silbernen Haarbürste, des dazugehörigen Kammes, der Parfümflaschen und der Schminktöpfe auf der Kommode wirkte sich beruhigend auf mich aus; auch ich hätte die Fläschchen und Töpfe ihrer Größe nach genauso in einer Reihe aufgereiht. Aus irgendeinem Grunde wußte ich, daß ich mich in Florindas Zimmer befand; und mit dieser Gewißheit stellte sich auch mein inneres Gleichgewicht wieder her.

Ihr Zimmer war riesig; die einzigen darin befindlichen Möbelstücke waren ein Bett und der Schminktisch. Sie standen in entgegengesetzten Ecken, von den Wänden abgerückt, daß daß hinter ihnen jeweils ein dreieckiger Raum freiblieb. Ich dachte eine Weile über die Anordnung der Möbelstücke nach, war jedoch unfähig herauszufinden, ob sich dahinter ein esoterisches Muster verbarg, dessen Bedeutung mir entging, oder ob es sich dabei lediglich um eine geschmackliche Vorliebe von Florinda handelte.

Ich war neugierig, wohin die drei Türen des Zimmers führen mochten, und probierte sie alle. Die erste war von draußen verschlossen. Die zweite öffnete sich zu einer kleinen rechteckigen, von Mauern umgebenen Terrasse. Verwundert starrte ich in den Himmel, bis mir endlich klar wurde, daß es später Nachmittag und nicht Morgen, wie ich beim Erwachen angenommen hatte. Es machte mir nichts aus, den ganzen Tag verschlafen zu haben; im Gegenteil, es freute mich. Ich hielt mich für jemanden, der unter akuter Schlaflosigkeit litt, und Schlafanfälle wie der vorangegangene pflegten bei mir gewöhnlich für ausgezeichnete Stimmung zu sorgen.

Die dritte Tür öffnete sich auf den Korridor. Ich wollte unter allen Umständen Isidoro Baltazar finden und begab mich ins Wohnzimmer; dort war niemand. Etwas an der peniblen Art, mit der man dort die Möbel arrangiert hatte, erschien mir bedrohlich. Nichts deutet darauf hin, daß in der Nacht zuvor jemand auf der Couch oder in den Lehnstühlen gesessen hatte. Selbst die Kissen standen aufrecht, wie in Hab-acht-Stellung.

Das Eßzimmer auf der anderen Seite des Korridors wirkte gleichermaßen verlassen und ebenso karg. Jeder Stuhl stand an seinem Platz. Kein Krümel, kein noch so kleiner Fleck auf der Oberfläche des polierten Mahagoni-Tisches verrieten, daß ich hier letzte Nacht mit dem Nagual Mariano Aureliano und Mr. Flores zu Abend gegessen hatte.

In der angrenzenden Küche, die durch eine geschwungene Durchreiche vom Eßzimmer getrennt war, stieß ich auf einen zur Hälfte mit *champurrado* gefüllten Krug und einen bedeckten Teller mit süßen Tamales. Ich war zu hungrig, um mir die Mühe zu machen, sie aufzuwärmen. Ich goß mir einen Becher der dickflüssigen Schokolade ein und aß die drei Maisküchlein direkt aus ihrer Blätterumhüllung.

Mir war unbegreiflich, daß man mich allein im Haus zurückgelassen hatte. Doch die Stille um mich herum war nicht zu ignorieren. Es handelte sich nicht um jenen tröstlichen Zustand der Ruhe, in dem Menschen bewußt versuchen, keinen Lärm zu erzeugen, sondern eindeutig um die überwältigende Stille eines von seinen Bewohnern verlassenen Ortes. In Anbetracht der Tatsache, daß man mich tatsächlich zurückgelassen haben könnte, verschluckte ich mich an einem Stück *tamale.*

Auf meinem Weg zurück in Florindas Zimmer blieb ich vor jeder Tür stehen. »Ist jemand da?« rief ich und klopfte mehrere Male. Niemand antwortete.

Ich wollte eben ins Freie treten, als ich jemanden klar und deutlich rufen hörte. »Wer ist dort?« erklang eine tiefe und kratzige Stimme. Es war mir nicht möglich zu sagen, ob sie zu einem Mann oder einer Frau gehörte, genausowenig wie ich hätte sagen können, aus welcher Richtung, geschweige denn aus welchem Raum die Stimme gekommen war.

Ich ging zurück auf den Korridor und fragte noch einmal mit lauter Stimme, ob jemand daheim sei. Am Ende des Korridors angekommen, blieb ich für einen Augenblick stehen. Ich öffnete sie einen Spalt weit und schlich hinein.

Mit festen geschlossenen Augen lehnte ich mich gegen die Wand und wartete darauf, daß mein Herzschlag sich wieder normalisierte. Wenn mich nur niemand hier erwischte, dachte ich schuldbewußt. Doch allein durch den geheimnisvollen und zauberhaften Geruch, den der Raum verströmte, gewann meine Neugier die Oberhand.

Die schweren, dunklen Vorhänge waren zugezogen, und das einzige Licht kam von einer hohen Leselampe. Ihr riesiger, befranster Schirm warf einen gelblichen Lichtkreis auf die in der Nähe des Fensters befindliche Chaiselongne. Mitten im Zimmer stand ein Bett mit Baldachin und Vorhängen, das den Raum beherrschte wie ein Thron. Die orientalischen Bronze- und Holzfiguren auf den vier runden Holztischen in den Ecken des Zimmers schienen wie Gottheiten über den Raum zu wachen.

Auf dem französischen Sekretär und der Kommode lagen Bücher, Papiere und Magazine. Die nierenförmige Ankleide hatte keinen Spiegel, und an Stelle von Kamm und Bürste oder Parfüm und Schminktöpfen befand sich ein Set zerbrechlich wirkender Mokkatassen auf der Glasoberfläche. Perlenstränge, Goldketten, Ringe und Broschen quollen wie ein versunkener Schatz aus den goldgefaßten Tassen. Zwei der Ringe erkannte ich wieder; ich hatte sie an Zoilas Hand gesehen.

Die Inspektion des Bettes hob ich mir bis zuletzt auf. Beinahe ehrfürchtig, als verberge sich dahinter vielleicht ein Thron, zog ich den Vorhang zur Seite und schnappte bewundernd nach Luft: die hellbunten Kissen auf der grünlichen Seidenüberdecke erinnerten mich an Waldblumen auf einer Lichtung.

Trotzdem schauderte ich, als ich dort mitten im Zimmer stand. Ich wußte, daß die Wärme, das Geheimnisvolle und das Bezaubernde, das dieser Raum ausstrahlte, nichts weiter als ein Trugbild war.

Der Eindruck, in eine Fata Morgana geraten zu sein, verstärkte sich noch im dritten Zimmer. Auf den ersten Blick wirkte es ebenfalls warm und freundlich. Ein Hauch von Zärtlichkeit und Liebe hing in der Luft, und von den Wänden schien das Lachen jener widerzuhallen, die sich vor mir hier aufgehalten hatten. Doch war auch dieser Eindruck bald so flüchtig wie die mittlerweile schwach gewordenen Strahlen der Sonne, die durch die glaslosen, mit Gardinen verhangenen Fenster fielen.

Wie schon in dem vorherigen Raum, dominierte auch hier das Bett. Es war ebenfalls verhängt und mit bunten, farbenfrohen Kissen dekoriert, die jemand scheinbar flüchtig auf der Bettstatt verteilt hatte.

An einer der Wände stand eine alte handbemalte Nähmaschine mit Fußbetrieb. Daneben befand sich ein hoher Bücherschrank, doch an Stelle von Büchern hatte man dort Ballen von feinster Baumwolle, Seide und Gabardine untergebracht und sorgsam nach Farbe und Beschaffenheit arrangiert.

Sechs verschiedenfarbige Perücken, allesamt über Kürbisflaschen gezogen, standen auf einem niedrigen Tisch unter dem Fenster. Darunter auch die blonde, mit der ich Delia erlebt hatte und die dunkle gelockte, die Mariano Aureliano mir vor dem Restaurant in Tucson über den Kopf gestülpt hatte.

Das vierte Zimmer befand sich ein Stück weiter den Flur hinunter, auf der anderen Seite des Korridors. Verglichen mit den anderen, machte es einen leeren Eindruck. Die letzte Nachmittagssonne fiel in rechteckigen Mustern, wie ein bewegliches Geflecht aus Licht und Schatten, durch ein Fenstergitter auf den Boden.

Man hatte die wenigen Möbelstücke so kunstvoll angeordnet, daß der Raum größer erschien, als er war. An den Wänden befanden sich niedrige Bücherregeale hinter Glas; in einem Alkoven am anderen Ende des Zimmers stand ein schmales Bett. Eine weißgrau-karierte Überdecke hing bis auf den Boden herab, passend zum Spiel der Schatten auf dem Boden. Der zierliche Sekretär und der ebenso zerbrechliche Stuhl aus gebleichtem Rosenholz mit Messingbeschlägen konnten die Kargheit des Raumes nicht mildern, im Gegenteil, sie verstärkten sie noch. Ich wußte, daß es sich bei diesem Raum um Carmelas Zimmer handeln mußte.

Gern hätte ich mir die Titel der Bücher hinter dem Glas angesehen, doch war meine innere Unruhe zu stark. Als sei mir jemand auf den Fersen, eilte ich wieder hinaus auf den Korridor und hinab auf die kleine Terrasse. Ich setzte mich in einen der Korbstühle; ich schwitzte und zitterte, doch meine Hände waren eiskalt. Ich zitterte nicht aus schlechtem Gewissen – es hätte mir nichts ausgemacht, beim Herumschnüffeln erwischt zu werden – sondern wegen der fremdartigen und sonderbaren Ausstrahlung, die von diesen so wunderschön eingerichteten Zimmern ausging. Die Stille, die an ihren Wänden klebte, hatte etwas Unnatürliches. Sie rührte nicht von der Abwesenheit ihrer Bewohner her, sondern vom Nichtvorhandensein der Gefühle und Emotionen, die ein bewohntes Haus normalerweise ausstrahlt.

Jedes Mal, wenn jemand über die Frauen als Hexen oder Zauberer sprach, hatte ich innerlich lachen müssen; weder sahen sie so aus, wie ich mir Hexen vorstellte – sinister und dramatisch und aufwendig schauspielernd – noch handelten sie dementsprechend. Ich merkte jedoch, daß sie sich von anderen Menschen unterschieden. Mich beängstigte die Tatsache, daß ich nicht in der Lage war, meinen Finger auf den Unterschied zu legen, dessen genaue Beschaffenheit ich mir nicht vorzustellen imstande war.

Schließlich wurde mein Grübeln durch ein leises, kratzendes Geräusch beendet. Ich beschloß, dem unheimlich Klang zu folgen und ging auf Zehenspitzen den Korridor hinab, bis zum anderen Ende des Hauses. Das Kratzen hatte seinen Ursprung in einem Raum hinter der Küche. Vorsichtig schlich ich mich an die Tür, doch das Geräusch verstummte, sobald ich mein Ohr an die Tür gepreßt hatte. Sowie ich mich entfernte, begann es erneut. Verwirrt lauschte ich wieder an der Tür, und wieder verstummte das kratzende Geräusch. Mehrere Male bewegte ich mich so vor und zurück, und als stehe das Kratzen in direktem Bezug zu meinen Bewegungen, begann es jeweils oder es verstummte.

Ich war fest entschlossen herauszufinden, wer sich vor mir versteckte oder schlimmer noch, wer hier versuchte, mir Angst einzujagen. Ich drehte den Türknauf. Vergeblich. Ich war nicht in der Lage, die Tür zu öffnen und fummelte einige Minuten daran herum. Dann merkte ich, daß sie verschlossen war und jemand den Schlüssel von innen hatte stecken lassen.

Daß sich auf der anderen Seite jemand aufhalten könnte, der aus gutem Grund eingeschlossen worden war, fiel mir erst ein, als ich den Raum betreten hatte. Bedrückendes Halbdunkel drang durch die schweren, zugezogenen Vorhänge, als würde eine lebendige Macht die Schatten des gesamten Hauses in dem enorm großen Zimmer vor mir versammeln. Das Licht wurde noch schwächer; um die ausgemusterten Möbelstücke und die eigentümlichen, riesigen, aus Holz und Metall gefertigten Figuren herum schienen sich die Schatten zu verdichten.

Das gleiche Kratzen, das mich auf den Raum aufmerksam gemacht hatte, unterbrach die Stille. Die Schatten schlichen durch den Raum wie Katzen auf der Suche nach Beute. Starr vor Angst beobachtete ich den Vorhang; er atmete und pulsierte, genau wie das Ungeheuer aus meinen Alpträumen.

Mit einem Mal endete das Geräusch. Die Bewegungen und die absolute Stille wurden noch furchterregender. Ich wollte den Raum gerade verlassen, als das Kratzen von Neuem anhob. Entschlossen durchquerte ich das Zimmer und zog den Vorhang zurück. Ich mußte laut lachen, als ich die zerbrochene Scheibe in der Verandatür entdeckte. Der Nachtwind hatte den Vorhang durch die gezackte Öffnung im Glas geblasen.

Das schwache Licht der untergehenden Sonne schien durch die halbgeöffneten Vorhänge und enthüllte einen ovalen Spiegel, der von einer der seltsamen Metallfiguren vor der Wand fast verdeckt worden war. Ich quetschte mich zwischen die Skulptur und die Wand und starrte verzückt in das alte venezianische Glas; es war angelaufen und stumpf und verzerrte mein Abbild derart grotesk, daß ich aus dem Zimmer rannte.

Durch die Hintertür trat ich ins Freie. Die gerodete Fläche hinter dem Haus lag verlassen. Der Himmel hatte sich noch nicht verdunkelt, doch die hohen Obstbäume, die den Besitz eingrenzten, hatten bereits die Farbe der Dämmerung. Über mir flog eine Schar Krähen; ihre schwarzen Flügel löschten den hellen Himmel aus, und schnell senkte sich die Nacht über das Anwesen.

Vollkommen deprimiert und verzweifelt setzte ich mich auf den Boden und begann zu schluchzen. Je lauter ich weinte, desto größer war das Vergnügen, das ich daraus gewann, aus vollem Hals zu heulen.

Das Kratzen eines Besens riß mich aus meinem Selbstmitleid. Ich blickte auf und sah, wie eine dünne Person Blattwerk in Richtung eines kleinen Feuers am Ende der Lichtung zusammenfegte.

»Esperanza!« rief ich und eilte auf die Figur zu, bis ich merkte, daß es sich um einen Mann handelte. Abrupt blieb ich stehen. »Tut mir leid«, murmelte ich verlegen. »Ich habe Sie mit jemandem verwechselt.« Ich streckte ihm die Hand entgegen und stellte mich vor. Obwohl ich mir alle Mühe gab, ihn nicht anzustarren, konnte ich meinen Blick nicht von ihm wenden; ich war mir immer noch nicht sicher, ob ich nicht Esperanza in Verkleidung vor mir hatte.

Mit sanftem Druck legte der Mann seine Hand in die meine. »Ich bin der Hausmeister.« Seinen Namen erwähnte er nicht.

Seine Hand schien so zerbrechlich wie der Flügel eines Vogels.

Er war hager und sah aus, als sei er uralt. Sein Gesicht hatte ebenfalls etwas Vogelhaftes, scharfäugig war es und mit gebogener Adlernase. Sein weißes Haar war buschig und aufgeplustert.

»Wissen Sie, wo Florinda ist?« fragte ich. Er schüttelte den Kopf. »Wissen Sie, wo die anderen sind?«

Eine ganze Weile sagte er nichts, dann wiederholte er, als habe ich ihm keine Frage gestellt, daß er der Hausmeister sei: »Ich kümmere mich um alles.«

»Tun Sie das?« fragte ich und sah ihn mißtrauisch an. Er wirkte so schwach und zerbrechlich, daß er außerstande schien, sich um irgendetwas zu kümmern, sich selbst eingeschlossen.

»Ich kümmere mich um alles«, wiederholte er und lächelte charmant, als könnte er damit meine Zweifel zerstreuen. Er wollte noch etwas hinzufügen, doch stattdessen biß er eine Weile auf seiner Unterlippe herum, wandte sich dann ab und ging mit sorgsamen, schnellen Bewegungen wieder daran, Blattwerk auf einen Haufen zu kehren.

»Wo sind all die anderen?« fragte ich.

Er legte das Kinn auf seine Hand über dem Ende des Besenstiels und schaute mich abwesend an. Dann grinste er dümmlich und blickte sich um, als würde sich jeden Moment jemand hinter einem der Obstbäume materialisieren.

Ungeduldig und laut seufzend wandte ich mich zum Gehen.

Er räusperte sich und sagte mit vor Alter schwacher und brüchiger Stimme: »Der alte Nagual hat Isidoro Baltazar mit in die Berge genommen.« Er sah mich nicht an; seine Augen waren auf ein Ziel in der Ferne gerichtet. »Sie werden in wenigen Tagen zurück sein.«

»In wenigen Tagen!« kreischte ich. »Sind Sie sicher, daß Sie sich nicht verhört haben?« Überzeugt, daß meine größte Angst sich erfüllt hatte, murmelte ich tonlos: »Wie konnten sie mich nur ganz allein zurücklassen?«

»Sie sind gestern abend abgereist«, sagte der alte Mann und kehrte ein Blatt heran, das der Wind von dem Haufen zu seinen Füßen fortgetragen hatte.

»Das kann nicht sein«, widersprach ich ihm entschlossen. »Wir sind erst gestern Nacht hier angekommen. Und da war es bereits spät.«

Unbeeindruckt von meinem unhöflichen Ton und der Tatsache meiner Anwesenheit setzte er den kleinen Blätterhaufen zu seinen Füßen in Brand.

»Hat Isidoro Baltazar keine Nachricht für mich hinterlassen?« fragte ich und hockte mich neben ihn auf den Boden. »Irgendeinen Zettel oder dergleichen?« Eigentlich hätte ich schreien mögen, doch wagte ich es nicht. Etwas unerklärlich Geheimnisvolles in der Erscheinung dieses alten Mannes beunruhigte mich. Der Gedanke, daß er in Wirklichkeit Esperanza in Verkleidung sein könnte, ließ mich nicht los.

»Ist Esperanza mit ihnen in die Berge gefahren?« fragte ich. Meine Stimme zitterte, und plötzlich verspürte ich den verzweifelten Drang, laut zu lachen. Abgesehen davon, seine Hosen herunterzulassen und mir seine Genitalien zu zeigen gab es nichts, was er hätte tun können, um mich davon zu überzeugen, daß er tatsächlich ein Mann war.

»Esperanza ist im Haus«, murmelte er, auf seinen kleinen brennenden Blätterhaufen konzentriert. »Sie ist im Haus bei den anderen.«

»Reden Sie keinen Unsinn; sie ist nicht im Haus«, widersprach ich ihm rüde. »Im Haus ist keine Menschenseele. Ich habe den ganzen Nachmittag damit verbracht, nach den Leuten zu suchen. Ich habe in jedes Zimmer geschaut.«

»Sie ist im kleinen Haus«, wiederholte der Alte hartnäckig und betrachtete mich mit der gleichen Aufmerksamkeit, die er eben noch den brennenden Blättern hatte zukommen lassen. Für das hinterlistige Glimmern in seinen Augen hätte ich ihm gerne einen Tritt verpaßt.

»Von was für einem kleinen ...« Plötzlich erinnerte ich mich an das kleine Haus, das ich bei meiner Ankunft gesehen hatte, und meine Stimme wurde schwächer. Es bereitete mir körperlichen Schmerz, an diesen Ort zu denken.

»Sie hätten mir auch gleich sagen können, daß Esperanza sich im kleinen Haus aufhält«, sagte ich verstimmt. Ich suchte mehrfach die Umgebung mit den Augen ab, konnte das Haus jedoch nicht entdecken. Die hohen Bäume und die Mauer dahinter verbargen es. »Ich werde gehen und nachschauen, ob Esperanza tatsächlich dort ist«, sagte ich und stand auf.

Der alte Mann erhob sich ebenfalls, griff in den nächsten Baum und nahm eine Öllampe und einen Leinensack, die an einem der niedrigen Äste gehangen hatten. »Ich fürchte, ich kann Sie nicht unbeaufsichtigt dorthin gehen lassen«, sagte er.

»Und wieso nicht?« fragte ich pikiert. »Möglicherweise ist Ihnen nicht bekannt, daß ich mich auf Einladung von Florinda hier befinde. Ich war bereits letzte Nacht dort.«

Er hörte mir aufmerksam zu, doch sein Gesicht verriet tiefe Zweifel. »Es ist nicht einfach, dorthin zu gelangen«, warnte er mich nach einigem Überlegen. »Ich werde den Weg dorthin für Sie bereiten müssen. Ich werde ...« Mitten im Satz schien er auf einen Gedanken gestoßen zu sein, den er nicht in Worte fassen wollte. Er zuckte mit den Achseln und wiederholte dann, daß er den Weg zu dem Haus bereiten müßte.

»Was gibt es da vorzubereiten?« fragte ich gereizt. »Müssen Sie sich mit der Machete durch den Chaparral kämpfen?«

»Ich bin der Hausmeister. Ich bereite den Weg«, sagte er noch einmal und setzte sich auf den Boden, um die Öllampe zu entzünden. Einen Augenblick schwankte die Flamme im Wind, dann brannte sie hell und stark. Im Schein der Lampe schienen seine Gesichtszüge jetzt beinahe fleischlos, ohne Falten, als habe das Licht die Spuren der Zeit getilgt. »Sobald ich diese Blätter verbrannt habe, werde ich Sie persönlich hinbringen.«

»Ich werde Ihnen behilflich sein«, bot ich ihm an. Der Mann war meiner Ansicht nach eindeutig senil und mußte bei Laune gehalten werden. Ich folgte ihm über den Rasen und half ihm dabei, die Blätter zu kleinen Haufen aufzuschichten, die er umgehend in Brand setzte. Sobald die Asche sich abgekühlt hatte, fegte er sie in den Leinensack, der innen mit Plastik gefüttert war. Eine Tatsache, die längst vergessen geglaubte Kindheitserinnerungen aus einem kleinen Dorf in der Nähe von Caracas hervorrief, wo ich einem alten Mann, den man mit der Reinhaltung des Dorfplatzes betraut hatte, beim Zusammenharken von Laub behilflich gewesen war. Auch er hatte die kalte Asche in einen Leinensack gefegt, der innen allerdings eine Seidenfütterung gehabt hatte. Er hatte behauptet, daß die in einem heiligen Fluß in der Nähe der Berge lebenden Wasser-Feen diese Asche in Gold verwandeln würden.

»Kennen Sie auch Feen, die Asche zu Gold verwandeln?« fragte ich, nachdem ich den Hausmeister meine kleine Geschichte erzählt hatte.

Er antwortete nicht, sondern kicherte so unbesorgt und freudig, daß ich ebenfalls lachen mußte. Bald hatten wir den letzten Aschenhaufen erreicht, der neben einem in der Wand eingelassenen Torbogen lag; die schmale Holztür des Tores stand weit offen.

Auf der anderen Seite des Chaparrals, im Schatten fast völlig verborgen, lag das kleine Haus. Kein einziges Licht war zu sehen, und das Haus schien sich von mir zu entfernen, je näher ich kam. Ich fragte mich, ob es sich bei dem Haus um ein Produkt meiner Einbildung handelte, einen Ort, den ich nur geträumt hatte. Ich blinzelte mehrmals. Irgendetwas stimmte nicht, entschied ich, während ich mich daran erinnerte, wie ich in der vorherigen Nacht in Begleitung Isidoro Baltazars auf das Haus der Hexen zugegangen war. Das kleinere Haus hatte zur Rechten des Großen gestanden. Wie, so fragte ich mich, war es dann möglich, daß ich das kleine Haus nun von der Rückseite des Hexenhauses aus sehen konnte? Um mich zu orientieren, bewegte ich mich mal in die eine, mal in die andere Richtung, doch kam ich zu keinem befriedigendem Schluß. Ich stieß gegen den alten Mann, der vor einem Haufen Asche hockte, und fiel zu Boden.

Mit erstaunlicher Behendigkeit sprang er auf und half mir auf die Beine. »Sie sind voller Asche« sagte er und wischte mein Gesicht mit der aufgeklappten Manschette seines Khakihemdes ab.

»Da ist es ja!« rief ich aus. Sich deutlich gegen den Himmel abzeichnend, schien das abtrünnige Haus unversehens vor mir aus dem Boden geschossen zu sein. »Da ist es ja«, wiederholte ich und sprang auf und ab, als könne ich dadurch das Haus zwingen, sich an die Gesetze von Raum und Zeit zu halten. »Das ist das echte Haus der Hexen«, fügte ich hinzu und stand vor dem alten Mann, der immer noch damit beschäftigt war, mir Asche aus dem Gesicht zu wischen. »Das große Haus ist nur eine Fassade.«

»Das Haus der Hexen«, sagte der alte Mann bedächtig. Dann kicherte er scheinbar amüsiert. Er fegte die letzte Asche in den Leinensack und bedeutete mir, ihm durch die Pforte zu folgen.

Auf der anderen Seite, ein wenig entfernt von der Mauer, wuchsen zwei Orangenbäume. Eine frische Brise wehte durch die blühenden Zweige, doch die Blüten rührten sich nicht; nicht eine einzige fiel zu Boden. Gegen den dunklen Hintergrund wirkten die Blüten, als seien sie aus milchigem Quartz gemacht. Wie zwei Wachposten standen die beiden Bäume über dem schmalen, geraden Pfad, der wie ein weißer von Hand gezogener Strich vor mir lag.

Der alte Mann überreichte mir die Öllampe. Dann nahm er etwas Asche aus dem Leinensack und ließ sie von einer Hand in die andere gleiten, so als schätze er ihr Gewicht, bevor er sie auf dem Boden verstreute.

»Stellen Sie keine Fragen und machen Sie, was ich Ihnen sage, erklärte er mit energischer und überzeugender Stimme. Er beugte sich leicht nach vorn, und rückwärts gehend ließ er die Asche aus dem Leinensack auf den schmalen Pfad rieseln. »Achten Sie darauf, daß Sie ihre Füße direkt auf die Asche setzen«, ermahnte er mich. »Ansonsten werden Sie das Haus niemals erreichen.«

Ich hustet, um mein nervöses Lachen zu verbergen. Mit ausgestreckten Armen balancierte ich auf dem dünnen Aschenstrich wie auf einem Hochseil. Jedes Mal, wenn wir innehielten, damit der alte Mann Luft schnappen konnte, wandte ich mich nach dem Haus um, das wir gerade verlassen hatten; sein Abbild schien immer schwächer zu werden. Das Haus vor uns schien unterdessen allerdings nicht näher zu kommen. Ich versuchte, mich damit zu beruhigen, daß ich Opfer einer optischen Täuschung war, doch mir blieb nur die vage Gewißheit, daß ich es niemals aus eigener Kraft zu einem der Häuser schaffen würde.

Der alte Mann schien mein Unbehagen zu spüren und tätschelte mir beruhigend den Arm. »Deshalb bereite ich den Weg.« Er warf einen Blick in seinen Leinensack und fügte hinzu: «Jetzt wird es nicht mehr lange dauern, bis wir dort sind. Vergessen Sie nicht, die Füße direkt auf die Asche zu setzen. So werden Sie immer in der Lage sein, sich sicher zu bewegen.«

Mein Verstand sagte mir, daß es sich bei dem Alten um einen Irren handeln mußte. Mein Körper dagegen schien zu wissen, daß ich ohne ihn und seine Asche hilflos verloren war. Ich war so damit beschäftigt, meine Füße auf die dünne Aschenspur zu setzen, daß ich vollkommen überrascht war, als ich plötzlich vor der Tür des Hauses stand.

Der alte Mann nahm mir die Öllampe aus der Hand, räusperte sich und klopfte dann sanft mit den Fingerknöcheln gegen die Tür. Er wartete nicht auf Antwort, sondern stieß die Tür auf und trat ein.

»Nicht so schnell!« schrie ich, aus Angst, ich könnte ihn verlieren. Ich folgte ihm in eine kleine Vorhalle, wo er die Lampe auf einem niedrigen Tisch abstellte. Ohne ein Wort und ohne einen Blick zurückzuwerfen, öffnete er die Tür am anderen Ende der Halle und verschwand in der Dunkelheit.

Meiner vagen Erinnerung folgend, trat ich in das spärlich beleuchtete Zimmer und begab mich direkt zu einer Matte auf dem Boden. Ohne den geringsten Zweifel hatte ich letzte Nacht auf eben dieser Matte geschlafen. Allerdings verstand ich nicht, wie ich überhaupt in diesen Raum gelangt war. Ich erinnerte mich daran, daß Mariano Aureliano mich auf seinem Rücken durch den Chaparral getragen hatte und war mir sicher, in genau diesem Raum neben Clara aufgewacht zu sein – bevor der alte Nagual mich fortgetragen hatte.

In der Hoffnung, all dies würde mir in Kürze erklärt werden, nahm ich auf der Matte Platz. Die Flamme in der Öllampe flackerte und verlosch. Aus jeder Ecke des Raumes drangen Gemurmel und unbestimmbare Geräusche. Dazwischen vernahm ich ein bekanntes Kleiderrauschen und ein leises Kichern.

»Esperanza?« flüsterte ich. »Gott, bin ich froh, daß Sie hier sind!« Obwohl ich ihre Anwesenheit erwartet hatte, war ich wie vor den Kopf geschlagen, als sie sich schließlich neben mich auf die Matte setzte. Schüchtern berührte ich ihren Arm.

»Ich bin es, keine Sorge«, versicherte sie mir.

Erst beim Klang ihrer Stimme war ich sicher, daß es sich bei ihr nicht um den Hausmeister handelte, der seine Khakis gegen rauschende Unterröcke und ein weißes Kleid eingetauscht hatte.

»Wie bin ich hierher gekommen?« fragte ich.

»Der Hausmeister hat dich hergebracht«, sagte sie lachend. »Erinnerst du dich nicht?« Sie entzündete die Öllampe auf dem niedrigen Tisch.

»Ich spreche von gestern nacht«, sagte ich. »Ich weiß genau, daß ich hier gewesen bin. Ich bin hier auf dieser Matte aufgewacht. Clara war bei mir und Florinda und die anderen Frauen ...« Meine Stimme verlor sich, als ich mich daran erinnerte, wie ich kurz darauf zuerst im Wohnzimmer des anderen Hauses erwacht war und dann noch ein weiteres Mal in einem Bett. Ich schüttelte den Kopf, als könne ich auf diese Weise Ordnung in meine Erinnerungen bringen. Verloren blickte ich auf Esperanza und hoffte, sie könne die mir fehlenden Puzzleteile hinzufügen. Ich erzählte ihr von meinen Schwierigkeiten bei der Rekonstruktion der vorangegangenen Nacht.

»Das sollte dir keinerlei Probleme bereiten«, sagte sie. »Betrete den Weg der Träume; gerade im Augenblick hältst du Traumwache.«

»Meinen Sie damit, daß ich gerade schlafe?« fragte ich spöttisch. »Schlafen Sie etwa auch?«

»Wir schlafen nicht«, sagte sie. »Du und ich halten Traumwache.« Hilflos hielt sie ihre Hand in die Höhe. »Ich habe dir letztes Jahr schon gesagt, was es zu tun gilt. Erinnerst du dich nicht?«

Als habe mir jemand ins Ohr geflüstert, hatte ich plötzlich einen rettenden Gedanken: Im Zweifelsfall mußt du die beiden Spuren trennen, jene für Alltägliches und jene für die Träume, denn jede erfordert ein anderes Bewußtsein. Ich wußte, daß ich zuerst den Weg der Träume beschreiten mußte; ließ er sich auf die vorliegende Situation nicht anwenden, so stand fest, daß ich nicht träumte.

Meine Freude über die Rückkehr dieser Erinnerung verflüchtigte sich rasch, als ich versuchte, den Weg der Träume zu betreten. Ich hatte nicht die leiseste Idee, wie ich es anstellen sollte oder was der Weg der Träume überhaupt sein sollte. Schlimmer noch, ich konnte mich nicht mehr daran erinnern, wer mir davon erzählt hatte.

»Ich war es«, sagte Esperanza. »Du bist weit gereist im Traumreich. Fast hättest du dich daran erinnert, was ich dir letztes Jahr nach dem Picknick erzählt habe. Nämlich, daß du im Zweifelsfall das Bewußtsein, das nur in Träumen existiert, prüfen sollst, indem du Kontakt mit deinen Gefühlen in bezug auf die auftauchende Fragestellung aufnimmst. Träumst du, so kehren deine Empfindungen wie ein Echo zu dir zurück. Träumst du nicht, so bleiben sie aus.«

Lächeln kniff sie mich in den Oberschenkel. »Versuch' es gleich hier auf der Matte. Fühle sie mit deinen Pobacken; kehrt das Gefühl zurück, so träumst du.«

Meine tauben Pobacken fühlten nicht das Mindeste. Nicht einmal die Matte. Mir schien, als läge ich auf dem nackten Kachelboden.

Ich wollte sie darauf hinweisen, daß es der Logik nach genau umgekehrt sein müßte – wenn das Gefühl zurückkehrte, war man wach –, doch besann ich mich gerade noch eines Besseren. Ich wußte, daß sie sich mit »der Rückkehr der Empfindungen wie ein Echo« nicht auf den allgemein gebräuchlichen Begriff von fühlbaren Empfindungen bezogen hatte.

Trotzdem sprudelten kurz darauf Worte aus meinem Mund, auf die ich scheinbar keinen Einfluß hatte. »Ich weiß genau, daß ich Traumwache halte.« Ich war offensichtlich im Begriff, mich einer tieferen Ebene des Verständnisses zu nähern, doch gelang es mir nicht herauszufinden, worin genau dieses Verständnis bestand. »Ich würde gerne wissen, wann genau ich eingeschlafen bin«, sagte ich.

»Ich habe dir doch gesagt, daß du nicht schläfst. Du hältst Traumwache.«

Gegen meinen Willen mußte ich lachen. Es klang unterdrückt und nervös. Sie schien es nicht zu bemerken. »Wann hat der Wechsel stattgefunden?« fragte ich.

»Als der Hausmeister dich durch den Chaparral geführt hat und du dich darauf konzentrieren mußtest, deine Füße auf die Aschenspur zu setzen.«

»Er muß mich hypnotisiert haben!« rief ich aus. Meine Stimme klang nicht sehr freundlich. Ich begann, wirres Zeug zu reden und verstrickte mich immer tiefer in meinen eigenen Worten, bis ich schließlich anfing zu weinen und alles wieder zurücknahm.

Esperanza sah mit erhobenen Augenbrauen und erstaunten, großen Augen schweigend zu.

Sofort schämte ich mich für meinen Anfall, und doch war ich zur gleichen Zeit froh, überhaupt etwas gesagt und meine Anspannung ein wenig gelindert zu haben.

»Deine Verwirrung rührt aus deiner Fähigkeit, dich mühelos von einer Bewußtseinsebene zur anderen zu bewegen. Würde dir dies so schwerfallen wie den meisten anderen Menschen, wüßtest du, daß die Traumwache nichts mit Hypnose zu tun hat. Wachzuträumen ist der höchstentwickelte Zustand, den Menschen erreichen können.«

Als ob im nächsten Moment jemand mit einer verständlicheren Erklärung aus den Schatten treten könnte, starrte sie in den leeren Raum. Dann wandte sie sich wieder zu mir. »Hast du deine kleine Mahlzeit verzehrt?«

»Ich war so hungrig, daß ich die Tamales nicht einmal aufgewärmt habe. Sie waren köstlich.«

Esperanza spielte mit ihrem Schal und bat mich darum, sie darüber zu informieren, was ich seit dem Verlassen von Florindas Zimmer getan hatte.

Als hätte ich ein Wahrheitsserum zu mir genommen, platzte ich heraus und verriet weit mehr, als ich vorhatte. Doch Esperanza schien die Tatsache, daß ich in den Zimmern der anderen Frauen herumgeschnüffelt hatte, nicht das Mindeste auszumachen.

Dagegen faszinierte sie meine Begegnung mit dem Hausmeister außerordentlich. Mit unverhohlener Schadenfreude hörte sie zu, wie ich ihn mit ihr verwechselt hatte. Als ich erwähnte, daß ich an einem bestimmten Punkt erwogen hatte, ihn um das Herunterlassen seiner Hose zu bitten, um sein Geschlecht zu überprüfen, krümmte sie sich vor Lachen.

Sie lehnte sich an mich und flüsterte mit anzüglicher Stimme in mein Ohr: »Ich werde dich beruhigen und dir meines zeigen.«

»Das ist wirklich nicht nötig, Esperanza«, versuchte ich, ihren Vorschlag abzuwehren. »Ich habe nicht die geringsten Zweifel daran, daß Sie eine Frau sind.«

»Da kann man sich nie so sicher sein«, erwiderte sie beiläufig. Ohne Rücksicht auf meine Verlegenheit, die weniger aus ihrer bevorstehenden Blöße als aus dem Geldanken daran resultierte, daß ich ihren alten faltigen Körper würde anschauen müssen, legte sie sich auf die Matte und hob langsam und mit großer Finesse ihre Röcke.

Meine Neugier besiegte die Scham, und mit offenem Mund starrte ich sie an. Sie trug keine Unterwäsche. Sie hatte kein Schamhaar. Ihr Körper war unglaublich jung, ihr Fleisch fest und muskulös, und unter ihrer Hautoberfläche zeichneten sich fein die Muskeln ab. Ihr ganzer Körper war von einem gleichmäßigen, kupferfarbenen Rosa und zeigte weder Schwangerschaftsstreifen noch geplatzte Adern; nichts beeinträchtigte die Ebenmäßigkeit ihres Bauches und ihrer Beine.

Ich streckte meine Hand aus, um sie zu berühren, so als müßte ich mich versichern, daß ihre samtene, ebenmäßige Haut echt sei. Mit den Fingern öffnete sie ihre Schamlippen und zeigte mir das Innere ihrer Vagina. Ich wandte mein Gesicht ab. Nicht so sehr aus Scham, sondern eher aus einem Interessenkonflikt heraus, dem ich mich plötzlich ausgesetzt sah. Obwohl der Anblick von Nacktheit an sich für mich kein Problem darstellte, da ich sie von zuhause aus gewöhnt war, war der Anblick der nackten Esperanza doch etwas anderes. Da ich mich nie wirklich mit den Sexualorganen einer anderen Frau beschäftigt hatte und mir meiner eigenen Sexualität immer sehr sicher gewesen war, erregte mich der Anblick auf erschreckende Weise. Als Frau, so hatte ich mir eingebildet, konnte ich nur durch einen Mann erregt werden. Mein übermäßiger

Wunsch, sie jetzt zu bespringen, kam deshalb völlig unerwartet für mich und wurde einzig durch die Tatsache gemildert, daß ich nicht Besitzer eines Penis war.

Als Esperanza sich plötzlich von der Matte erhob und ihre Bluse auszog, keuchte ich laut und starrte auf den Boden, bis sich mein fieberhaftes Kribbeln in Gesicht und Nacken gelegt hatte.

»Schau mich an!« gebot Esperanza ungeduldig. Ihre Augen strahlten; ihre Wangen waren rot. Sie war jetzt vollkommen nackt. Ihr Körper war zierlicher und schien doch größer und stärker, als es bekleidet den Anschein gehabt hatte. Sie hatte volle, nach oben stehende Brüste.

»Faß sie an!« kommandierte sie mit leiser, verführerischer Stimme.

Ihre Worte wurden von den Wänden zurückgeworfen wie ein hypnotischer Rhythmus, der zu einem Pochen in der Luft anschwoll, ein pulsierendes Geräusch, das ich eher fühlte als hörte und welches sich immer mehr verdichtete und beschleunigte, bis es so schnell und heftig schlug wie mein eigenes Herz.

Dann hörte und fühlte ich nur noch Esperanzas Lachen.

»Versteckt sich zufällig der Hausmeister hier irgendwo?« fragte ich, als ich wieder in der Lage war zu sprechen.

»Ich hoffe nicht!« rief sie mit derartig gut gespielter Verzweiflung, daß ich lachen mußte.

»Wo steckt er?« fragte ich.

Ihre Augen öffneten sich weit, dann grinste sie, als müßte sie jeden Augenblick lachen. Stattdessen sagte sie plötzlich in ernstem Ton, daß der Hausmeister sich irgendwo auf dem Grundstück befände und sich um die beiden Häuser kümmere, daß er allerdings niemals jemandem hinterherspionieren würde.

»Ist er wirklich der Hausmeister?« fragte ich und versuchte, skeptisch zu wirken. »Ich möchte ihn nicht in ein schlechtes Licht rücken, aber er scheint mir außerstande, auch nur das Geringste zu meistern.«

Esperanza kicherte und sagte, daß seine Zerbrechlichkeit täusche. »Im Gegenteil, er ist außerordentlich fähig«, versicherte sie mir. »Sei vorsichtig, er mag junge Mädchen, besonders blonde.« Sie rückte näher, und als habe sie Angst, daß wir belauscht werden könnten, flüsterte sie mir ins Ohr: »Hat er versucht, dich anzugraben?«

»Gott im Himmel, nein!« verteidigte ich ihn. »Er war von geradezu ausgesuchter Höflichkeit und Hilfsbereitschaft. Es ist nur, daß ...« Meine Stimme erstarb zu einem Flüstern, und meine Aufmerksamkeit konzentrierte sich mit einem Mal auf die Möbelstücke im Raum, die ich kaum erkennen konnte, da die schwache Öllampe nur wenig Licht gab.

Als es mir endlich gelungen war, mich wieder auf Esperanza zu konzentrieren, machte ich mir wegen des Hausmeisters keine Sorgen mehr. Hartnäckig fragte ich mich, weshalb Isidoro Baltazar in die Berge gefahren war, ohne es mich wissen zu lassen oder mir eine Nachricht zu übermitteln.

»Weshalb ist er einfach abgefahren?« fragte ich und wandte mich wieder an Esperanza. »Irgendwann muß er doch gesagt haben, wann er zurück sein wird.« Auf ihr allwissendes Lächeln fügte ich streitlustig hinzu: »Ich bin mir sicher, daß Sie genau wissen, was hier vorgeht.«

»Tue ich nicht«, sagte sie. Meine Qual war ihr scheinbar vollkommen unverständlich. »Ich kümmere mich nicht um solche Angelegenheiten. Du solltest es ebenfalls unterlassen. Isidoro Baltazar ist fort, und damit hat es sich. In ein paar Tagen oder Wochen wird er wieder hier sein. Wer kann das schon wissen. Es hängt davon ab, was in den Bergen passieren wird.«

»Ein paar Wochen?« kreischte ich. Ihr Mangel an Mitgefühl und Verständnis war mir unbegreiflich. »Und was wird aus mir? Ich kann auf keinen Fall wochenlang hier bleiben.«

»Wieso nicht?« fragte sie mit unschuldiger Stimme.

Ich warf ihr einen Blick zu, als habe sie den Verstand verloren und erklärte dann, daß ich nichts zum Anziehen habe und es für mich nichts zu tun gäbe. Eine endlose Beschwerdenliste quoll aus mir heraus, bis ich vollends erschöpft war.

»Ich muß einfach nach Hause, zurück in meine normale Umgebung«, endete ich und versuchte, die unvermeidlichen Tränen zu unterdrücken.

»Normal?« Genüßlich, so als lasse sie es auf der Zunge zergehen, wiederholte sie das Wort. »Es steht dir frei, jederzeit zu gehen. Niemand hält dich hier. Ich kann sofort dafür sorgen, daß man dich zur Grenze bringt, von wo du den Greyhound-Bus nach Los Angeles nehmen kannst.«

Das wollte ich nun auch wieder nicht. Trotzdem nickte ich, ohne etwas zu sagen. Ich wußte nicht, was ich wollte, doch der Gedanke daran, gehen zu müssen, schien mir unerträglich. Ich wußte, daß ich die Leute dann nie mehr wiederfinden würde, nicht einmal Isidoro Baltazar in Los Angeles. Ich begann, hemmungslos zu weinen. Der Gedanke an ein Leben und an eine Zukunft ohne sie schien schlichtweg unerträglich.

Ohne daß ich es bemerkt hatte, war Esperanza aufgestanden und mit einem Tablett mit heißer Schokolade und einigen gebutterten Tortillas zurückgekommen. Zögernd nahm ich einen kleinen Schluck und aß ein paar Tortillas. Ich gestand ihr, daß ich in ihrer Gesellschaft und mit ihren Freunden eine Unbeschwertheit und Freiheit verspürte, die ich nie zuvor gekannt hatte. Es war ein Gefühl, das sich jeder Analyse entzog, teils physisch, teils psychologisch begründet. Ich konnte es nur als Sicherheit und Gewißheit beschreiben, die Gewißheit, endlich einen Ort gefunden zu haben, an den ich gehörte.

Esperanza wußte genau, was ich sagen wollte und erklärte, daß selbst eine kurzfristige Zugehörigkeit zur Welt der Zauberer suchterregend sei. Sie betonte, daß dies nichts mit der Dauer des Aufenthalts dort zu tun habe, sondern mit der Intensität der Begegnungen. »Und deine Begegnungen waren außerordentlich intensiv«, schloß sie.

»Wirklich?« fragte ich.

Ehrlich überrascht, hob Esperanza eine Augenbraue und rieb sich dann mit übertriebener Heftigkeit das Kinn, als sei sie im Begriff, ein unlösbares Problem anzugehen. Nach langem Schweigen sagte sie schließlich: »Es wird dir besser gehen, sobald du begriffen hast, daß du niemals wieder in dein altes Leben zurückkehren kannst.« Ihre gesenkte Stimme war jetzt von außergewöhnlicher Intensität, und einen Augenblick lang verstand ich genau, was gemeint war.

»Nichts wird jemals wieder sein wie früher«, sagte ich leise.

Esperanza nickte. »Du wirst in die Welt zurückkehren, aber nicht in deine alte Welt, nicht in dein altes Leben«, sagte sie und erhob sich. Sie eilte zur Tür, machte jedoch kurz davor abrupt halt. »Es ist ungeheuer aufregend, etwas zu tun, ohne zu wissen, weshalb man es tut«, sagte sie und drehte sich zu mir um. »Und noch aufregender ist es, sich etwas vorzunehmen, ohne zu wissen, was am Ende dabei herauskommen wird.«

»Ich muß wissen, worauf ich mich einlasse«, erklärte ich.

Sie seufzte und hob die Hände zu einer komischen Geste. »Die Freiheit ist furchterregend«, sagte sie in harschem Ton, und noch bevor ich antworten konnte, fügte sie freundlich hinzu: »Die Freiheit verlangt nach spontanen Aktionen. Du hast überhaupt keine Ahnung, was es heißt, dich einmal spontan gehen zu lassen ...«

»Alle meine Handlungen sind spontan«, unterbrach ich sie. »Weshalb wäre ich sonst hier? Denken Sie, ich hatte lange Zeit zu überlegen, bevor ich hierher kam?«

Sie kehrte zur Matte zurück und sah lange auf mich herab. »Natürlich hast du nicht lange überlegt. Deine Spontanität ergibt sich aus einem Mangel an Überlegung und nicht aus einer Aufgabe deines Selbst.« Sie stampfte mit dem Fuß auf, um mich an weiteren Unterbrechungen zu hindern. »Ein Akt wirklicher Spontanität ist eine Handlung, zu der du dich nach gründlicher Erwägung entschließt, eine Handlung, der du dich mit ganzer Seele hinzugeben bereit bist, nachdem Für und Wider gründlich erwogen und schließlich verworfen wurden – denn wenn du nichts erwartest, wirst du auch nichts bereuen. Durch solche Handlungen ziehen die Zauberer die Freiheit an.«

»Ich bin aber kein Zauberer«, murmelte ich und zog an ihrem Rocksaum, um sie am Verlassen des Zimmers zu hindern. Sie ließ keinen Zweifel daran, daß sie nicht das geringste Interesse daran hatte, unsere Konversation fortzusetzen.

Ich folgte ihr nach draußen über die Lichtung zu dem Pfad, der zu dem anderen Haus führte.

Wie schon der Hausmeister, so ermahnte auch sie mich, darauf zu achten, daß meine Füße nicht von dem Aschenstreifen abwichen. »Trittst du daneben«, warnte sie, »so wirst du in den Abgrund stürzten.«

»Den Abgrund?« wiederholte ich verunsichert und sah mich in dem dunklen Chaparral um.

Ein leichter Wind setzte ein. Aus den Schatten erhoben sich Stimmen und Geflüster. Automatisch griff ich nach Esperanzas Kleid.

»Hörst du sie?« fragte sie und drehte sich zu mir um.

»Was soll ich hören?« murmelte ich mit versagender Stimme.

Esperanza kam näher. Als habe sie Angst, jemand könne uns belauschen, flüsterte sie mir ins Ohr: »Die Surems einer anderen Zeit; bis in die Ewigkeit wach, benutzen sie den Wind, um die Wüste zu durchwandern.«

»Sie meinen Geister?«

»Es gibt keine Geister«, sagte sie mit endgültiger Stimme und ging voran.

Ich hielt mich an ihrem Rock fest und achtete wieder darauf, daß meine Schritte nicht vom Aschenstreifen abwichen, bis sie mitten auf der Terrasse des großen Hauses abrupt stehenblieb. Sie zögerte einen Augenblick, so als könne sie sich nicht entscheiden, in welchen Teil des Hauses sie mich führen sollte. Schließlich gingen wir durch mehrere Korridore und um einige Ecken, bis wir in einem riesigen Zimmer ankamen, das mir bei meinen vorherigen Erkundungen entgangen war. Die Wände waren bis unter die Decke voller Bücher. An einem Ende des Zimmers befand sich ein robuster Holztisch, und am anderen hing eine handgefertigte weiße, mit Rüschen besetzte Hängematte.

»Wessen Zimmer ist das?« rief ich aus. »Es ist wunderschön!«

»Es ist dein Zimmer«, sagte Esperanza. Sie ging zu einer neben der Tür befindlichen Holzkiste und öffnete sie. »Die Nächte hier sind kalt«, warnte sie mich und überreicht mir drei dicke Wolldecken.

»Heißt das, daß ich hier schlafen kann?« fragte ich aufgeregt. Ein Freudenschauer lief mir über den Rücken, als ich die Hängematte mit Decken auslegte und mich hineinsetzte. Vor Zufriedenheit seufzend schaukelte ich in der Matte, dann zog ich die Beine an und streckte mich schließlich genüßlich aus. Schon als Kind hatte ich es geliebt, in einer Hängematte zu schlafen. »Mit dem Schlafen in Hängematten ist es wie mit dem Radfahren«, sagte ich. »Man kann es nicht wieder verlernen.«

Doch hatte Esperanza den Raum bereits verlassen, ohne daß ich es bemerkt hatte.

11

Ich hatte das Licht gelöscht und lag unbeweglich in meiner Hängematte. Ich lauschte auf das Wiegenlied der Geräusche im Haus, das Quietschen des Holzes und das Tröpfeln des Wassers in dem Tongefäß vor meiner Tür.

Bei dem Geräusch von Schritten, die sich vom Flur her näherten, fuhr ich wie von einer Tarantel gestochen in die Höhe. »Wer kann das um diese Uhrzeit sein?« dachte ich. Auf Zehenspitzen schlich ich durch den Raum und preßte mein Ohr gegen die Tür. Mein Herz schlug schnell und laut, während die Schritte näher kamen und genau vor meiner Tür haltmachten. Ein dringliches Klopfen folgte, und obwohl ich es erwartet hatte, erschreckte es mich. Ich sprang einen Schritt zurück und stieß dabei einen Stuhl um.

»Hast du Alpträume?« fragte Florinda und betrat das Zimmer. Sie ließ die Tür angelehnt, so daß Licht vom Korridor in den Raum fiel. »Ich dachte, du würdest dich freuen, meine Schritte zu hören.« Sie lächelte mich an. »Ich hatte nicht vor, mich anzuschleichen.« Sie stellte den Stuhl wieder auf und legte ein Paar Khakihosen und ein Hemd über die Lehne. »Mit Empfehlung vom Hausmeister. Du kannst sie behalten.«

»Wieso behalten?« fragte ich und beäugte mißtrauisch die Kleidungsstücke. Sie wirkten sauber und frisch gebügelt. »Stimmt etwas nicht mit meinen Jeans?«

»Auf deiner langen Fahrt nach Los Angeles werden die Khakis bequemer sein«, sagte Florinda.

»Aber ich will noch nicht zurückfahren!« rief ich entrüstet. »Ich werde bis zu Isidoro Baltazars Rückkehr hier bleiben.«

Florinda lachte. Als sie merkte, daß mir Tränen in die Augen stiegen, beruhigte sie mich: »Isidoro Baltazar ist wieder bei uns. Du kannst gern noch ein wenig bleiben, wenn du willst.«

»Oh nein, will ich nicht!« platzte ich heraus. Die innere Unruhe der letzten beiden Tage war schlagartig vergessen, ebenso die zahllosen Fragen, die ich Florinda hatte stellen wollen. Ich konnte nur noch daran denken, daß Isidoro Baltazar wieder hier war. »Kann ich jetzt zu ihm?« fragte ich.

»Ich fürchte nein.« Florinda hinderte mich am Verlassen des Zimmers.

Für einen Augenblick wußte ich nicht, was ich mit ihrer Äußerung anfangen sollte. Verständnislos starrte ich sie an, bis sie wiederholte, daß ich den neuen Nagual heute Nacht nicht würde sehen können.

»Wieso nicht?« fragte ich erstaunt. »Ich bin mir sicher, daß er mich auch gern sehen würde.«

»Ganz gewiß«, stimmte sie bereitwillig zu. »Aber er schläft tief, und du kannst ihn jetzt nicht aufwecken.«

Lange Zeit starrte Florinda auf den Boden und blickte mir dann in die Augen. Sie wirkte traurig. Für einen Augenblick meinte ich, sie würde nachgeben und mich doch zu Isidoro Baltazar bringen. Stattdessen wiederholte sie mit Nachdruck, daß ich ihn heute nacht nicht sehen konnte. Eilig, so als wolle sie verhindern, daß sie sich im letzten Moment doch noch anders entscheide, umarmte und küßte sie mich und verließ dann das Zimmer. Sie löschte das Licht auf dem Flur, dann wandte sie sich aus dem Dunkel heraus noch einmal an mich: »Geh jetzt schlafen«, sagte sie.

Unruhig wälzte ich mich stundenlang in der Hängematte. Kurz vor Tagesanbruch stand ich schließlich auf und legte die Kleidungsstücke an, die Florinda mir gebracht hatte. Sie paßten, bis auf die

Hose, die ich mit einem Stück Schnur an ihrem Platz halten mußte – ich hatte keinen Gürtel mitgebracht.

Mit den Schuhen in der Hand stahl ich mich am Zimmer des Hausmeisters vorbei, den Korridor entlang in Richtung des Hinterausgangs. Ich erinnerte mich an die quietschenden Scharniere und öffnete die Tür vorsichtig und nur einen Spalt breit. Obwohl es draußen noch dunkel war, breitete sich im Osten bereits ein sanfter, bläulicher Schimmer aus. Ich rannte zu dem Torbogen und verschnaufte kurz bei den beiden Orangenbäumen, die den Pfad bewachten und deren Blütenduft schwer in der Morgenluft hing. Die letzten Zweifel, die ich wegen der Durchquerung des Chaparrals gehegt haben mochte, wurden im wahrsten Sinne des Wortes zerstreut, als ich neue Asche auf dem Boden entdeckte. Ohne zu zögern, eilte ich auf das andere Haus zu.

Die Tür war nur angelehnt, doch trat ich nicht sofort ein. Ich kauerte unter einem der Fenster und wartete auf irgendein Geräusch von drinnen. Es dauerte nicht lange, bis das laute Schnarchen eines Mannes erklang. Eine Weile lauschte ich, dann entschloß ich mich einzutreten. Ich folgte dem deutlich vernehmbaren Schnarchen direkt zu einem Zimmer im hinteren Teil des Hauses. In der Dunkelheit gelang es mir kaum, die Umrisse des Schlafenden auf der Strohmatte auszumachen, doch ich hegte nicht den geringsten Zweifel daran, daß es sich bei dem Mann um Isidoro Baltazar handelte. Aus Angst, er könnte erschrecken, wenn ich ihn allzu plötzlich weckte, kehrte ich ins vordere Zimmer des Hauses zurück und setzte mich auf die Couch. Ich war so aufgeregt, daß ich zwei Mal auf Zehenspitzen zurück in sein Zimmer schlich und ihn betrachtete. Er hatte aufgehört zu schnarchen und sich herumgedreht.

Ich mußte auf der Couch eingeschlafen sein und bemerkte nun, daß jemand den Raum betreten hatte. Schlaftrunken richtete ich mich auf, um zu sagen, daß ich auf das Erwachen von Isidoro Baltazar wartete, doch brachte ich keinen Laut hervor. Ich versuchte mich aufzusetzen und schwankte eine Weile benommen, bevor ich den Mann, der neben mir stand, klar erkennen konnte. Es war Mariano Aureliano. »Schläft Isidoro Baltazar noch?« fragte ich ihn.

Der alte Nagual sah mich eine Weile schweigend an. Ich fragte mich, ob ich träumte und griff nach seiner Hand, um sie sogleich wieder fallen zu lassen. Sie war so heiß, als stände sie in Flammen.

Scheinbar überrascht durch meine Handlung hob er die Augenbrauen: »Vor Tagesanbruch wirst du Isidoro Baltazar nicht sehen können.« Er sprach langsam, als bereite ihm die Artikulation seiner Worte große Mühle.

Noch bevor ich sagen konnte, daß es draußen fast hell war und ich hier auf Isidoro Baltazar warten würde, spürte ich, wie sich die brennende Hand Mariano Aurelianos auf meinen Rücken legte und mich davonschob.

»Geh' zurück in deine Hängematte.«

Ein plötzlich Windstoß fuhr durch den Raum. Ich wollte protestieren, doch Mariano Aureliano war nicht mehr da. Das immer leiser werdende Geräusch des Windes hallte in meinem Kopf wie ein tiefer Gongschlag, bis es schließlich zu einer kaum wahrnehmbaren Vibration wurde. Ich öffnete meinen Mund, um den letzten Nachklang noch eine Weile zu bewahren. Als ich in meiner Hängematte erwachte, war es später Morgen. Ich trug die Kleidung, die Florinda mir gebracht hatte, und beinahe automatisch ging ich über die gerodete Fläche zu dem kleinen Haus. Die Tür war verschlossen. Ich klopfte und rief mehrere Male, erhielt jedoch keine Antwort. Ich versuchte, die Fenster zu öffnen, doch waren die ebenfalls verschlossen. Den Tränen nahe, rannte ich den Hügel hinab zu der kleinen Lichtung neben der Straße, dem einzigen Platz, an dem ein Auto geparkt werden konnte. Doch Isidoro Baltazars Lieferwagen stand nicht dort. Für eine Weile ging ich den Feldweg entlang und suchte nach frischen Reifenspuren. Vergeblich.

Verwirrter denn je kehrte ich zum Haus zurück. Ich wußte, daß es sinnlos war, nach den Frauen in ihren Zimmern zu suchen, deshalb stellte ich mich mitten auf die Terrasse und rief mit lauter Stimme nach Florinda. Doch außer dem immer schwächer werdenden Widerhall meiner eigenen Stimme war nichts zu hören.

Egal, wie oft ich mir Florindas Worte wieder ins Gedächtnis rief, ich gelangte zu keiner befriedigenden Antwort. Ich wußte nur, daß Florinda mitten in der Nacht in mein Zimmer gekommen war, um mir die Kleider zu bringen, die ich jetzt am Leib trug. Ihr Besuch und ihre Behauptung, daß Isidoro Baltazar zurückgekehrt sei, mußten in mir einen lebhaften Traum ausgelöst haben.

Um mich von weiteren Spekulationen über meine alleinige Anwesenheit im Haus abzuhalten – selbst der Hausmeister schien nicht zugegen zu sein –, begann ich damit, die Böden zu wischen. Reinigungsarbeiten pflegten einen beruhigenden Effekt auf mich zu haben. Ich hatte jedes der Zimmer einschließlich der Küche gewischt, als ich das unverwechselbare Motorengeräusch eines Volkswagens hörte. Ich rannte den Hügel hinab, und noch bevor er Gelegenheit hatte, aus dem Wagen zu steigen, warf ich mich Isidoro Baltazar an den Hals und riß ihn dabei fast zu Boden.

»Ich komme einfach nicht darüber weg«, lachte er und nahm mich fest in die Arme. »Du bist diejenige, von der der Nagual die ganze Zeit gesprochen hat. Weißt du, daß ich beinahe ohnmächtig geworden wäre, als sie dich begrüßt haben?«

Er wartete meine Antwort nicht ab, sondern nahm mich erneut in die Arme und hob mich lachend in die Höhe. Dann, als sei eine unsichtbare Fessel von ihm abgefallen, begann er ohne Punkt und Komma zu reden. Er sagte, daß er bereits seit einem Jahr von mir wisse und daß der Nagual angekündigt habe, ihm ein seltsames Mädchen in seine Obhut zu geben. Der Nagual hatte das Mädchen bildlich als »die morgendliche Mittagsstunde eines klaren Tages, weder windig noch windstill, weder warm noch kalt, doch zwischen all diesen Extremen schwankend und einen auf die Palme treibend« beschrieben.

Aufgeblasener Esel, der er sei, habe er automatisch gedacht, der Nagual beziehe sich damit auf seine Freundin.

»Wer ist deine Freundin?« unterbrach ich ihn.

Offensichtlich unzufrieden mit meiner Frage, machte er eine abrupte Bewegung mit der Hand. »Dies ist kein Tatsachenbericht«, schnappte er. »Ich habe mir nur etwas einfallen lassen, um zu illustrieren, was für ein Idiot ich bin.« Seine Verärgerung wich einem strahlenden Lächeln. »Ich habe mir tatsächlich eingebildet, ich könnte auf eigene Faust herausfinden, wer dieses Mädchen ist. Ich habe sogar eine verheiratete Frau mit Kindern in die Suche einbezogen.«

Er seufzte durchdringend und grinste. »Die Moral der Geschichte besteht darin, daß wir in der Welt der Zauberer das Ego hinter uns lassen müssen. Sonst ist es aus. Denn in ihrer Welt ist es gewöhnlichen Menschen wie uns unmöglich, auch nur die geringste Kleinigkeit vorauszusagen.«

Als er sah, daß ich weinte, hielt er mich auf Armeslänge von sich und sah mich beunruhigt an. »Stimmt etwas nicht, Nibelunga?«

»Schon gut«, lachte ich schluchzend und trocknete meine Tränen. »Ich bin nicht in der Lage, mir über abstrakte Geschichten den Kopf zu zerbrechen«, fügte ich so zynisch wie möglich hinzu. »Ich mache mir Sorgen um das Hier und Jetzt. Du hast keine Vorstellung, was ich in diesem Haus durchgemacht habe!«

»Ich habe eine sehr genaue Vorstellung davon«, gab er unhöflich zurück. »Ich bin seit Jahren dabei.« Durchdringend wie ein Inquisitor blickte er mich an. »Ich frage mich nur, weshalb du mir nicht erzählt hast, daß du bereits bei ihnen warst?«

»Das wollte ich, aber dann hielt ich es nicht für wichtig genug«, murmelte ich verwirrt. »Wie sich herausstellte, war diese Begegnung das einzig Wichtige in meinem Leben.« Meine Stimme klang jetzt fest und entschlossen, während ein Schwall von Worten aus meinem Mund quoll. Um meine Überraschung zu verbergen, begann ich augenblicklich mit meiner Beschwerde darüber, daß man mich im Haus allein gelassen hatte.

»Ich hatte beim besten Willen keine Gelegenheit, dich wissen zu lassen, daß ich mit dem Nagual in die Berge gefahren bin«, flüsterte er mit einem plötzlichen und unverwüstlichen Lächeln.

»Das ist schon längst vergessen«, versicherte ich ihm. »Ich spreche von heute. Als ich heute morgen aufwachte, habe ich dich erwartet. Ich war mir sicher, daß du die Nacht schlafend auf einer Strohmatte im kleinen Haus verbracht hast. Als ich dich nirgendwo finden konnte, bin ich in Panik geraten.«

Ich sah ein verwirrtes Gesicht und erzählte ihm von Florindas mitternächtlichem Besuch und meinem darauffolgenden Traum und wie ich heute morgen allein im Haus erwacht war. Was ich sagte, klang unzusammenhängend. Meine Worte und Gedanken waren verwirrt, trotzdem konnte ich einfach nicht aufhören zu reden.

»Vieles davon kann ich einfach nicht glauben«, beendete ich meine Rede. »Und doch kann ich es auch nicht widerlegen.«

Isidoro Baltazar antwortete nicht, sondern starrte mich mit spöttisch erhobenen Augenbrauen an. Sein Gesicht war hager und rauchfarben. Seine Haut schien eine seltsame Kälte abzustrahlen und einen schwachen Erdgeruch, so als habe er die letzten Tage in einer Höhle unter der Erdoberfläche zugebracht.

Als ich in sein linkes Auge mit dem schrecklichen, gnadenlosen Blick starrte, verschwanden all meine schmählichen Gedanken. In diesem Moment spielte es keine Rolle mehr, was Wahrheit und was Illusion, was der Traum im Traum war. Ich lachte laut heraus und fühlte mich leicht wie der Wind. Ein unerträgliches Gewicht war mir von den Schultern genommen worden, und es gelang mir nicht, meinen Blick vom Auge des Zauberers zu wenden. Ich erkannte es wieder. Florinda, Mariano Aureliano, Esperanza und der

Hausmeister hatten ein solches Auge. Vorherbestimmt, für alle Zeit ohne Empfinden und ohne Gefühl zu sein, spiegelte das Auge nur Leere. Dann, als habe es genug gezeigt, schob sich wie bei einer Eidechse ein Innenlid über die linke Pupille.

Bevor ich etwas über sein Zauberauge sagen konnte, schloß Isidoro Baltazar für einen Moment die Augen. Als er sie wieder öffnete, waren sie beide gleich dunkel und vor Lachen glänzend, das Auge des Zauberers jetzt nur noch eine optische Täuschung. Er legte einen Arm um meine Schultern und stieg mit mir den Hügel hinauf.

»Hol' deine Sachen«, sagte er, kurz bevor wir am Haus angekommen waren. »Ich werde im Wagen auf dich warten.«

Ich fand es merkwürdig, daß er nicht mit mir ging, doch kam es mir in dem Moment nicht in den Sinn, ihn nach dem Grund zu fragen. Erst als ich meine paar Habseligkeiten einsammelte, fiel mir ein, daß er vielleicht Angst vor den Frauen haben könnte. In Anbetracht dieser Möglichkeit mußte ich lachen, denn mit einem Mal war ich aus irgendeinem Grunde felsenfest davon überzeugt, daß Isidoro Baltazar am allerwenigsten Angst vor Frauen hatte.

Ich lachte immer noch, als ich den Lieferwagen am Fuße des Hügels erreicht hatte. Ich wollte Isidoro Baltazar gerade den Grund für meine Freude erklären und öffnete den Mund, als ich von einem ungewohnten und heftigen Gefühl überwältigt wurde. Dieses Gefühl war so stark, daß ich nicht in der Lage war zu sprechen. Es war kein Ausdruck sexueller Leidenschaft. Auch nicht platonischer Liebe. Ebensowenig handelte es sich um das Gefühl, welches ich für meine Eltern, Brüder oder Freunde empfand. Ich liebte ihn mit einer Liebe, die unbefleckt war von Erwartungen, Zweifeln oder Furcht.

Als habe ich meine Gedanken laut ausgesprochen, umarmte mich Isidoro Baltazar so heftig, daß ich kaum noch Luft bekam. Langsam fuhren wir davon. Ich verrenkte mir den Hals, um aus dem davonfahrenden Wagen noch einen Blick auf den Hausmeister zwischen den Obstbäumen zu erhaschen. »Ein komisches Gefühl, einfach so zu gehen«, sagte ich nachdenklich und ließ mich in den Sitz zurückfallen. »Florinda hat mir auf ihre Weise schon gestern Nacht auf Wiedersehen gesagt. Ich hätte Esperanza und dem Hausmeister gerne noch gedankt.«

Der Feldweg wand sich den Hügel hinab, und in einer scharfen Kurve konnte man die Rückseite des kleinen Hauses sehen. Isidoro Baltazar stoppte den Wagen und stellte den Motor ab. Er deutete auf den zerbrechlich wirkenden Mann, der auf einer Kiste vor dem Haus saß. Ich wolle aussteigen und den Hügel hinauf rennen, doch er hielt mich zurück. »Wink' ihm einfach zu«, flüsterte er.

Der Hausmeister erhob sich. Der Wind fuhr in seine weite Jacke und seine weiten Hosen und ließ sie wie Flügel um seine Glieder schlagen. Er lachte laut auf und beugte sich zurück, scheinbar um sich das Momentum des Windes zunutze zu machen, dann schlug er aus dem Stand einen doppelten Salto rückwärts. Für einen Augenblick schien er hoch in der Luft stehen zu bleiben. Und als habe der Wind ihn aufgesaugt, kam er nicht wieder auf dem Boden an, sondern blieb verschwunden.

»Wo ist er geblieben?« flüsterte ich ehrfurchtsvoll.

»Auf der anderen Seite«, kicherte Isidoro Baltazar mit kindlichem Vergnügen. »Das war seine Art, dir auf Wiedersehen zu sagen.« Er setzte den Wagen wieder in Bewegung. Von Zeit zu Zeit sah er mich mit spöttischem Ausdruck an. »Stimmt etwas nicht, Nibelunga?« fragte er schließlich.

»Du weißt, wer er ist, nicht wahr?« sagte ich vorwurfsvoll. »Er ist nicht der Hausmeister, oder?«

Isidoro Baltazar legte die Stirn in Falten und erinnerte mich nach langem Schweigen daran, daß Juan Matus für mich Mariano Aureliano sei. Er versicherte mir, daß es einen guten Grund gäbe, weshalb ich ihn unter diesem Namen kennen würde. »Ich bin mir sicher, daß es für den alten Mann einen ebenso guten Grund gibt, dir seinen Namen nicht zu nennen.«

Ich erwiderte, daß ich selbst wisse, wer Mariano Aureliano sei und ich keinen Grund für die Anmaßung des alten Mannes erkennen konnte. »Und außerdem«, betonte ich selbstgefällig, »weiß ich sehr wohl, wer der Hausmeister ist.« Aus den Augenwinkeln blickte ich auf Isidoro Baltazar, um seine Reaktion zu testen. Er verzog keine Miene.

»Wie alle Menschen in der Welt der Zauberer ist der Hausmeister auch ein Zauberer«, sagte er. »Du weißt nicht, wer er ist.« Für einen Augenblick wandte er sich mir zu und konzentrierte sich dann wieder auf die Straße. »Nach all den Jahren weiß ich immer noch nicht, wer wer ist, das gilt auch für den Nagual Juan Matus. Solange ich mich in seiner Gesellschaft aufhalte, meine ich zu wissen, wer er ist. Sobald er mir den Rücken zukehrt, bin ich wieder ratlos.«

Beinahe verträumt fügte Isidoro Baltazar hinzu, daß wir unser subjektives Befinden in der alltäglichen Welt mit all unseren Mitmenschen teilen. Aus diesem Grund seien wir in der Lage, zu jedem gegebenen Zeitpunkt zu wissen, wie sich jeder Mensch unter welchen Umständen auch immer verhalten würde.

»Du hast unrecht, vollkommen unrecht!« rief ich. »Gerade eben nicht zu wissen, wie unsere Mitmenschen sich in jeder Situation verhalten, macht das Leben interessant. Sonst wäre es ja völlig langweilig. Sag' mir nicht, daß du auch das noch abschaffen willst.«

»Natürlich sind wir nicht in der Lage, exakt vorauszusagen, was sie tun werden«, erklärte er geduldig, »doch könnten wir eine Liste aller Möglichkeiten anfertigen, und darauf würde unter anderem auch die Wahrheit erscheinen. Zugegebenermaßen wäre es eine lange Liste, doch sie wäre begrenzt. Dazu müßten wir unsere Mitmenschen nicht nach ihren Vorlieben befragen, sondern uns lediglich an ihre Stelle versetzen und die für uns zutreffenden Möglichkeiten aufschreiben. Sie treffen für jeden anderen ebenfalls zu, weil wir sie alle teilen. Unser subjektives Befinden wird von allen empfunden.« Er sagte, daß unser subjektives Wissen von der Welt als gesunder Menschenverstand bezeichnet würde und daß dieser von Gruppierung zur Gruppierung und von Kultur zu Kultur ein wenig unterschiedlich sein mochte, jedoch so allgemeinverständlich sei, daß man behaupten konnte, bei der Alltagswelt handelte es sich um eine intersubjektive Welt.

»Bei den Zauberern ist dieser sogenannte Menschenverstand außer Kraft gesetzt«, fuhr er fort. »Sie verfügen über einen anderen Verstand, weil sie einem anderen subjektiven Befinden ausgesetzt sind.«

»Wie Wesen von einem anderen Planeten?« fragte ich.

Isidoro Baltazar lachte. »Genau. Sie sind wie Außerirdische.«

»Sind sie deshalb so geheimnistuerisch?«

»Das ist nicht der richtige Ausdruck«, bemerkte er nachdenklich. »Sie haben eine andere Art, mit der alltäglichen Welt umzugehen. Uns erscheint ihr Verhalten rätselhaft, weil die Dinge für uns eine andere Bedeutung haben. Da es keine Möglichkeit gibt zu ermessen, was gesunder Menschenverstand für sie bedeutet, glauben wir stattdessen, daß ihr Verhalten geheimnistuerisch sei.«

»Sie schlafen, sie bereiten ihr Essen zu, sie lesen«, unterbrach ich ihn, »und doch war es mir nie möglich, sie dabei zu beobachten. Glaube mir, sie verhalten sich geheimnistuerisch.«

Lächelnd schüttelte er den Kopf. »Du hast gesehen, was sie dich sehen ließen«, insistierte er. »Und doch haben sie nichts vor dir geheimgehalten. Du warst nur nicht in der Lage zu sehen. Mehr nicht.«

Ich wollte ihm widersprechen, doch hatte ich Angst, seine Zuneigung zu verlieren. Ich verstand außerdem nicht genau, wovon er eigentlich sprach und hatte das Gefühl, daß mein ganzes Herumgeschnüffele mich kein bißchen über das Treiben dieser Leute oder die wahre Natur ihrer Existenz aufgeklärt hatte. Mit einem Seufzer schloß ich die Augen und lehnte meinen Kopf zurück.

Während er fuhr, berichtete ich ihm von meinem Traum. Wie

deutlich ich mir eingebildet hatte, ihn schlafend und schnarchend auf der Strohmatte zu sehen. Ich erzählte ihm von meiner Unterhaltung mit Mariano Aureliano und wie heiß seine Hand gewesen war. Je länger ich sprach, desto überzeugter wurde ich, nicht geträumt zu haben. Schließlich hatte ich mich derartig aufgeregt, daß ich anfing zu schluchzen.

»Ich weiß nicht, was sie mit mir gemacht haben«, sagte ich. »Sogar jetzt weiß nicht nicht genau, ob ich wache oder träume. Florinda hat dauernd behauptet, ich halte Traumwache.«

Isidoro Baltazar nickte und sagte dann leise: »Der Nagual Juan Matus nennt es erhöhtes Bewußtsein.«

»Erhöhtes Bewußtsein«, wiederholte ich.

Die Worte kamen mir leicht von der Zunge, obwohl sie das genaue Gegenteil einer Traumwache zu beschreiben schienen. Vage erinnerte ich mich daran, sie schon einmal gehört zu haben. Entweder Florinda oder Esperanza hatten den Ausdruck benutzt, doch ich wußte nicht mehr, in welchem Zusammenhang oder welche Bedeutung die Worte gehabt hatten. Durch meine erfolglosen Versuche, mich an die täglichen Aktivitäten im Haus der Hexen zu erinnern, war mein Gehirn ohnehin bereits überanstrengt.

Egal, wie sehr ich mich auch bemühte, an bestimmte Episoden konnte ich mich einfach nicht erinnern. Ich suchte nach Worten, die vor meinen Augen verblaßten und wieder verschwanden. Zwar hatte ich nicht alles vergessen, doch kamen die Bilder nur in Teilen wieder zu mir, wie Stücke eines Puzzles, die sich nicht einpassen ließen. Dieses Vergessen kam einer körperlichen Empfindung gleich, so als habe sich ein Nebel über bestimmte Teile meines Gehirns gelegt.

»Traumwache und erhöhtes Bewußtsein sind demnach dasselbe?« Ich zog meine Beine auf den Sitz und wandte mich Isidoro Baltazar zu. Im Gegenlicht zeichnete sich sein Profil ab. Sein schwarzes, lockiges Haar, daß ihm in die hohe Stirn fiel, seine wohlgeformten Wangenknochen, die starke Nase, sein ausgeprägtes Kinn und sein fein geschwungener Mund verliehen ihm das Aussehen eines Römers.

»Ich muß mich immer noch im Zustand erhöhten Bewußtseins befinden«, sagte ich. »Ich habe dich noch nie richtig betrachtet.«

Der Wagen machte einen Schlenker auf der Straße, als er seinen Kopf in den Nacken warf und laut lachte. »Du bist einwandfrei auf einer Traumwache«, behauptete er und klatschte sich auf den Schenkel. »Weißt du nicht mehr, daß ich klein, dunkelhäutig und bieder ausschaue?«

Ich kicherte. Nicht etwa weil ich seiner Beschreibung zustimmte, sondern weil dies die einzigen Werte waren, die mir von seiner Vorlesung an dem Tage, als wir uns einander zum ersten Mal namentlich vorgestellt hatten, in Erinnerung geblieben waren. Doch schnell wich meine Freude einer befremdlichen, inneren Unruhe. Mir schien, als seien Monate und nicht zwei Tage vergangen, seitdem wir am Haus der Hexen angekommen waren.

»In der Welt der Zauberer unterliegt Zeit anderen Gesetzen«, sagte Isidoro Baltazar, als habe er meine Gedanken gehört. »Und sie wird anders erlebt.« Er fuhr fort zu erklären, daß einer der schwierigsten Aspekte seiner Lehrzeit darin bestanden hatte, Ereignisse in den richtigen zeitlichen Ablauf zu stellen. Oft waren sie in seinem Kopf vollkommen durcheinander geraten, verwirrende Bilder, die sich seinem Zugriff noch weiter entzogen, wenn er versuchte, sich auf sie zu konzentrieren. »Erst jetzt und mit der Hilfe des Naguals bin ich in der Lage, mich an Begebenheiten und besondere Aspekte meiner Schulung zu erinnern, die bereits vor Jahren stattgefunden haben«, sagte er.

»Wie hilft er dir dabei?« fragte ich. »Durch Hypnose?«

»Er sorgt dafür, daß ich die Bewußtseinsebenen wechsele«, sagte er. »Und dann erinnere ich mich nicht nur an Vergangenes, ich durchlebe es sogar noch einmal.«

»Wie kann das angehen?« wollte ich wissen. »Ich meine, wie kannst du die Ebenen wechseln?«

»Bis vor kurzem dachte ich, es würde durch einen heftigen Hieb auf den Rücken, zwischen die Schulterblätter, bewerkstelligt«, sagte er. »Doch mittlerweile bin ich davon überzeugt, daß seine bloße Anwesenheit ausreicht, um mich von einer Bewußtseinsebene zur anderen wechseln zu lassen.«

»Also hypnotisiert er dich doch«, insistierte ich.

Er schüttelte den Kopf. »Zauberer sind Experten im Wechseln von Bewußtseinsebenen. Manche von ihnen sind fähig, dies auch für andere zu tun.«

Ich nickte. Ich hatte bereits zahllose Fragen, doch bat er mich mit einer Bewegung seiner Hand um Geduld.

»Durch einen Zauberer lernen wir zu verstehen, daß das Wesen der Realität anders ist, als wir glauben und als man uns gelehrt hat. Auf intellektueller Ebene geben wir uns damit zufrieden anzunehmen, daß unsere jeweilige Kultur uns prägt und uns zu dem macht, was wir sind, wie wir uns benehmen, was wir willens sind zu erfahren und was wir imstande sind zu fühlen. Allerdings sind wir nicht bereit, diese Idee als konkrete, praktische These anzunehmen, weil wir damit zugeben würden, daß Kultur auch unsere Fähigkeit wahrzunehmen vorherbestimmt.

»Zauberer lenken unsere Aufmerksamkeit auf verschiedene Realitäten und verschiedene Möglichkeiten; nicht nur in Bezug auf die Welt, sondern auch auf uns selbst. Bis zu einem Punkt, an dem es uns nicht länger möglich ist, selbst die hartnäckigsten Vorstellungen von uns und unserer Umgebung aufrechtzuerhalten.«

Ich war überrascht, daß ich so wenig Mühe hatte, seinen Worten zu folgen, obwohl ich sie nicht völlig verstand.

»Ein Zauberer ist sich nicht nur unterschiedlicher Realitäten bewußt«, fuhr er fort, »sondern er benutzt dieses Wissen auch in der Praxis. Zauberer wissen nicht nur intellektuell, sondern auch aus praktischer Erfahrung, daß Realität beziehungsweise die uns bekannte Welt ein Resultat unserer allgemeinen Übereinkunft ist. Diese Übereinkunft ist lediglich ein soziales Phänomen und kann theoretisch zum Einsturz gebracht werden. Geschieht dies, so stürzt die ganze Welt mit ein.«

Als er merkte, daß ich seiner Beweisführung nicht folgen konnte, versuchte er es aus einem anderen Blickwinkel. Er erklärte, daß unsere Gesellschaft Wahrnehmung einzig nach ihrer Tauglichkeit dafür bewertete, wie sehr sie uns bei der Bewältigung des komplexen Alltagsgeschehens behilflich sein konnte. Unsere sozial ausgerichtete Welt setze der Wahrnehmungsfähigkeit Grenzen. »Für einen Zauberer geht die Wahrnehmung über diese vereinbarten Parameter hinaus«, hob er hervor. »Diese Parameter werden durch Wort, Sprache und Gedanken erschaffen und gestützt. Das heißt, sie basieren auf Übereinkunft.«

»Und für die Zauberer gilt diese Übereinkunft nicht?« fragte ich vorsichtig, immer noch damit beschäftigt, den Sinn seiner Worte zu verstehen.

»Doch, sie gilt«, sagte er strahlend. »Allerdings haben sie sich auf eine andere Übereinkunft geeinigt. Zauberer brechen die Übereinkünfte des Alltags, nicht nur intellektuell, sondern physisch, praktisch, oder wie immer man es nennen mag. Zauberer zerstören die Parameter, auf denen die durch gesellschaftliche Abkommen zustande gekommene Wahrnehmung beruht. Und um zu verstehen, was genau die Zauberer damit meinen, mußt du damit beginnen zu praktizieren. Das heißt, du mußt dich hingeben; mit dem Verstand wie auch mit dem Körper – eine bewußte und furchtlose Hingabe.«

»Den Körper?« fragte ich mißtrauisch, augenblicklich überlegend, welches Ritual jetzt ins Spiel kommen würde. »Was wollen sie mit meinem Körper?«

»Gar nichts, Nibelunga«, lachte er. Dann fügte er in freundlichem, doch ernstem Ton hinzu, daß sich weder mein Körper noch mein Verstand momentan in einem Zustand befänden, der es mir erlauben würde, dem beschwerlichen Pfad der Zauberer zu folgen. Als ich protestieren wollte, setzte er eilig hinzu, daß mein Verstand wie auch mein Körper vollkommen in Ordnung seien.

»Augenblick mal!« unterbrach ich ihn heftig.

Meinen Einwand ignorierend, fuhr Isidoro Baltazar fort zu erklären, daß es sich bei der Welt der Zauberer um eine ausgesprochen hoch entwickelte Welt handelt und daß es nicht ausreiche, die Prinzipien, auf denen sie beruhte, nur intuitiv zu begreifen. Ein intellektuelles Verständnis war unbedingt notwendig. »Ganz im Gegensatz zur allgemeinen Auffassung praktizieren Zauberer keine obskuren esoterischen Rituale, sondern sind unserer Zeit voraus. Und der Modus unserer Zeit heißt Vernunft. Im wesentlichen versucht die Menschheit, vernünftig zu sein. Zauberer dagegen sind Männer des Verstandes, etwas vollkommen anderes. Sie pflegen romantische Beziehungen zu Ideen und haben Vernunft bis an die Grenzen ihrer Möglichkeit kultiviert, weil sie der Auffassung sind, daß sie nur durch ein vollkommenes Transzendieren des Intellekts in der Lage sein werden, den Prinzipien der Zauberei zu folgen, ohne ihre Integrität und Nüchternheit zu opfern. Hierin unterscheiden die Zauberer sich auf drastische Weise von uns. Wir sind selten nüchtern und verfügen über ein noch geringeres Maß an Integrität.«

Er warf mir einen schnellen Blick zu und lächelte. Ich hatte den unangenehmen Eindruck, daß er genau wußte, was ich dachte, oder mehr noch, daß ich gar nicht imstande war, einen klaren Gedanken zu fassen. Obwohl ich seinen Worten gefolgt war, verstand ich ihre Bedeutung nicht. Ich wußte nicht, was ich sagen sollte. Ich wußte nicht einmal, was ich hätte fragen sollen. Zum ersten Mal in meinem Leben kam ich mir vollkommen blöd vor, und ich spürte, daß er Recht hatte. Mein Interesse an intellektuellen Dingen war immer oberflächlich gewesen. Eine romantische Beziehung mit einer Idee zu unterhalten, war in meinen Augen ein absolut fremdartiges Anliegen.

In nur wenigen Stunden hatten wir die Grenze der Vereinigten Staaten in Arizona erreicht, und doch war die Fahrt außergewöhnlich anstrengend gewesen. Ich wollte etwas sagen, doch fiel mir nichts ein; ich fand keine Worte, um meinem Befinden und meinen Gedanken Ausdruck zu verleihen. Irgendwie war ich durch die Geschehnisse peinlich berührt. Ein völlig neuartiges Gefühl!

Isidoro Baltazar bemerkte meine Unsicherheit und mein Unbehagen und begann von sich aus zu reden. Unverblümt gab er zu, selbst bis zum heutigen Tage von der Welt der Zauberer verblüfft zu sein, trotz der zahllosen Jahre des Lernens und der vielen Begegnungen mit ihren Vertretern.

»Und wenn ich sage ›lernen‹, dann meine ich lernen.« Er lachte und schlug sich bekräftigend auf den Oberschenkel.

»Gerade heute morgen habe ich auf unmöglich zu beschreibende Weise wieder eine Lektion erhalten.« Beim Vortrag dieser Beschwerde, die fast wie eine Beteuerung klang, strahlte seine Stimme eine solch freudige Kraft und innere Stärke aus, daß auch ich mich augenblicklich erhoben fühlte. Ich sah in ihm einen Menschen, der zu Allem fähig war, der Alles aushalten konnte und der sich seinen Weg durch keine Schwierigkeit verbauen ließ.

»Stell dir vor, daß ich tatsächlich geglaubt habe, mit dem Nagual nur zwei Tage unterwegs gewesen zu sein!« Lachend wandte er sich mir zu und schüttelte mich mit seiner freien Hand.

Der vitale Klang seiner Stimme hatte mich so gefangengenommen, daß mir der Inhalt seiner Worte entgangen war. Ich bat ihn darum, das Gesagte zu wiederholen. Er tat mir den Gefallen, und wieder verstand ich die Bedeutung seiner Worte nicht.

»Weshalb bist du plötzlich so aufgeregt?« fragte ich schließlich, mittlerweile verärgert, daß ich scheinbar wirklich nicht imstande war, ihm zu folgen. »Du warst zwei Tage fort. Was ist schon dabei?«

»Wie bitte?« Sein lautes Aufschreien ließ mich vor Schreck aus dem Sitz fahren.

Er blickte mir direkt in die Augen, sagte jedoch kein Wort. Ich wußte, daß er mich nicht beschuldigte, spürte aber sehr wohl, daß er sich über mein verdrießliches Verhalten, meine Launenhaftigkeit und mangelnde Aufmerksamkeit lustig machte. Er fuhr den Wagen an den Straßenrand, stellte den Motor ab und setzte sich so, daß er mir voll ins Gesicht schauen konnte.

»Und jetzt möchte ich, daß du mir erzählst, was dir passiert ist.« Er versicherte mir, daß der korrekte zeitliche Ablauf der Dinge dabei ohne Bedeutung sei.

Ausführlich schilderte ich ihm alles, an was ich mich erinnern konnte. Er hörte aufmerksam zu und kicherte von Zeit zu Zeit. Jedes Mal, wenn ich in meiner Erzählung innehielt, ermunterte er mich mit einer Bewegung seines Kinns fortzufahren.

»Und das alles ist dir in zwei Tagen passiert?« fragte er beiläufig, schwieg einen Moment und blickte mich dann mit strahlenden Augen an.

»Ja«, sagte ich mit fester Stimme.

»Nun, ich habe Neuigkeiten für dich«, meinte er, die Arme über der Brust gekreuzt. »Ich war zwölf ganze Tage fort, dachte allerdings, es seien nur zwei gewesen. Ich hatte gehofft, du wärest imstande, die Ironie dieses Sachverhaltes zu begreifen, weil du über den Ablauf der Zeit besser im Bilde bist als ich. Das scheint allerdings nicht der Fall zu sein. Wir haben zehn Tage verloren.«

»Zehn Tage«, murmelte ich erstaunt und starrte aus dem Fenster. Den Rest der Fahrt sprach ich kein einziges Wort mehr. Es gab nichts mehr zu sagen, auch dann nicht, als ich am ersten Zeitungsstand die L.A. *Times* gekauft hatte und feststellte, daß ich tatsächlich zehn Tage verloren hatte. Aber waren sie wirklich »verloren«? Obwohl ich mir die Frage stellte, verspürte ich doch keine Lust auf eine Antwort.

12

Der Arbeits- und Lebensraum Isidoro Baltazars bestand aus einem rechteckigen Zimmer mit Ausblick auf einen Parkplatz, einer kleinen Küche und einem rosagekachelten Badezimmer. In der Nacht, als wir aus Sonora zurückkehrten, nahm er mich mit dorthin. Ich war erschöpft. Blindlings folgte ich ihm zwei Treppen hinauf und einen dunklen, mit Teppich ausgelegten Flur entlang zu einer Tür mit der Apartmentnummer 8. Sobald ich mich niedergelegt hatte, schlief ich ein und träumte, daß wir weiterhin in seinem Wagen unterwegs wären. Die ganze Strecke von Sonora hatten wir ohne eine einzige Rast zurückgelegt, indem wir uns beim Fahren abwechselten und nur anhielten, um zu essen oder den Wagen vollzutanken.

Seine Wohnung war spärlich möbliert. Abgesehen von einem Einzelbett besaß er noch einen langen Campingtisch aus gepreßtem Harz, der ihm als Schreibtisch diente, einen Klappstuhl und zwei Aktenschränke aus Metall, in denen er seine Aufzeichnungen aufbewahrte. In zwei geräumigen Einbauschränken auf dem Flur hingen mehrere Anzüge und ein halbes Dutzend Hemden. Der Rest der Wohnung war mit Büchern belegt, die zu Stapeln geordnet auf dem Boden lagen. Die Bücher schienen unberührt und ungelesen. Die Küchenregale waren ebenfalls mit Büchern vollgestopft, ein einziges Fach hatte er als Aufbewahrungsort für je einen Teller, einen Becher und etwas Besteck erkoren. Auf dem Gasherd standen ein Kessel und eine Bratpfanne.

Innerhalb von drei Wochen hatte ich, ungefähr eine Meile von der UCLA (University of California Los Angeles) und nur einen Katzensprung von seinem Apartment entfernt, eine neue Wohnung gefunden. Trotzdem verbrachte ich weiterhin die meiste Zeit bei ihm. Am anderen Ende des Raumes hatte er ein zweites, schmales Bett, einen Kartentisch und einen zweiten Klappstuhl für mich aufgestellt.

In den folgenden sechs Monaten wurde Sonora für mich zu einem mystischen Ort. Nicht länger hatte ich das Bedürfnis, meine Erlebnisse dort zu verdrängen. Ich begann damit, meine Erinnerungen an die beiden Reisen einander gegenüberzustellen. Doch so sehr ich mich auch bemühte, es gelang mir nicht, mir auch nur eine einzige Erinnerung an meine insgesamt elf verlorenen Tage ins Gedächtnis zurückzurufen: Einen Tag hatte ich während der ersten Fahrt verloren, zehn während der zweiten.

Isidoro Baltazar weigerte sich standhaft, auch nur in Betracht zu ziehen, daß diese Tage verloren sein sollten. Zuweilen stimmte ich mit ihm völlig darüber ein; dann schien es mir ebenfalls absurd, die Tage nur deswegen als verloren zu betrachten, weil ich nicht in der Lage war, mich an sie zu erinnern. Bei diesen Gelegenheiten erfüllte mich die Tatsache, daß er der Begebenheit kaum Bedeutung zuzumessen schien, mit Dankbarkeit. Es war unmißverständlich, daß er mich vor etwas in Schutz nahm. Bei anderer Gelegenheit spürte ich ihm gegenüber eine tiefe Ablehnung. Schließlich, so wiederholte ich schweigend, oblag es ihm, mir dabei behilflich zu sein, dieses Geheimnis zu lüften. Oder ich müßte annehmen, daß er wissentlich etwas vor mir geheim halte.

»Du wirst noch wahnsinnig werden, wenn du weiter darüber nachgrübelst«, bemerkte er schließlich eines Tages. »Und deine ganze Aufregung wird umsonst sein, denn es kommt nichts dabei heraus. Weshalb setzt du deine Energie nicht ein wenig nutzbringender ein und erstellst eine Liste deiner schlechten Angewohnheiten, bevor du sie untersuchst?« fügte er mit herausfordernder Stimme hinzu.

Anstatt den Gedanken daran auch nur zuzulassen, ritt ich unversehens eine Gegenattacke und warf ihm meine zweite Beschwerde an den Kopf. Bis heute hatte ich die anderen jungen Frauen, die ihm durch den alten Nagual anvertraut worden waren, nicht zu Gesicht bekommen.

Er hatte mir bereits so viel von ihnen erzählt, daß ich meinte, sie zu kennen. Wenn ich mich nach ihnen erkundigte, so sprach er ausführlich und mit großen Enthusiasmus von ihnen. Ein Außenseiter, so versicherte er mit tiefer und offensichtlich echter Bewunderung, würde sie als attraktiv, intelligent, selbstsicher und ausgesprochen unabhängig beschreiben. Für ihn waren sie jedoch noch weit mehr; in seinen Augen handelte es sich bei ihnen um magische Wesen, die seine eigene Bestimmung teilten. Sie waren durch eine Zuneigung und Hingabe mit ihm verbunden, die nichts mit dem sozialen Gefüge zu tun hatte, sondern ihrer gemeinsamen Suche nach Freiheit entstammte.

Einmal stellte ich ihm sogar ein Ultimatum. »Entweder du stellst mich ihnen vor, oder es passiert etwas.«

Isidoro Baltazar lachte freudig sein tiefes, leises Lachen. »Ich kann dir nur sagen, daß nichts so ist, wie du es dir vorstellst«, sagte er. »Und ich kann dir beim besten Willen nicht sagen, wann du sie treffen wirst. Du wirst dich gedulden müssen.«

»Ich habe lange genug gewartet!« rief ich. Da er keine Reaktion zeigte, fügte ich höhnisch hinzu: »Du täuschst dich gewaltig, wenn du glaubst, daß es einfach sei, in Los Angeles eine Gruppe Frauen zu finden. Ich weiß noch nicht einmal, wo ich suchen soll.«

»Du wirst sie finden, so wie du mich und Mariano Aureliano gefunden hast«, behauptete er.

Mißtrauisch beäugte ich ihn. Ich war mir sicher, daß tief in ihm etwas Bösartiges schlummerte. »Nach dir habe ich nicht gesucht«, klärte ich ihn auf. »Nach Mariano Aureliano auch nicht. Euch zu begegnen war reiner Zufall, das kannst du mir glauben.«

»In der Welt der Zauberer gibt es keine Zufälle«, bemerkte er beiläufig. Ich wollte ihm eben sagen, daß ich auf derartige Hinweise verzichten könne, als er mit ernster Stimme hinzufügte: »Du wirst sie treffen, wenn die Zeit gekommen ist. Du brauchst nicht nach ihnen zu suchen.«

Mit dem Gesicht zur Wand zählte ich bis zehn, dann wandte ich mich lächelnd an ihn. »Dein Problem besteht darin, daß du ein typischer Latino bist. Für euch ist morgen immer früh genug. Ihr wißt einfach nicht, wie man Dinge angeht und erledigt.« Ich hob meine Stimme, um ihn daran zu hindern, mir ins Wort zu fallen. »Ich bestehe darauf, deine Freunde zu treffen, um die Dinge ein wenig zu beschleunigen.«

»Die Dinge zu beschleunigen?« wiederholte er verständnislos. »Was gibt es da zu beschleunigen?«

»Du erzählst mir beinahe jeden Tag, daß kaum noch Zeit ist«, erinnerte ich ihn. »Du selbst sagst dauernd, wie wichtig es für mich sei, sie zu treffen. Trotzdem tust du so, als läge die ganze Ewigkeit noch vor dir.«

»Ich sage es dir deshalb dauernd, weil ich möchte, daß du dich damit beeilst, dein Inneres aufzuräumen, nicht weil ich will, daß du so schnell wie möglich sinnlose Handlungen begehst«, sagte er ungeduldig. »Es liegt nicht in meiner Macht, dir die Frauen vorzustellen. Wenn es nach mir ginge, würde ich nicht hier sitzen und deinen Schwachsinn anhören.« In dramatischer Resignation seufzte er und schloß die Augen. Dann lächelte er und murmelte leise: »Du bist zu verbohrt, um zu erkennen, was vorgeht.«

»Überhaupt nichts geht vor«, erwiderte ich verletzt. »Ich bin nicht so doof, wie du denkst. Ich habe wohl gemerkt, wie ambivalent deine Gefühle mir gegenüber sind. Manchmal denke ich, du hast nicht die leiseste Idee, was du mit mir anfangen sollst.«

»Ich weiß sehr genau, was zu tun ist«, widersprach er.

»Weshalb kannst du dich dann nie entscheiden, wenn ich dir einen Vorschlag mache?« Die Worte kamen wie von selbst.

Durchdringend sah Isidoro Baltazar mich an. Für einen Augenblick dachte ich, er würde mir mit scharfer Zunge und seinen unfreundlichen, überaus gewandten Worten über den Mund fahren. Doch war er erstaunlich freundlich, als er zugab, daß ich in meiner Einschätzung gar nicht so falsch läge.

»Ich erwarte grundsätzlich, bis die Ereignisse sich für mich entscheiden«, bestätigte er. »Dann erst bewege ich mich so schnell und kraftvoll wie möglich. Wenn du nicht achtgibst, werde ich dich zurücklassen.«

»Ich bin schon so weit zurück«, klagte ich wehleidig. »Da du dich weigerst, mir bei der Suche nach diesen Frauen zu helfen, bin ich dazu verdammt, zurückzubleiben.«

»Darin besteht nun allerdings wirklich nicht das dringlichste Problem«, erwiderte er. »Die Schwierigkeit liegt darin, daß du noch keine Entscheidung getroffen hast.«

»Ich weiß nicht, was du meinst. Was für eine Entscheidung soll ich treffen?«

»Du hast dich immer noch nicht entschieden, ob du der Welt der Zauberer angehören willst oder nicht. Du bist an der Schwelle stehengeblieben. Du schaust zu und wartest auf ein Zeichen, ob es sich für dich lohnen wird oder nicht.«

Bevor ich protestieren konnte, fügte er hinzu, daß es keine wirkliche Veränderung darstelle, eine neue Wohnung zu beziehen und meinen alten Lebensstil hinter mir zu lassen.

»Was denn sonst?« fragte ich sarkastisch.

»Außer deinen Habseligkeiten hast du nichts zurückgelassen«, sagte er, meinen Tonfall ignorierend. »Für manche ist das ein großer Schritt. Dir jedoch bedeutet es überhaupt nichts. Besitz ist dir gleichgültig.«

»Das stimmt«, sagte ich und bestand dann darauf daß ich vor langer Zeit bereits beschlossen hatte, der Welt der Zauberer beizutreten. »Weshalb würde ich sonst hier sitzen?«

»Körperlich bist du beigetreten, aber nicht im Geist. Jetzt wartest du auf das Auftauchen irgendeiner vertrauten Landkarte, bevor du deine endgültige Entscheidung fällst. Solange hältst du sie bei guter Laune. Dein Hauptproblem besteht darin, daß jemand dich von der Attraktivität der Welt der Zauberer überzeugen soll.«

»Ist sie nicht attraktiv?« platzte ich heraus.

»Sie hat etwas Besonderes zu bieten. Man nennt es Freiheit. Es gibt jedoch keinerlei Garantie, daß du sie erreichen wirst. Für keinen von uns.«

Ich nickte nachdenklich und fragte ihn dann, was ich tun muß, um ihn von meinem Beitritt in die Welt der Zauberer zu überzeugen.

»Mich brauchst du nicht zu überzeugen. Den Geist mußt du überzeugen. Du mußt bereit sein, die Tür hinter dir zu schließen.«

»Welche Tür?«

»Die du dir immer noch offen hältst und die dir erlaubt, dich aus dem Staub zu machen, wenn dir etwas nicht gefällt oder deinen Erwartungen nicht entspricht.«

»Willst du damit sagen, daß ich vorhabe zu gehen?«

»Das liegt einzig an dir und dem Geist«, sagte er mit kaum vernehmbarer Stimme.

»Aber du glaubst doch, daß ...«

»Ich glaube überhaupt nichts«, schnitt er mir das Wort ab. »Du bist in diese Welt gekommen wie alle anderen auch. Niemand sonst ist dafür verantwortlich. Und niemand ist dafür verantwortlich, wenn du dich entscheidest, wieder zu gehen.«

Verwirrt starrte ich ihn an. »Aber du versuchst doch, mich zu überzeugen ...« stotterte ich.

Er schüttelte den Kopf. »Ich werde weder dich noch irgend jemand anderen von irgendetwas überzeugen. Deine Entscheidung hat nicht genügend Kraft, wenn du bei dem geringsten Zweifel aufgepäppelt werden mußt.«

»Aber wer soll mir dabei helfen?« fragte ich resignierend.

»Ich werde dir helfen. Ich bin dein Diener.« Sein Lächeln war schüchtern und liebenswürdig. »Doch in erster Linie diene ich dem Geist. Ein Krieger ist kein Sklave, sondern Diener des Geistes. Sklaven haben keine Wahl; die Wahl des Dieners ist es, tadellos zu dienen.

Meine Hilfe ist frei von Berechnung«, fuhr er fort. »Es ist mir nicht möglich, in dich zu investieren, und natürlich kannst auch du weder in mich noch in die Welt der Zauberer investieren. Dies ist eine der wesentlichen Grundlagen jener Welt: Nichts, was in ihr unternommen wird, sollte unter dem Aspekt der Nutznießung gesehen werden; lediglich strategische Handlungen sind erlaubt. Dies hat mich der Nagual Juan Matus gelehrt, und danach lebe ich: Zauberer praktizieren, was er oder sie predigen. Und doch wird nichts aus praktischen Beweggründen unternommen. Sobald du dies verstanden hast und in der Lage bist, es anzuwenden, wirst du die Tür hinter dir geschlossen haben.«

Zwischen uns entstand eine lange, atemlose Stille.

Vielleicht würde es mir keiner der Zauberer glauben, doch ich wußte mit Gewißheit, daß in mir eine kaum wahrnehmbare Veränderung vorgegangen war; eine Veränderung, die mir deshalb aufgefallen war, weil sie mit den schwierigsten Dingen zu tun hatte, die uns Frauen begegnen: Eifersucht und das Bedürfnis, Dingen auf den Grund zu gehen.

Meine Eifersuchtsanfälle waren gespielt, wenn vielleicht auch nicht immer bewußt. Irgendetwas in mir verlangte, daß ich auf die verschiedenen Frauen in Isidoro Baltazars Leben eifersüchtig war. Andererseits war mir vollkommen klar, daß der neue Nagual nicht das Leben eines gewöhnlichen Mannes lebte, nicht einmal das eines

Mannes mit mehreren Frauen. Unsere Beziehung paßte in keine bekannte Form, egal wie sehr ich auch versuchte, eine solche zu finden. Um Eifersucht und Besitzdenken zuzulassen, benötigen diese Dinge einen Spiegel – nicht nur den des Selbst, sondern auch den des Partners. Und Isidoro Baltazar spiegelte nicht länger die Triebe, Bedürfnisse, Gefühle und Emotionen eines Mannes.

Mein Bedürfnis nach Informationen über sein Leben war unstillbar; es irritierte mich, daß er mir nicht wirklich Zutritt zu seinem Privatleben gestattete. Nichts wäre einfacher gewesen, als ihm zu folgen oder durch seine Papiere zu gehen, um herauszufinden, wer er wirklich war. Doch ich brachte es nicht fertig. Dadurch, daß er mir freien Zugang zu seinen sämtlichen Besitztümern gewährt hatte, war er in der Praxis und in meinen Gedanken unverwundbar geworden.

Ich lachte laut auf. Ich verstand jetzt, worin die strategische Handlung eines Kriegers bestand. Isidoro Baltazar hatte sich geirrt. Er hatte meine lebenslange Launenhaftigkeit und meine deutsche Pingeligkeit als Mangel an Hingabe interpretiert. Es spielte keine Rolle. Ich wußte, daß ich längst damit begonnen hatte, die Taktik des Kriegers zu verstehen und zu praktizieren, zumindest dann, wenn er in der Nähe war. War er fort, wurde ich oft schwach und suchte dann häufig sein Studio auf, um dort zu nächtigen.

Als ich eines Nachts die Tür zu seinem Studio öffnete, kam plötzlich ein Arm hervor und zerrte mich ins Innere. Ich schrie vor Angst. »Was ... was ...«, stammelte ich, während die Hand, die meinen Arm umklammert gehalten hatte, losließ. Ich versuchte, mein Gleichgewicht wieder herzustellen und lehnte mich gegen die Wand. Mein Herz schlug wie wild. »Florinda!« Fassungslos starrte ich sie an. Sie trug eine lange, an der Hüfte zusammengefaßte Robe. Ihr Haar war offen. Ich fragte mich, ob sie echt oder nur eine schattenhafte Erscheinung sei. Ich trat auf sie zu und berührte heimlich ihren Ärmel.

»Sind sie es Florinda, oder träume ich?«

»Ich bin es, Liebling.«

»Wie bist du hierher gekommen? Bist du allein?« Ich war mir der Sinnlosigkeit dieser Frage vollkommen bewußt.

»Wenn ich gewußt hätte, daß du kommst, hätte ich früher mit dem Saubermachen begonnen«, fügte ich hinzu und versuchte zu lächeln. Meine Lippen klebten mir an den Zähnen. »Ich ziehe es vor, Isidoro Baltazars Wohnung bei Nacht zu säubern.«

Anstatt zu antworten, wandte Florinda sich ab. In ihren Augen entdeckte ich eine zweifelnde und leicht boshafte Freude. »Du weißt doch, daß du keinem von uns folgen oder unerwartet bei uns auftauchen sollst. Diesmal hast du Glück gehabt«, sagte sie. »Glück, daß es nicht jemand anders war, der dich heute Nacht in die Wohnung gezogen hat.«

»Wer sollte das schon tun?« fragte ich mit einem Wagemut, den ich eigentlich nicht hatte.

Sie starrte mich noch eine Weile an, drehte sich dann um und sah über ihre Schulter. »Jemand, dem es egal ist, ob du vor Angst stirbst oder nicht.« Sie lachte leise und wedelte mit ihren Händen durch die Luft, als wolle sie den Klang der Worte vertreiben, während sie durch das Zimmer auf die kleine Küche zuging. Es schien, als würde sie nicht gehen, sondern unfreiwillig tanzen, und ihr langes, weißes Haar schimmerte in dem spärlichen Licht wie ein silbriger Vorhang.

Ich versuchte, ihre anmutige Gangart zu imitieren und folgte ihr. »Ich habe einen Schlüssel, müssen Sie wissen«, sagte ich. »Seitdem wir aus Sonora zurück sind, komme ich zu jeder Tages- und Nachtzeit hierher. Um ehrlich zu sein, lebe ich praktisch hier.«

»Hat Isidoro Baltazar dir nicht untersagt, während seines Aufenthaltes in Mexiko hier aufzutauchen?« fragte sie mit freundlicher Stimme. Ich hatte trotzdem das Gefühl, beschuldigt zu werden.

»Möglicherweise hat er etwas Derartiges erwähnt«, sagte ich mit aufgesetzter Gleichgültigkeit. Ich sah die Falten auf ihrer Stirn und meinte, mich verteidigen zu müssen. Ich erklärte ihr, daß es keinen Unterschied macht, ob Isidoro Baltazar fünf oder fünfhundert Meilen entfernt sei. Durch ihr wiederholtes Kopfnicken ermutigt, fügte ich hinzu, daß ich außerdem meine Hausarbeiten hier in der Wohnung erledigte und die Bücher nach Autoren und Themen ordnete. »Bei manchen sind die Seiten noch nicht einmal aufgerissen«, erklärte ich. »Das wollte ich heute Nacht wieder in Angriff nehmen.«

»Um drei Uhr morgens?«

Ich nickte und spürte, wie ich errötete. »Es sind noch sehr viele Bücher übrig, und man muß ausgesprochen vorsichtig vorgehen, um die Seiten nicht zu beschädigen. Ich finde die Tätigkeit beruhigend und kann danach besser einschlafen.«

»Wirklich außergewöhnlich«, sagte Florinda leise.

Ermutigt durch ihre Zustimmung, fuhr ich fort: »Ich bin sicher, Sie verstehen, was mir die Anwesenheit hier bedeutet: In dieser Wohnung bin ich von meinem alten Leben, von allem und jedem getrennt, außer von Isidoro Baltazar und seiner magischen Welt. Die Luft allein verleiht mir das Gefühl totaler Abgeschiedenheit.« Ich seufzte laut und ausdauernd. »Hier bin ich nie einsam, obwohl ich die meiste Zeit allein bin. Irgendetwas an der Atmosphäre dieser Wohnung erinnert mich an das Haus der Hexen. Die gleiche Kühle und die Abwesenheit von Gefühl, die mich am Anfang so verstört hat, scheint ebenfalls von diesen Wänden auszugehen. Genau diese fehlende Wärme, diese Abgeschiedenheit ist es, die ich jetzt Tag und Nacht suche. Ich finde sie auf geradezu merkwürdige Weise bestärkend. Sie verleiht mir Kraft.«

»Unglaublich«, flüsterte Florinda, als traue sie ihren Ohren kaum. Sie trug den Kessel zum Wasserhahn. Sie sagte etwas zu mir, doch konnte ich es wegen des einlaufenden Wassers nicht verstehen. Dann stellte sie den gefüllten Kessel auf den Herd.

»Ich bin so froh, daß du dich hier zuhause fühlst«, sagte sie und seufzte dramatisch. »Die Sicherheit, die so ein kleines Nest gewährt, wenn man weiß, daß man einen Gefährten gefunden hat.« In witzelndem Ton fügte sie hinzu, daß ich alles unternehmen solle, um Isidoro Baltazar glücklich zu machen, einschließlich einiger sexueller Praktiken, die sie mir sogleich mit grausamer Offenheit beschrieb.

Entgeistert und mit offenem Mund starrte ich sie an. Nachdem sie – mit der Kücheneinrichtung scheinbar bestens vertraut – zwei Becher und meinen Teetopf sowie einen Beutel Schokoladenplätzchen, die ich hinter den deutschen und französischen Wörterbüchern aufzubewahren pflegte, hervorgeholt hatte, wandte sie sich mir zu und fragte lächelnd: »Wen hast du heute Nacht hier erwartet?«

»Sie ganz bestimmt nicht!« platzte ich heraus und bemerkte zu spät, daß meine Antwort mich verraten hatte. Umständlich erklärte ich ihr, daß ich gehofft hatte, wenigstens eine der anderen jungen Frauen hier anzutreffen.

»Sie werden deinen Pfad kreuzen, wenn die Zeit gekommen ist«, sagte Florinda. »Du kannst keine Begegnung mit ihnen erzwingen.«

Noch bevor ich wußte, wie mir geschah, hatte ich begonnen, Florinda, Mariano Aureliano und Isidoro Baltazar für meine eigene Hintertriebenheit verantwortlich zu machen. Ich erklärte ihr, daß es nicht nur unpraktisch, sondern unmöglich für mich sei, darauf zu warten, daß irgendwelche unbekannten Frauen meinen Weg kreuzten und ich sie dann auch noch lediglich an einem inneren Glühen erkennen sollte. Wie gewöhnlich steigerte sich mein Wohlbefinden, je ausgiebiger ich mich beschwerte.

Florinda ignorierte mich. »Ein, zwei Teelöffel und einen für die Kanne«, sang sie mit übertriebenem britischem Akzent, während sie den Tee abmaß. Dann bemerkte sie so beiläufig wie nur irgend möglich, daß ich Isidoro Baltazar unter gar keinen Umständen als Mann betrachten und behandeln solle.

»Ich weiß nicht, was Sie damit meinen«, sagte ich defensiv.

Sie sah mich forschend an, bis ich schließlich errötete. »Du weißt ganz genau, was ich meine«, behauptet sie und goß den Tee in die Becher. Mit einer flinken Kinnbewegung deutete sie auf meine Tasse und setzte sich dann mit der Kekstüte auf Isidoros Bett. Gemächlich schlürfte sie ihren Tee. Ich nahm neben ihr Platz und tat das gleiche.

»Du hast dich überhaupt nicht verändert«, sagte sie plötzlich.

»Ungefähr dasselbe hat mir Isidoro Baltazar vor einigen Tagen zu verstehen gegeben«, erwiderte ich. »Ich weiß sehr genau, daß ich mich stark verändert habe.«

»Die Veränderung, von der ich spreche, kann nicht in drei Monaten oder einem Jahr, nicht einmal in zehn Jahren erreicht werden. Man braucht ein Leben dafür.« Sie sagte, daß es außerordentlich schwierig sei, zu etwas anderem als dem Produkt seiner Erziehung zu werden.

»Obwohl die Welt der Zauberer ein Traum, ein Mythos ist, so ist sie doch so real wie der Alltag hier«, fuhr Florinda fort. »Um die Welt der Zauberer wahrzunehmen und in ihr handeln zu können, müssen wir die Alltagsmaske abnehmen, die wir seit unserer Geburt tragen, und eine zweite Maske aufsetzen; eine Maske, die es uns erlaubt unsere Umgebung und uns selbst als das zu sehen, was wir wirklich sind: wahrhaft atemberaubende Begebenheiten, die flüchtig und einmalig aufblühen und die sich niemals wiederholen lassen.

»Diese Maske mußt du selbst anfertigen.«

»Wie?« fragte ich.

»Indem du dein anderes Selbst träumst«, flüsterte sie. »Ganz bestimmt nicht, indem du dir eine neue Adresse, neue Kleider und neue Bücher anschaffst.« Sie betrachtete mich von der Seite und grinste spöttisch. »Und schon gar nicht, indem du dir einbildest, du hättest einen neuen Mann.«

Noch bevor ich Gelegenheit hatte, auf ihre Anschuldigung etwas zu erwidern, fügte sie hinzu, daß ich nach außen hin durchaus wie eine flexible Frau erscheine, die in der Lage sei, sich schnell zu bewegen. Im Inneren jedoch sei ich erstarrt und verhärtet. Wie schon Isidoro Baltazar betonte auch sie, daß es ein Trugschluß von mir sei anzunehmen, ein Wohnungswechsel und die Aufgabe meiner Besitztümer bedeuteten eine wirkliche Veränderung.

Mit gesenktem Kopf akzeptierte ich ihre Kritik. Solange ich zurückdenken konnte, hatte ich den Drang gehabt, mich von Gegenständen zu trennen. Wie sie ganz richtig bemerkt hatte, handelte es sich dabei um einen Zwang und nicht um eine freie Entscheidung. Seit frühester Kindheit hatte ich, zum Leidwesen meiner Eltern, immer wieder Kleider und Spielzeug weggeben. Die Freude über einen sorgfältig aufgeräumten Kleiderschrank oder ein fast leeres Zimmer waren größer als meine Freude am Besitz der Dinge.

Gelegentlich war der Zwang derartig stark geworden, daß ich daranging, die Kleiderschränke meiner Eltern und meiner Brüder zu durchkämmen. Und da ich durchweg Kleidungsstücke auswählte, die lange nicht getragen worden waren, wurden die von mir aussortierten Gegenstände nur selten vermißt. Einige Male allerdings explodierte unser Haushalt regelrecht. Dann machte sich totale Verwirrung breit, während mein Vater schreiend von Zimmer zu Zimmer lief, Kommoden aufriß und nach einem bestimmten Hemd oder einem Paar Hosen suchte.

Florinda lachte und erhob sich. Dann trat sie an das Fenster, das auf die kleine Gasse hinausführte. So als könne sie durch ihn hindurchsehen, starrte sie auf den lichtundurchlässigen Vorhang. Sie warf einen Blick zurück über ihre Schulter und sagte, daß es für eine Frau viel einfacher sei als für einen Mann, die Verbindungen zu ihrer Familie und zu ihrer Vergangenheit abzubrechen.

»Frauen«, fuhr sie fort, »sind unverantwortlich. Diese Tatsache verleiht ihnen eine große Beweglichkeit. Unglücklicherweise verstehen Frauen es nur selten, diesen Vorteil für sich zu nutzen.« Sie bewegte sich durch den Raum und ließ ihre Hand über den großen Aktenschrank und den ausklappbaren Kartentisch gleiten. »Am schwierigsten ist zu verstehen, daß die Welt der Zauberer uns bedingungslose Freiheit bietet.« Sie wandte sich um und sah mich direkt an. »Aber Freiheit hat einen Preis.«

»Was kostet Freiheit?«

»Sie wird dich die Maske kosten, die du trägst«, sagte sie. »Diese Maske, die so bequem scheint und so schwer abzulegen ist – nicht etwa, weil sie so gut paßt, sondern weil du sie schon so lange getragen hast.« Sie blieb vor dem Tisch stehen.

»Weißt du, was Freiheit ist?« fragte sie, ohne eine Antwort zu erwarten. »Freiheit ist die vollkommene Abwesenheit der Sorge um die eigene Person«, fuhr sie fort und setzte sich neben mich aufs Bett. »Und der beste Weg dorthin besteht darin, sich um andere zu sorgen.«

»Was ich tue«, versicherte ich ihr. »Ich denke andauernd an Isidoro Baltazar und seine Frauen.«

»Dessen bin ich mir sicher«, stimmte Florinda bereitwillig zu. Sie schüttelte den Kopf und gähnte. »Es ist Zeit, mit der Formung deiner neuen Maske zu beginnen, die einzig und allein deinem eigenen Abdruck entspricht. Sonst kann sie nicht richtig passen, sie wird sich mal zu eng, mal zu lose, mal zu heißt und mal zu kalt anfühlen ...« Ihre Stimme verlor sich langsam, während sie die ausgefallensten Unbequemlichkeiten aufzählte.

Es folgte ein langes Schweigen, dann fuhr sie mit der gleichen schläfrigen Stimme fort zu sprechen. »Sich zur Welt der Zauberer zu bekennen, erfordert mehr als ein Lippenbekenntnis. Du mußt in dieser Welt handeln. In deinem Fall heißt das, daß du träumen mußt. Hast du seit deiner Rückkehr eine Traumwache gehalten?«

Verdrießlich gestand ich, daß dem nicht so war.

»Dann hast du dich auch noch nicht entschieden. Du arbeitest noch nicht an deiner neuen Maske. Du träumst das andere Selbst nicht.

Nur durch ihre Makellosigkeit sind Zauberer mit ihrer Welt verbunden. Sie haben kein Interesse daran, Andere von ihren Ansichten zu überzeugen. Unter den Zauberern gibt es keine Weisen oder Gurus, nur Naguale. Sie sind die Führer, nicht etwa weil sie mehr wissen oder besser sind als andere Zauberer, sondern weil sie über mehr Energie verfügen. Damit meine ich nicht unbedingt körperliche Kraft, sondern eine bestimmte Konstellation innerhalb ihrer Existenz, die es ihnen erlaubt, anderen bei der Durchbrechung von Wahrnehmungsbarrieren behilflich zu sein.«

»Wenn die Zauberer wirklich nicht daran interessiert sind, andere zu bekehren, wie kommt es dann, daß Isidoro Baltazar der Lehrling des alten Naguals ist?« unterbrach ich sie.

»Isidoro Baltazar ist in der Welt der Zauberer aufgetaucht, genau wie du«, antwortete sie. »Was immer für sein Auftauchen dort verantwortlich war, konnte von Mariano Aureliano unmöglich ignoriert werden. Es oblag seiner Pflicht, Isidoro Baltazar alles beizubringen, was er über die Welt der Zauberer wußte.« Sie erklärte, daß niemand nach Isidoro Baltazar oder mir Ausschau gehalten habe. Was immer auch für unser Auftauchen in der Welt der Zauberer gesorgt haben mochte, es hatte nichts mit fremdem Willen oder der Ausübung einer Anziehungskraft zu tun. »Niemand von uns würde etwas unternehmen, um dich gegen deinen Willen in dieser magischen Welt zu halten«, sagte sie lächelnd. »Und doch würden wir alles nur Erdenkliche und Unerdenkliche tun, um dir dabei zu helfen, dich weiterhin in dieser Welt aufzuhalten.«

Als wollte sie ihr Gesicht vor mir verbergen, wandte sie sich ab. Einen Augenblick später blickte sie über ihre Schulter zurück. In ihren Augen stand eine Kälte und Distanz, die mir zusammen mit der Veränderung ihres Gesichtsausdruckes so ungewöhnlich erschienen, daß ich es mit der Angst zu tun bekam. Instinktiv rückte ich von ihr ab.

»Das einzige, was weder ich noch Isidoro Baltazar für dich tun werden, ist, dir bei der Erhaltung deines alten, häßlichen, gierigen und maßlosen Selbst behilflich zu sein.«

Als wolle sie die Beleidigung abschwächen, legte sie ihren Arm um meine Schulter und drückte mich an sich. »Ich werde dir sagen, was du brauchst«, flüsterte sie und schwieg dann so lange, daß ich dachte, sie habe vergessen, was sie sagen wollte.

»Du mußt dich einmal ordentlich ausschlafen«, murmelte sie schließlich.

»Ich bin kein bißchen müde«, widersprach ich automatisch. Mir wurde deutlich, daß die meisten meiner Erwiderungen einzig und allein dem Zweck des Widerspruchs dienten. Recht zu haben, war für mich eine Frage des Prinzips.

Florinda lachte leise und umarmte mich erneut. »Sei nicht so germanisch«, murmelte sie. »Und erwarte nicht, daß dir alles klar und deutlich vor Augen geführt wird.« Sie fügte hinzu, daß nichts in der Welt der Zauberer klar und eindeutig sei, sondern daß die Dinge sich dort allmählich und auf unbestimmte Weise entfalteten. »Isidoro Baltazar wird dir behilflich sein«, versicherte sie mir. »Aber erinnere dich daran, daß dies auf eine andere Weise geschehen wird, als du vielleicht annimmst.«

»Was meinen Sie damit?« fragte ich und löste mich aus ihrer Umarmung, um sie besser anschauen zu können.

»Er wird dir nicht sagen, was du hören willst. Er wird dir nicht sagen, wie du dich zu benehmen hast. Denn wie du bereits weißt, gibt es in der Welt der Zauberer keine Regeln.« Sie kicherte; offenbar schien meine wachsende Frustration sie zu belustigen. »Vergiß nicht, daß alles nur eine Improvisation ist«, fügte sie hinzu, gähnte mit aufgerissenem Mund und griff nach einer der sorgfältig zusammengelegten Decken, die in der Nähe auf dem Boden lagen. Bevor sie sich zudeckte, stützte sie sich auf ihrem Ellbogen und sah mich genau an. Mit hypnotischer Stimme bat sie mich, niemals zu vergessen, daß ich auf dem gleichen Pfad des Kriegers wandelte wie Isidoro Baltazar.

Sie schloß ihre Augen und sagte mit kaum vernehmbarer Stimme: »Verliere ihn niemals aus den Augen. Er wird dich durch seine Handlungen so geschickt führen, daß du es nicht einmal bemerkst. Er ist ein makelloser und einzigartiger Krieger.«

Dringlich zerrte ich sie am Arm. Ich fürchtete, daß sie einschlafen könnte, bevor sie zu Ende gesprochen hatte.

Ohne die Augen zu öffnen, sagte Florinda: »Wenn du genau hinschaust, wirst du sehen, daß Isidoro Baltazar nicht nach Liebe und Anerkennung sucht. Er bleibt unter allen Umständen gelassen. Er verlangt nichts, ist jedoch bereit, alles zu geben. Begierig sucht er in Form einer freundlichen Bemerkung oder einer entgegenkommenden Geste nach einem Zeichen des Geistes, um seine Anstrengungen als Dank dafür zu verdoppeln.

Isidoro Baltazar urteilt nicht. Mit aller Kraft versucht er, sich zu einem Nichts zu reduzieren, um zuzuhören und zu beobachten, sodaß er erobern kann, um von seiner Eroberung erniedrigt zu werden. Oder aber er verliert und wird durch seinen Verlust gestärkt.«

»Wenn du genau hinsiehst, wirst du feststellen, daß Isidoro Baltazar niemals aufgibt. Selbst dann nicht, wenn er bezwungen werden sollte. Und vor allen anderen Dingen ist Isidoro Baltazar frei.«

Ich brannte darauf, sie zu unterbrechen und herauszubrüllen, daß ich das alles schon zehn Mal gehört hätte. Doch noch bevor ich etwas sagen konnte, war Florinda fest eingeschlafen.

Aus Angst, sie am Morgen zu verpassen, kehrte ich nicht in meine Wohnung zurück, sondern setzte mich auf das andere Bett.

Fremdartige Gedanken tauchten in meinem Kopf auf; trotzdem gelang es mir, mich zu entspannen und schließlich völlig loszulassen. Ich merkte, daß diese Gedanken sich von meinem üblichen Denken unterschieden und mir wie Lichtstrahlen, wie Blitze der Intuition erschienen.

Ich folgte einem dieser Blitze und entschied, mit meinem Hinterteil das Bett, auf dem ich saß, zu erfühlen. Zu meinem völligen Erstaunen fühlten sich meine Pobacken an, als seien sie bereits im Bett versunken. Für die Dauer eines Augenblicks war ich das Bett, und das Bett schien nach meinen Backen zu greifen. Für eine Weile gab ich mich völlig dem Gefühl hin. Da wußte ich, daß ich träumte und verstand mit absoluter Klarheit, was Esperanza gemeint hatte, als sie davon sprach, daß »meine Empfindung auf mich zurückgeworfen werden würde.« Dann schmolz ich dahin – oder besser ausgedrückt, ich explodierte.

Aus reiner Freude an diesem Vorgang wollte ich laut lachen, doch fürchtete ich, Florinda aufzuwecken. Endlich konnte ich mich an alles erinnern! Jetzt hatte ich keine Schwierigkeiten mehr, mich an die Vorgänge im Haus der Hexen während der verlorenen Tage zu erinnern. Ich hatte geträumt!

Jede der Frauen hatte ich mehr als zwei Mal gesehen, und genau wie Clara gesagt hatte, waren sie jetzt tief und dauerhaft in meinem Gedächtnis verankert. Ich erinnerte mich an alle Frauen, mit denen ich jene verträumten und vergessenen Tage verbracht hatte. Als lasse sie jemand vor meinen Augen erscheinen, wurden sie klarer und klarer, bis es mir schließlich schien, als sei mein Körper zurück zu den Ereignissen jener Tage geführt worden.

Die Auffallendste von allen war Nélida gewesen, die Florinda so sehr ähnelte, daß ich sie zunächst für ihren Zwilling gehalten hatte. Sie war nicht nur genauso groß und dünn, ihre Augen, Haare und Haut waren außerdem von derselben Farbe wie Florindas; selbst ihr Gesichtsausdruck und ihr Temperament waren gleich, obwohl Nélida zunächst als die Ruhigere, weniger Kraftvolle erschien. Offenbar verfügte sie nicht über Florindas Weisheit und ihre Energie, doch ihre geduldige, stille Kraft hatte etwas ungemein Beruhigendes.

Hermelinda hätte ohne Probleme als Carmelas jüngere Schwester durchgehen können. Ihr schlanker, ungefähr einsfünfundsechzig großer Körper war zart und rundlich, ihre Manieren exquisit. Doch schien sie weniger selbstsicher als Carmela. Sie sprach mit leiser Stimme und bewegte sich in ruckhaften Bewegungen, die sich auf mysteriöse Weise zu graziöser Anmut fügten. Ihre Gefährtinnen ließen mich wissen, daß ihre Schüchternheit und Ruhe gewöhnlich das Beste in anderen zutage treten ließ und daß sie nicht in der Lage war, sich auf eine Gruppe von Menschen, ja nicht einmal auf zwei Leute gleichzeitig einzulassen.

Clara und Delia ergaben ein hervorragendes Schelmenpaar. In Wirklichkeit waren sie nicht so groß, wie ich zuerst wegen ihrer Robustheit und Energie angenommen hatte. Sie standen in einem überaus unterhaltsamen Wettstreit miteinander und führten bei jeder Gelegenheit ihre sonderbaren Kostüme vor. Beide spielten gut Gitarre und hatten wunderschöne Singstimmen, mit denen sie sich gegenseitig in Spanisch, Englisch, Deutsch, Französisch und Italienisch zu übertreffen suchten. Zu ihrem Repertoire gehörten Balladen und Volkslieder ebenso wie jeder nur erdenkliche Schlager und die neuesten Pop-Songs. Sowie ich die erste Zeile eines Liedes summte oder sang, beendete entweder Clara oder Delia das entsprechende Lied zu meinen Ehren.

Sie widmeten mir Gedichte und schoben sie ohne Unterschrift unter meiner Tür hindurch, damit ich raten sollte, wer von ihnen die Autorin war. Jede behauptete, daß ich die Verfasserin auf Anhieb erkennen würde, wenn ich sie so liebte wie sie mich.

Dabei war ihr Wettbewerb unterhaltsam, und es fehlte ihm jede Spitze. Unnötig zu sagen, daß Clara und Delia ebenso viel Vergnügen daran fanden, wie ihr Publikum.

Hatten sie jemanden einmal in ihr Herz geschlossen, schien ihre Zuneigung und ihre Loyalität grenzenlos. Beide verteidigten mich mit erstaunlicher Hartnäckigkeit, selbst wenn ich mich in Unrecht befand. In ihren Augen war ich vollkommen und konnte nicht irren. Von ihnen lernte ich, daß die Aufrechterhaltung eines solchen

Vertrauens auf Gegenseitigkeit beruhte. Ich hatte keine Angst davor, sie zu enttäuschen oder ihren Erwartungen gerecht zu werden, sondern nahm von Natur aus an, daß ich vollkommen und mein Betragen makellos war.

Die stärkste unter den weiblichen Zauberern war meine Traumlehrerin Zuleica, die mir absolut gar nichts beibrachte. Sie sprach nicht einmal mit mir; vielleicht hatte sie von meiner Existenz nicht einmal Notiz genommen.

Wie Florinda war auch Zuleica von außergewöhnlicher Schönheit. Nicht ganz so dramatisch war ihre Schönheit mehr ätherischer Natur. Sie war kleinwüchsig, und ihr Gesicht mit den dunklen Augen unter den geschwungenen Brauen und der kleinen, perfekt geformten Nase wurde von einer Wette grau melierten dunklen Haares gerahmt, was ihre Besonderheit noch betonte.

Sie war von einer erhabenen Schönheit, die durch ihre erbarmungslose Selbstbeherrschung noch verstärkt wurde. Sie wußte, was es heißt, in den Augen anderer als schön und anziehend zu gelten und hatte gelernt, damit umzugehen wie mit einem Preis, den sie gewonnen hatte. Aus diesem Grund stand sie allem und jedem völlig indifferent gegenüber.

Zuleica hatte die Kunst des Bauchredens erlernt und zu wahrer Perfektion entwickelt. Ihrer Ansicht nach entfernten sich Worte durch den Gebrauch der Lippen von ihrer ursprünglichen Aussage.

Zuleicas Angewohnheit, durch ihren Bauch mit den Wänden und Tischen, dem Porzellan oder anderen im Raum befindlichen Objekten zu sprechen, begeisterte mich so, daß ich ihr folgte, wo immer sie auftauchte. Scheinbar ohne den Boden zu berühren, schwebte sie, ohne auch nur einen Hauch zu hinterlassen, durch das Haus. Als ich die anderen fragte, ob es sich dabei um eine optische Täuschung meinerseits handele, gaben sie zur Antwort, daß Zuleica nur ungern Fußabdrücke zurückließ.

Nachdem ich alle Frauen getroffen und mich mit ihnen bekannt gemacht hatte, erklärten sie mir den Unterschied zwischen den Träumern und den Pirschjägern. Sie bezeichneten sie als zwei unterschiedliche Planeten. Bei Florinda, Carmela, Zoila und Delia handelte es sich um Pirschjäger; kraftvolle Wesen, die über enorme körperliche Energien verfügten; Tatmenschen; unerschöpfliche Arbeiter; Spezialisten für jenen extravaganten Zustand des Bewußtseins, den sie als Traumwache bezeichneten.

Der zweite Planet – der der Träumer – setzte sich aus den anderen vier Frauen zusammen: Zuleica, Nélida, Hermelinda und Clara. Ihrem Wesen nach waren sie ätherischer, und ihre Energie war weniger offensichtlich, obwohl keinesfalls weniger kraftvoll. Selbst wenn sie alltäglichen Verrichtungen nachgingen, erschienen sie wie Wesen aus einer anderen Welt. Sie waren Spezialisten für einen besonderen Bewußtseinszustand, den sie als »das Träumen in anderen Welten als dieser« bezeichneten. Man sagte mir, daß dieser Zustand der höchste sei, den eine Frau je erreichen könnte.

Wenn Träumer und Pirschjäger zusammenarbeiteten, bildeten die Pirschjäger die äußere, schützende Schicht über dem Kern, der wiederum von den Träumern gebildet wurde. Er war wie ein weicher Mutterleib, der die harte äußere Schale nach innen dämpfte.

Während meiner Zeit im Haus der Hexen behandelte man mich mit ausgesuchter Anteilnahme und Besorgnis; die Hexen verwöhnten und verhätschelten mich wie ein kleines Kind. Sie bereiteten meine Lieblingsspeisen; sie schneiderten mir die elegantesten Kleider auf den Leib, die ich je im Leben besessen hatte. Man überschüttete mich mit Geschenken, mit unnötigem Firlefanz wie mit kostbaren Juwelen, die sie für den Tag, an dem ich erwachsen würde, zurücklegten.

Somit war der größte Teil meiner verschollenen Erinnerungen wieder aufgetaucht, und ich war erschöpft. Das rhythmische, leise Schnarchen Florindas, das im Zimmer wie ein entferntes Echo an- und abschwoll, hypnotisierte mich.

Als ich meine Augen öffnete, rief ich als erstes ihren Namen. Sie antwortete nicht. Ihr Bett war leer. Das gelbe, sorgsam unter der Matratze festgesteckte Laken verriet mit keiner Falte, daß jemand darauf gesessen, geschweige denn geschlafen hatte. Die beiden Kissen standen in ihrer ursprünglichen Stellung gegen die Wand gelehnt, und die von ihr benutzte Decke befand sich, sorgfältig zusammengelegt, auf dem Boden bei den anderen.

Ungeduldig durchsuchte ich die Wohnung nach einem Hinweis darauf, daß Florinda wirklich hier gewesen war. Doch ich fand nichts. Nicht einmal ein langes, graues Haar im Bad.

13

Im Zustand vollkommener Wachheit gelang es mir nie, mich an die verlorenen Tage zu erinnern – obwohl ich mit absoluter Sicherheit wußte, daß sie nicht wirklich verloren waren. Irgendetwas war während dieser Zeit mit mir geschehen, etwas, das eine innere Bedeutung hatte, die sich mir im Augenblick noch entzog. Ich unternahm keine bewußte Anstrengung, meine verblaßten Erinnerungen zu heben, sondern gab mich damit zufrieden zu wissen, daß sie dort waren – halb verborgen wie Menschen, die ich nur flüchtig kannte und deren Namen mit entfallen waren.

Obwohl ich nie ein begeisterter Schläfer gewesen war, schlief ich seit Florindas Auftauchen in Isidoro Baltazars Apartement zu jeder Tages- und Nachtzeit, nur um zu träumen. Jedes Mal, wenn ich mich niederlegte, verlor ich das Bewußtsein und schlief für ungewöhnlich lange Zeit. Ich nahm sogar zu. Gewicht, das sich unglücklicherweise nicht an den richtigen Plätzen absetzte. Doch kein einziges Mal träumte ich von den Zauberern.

Eines Nachmittags wurde ich durch lautes Geschepper geweckt. Isidoro hatte den Kessel in die Spüle fallen lassen. Ich war in Schweiß gebadet, mein Kopf schmerzte, und meine Sicht war verschwommen. Augenblicklich erinnerte ich mich an einen schrecklichen Traum, dessen genauer Ablauf sich mir jedoch sofort wieder entzog.

»Das ist alles deine Schuld!« schrie ich ihn an. »Wenn du ein wenig hilfsbereiter wärst, würde ich nicht mein ganzes Leben verschlafen!« Frustriert und ungeduldig wollte ich gerade zu einer längeren Tirade ausholen, als mir mit einem Schlag klar wurde, daß ich meine Beschwerden nicht länger so unterhaltsam fand, wie es früher der Fall gewesen war.

Als hätte ich meine Gedanken laut ausgesprochen, strahlte er freudig. Er schnappte sich einen Stuhl, setzte sich rittlings darauf und sagte: »Du weißt, daß ich nicht in der Lage bin, dir zu helfen. Frauen wandern auf einer anderen Traumallee. Ich bin nicht einmal in der Lage, mir vorzustellen, was Frauen anstellen müssen, um zu träumen.«

»Bei so vielen Frauen in deinem Leben solltest du es eigentlich wissen«, erwiderte ich unverschämt.

Er lachte; scheinbar war seine gute Laune durch nichts zu trüben. »Ich kann mir nicht im entferntesten vorstellen, was Frauen anstellen müssen, um zu träumen«, wiederholte er. »Männer kämpfen beim Träumen unablässig um die Aufrechterhaltung ihrer Aufmerksamkeit; Frauen brauchen nicht zu kämpfen; bei ihnen geht es darum, eine innere Disziplin zu etablieren.« Er lächelte strahlend. »Einen einzigen Hinweis kann ich dir geben: Nähere dich dem Traumzustand nicht mit deiner üblichen Besessenheit. Warte, bis er zu dir kommt.«

Ich öffnete meinen Mund, nur um ihn wieder zu schließen, und unversehens verwandelte sich mein Erstaunen in Wut. Ich zog meine Schuhe an, stapfte beleidigt aus dem Zimmer und sorgte dafür, daß die Tür hinter mit gehörig ins Schloß knallte. Meine Einsichten waren vergessen. Ich hörte sein Gelächter noch unten auf dem Parkplatz.

Niedergeschlagen, voller Selbstmitleid und unter dem Eindruck, allein und gänzlich ungeliebt zu sein, fuhr ich an den Strand. Er lag wie ausgestorben dort. Es regnete. Da es windstill war, fiel der Regen gerade und sanft zur Erde.

Das gedämpfte Plätschern der Wellen und der auf das Wasser

fallende Regen beruhigten mich. Ich zog die Schuhe aus, krempelte meine Hose hoch und ging spazieren, bis ich von meinen Launen reingewaschen war.

In diesem Augenblick wußte ich, daß ich sie ein für alle mal losgeworden war, denn ich hörte, wie die plätschernden Wellen mit mir Florindas Worten zuflüsterten. »Es ist ein einsamer Kampf.« Ich fühlte mich durch diese Aussage nicht bedroht; ich akzeptierte, daß ich in der Tat allein war. Diese Einsicht half mir zu erkennen, was es als nächstes zu tun galt. Und wie es meine Art war, verschwendete ich keine Minute, sondern handelte sofort.

Nachdem ich einen kurzen Brief unter Isidoro Baltazars Tür geschoben hatte – ich wollte verhindern, daß er mir mein Vorhaben ausredete – machte ich mich auf den Weg zum Haus der Hexen. Ich fuhr die ganze Nacht. In Tucson nahm ich mir ein Zimmer in einem Motel, verschlief dort fast den ganzen folgenden Tag und machte mich am Nachmittag auf den gleichen Weg, den ich bei meiner Rückkehr mit Isidoro Baltazar gefahren war.

Obwohl mein Orientierungssinn eher dürftig war, hatte diese Route sich mir tief ins Gedächtnis eingeprägt. Mit erstaunlicher Sicherheit erinnerte ich mich daran, welche Abfahrten ich zu nehmen hatte und welchen Straßen ich folgen mußte. In kürzester Zeit war ich am Haus der Hexen angekommen. Und da ich mein Gefühl, ohne Zeitverlust von Tucson zum Haus der Hexen gelangt zu sein, nicht schwächen wollte, schaute ich nicht einmal auf die Uhr.

Daß das Haus verlassen schien, störte mich nicht. Ich war mit der Tatsache wohl bewußt, daß man mich nicht direkt eingeladen hatte. Doch ich erinnerte mich ebenfalls daran, daß Nélida einen kleinen Korb mit Geschenken für mich in einer Schublade aufbewahrte, zu dem ich zurückkehren konnte, wann immer mir danach war. »Dieser Korb wird bei Tag und Nacht dafür sorgen, daß du sicher hergeleitet wirst«, klangen mir ihre Worte noch in den Ohren.

Mit traumwandlerischer Sicherheit gelangte ich ohne Mühe zu

dem Zimmer, welches Esperanza mir zugedacht hatte. Jemand hatte die weiße Hängematte mit den Fransen aufgehängt, und es schien, als wartete sie auf mich. Trotzdem gewann schließlich ein undefinierbares Unbehagen die Oberhand. Ich sank in die Hängematte und ließ ein Bein heraushängen, mit dem ich mich in Abständen von der Erde abstieß, um die Matte zum Schaukeln zu bringen.

»Zum Teufel mit meiner Angst«, rief ich laut, zog mein Bein in die Hängematte und streckte mich, wohlig wie eine Katze, bis meine Gelenke knackten.

»Aha, du bist also wohlbehütet zurückgekehrt«, erklang eine Stimme vom Flur.

Es war mir nicht möglich, die dazugehörige Person auszumachen; und obwohl ich die Stimme nicht erkannte, wußte ich, daß es sich bei der Sprecherin um Nélida handeln mußte. Vergeblich wartete ich auf ihr Eintreten.

»Dein Essen steht in der Küche«, hörte ich sie sagen, und ihre Schritte entfernten sich von der Tür.

Ich sprang auf und rannte hinter ihr her. »Warte, warte, Nélida!« rief ich. Auf dem Flur war niemand zu sehen, ebensowenig wie in den Zimmern, an denen ich auf dem Weg zur Küche vorbeikam. Das gesamte Haus schien verlassen. Und doch war ich mir sicher, daß die Frauen hier waren. Ich hörte ihre Stimmen, ihr Lachen, das Geklapper von Geschirr, Töpfen und Pfannen.

Die folgenden Tage verbrachte ich in ständiger Erwartung einer wichtigen Begebenheit. Ich hatte keine Idee, was genau sich ereignen sollte, doch war ich mir sicher, daß es etwas mit den Frauen zu tun haben würde.

Aus unerfindlichen Gründen wollten die Frauen nicht gesehen werden. Ihr geheimnistuerisches Verhalten veranlaßte mich zu jeder Tages- und Nachtzeit, wie ein lautloser Schatten auf den Korridoren herumzustreifen. Doch wie raffiniert meine Pläne auch sein mochten, es gelang mir nicht, auch nur einen Blick auf die Frauen zu werfen, geschweige denn sie zu überraschen. Als lebten sie in einer Zwischenwelt, schienen sie ihre Zimmer und das Haus gleitend zu betreten und zu verlassen, in ihrem Fahrwasser lediglich den Klang ihrer Stimmen und ihres Gelächters zurücklassend.

Gelegentlich fragte ich mich, ob die Frauen wirklich anwesend waren, oder ob die Schritte, das Gemurmel und das Gekicher nicht gänzlich meiner Einbildung entsprangen. Sobald ich jedoch zu dem Schluß gelangt war, es handelte sich bei ihnen um ein Produkt meiner Imagination, hörte ich deutlich, wie eine von oben auf der Terrasse tätig war, und wenn ich dann aufgeregt und voller Erwartung zur Rückseite des Hauses rannte, mußte ich stets feststellen, daß man mich wieder überlistet hatte. Bei diesen Gelegenheiten war ich fest davon überzeugt, daß die Frauen als echte Hexen über ein fledermausähnliches inneres Echolot verfügen mußten, mit dessen Hilfe sie imstande waren, meine Geräusche zu orten.

Sobald ich die exotischen Appetithappen sah, die sie für mich zurückgelassen hatte, schwand meine Enttäuschung darüber, sie nie vor dem Herd zu erwischen; und die Köstlichkeit der Speisen entschädigte mich überreichlich für die kleinen Portionen. Obwohl ich die Speisen mit großem Appetit verzehrte, blieb ich immer hungrig.

Eines Tages, kurz vor Einbruch der Dämmerung, hörte ich,wie eine Männerstimme aus dem hinteren Teil des Hauses meinen Namen rief. Ich sprang aus der Hängematte und rannte den Korridor hinab. Als ich den Hausmeister erblickte, war ich vor Freude so außer mir, daß ich ihn beinahe wie ein Hund angesprungen hätte. Unfähig, meine Freude über unser Wiedersehen zurückzuhalten, küßte ich ihn auf die Wangen.

»Gib acht, Nibelunga«, sagte er und klang dabei wie Isidoro Baltazar. Ich machte einen Satz zurück, und überrascht riß ich die Augen auf. Er winkte mir zu. »Halt dich zurück, sonst machst du dich noch über mich her.«

Einen Augenblick lang wußte ich nicht, was ich von seinen Worten halten solle. Doch als er lachte und mir bestätigend auf den Rücken klopfte, entspannte ich mich.

»Schön, dich zu sehen«, sagte er leise.

»Ich freue mich auch, Sie zu sehen«, kicherte ich verschämt und fragte ihn, wo die anderen seien.

»Oh, irgendwo hier im Haus«, sagte er unbestimmt. »Im Augenblick sind sie auf mysteriöse Weise unzugänglich, allerdings durchaus präsent. Gedulde dich«, fügte er hinzu, als er meine Enttäuschung bemerkte.

»Ich weiß genau, daß sie hier sind«, murmelte ich. »Sie stellen Essen in der Küche ab.« Dann gestand ich ihm: »Aber ich bin trotzdem hungrig. Die Portionen sind einfach zu klein.«

Seinen Worten nach zu urteilen, bestand die hervorstechendste Eigenschaft von Kraftnahrung darin, daß man nicht genug davon bekommen konnte. Er berichtete, daß er sein eigenes Essen zubereitet hatte – Reis und Bohnen mit Schwein, Rind oder Huhn – und nur einmal am Tag Nahrung zu sich nahm, und dies niemals zur gleichen Stunde wie am Tag zuvor.

Dann lud er mich in sein Quartier ein. Er lebte zwischen merkwürdigen Holz- und Eisenskulpturen in einem geräumigen, aber unaufgeräumten Zimmer hinter der Küche. Die Vorhänge waren zugezogen, und die Luft war schwer von Jasmin- und Eukalyptusduft. Er schlief auf einem Feldbett, das er zusammengeklappt in den Schrank stellte, wenn er es nicht brauchte. Seine Mahlzeiten nahm er an einem kleinen Chippendale-Tisch mit dürren Beinen ein.

Er gestand mir, daß ihm Routine ebenso verhaßt sei wie den mysteriösen Frauen. Ob es Tag war oder Nacht, Morgen oder Nachmittag, war ihm gleichgültig. Wenn er Lust hatte, kehrte er die Terrassen oder fegte die Blätter auf der gerodeten Fläche zusammen; ob sich tatsächlich Blüten oder Blätter auf dem Boden befanden, war nicht wichtig.

In den folgenden Tagen hatte ich enorme Schwierigkeiten, mich an seinen scheinbar unstrukturierten Lebensstil zu gewöhnen. Mehr aus innerem Zwang als aus wirklicher Hilfsbereitschaft beschloß ich, ihm bei der Erledigung seiner Pflichten behilflich zu sein. Schließlich nahm ich auch seine Einladung an, ihm beim Essen Gesellschaft zu leisten. Sein Essen war so köstlich wie seine Gesellschaft.

Ich war überzeugt, daß es sich bei ihm nicht nur um den Hausmeister handeln konnte. So tat ich mein Bestes, ihn mit hinterhältigen Fragen zu überraschen; ein nutzloses Unterfangen, denn ich erhielt keine einzige zufriedenstellende Antwort.

»Woher kommen Sie?« fragte ich eines Tages unverblümt, als wir beim Essen saßen.

Er sah von seinem Teller auf, und als habe er ein Verhör erwartet, zeigte er auf die Berge im Osten, die durch das offene Fenster gerahmt wurden wie ein Gemälde.

»Aus den Bacatete-Bergen?« Der Unglauben in meiner Stimme war deutlich zu spüren. »Aber Sie sind kein Indianer«, murmelte ich fassungslos. »Ich dachte, nur der Nagual Mariano Aureliano, Delia Flores und Genaro Flores sind Indianer.« Durch seinen überraschten und erwartungsvollen Blick ermutigt, fügte ich hinzu, daß auf Esperanza keine rassische Klassifikation zutreffe. Ich lehnte mich über den Tisch und gestand ihm mit verschwörerischer Stimme, was ich Florinda bereits erzählt hatte: »Esperanza ist nicht durch Menschen geboren worden, sondern durch Hexerei. Sie ist der Leibhaftige in Person.«

Der Hausmeister lehnte sich in seinem Stuhl zurück und kreischte vor Vergnügen. »Und was weißt du über Florinda? Wußtest du, daß sie Französin ist? Ihre Eltern waren jedenfalls Franzosen. Sie stammten von den Einwanderern ab, die mit Maximilian und Carlotta nach Mexiko kamen.«

»Sie ist wunderschön«, murmelte ich und versuchte mich an das genaue Jahr zu erinnern, in welchem Napoleon den österreichischen Thronfolger nach Mexiko geschickt hatte.

»Du solltest sie sehen, wenn sie sich herausgeputzt hat«, schwärmte der Hausmeister. »Sie scheint nicht zu altern.«

»Carmela sagte, daß ich genau wie Florinda sei«, gestand ich in einem Anfall von Eitelkeit und Wunschdenken.

Seine Antwort war lautes Gelächter. »Das möchtest du wohl gern.« Er sprach die Worte ohne jede Anteilnahme, so als sei es ihm vollkommen gleichgültig, wie ich sie aufnehmen würde.

Durch seine Bemerkung und seinen Mangel an Mitgefühl verärgert, starrte ich ihn mit unverhohlener Feindseligkeit an und fragte ihn, um das Thema zu wechseln, nach dem Nagual Mariano Aureliano. »Wo genau kommt er her?«

»Wer weiß schon, woher Naguale kommen?« murmelte er. Er erhob sich und trat ans Fenster. Eine lange Zeit starrte er auf die Berge am Horizont, dann wandte er sich mir wieder zu. »Manche behaupten, die Naguale kommen direkt aus der Hölle. Das glaube ich auch.

Manche sagen, die Naguale seien nicht einmal Menschen. Und wenn du mich fragst, so sind Naguale Übermenschen. Deshalb wissen sie alles über die Beschaffenheit des Menschen. Einen Nagual kann man nicht belügen. Sie durchschauen dich. Sie durchschauen alles. Sie durchschauen selbst den Raum und blicken in andere Welten, innerhalb wie außerhalb der unsrigen.«

Unbehaglich rutschte ich auf meinem Stuhl hin und her und wünschte, er möge aufhören zu reden. Ich bereute jetzt, ihn in diese Unterhaltung verwickelt zu haben. Meiner Ansicht nach bestand nicht mehr der geringste Zweifel daran, daß der Mann den Verstand verloren hatte.

»Nein, ich habe nicht den Verstand verloren«, versicherte er, und ich stieß einen lauten Schrei aus. »Ich spreche lediglich Dinge aus, von denen du noch nie zuvor gehört hast, mehr nicht.«

Defensiv blinzelte ich mit den Augen. Mein Unbehagen machte mir jedoch Mut, und ich fragte ihn geradeheraus, weshalb die Frauen sich vor mir versteckten.

»Das liegt auf der Hand«, gab er zurück. »Du solltest es eigentlich wissen. Du und Deinesgleichen gehören zur Mannschaft, ich nicht. Ich bin nur der Hausmeister. Ich öle die Maschinerie.«

»Sie verwirren mich nur noch weiter«, brummelte ich ärgerlich. Dann hatte ich eine plötzliche Eingebung: »Wer gehört zu der Mannschaft, von der Sie eben gesprochen haben?«

»Alle Frauen, die du bei deinem letzten Besuch hier getroffen hast. Die Träumer und die Pirschjäger. Sie haben mir erzählt, daß du zu den Pirschjägern gehörst. Du bist eine von ihnen.«

Er goß sich ein Glas Wasser ein und ging damit zum Fenster. Er nahm ein paar Schlucke und unterrichtete mich dann davon, daß der Nagual Mariano Aureliano meine Fähigkeiten als Pirschjäger in Tucson auf die Probe gestellt habe, als er mich mit einer toten Küchenschabe und dem Auftrag, sie in mein Essen zu mischen, in das kleine Restaurant geschickt hatte. Der Hausmeister stellte sich mit dem Rücken zum Fenster, sah mir direkt in die Augen und fügte hinzu: »Du hast versagt.«

»Ich will von dem Unfug nichts mehr hören«, schnitt ich ihm das Wort ab. Ich verspürte keine Lust, mir den Rest seiner Geschichte anzuhören.

Er strahlte vor Schadenfreude. »Aber nach deinem Versagen hast du dich rehabilitiert, indem du den Nagual Mariano Aureliano ohne Scham und Reue beschimpft und getreten hast. Pirschjäger wissen, wie man mit Leuten umzugehen hat.«

Ich öffnete den Mund, um ihm mitzuteilen, daß ich kein Wort verstand, schloß ihn jedoch sogleich wieder.

»Das Erstaunliche besteht darin, daß du eine großartige Träumerin bist. Wenn das nicht wäre, würdest du wirklich wie Florinda sein – etwas kleiner und weniger attraktiv, versteht sich.«

Giftig lächelnd, verfluchte ich schweigend den alten Widerling.

»Erinnerst du dich daran, wie viele Frauen bei dem Picknick anwesend waren?« fragte er aus heiterem Himmel.

Ich schloß die Augen und versuchte, mich zu erinnern. Deutlich sah ich, daß sechs Frauen auf dem Leinentuch unter dem Eukalyptusbaum saßen. Esperanza war nicht dabei gewesen, aber Carmela, Zoila, Delia und Florinda.

»Wer waren die anderen beiden?« fragte ich, verwirrter als zuvor.

»Ah«, murmelte er genüßlich und mit strahlendem Lächeln. »Das waren Träumer aus einer anderen Welt. Du hast sie deutlich gesehen, doch dann sind sie verschwunden. Dein Verstand konnte nicht folgen, weil die Tatsache ihres Verschwindens einfach zu ungewöhnlich für dich war.«

Ich nickte abwesend und versuchte zu begreifen, daß ich nur vier der Frauen gesehen hatte, obwohl sechs anwesend gewesen waren.

Er mußte meine Gedanken aufgefangen haben, denn er sagte, daß es vollkommen natürlich gewesen sei, sich auf die Vier konzentriert zu haben. »Die anderen beiden stellen deine Energiequelle dar. Sie sind körperlos und stammen nicht aus dieser Welt.«

Ich hatte keine weiteren Fragen. Verwirrt und fassungslos starrte ich ihn an.

»Da du dich nicht auf dem Planeten der Träumer befindest, sind deine Alpträume und deine Übergänge zwischen Traum und Wirklichkeit sehr unsicher und für dich und die anderen Träumer gefährlich. Florinda hat es deshalb auf sich genommen, dich zu schützen und vor Verletzungen zu bewahren.«

»Ich will kein Wort mehr hören!« schrie ich und sprang mit solcher Heftigkeit auf, daß mein Stuhl umkippte. Ich konnte mich gerade noch zurückhalten, nicht zu sagen, daß ich es für weitaus besser hielt, kein Wort mehr von diesem Irrsinn und seinen seltsamen Gedankengängen erfahren zu müssen.

Der Hausmeister nahm mich bei der Hand und ging mit mir nach draußen und durch den Chaparral zur Rückseite des kleinen Hauses.

»Du mußt mir mit dem Generator helfen«, sagte er. »Er muß dringend repariert werden.«

Ich lachte laut auf und erklärte ihm, daß ich nichts von Generatoren verstehe. Als er die Falltür über einer Betonverschalung öffnete, wurde mir klar, daß hier die Elektrizität für die Beleuchtung im Haus gewonnen wurde. Ich hatte bis dahin angenommen, daß Elektrizität im ländlichen Mexiko ebenso selbstverständlich war wie in Los Angeles.

Von diesem Tag an bemühte ich mich, ihm nicht allzuviele Fragen zu stellen. Ich spürte, daß ich seinen Antworten nicht gewachsen war. Unsere Treffen nahmen einen rituellen Charakter an, und ich versuchte, es dem exquisiten Gebrauch der spanischen Sprache gleichzutun, die der alte Mann an den Tag legte. Stunden verbrachte ich in meinem Zimmer über unterschiedlichen spanischen Lexika brütend, auf der Suche nach neuen und oft uralten Worten, die dazu geeignet waren, ihn zu beeindrucken.

Als ich eines Nachmittags darauf wartete, daß er mit dem Essen in sein Zimmer kam – zum ersten Mal seit ich ihn kannte hielt ich mich allein dort auf –, erinnerte ich mich erneut an den alten merkwürdigen Spiegel und untersuchte seine fleckige und beschlagene Oberfläche.

»Wenn du dich allzulange in dem Spiegel anschaust, wird er dich nicht mehr loslassen, und du bist gefangen«, erklang eine Stimme hinter meinem Rücken.

In Erwartung, den Hausmeister zu sehen, drehte ich mich herum, doch war niemand dort. Hastig versuchte ich, die Tür zu erreichen und riß dabei beinahe die Skulptur aus Holz und Eisen hinter mir um. Ich versuchte, sie aufzufangen, doch noch bevor ich sie berühren konnte, schien sie sich in kreisförmigen Bewegungen von mir zu entfernen und kam mit einem menschlichen Seufzer an ihrem angestammten Platz wieder zum Stehen.

»Was geht hier vor?« fragte der Hausmeister, als er den Raum betrat. Er stellte das große Tablett auf den wackligen Tisch und blickte in mein aschfahles Gesicht, dann wiederholte er seine Frage.

»Ich habe manchmal das Gefühl, daß diese Monstrositäten leben und mich beobachten«, sagte ich und zeigte mit dem Kinn auf die Skulptur in meiner Nähe. Als ich sein ernstes Gesicht bemerkte, fügte ich hinzu, daß ich mit monströs nicht ihr Aussehen, sondern ihre Größe gemeint hatte. Ich atmete mehrere Male tief ein und wiederholte schaudernd, daß mir die Skulpturen lebendig vorkamen.

Er blickte sich vorsichtig um und senkte seine Stimme zu einem kaum vernehmbaren Flüstern. »Sie sind lebendig«, sagte er.

Mir wurde so unwohl, daß ich anfing, zusammenhangsloses Zeug daherzureden. Ich erzählte ihm, wie ich den Raum zum ersten Mal betreten hatte, nachdem ich meinte, ein unheimliches Gemurmel gehört zu habe, welches sich schließlich als der durch eine zerbrochene Fensterscheibe fahrende Wind entpuppt hatte. »Damals dachte ich, es sei ein Monster«, gestand ich, nervös kichernd. »Ein fremdes Wesen, das sich von den Schatten der Dämmerung ernährt.«

Der Hausmeister kaute auf seiner Unterlippe und sah mich mit aufmerksamen Augen an. Dann streifte sein Blick ziellos durch den Raum. »Wir sollten uns setzen und mit dem Essen beginnen«, sagte er schließlich. Er bot mir einen Stuhl an, und sobald ich mich bequem hingesetzt hatte, fügte er mit ernster Stimme hinzu: »Du hast völlig recht damit, sie Wesen zu nennen, denn es sind keine Skulpturen. Es sind *Erfindungen.* Sie wurden nach Mustern erschaffen, die ein großer Nagual in einer anderen Welt zu Augen bekam.«

»War es Mariano Aureliano?« fragte ich.

Er schüttelte den Kopf. »Ein viel älterer Nagual namens Elias.«

»Weshalb sind die Erfindungen in Ihrem Zimmer?« fragte ich. »Hat dieser große Nagual sie für Sie angefertigt?«

»Nein«, sagte er. »Ich passe lediglich auf sie auf.« Er erhob sich und holte ein säuberlich zusammengelegtes weißes Taschentuch aus seiner Tasche, mit dem er die uns am nächsten stehende Erfindung abwischte. »Da ich der Hausmeister bin, obliegt diese Aufgabe mir. Eines Tages werde ich diese Erfindungen mit Hilfe all der Zauberer, die du bereits kennengelernt hast, an ihren Bestimmungsort schaffen.«

»Wo liegt der?«

»In der Unendlichkeit, im Kosmos, im Vakuum.«

»Wie wollen Sie sie dorthin bringen?«

»Mit Hilfe derselben Kraft, die sie ursprünglich hierher geschafft hat: der Kraft der Traumwache.«

»Wenn Sie träumen wie die Zauberer«, begann ich vorsichtig, bemüht, den Triumph in meiner Stimme zu verbergen, »dann müssen Sie auch ein Zauberer sein.«

»Das bin ich, doch trotzdem bin ich nicht wie sie.«

Sein offenes Geständnis verwirrte mich. »Worin besteht der Unterschied?«

»Ah!« rief er wissend. »Es könnte keinen größeren Unterschied auf dieser Welt geben. Aber ich kann ihn dir jetzt nicht erklären, sonst würdest du noch verdrießlicher und ärgerlicher werden. Eines Tages wirst du von selbst darauf kommen, ohne daß es dir jemand erklären muß.«

Ich konnte spüren, wie die Räder in meinem Kopf daran arbeiteten, eine weitere Frage zu stellen oder wenigstens noch etwas zu sagen.

»Können Sie mir erklären, wie der Nagual Elias zu diesen Erfindungen gekommen ist?«

»Er hat sie beim Träumen erblickt und mitgenommen«, gestand der Hausmeister. »Bei manchen handelt es sich um Kopien, die er selbst angefertigt hat, weil er die Originale nicht hierher schaffen konnte. Andere sind echt. Erfindungen, die der große Nagual selbst hierher gebracht hat.«

Ich glaubte ihm kein einziges Wort. »Weshalb hat der Nagual Elias sie hierher geschafft?« fragte ich trotzdem.

»Weil die Erfindungen ihn darum gebeten haben.«

»Weshalb?«

Mit einer Bewegung seiner Hand wischte der Hausmeister meine Fragen zur Seite und drängte mich, mein Essen einzunehmen. Sein Unwillen, meine Neugier zu stillen, erregte mein Interesse nur noch mehr. Ich verstand nicht, weshalb er sich weigerte, weiter über die seltsamen Gebilde zu sprechen; er hätte mir schließlich alles erzählen können.

Sobald wir unser Mahl beendet hatten, bat er mich, sein Klappbett aus dem Schrank zu holen. Da ich mit seinen Gewohnheiten mittlerweile vertraut war, stellte ich es vor den Flügeltüren mit den Vorhängen auf. Zufrieden seufzend, legte er sich nieder und plazierte seinen Kopf auf dem kleinen, rechteckigen, mit getrockneten Bohnen und Maiskörnern gefüllten Kissen, das an dem Klappbett befestigt war. Seiner Ansicht nach sorgte das Kissen für schöne Träume.

»Jetzt bin ich bereit für meinen Nachmittagsschlaf«, sagte er und lockerte den Gürtel. Dies war seine Art, mir höflich zu verstehen zu geben, daß ich mich entfernen sollte.

Pikiert darüber, daß er mir keine weiteren Informationen über die Erfindungen geben wollte, stapelte ich die Teller auf dem Tablett und stürmte aus dem Zimmer. Sein Schnarchen verfolgte mich bis in die Küche.

In jener Nacht wurde ich durch den Klang einer Gitarre geweckt. Automatisch griff ich nach der Taschenlampe, die ich für alle Fälle neben meiner tiefhängenden Hängematte aufbewahrte, und sah auf die Uhr. Es war kurz nach Mitternacht. Ich wickelte mir die Decke um und betrat auf Zehenspitzen den Flur, der auf den Innenhof führte.

Dort saß in einem der Korbstühle ein Mann und spielte Gitarre. Obwohl ich sein Gesicht nicht erkennen konnte, wußte ich, daß es sich um den gleichen Mann handelte, den Isidoro Baltazar und ich bei unserem ersten gemeinsamen Besuch gesehen und gehört hatten. wie damals, so hörte er auch jetzt auf zu spielen, als er mich sah; er erhob sich und ging in das Innere des Hauses.

Sobald ich zurück in meinem Zimmer war, nahm er sein Spiel wieder auf. Ich war gerade dabei einzuschlafen, als ich ihn mit klarer, schöner Stimme singen hörte. Er sang den Wind an, er bat ihn, über Meilen der Stille und Leere zu ihm zu kommen.

Als würde er auf diese unheimliche Beschwörung antworten, wurde der Wind stärker. Er blies durch den Chaparral, riß die welken Blätter von den Bäumen und trieb sie an den Wänden des Hauses zu raschelnden Haufen zusammen.

Spontan entschloß ich mich, die Tür zum Innenhof zu öffnen. Der Wind erfüllte das Zimmer mit einer unaussprechlichen Traurigkeit; nicht die Traurigkeit, die Tränen bringt, sondern die melancholische Einsamkeit der Wüste, voll von Staub und uralten Schatten. Wie Rauch drehte der Wind seine Kreise durch das Zimmer. Mit jedem Atemzug nahm ich ihn auf. Er lag schwer in meinen Lungen, doch je tiefer ich einatmete, desto leichter kam ich mir vor.

Ich trat hinaus und zwängte mich zwischen den hohen Büschen hindurch auf die Rückseite des Hauses. Die weiß getünchten Wände fingen das Mondlicht auf und reflektierten es auf dem windgefegten Boden der weiten Lichtung. Aus Furcht, gesehen zu werden, sprang ich von Baum zu Baum und versteckte mich in den dunklen Schatten des Mondlichts, bis ich die beiden Orangenbäume erreicht hatte, die den schmalen Eingang zum Pfad des kleinen Hauses bewachten.

Der Wind trug Gelächter und undeutliches Gemurmel aus dem Chaparral heran. Mutig eilte ich den Pfad entlang, um vor der Eingangstür des kleinen dunklen Hauses doch die Nerven zu verlieren. Vor Aufregung bebend, schlich ich mich langsam auf ein offenes Fenster zu. Ich erkannte die Stimmen von Delia und Florinda, doch lag das Fenster zu hoch, als daß ich hätte sehen können, was die beiden Frauen taten.

Ich lauschte in der Erwartung, etwas Tiefschürfendes zu erfahren oder Zeuge einer außergewöhnlichen Enthüllung zu werden, die mir dabei behilflich sein würde, meine Unfähigkeit zu träumen ein für alle Mal zu überwinden. Doch alles, was ich hörte, war Tratsch. Ihre boshaften Anspielungen bereiteten mir soviel Freude, daß ich mehrere Male laut auflachen mußte und dabei völlig vergaß, daß ich unbefugt lauschte.

Zunächst nahm ich an, daß sie über Außenstehende klatschten. Doch dann wurde mir klar, daß sie über weibliche Träumer redeten; und ihre hinterhältigsten Bemerkungen galten Nélida.

Nach all den Jahren sei sie immer noch unfähig, sich aus der Umklammerung der Welt zu lösen. Nicht nur war sie eitel – die Frauen behaupteten, daß sie den ganzen Tag vor dem Spiegel verbrachte – sondern obendrein auch noch lüstern. Sie tat alles, was in ihrer Macht stand, um in den Augen des Nagual Mariano Aureliano sexuell begehrenswert zu werden und ihn zu verführen. Gehässig bemerkte jemand, daß sie letztendlich auch die einzige sei, die in der Lage war, sein enormes und beängstigendes Sexualorgan zu beherbergen.

Dann sprachen sie über Clara. Sie bezeichneten sie als aufgeblasene Elefantenkuh, die es für ihre Pflicht hielt, ihren Segen jedermann zuteil werden zu lassen. Im Augenblick genoß Nagual Isidoro Baltazar, den sie mit ihrem nackten Leib beglückte, ihre Aufmerksamkeit. Allerdings sollte er ihres Körpers nicht habhaft werden, sondern ihn lediglich anschauen dürfen. Einmal am Morgen und einmal zur Nacht beehrte sie ihn mit dem Anblick ihrer Nacktheit. Sie war überzeugt, daß dies zur Stärkung der Manneskraft des jungen Nagual beitragen würde.

Die dritte Frau, über die sie sprachen, war Zuleica. Sie behaupteten, sie unterliege der Illusion, gleichzeitig die Jungfrau Maria und eine Heilige zu sein. Doch handelte es sich bei ihrer sogenannten Spiritualität um nichts weiter als blanken Irrsinn. Von Zeit zu Zeit drehte sie einfach mal durch. Und wenn sie einen ihrer Anfälle bekam, pflegte sie das gesamte Haus von oben bis unten zu reinigen, einschließlich der Felsen auf dem Hof und auf dem Grundstück.

Dann war da noch Hermelinda. Sie wurde als ausgesprochen nüchtern, sauber und die fleischgewordene Verkörperung mittelständischer Wertvorstellungen beschrieben. Ebenso wie Nélida, trachtete sie selbst nach einigen Jahren immer noch danach, eine perfekte Frau und Nestbauerin zu werden. Und dies ungeachtet der Tatsache, daß sie weder kochen, nähen noch sticken konnte und auch nicht in der Lage war, zur Unterhaltung ihrer Gäste Klavier zu spielen. Hermelinda, so hörte ich zwischen einigem Gekicher, hatte vor, als ein Muster vorbildlicher Weiblichkeit in die Annalen einzugehen, genau wie Nélida sich als verworfenes Weib verewigt sehen wollte.

Wenn die beiden ihre Talente zusammenwerfen sollten, so bemerkte eine der Stimmen, dann hätte man die perfekte Frau für den Herrn des Hauses: makellos in Küche und Salon, in Schürze und Abendkleid und ebenfalls perfekt im Bett – die Beine in der Luft, wann immer es den Hausherrn danach verlangte.

Als sie ruhiger wurden, rannte ich zum Haus zurück und suchte wieder mein Zimmer und meine Hängematte auf. Doch so sehr ich es auch versuchte, es gelang mir nicht mehr einzuschlafen. Ich hatte den Eindruck, daß eine schützende Blase um mich herum zerplatzt sei und mit ihr mein Sinn für Freude und Vergnügen an meinem Aufenthalt im Haus der Hexen. Ich konnte nur noch daran denken, daß ich, diesmal durch eigenes Verschulden, mit einem Haufen alter, verrückter Weiber in Sonora feststeckte, die nichts weiter taten als tratschen, während ich mich derweil in Los Angeles hätte vergnügen können.

Ich war auf der Suche nach Rat hierher gekommen. Stattdessen ignorierte man mich und teilte mir die Gesellschaft eines senilen alten Mannes zu, von dem ich den Verdacht hegte, daß es sich bei ihm in Wirklichkeit um eine Frau handelte.

Als ich mich am nächsten Morgen beim Hausmeister zum Essen an den Tisch setzte, hatte ich mich in einen Zustand derartiger Entrüstung gesteigert, daß ich nicht imstande war, auch nur einen Bissen herunterzubringen.

»Was ist los mit dir?« fragte der alte Mann und sah mich durchdringend an. Normalerweise vermied er direkten Blickkontakt. »Bist du nicht hungrig?«

Zornig erwiderte ich seinen Blick. Ohne auch nur den Versuch zu unternehmen, etwas von meinem aufgestauten Ärger und meiner Frustration zurückzuhalten, platzte ich heraus. Noch während ich mich beschwerte, hatte ich jedoch einen Moment der Nüchternheit; ich sagte mir, daß der alte Mann nicht die richtige Adresse für meine Beschwerden sei, sondern daß ich ihm für seine unermüdliche Freundlichkeit hätte danken sollen. Doch ich konnte nicht mehr an mich halten. Meine unbedeutenden Ärgernisse hatten sich verselbständigt. Meine Stimme wurde immer schriller, während ich daranging, die Geschehnisse der letzten Tage aufzublasen und zu verzerren. Mit hinterhältiger Schadenfreude erzählte ich ihm, daß es mir gelungen war, die Frauen zu belauschen.

»Die wollen mir absolut nicht behilflich sein«, stellte ich mit lauter, autoritärer Stimme fest. »Außer zu klatschen, bringen Sie ohnehin nichts zuwege. Sie haben furchtbare Dinge über die anderen weiblichen Träumer gesagt.«

»Was genau hast du gehört?«

Mit großer Freude ging ich daran, ihm die Einzelheiten zu erzählen und war selbst überrascht, mit welch außerordentlicher Genauigkeit ich in der Lage war, jedes Detail der boshaften Bemerkungen zu wiederholen.

»Es liegt auf der Hand, daß sie über dich gesprochen haben«, erklärte er, sobald ich meine Aufzählung beendet hatte. »Im übertragenen Sinn, versteht sich.« Er wartete, bis seine Worte sich bei mir gesetzt hatten. Und noch bevor ich protestieren konnte, fragte er mit unschuldiger Stimme: »Das bist doch alles du, zumindest ein bißchen, findest du nicht auch?«

»Zum Teufel!« explodierte ich. »Hören Sie auf mit Ihrem psychologischen Scheißkram; den Mist lasse ich mir nicht gefallen, nicht mal von einem gebildeten Mann, geschweige denn von Ihnen, Sie verkommener Landarbeiter!«

Die Augen des Hausmeisters weiteten sich vor Erstaunen, und seine schmalen Schultern sanken. Ich hatte keinerlei Mitleid mit ihm, nur mit mir selbst. Ich hatte meine Zeit mit ihm verschwendet.

Gerade wollte ich ihm mitteilen, wie sehr ich die lange, anstrengende und zudem nutzlose Reise hierher bereute, als der Hausmeister mich derartig verachtungsvoll ansah, daß ich mich für meine Wutausbruch zu schämen begann.

»Wenn du dich ein wenig zusammennimmst, wirst du verstehen, daß nichts, was diese Zauberer tun, ihrer Unterhaltung dient oder dazu, andere zu beeindrucken oder ihren eigenen Vorlieben Vorschub zu leisten«, sagte er mit großer Gelassenheit. »Alles, was sie sagen oder tun, hat einen tieferen Sinn.« Sein Blick war jetzt von einer solchen Intensität, daß ich mich entfernen wollte, doch es gelang mir nicht. »Denke nur nicht, daß du hier Ferien machst«, betonte er. »Für die Zauberer, unter die du gefallen bist, gibt es keine freien Tage.«

»Was wollen Sie damit sagen?« begehrte ich ärgerlich zu wissen. »Reden Sie nicht um den Brei herum, sondern spucken Sie es aus.«

»Wie kann ich noch deutlicher sein?« Seine Stimme klang irreführend sanft und war weitaus bedeutungsschwangerer, als ich zu verstehen imstande war. »Die Hexen haben dir gestern Nacht schon gesagt, wer du bist. Sie haben die vier Frauen vom Planeten der Träumer als Vorwand benutzt, um dir, der Lauscherin, mitzuteilen, was du in Wirklichkeit bist: eine größenwahnsinnige Schlampe.«

Mein Schock war so groß, daß es mir für einen Augenblick die Sprache verschlug. Dann schoß meine Wut wie heiße Lava durch meinen Körper. »Sie übles, nutzloses Stück Scheiße«, brüllte ich und trat ihm zwischen die Beine. Vor meinem inneren Auge sah ich bereits, wie der kleine alte Mann am Boden lag und sich vor Schmerzen wand. Doch mein Tritt verpuffte in der Luft. Mit der Behendigkeit eines Preisboxers war er mir aus dem Weg gesprungen.

Er lächelte, doch waren seine Augen ausdruckslos und kalt, während er zusah, wie ich keuchte und stöhnte. »Dies sind genau die Tricks, von denen die Hexen gesprochen haben, die du bei dem Nagual Isidoro Baltazar anzuwenden versuchst. Du bist dafür trainiert worden. Denk einmal darüber nach. Sich nur aufzuregen, nützt überhaupt nichts.«

Ich wollte etwas sagen, brachte jedoch keinen Laut hervor. Sein gleichgültiger, eisiger Tonfall sorgte dafür, daß mir die Worte im Hals steckenblicken. Mir wäre es lieber gewesen, wenn er mich angeschrien hätte, denn dann hätte ich wenigstens noch lauter zurückschreien können.

Es hatte keinen Sinn, mit ihm zu streiten. Ich versicherte mir, daß er im Unrecht war. Er war schlicht und einfach ein seniler Mann mit einer giftigen Zunge. Nein, ich würde mich nicht über ihn ärgern, doch ernstnehmen würde ich ihn ebensowenig.

»Ich hoffe, du fängst jetzt nicht auch noch an zu heulen«, warnte er mich, bevor ich Zeit hatte, mich von meinem Schock zu erholen.

Obwohl ich mir vorgenommen hatte, mich von dem alten Bastard nicht verrückt machen zu lassen, kehrte meine Wut zurück. »Ganz gewiß nicht!« schnappte ich. Bevor ich erneut nach ihm trat, brüllte ich, daß er nur ein mieser kleiner Dienstbote sei, den man für seine Frechheiten auspeitschen sollte, doch im Angesicht seines harten und unerbittlichen Blickes verlor ich das Momentum. Irgendwie brachte er es fertig, mich ohne eine Veränderung seines höflichen aber ausdruckslosen Tonfalls davon zu überzeugen, daß es besser sei, wenn ich mich bei ihm entschuldigte.

»Es tut mir leid«, sagte ich schließlich und meinte, was ich sagte. »Meine ekelhafte Launenhaftigkeit und mein schlechtes Benehmen gewinnen jedes Mal die Oberhand.«

»Das weiß ich; ich bin von allen gewarnt worden«, sagte er mit ernster Stimme. »Iß jetzt«, fügte er lächelnd hinzu.

Während ich aß, war mir die ganze Zeit unwohl. Langsam kauend, sah ich ihn mehrere Male an. Obwohl er sich nicht die geringste Mühe gab, freundlich zu erscheinen, wußte ich, daß er mir nicht böse gesinnt war. Vergeblich versuchte ich, mich mit diesem Gedanken zu trösten. Ich merkte, daß sein Mangel an Betroffenheit weder absichtlich noch einstudiert war. Ihm lag nicht daran, mich zu bestrafen. Nichts von dem, was ich gesagt oder getan hatte, schien ihn auch nur im mindesten zu beeindrucken.

Ich schluckte meinen letzten Bissen herunter und sagte mit erstaunlicher Gewißheit das erste, was mir in den Kopf kam: »Sie sind nicht der Hausmeister.«

Er sah mich an. »Und wer bin ich deiner Meinung nach?« Sein Gesicht entspannte sich, und er grinste belustigt.

Ich ließ alle Vorsichtsmaßnahmen außer acht und spürte eine enorme Leichtsinnigkeit. Ich platzte heraus – selbstverständlich in Form einer Anschuldigung –, daß es sich bei hm um eine Frau handelte und er in Wirklichkeit Esperanza sei. Erleichtert, mir endlich Luft gemacht zu haben, seufzte ich laut. »Deshalb haben Sie als einziger einen Spiegel; Sie müssen als Mann und Frau durchgehen können«, setzte ich hinzu.

»Die Luft in Sonora muß dir nicht zuträglich sein«, sagte er nachdenklich. »Es ist bekannt, daß die dünne Wüstenluft die merkwürdigsten Effekte zeitigt.« Er griff nach meinem Handgelenk und hielt es mit eisernem Griff umklammert. »Oder liegt es etwa in deinem Wesen, gemein und schwierig zu sein und mit absoluter Gewißheit alles sofort herauszuplärren, was dir in den Kopf kommt?«

Kichernd lehnte er sich zu mir und schlug mir vor, einen Nachmittagsschlaf mit ihm zu halten. »Das wird uns beiden sehr gut tun. Wir sind beide schwierig«, sagte er.

»Ach, daher weht der Wind!« rief ich, unsicher ob ich lachen oder mich über seinen Vorschlag ärgern sollte. »Sie wollen wohl, daß ich mit Ihnen ins Bett gehe?« Ich setzte hinzu, daß Experanza mich bereits vor ihm gewarnt hatte.

»Was spricht dagegen, einen Nachmittagsschlaf mit mir zu halten, wenn ich Esperanza bin?« fragte er und rieb mir den Nacken. Die Berührung seiner Hände war warm und angenehm beruhigend.

»Ich habe überhaupt nichts dagegen«, verteidigte ich mich schwach. »Ich hasse lediglich Nachmittagsschläfchen. Ich lege mich nie tagsüber hin. Selbst als kleines Kind wollte ich nicht schlafen.« Ich sprach hastig und nervös, stolperte über meine eigenen Worte und wiederholte mich. Ich wollte aufstehen und den Raum verlassen, doch der leichte Druck seiner Hand auf meinem Nacken fesselte mich an meinen Stuhl. »Ich weiß ganz genau, daß Sie Esperanza sind. Ich erkenne Sie an der Art, wie Sie mich berühren; Ihre Hände haben die gleiche beruhigende Wirkung.« Ich spürte, wie mein Kopf schwankte und ich gegen meinen Willen die Augen schloß.

»Das haben sie«, stimmte er mit freundlicher Stimme zu. »Leg dich hin, es wird dir gut tun. Selbst wenn es nur für einen Augenblick ist.« Mein Schweigen als Zustimmung deutend, ging er hinüber zum Schrank und zog sein Feldbett und zwei Decken heraus. Eine davon überreichte er mir.

Und damit begann eine Zeit nicht endenwollender Überraschungen, denn ohne sagen zu können, was mich dazu veranlaßte, legte ich mich ohne weitere Einwände nieder. Durch meine halbgeschlossenen Augenlider sah ich ihm zu, wie er sich streckte, bis seine Gelenke knackten. Er schüttelte seine Stiefel ab, löste seinen Gürtel und ließ sich dann neben mir auf dem Feldbett nieder. Unter der dünnen Baumwolldecke wand er sich aus seinen Hosen und ließ sie achtlos neben seinen Stiefeln auf den Boden gleiten.

Er hob seine Decke und zeigte mir seinen nackten Körper. Ich errötete. Neugierig und verwundert starrte ich ihn an. Wie Esperanzas war auch sein Körper das genaue Gegenstück dessen, was ich erwartet hatte. Er war geschmeidig, glatt und unbehaart, dünn wie ein Schilfhalm und trotzdem muskulös. Und ganz eindeutig war er männlich und zu alledem noch jung!

Ich hielt die Luft an, und behutsam, ohne nachzudenken, hob ich meine eigene Decke.

Das Auflachen einer Frau in der Ferne ließ mich die Augen schließen. Ich gab vor zu schlafen. Als ich merkte, daß die Frau den Raum nicht betreten würde, entspannte ich mich wieder. Ich legte meine Arme hinter den Kopf und wurde von der unheimlichen Gewißheit erfüllt, daß der Hausmeister und das entfernte Gelächter vom Korridor ein Gleichgewicht wiederhergestellt hatten und daß die magische Blase um mich herum erneuert worden war. Was genau ich damit meinte, wußte ich nicht. Außer vielleicht, daß ich mit der zunehmenden Entspannung meines Körpers einer Antwort auf jene Frage immer näher zu kommen schien.

14

Nach meiner Rückkehr aus dem Haus der Hexen brauchte ich nie wieder ermutigt oder überredet zu werden. Die Frauen hatten es geschafft, mich mit einer eigenartigen Ausgeglichenheit und emotionalen Stabilität auszustatten, die ich vorher nicht gekannt hatte. Obwohl ich noch die Gleiche war wie vorher, hatte meine Existenz jetzt einen Zweck. Man hatte mir meine Bestimmung gezeigt: Ich würde um die Befreiung meiner Energie kämpfen müssen. Und sonst nichts.

Jedoch erinnerte ich mich nicht einmal vage an all die Vorkommnisse, die sich während meiner dreimonatigen Anwesenheit in ihrem Haus zugetragen hatten. Ich würde Jahre brauchen, um mich zu erinnern – eine Aufgabe, der ich mich mit aller Kraft zu widmen beschloß.

Der Nagual Isidoro Baltazar warnte mich vor der irreführenden Natur eindeutiger Zielsetzungen und vor Erkenntnissen die auf Gefühlen basierten. Seiner Ansicht nach waren sie wertlos, da die Arena des echten Zauberers im Hier und Jetzt lag und oberflächliche Gedanken keinerlei Druck standhielten.

Die weiblichen Zauberer sagten im wesentlichen dasselbe, obwohl sie es versöhnlicher ausdrückten. Sie erklärten mir, daß Frauen daran gewöhnt seien, manipuliert zu werden. Aus diesem Grund waren sie in der Regel leicht zu überzeugen; ihre Zustimmungen stellten jedoch oft nur inhaltsleere Reaktionen auf äußeren Druck dar. War es dagegen möglich, Frauen von der Notwendigkeit der

Änderung ihres Verhaltens zu überzeugen, so war die halbe Schlacht gewonnen. Und selbst wenn sie beschlossen, ihre Ansicht nicht zu ändern, war ihre Erkenntnis doch letztlich von größerer Dauer als die der Männer.

Mir oblag es, zwischen zwei Ansichten abzuwägen. Ich hielt beide für richtig. Von Zeit zu Zeit zerkrümelten meine Zauberabsichten unter dem Druck des täglichen Lebens, doch meine Hingabe an die Welt der Zauberer bedurfte niemals einer Revision.

Allmählich gelang es mir, ausreichend Energie zum Träumen zu entwickeln. Ich verstand endlich, was die Frauen mir gesagt hatten: Isidoro Baltazar war der neue Nagual. Und er war nicht länger ein Mann. Diese Erkenntnis verlieh mir genügend Energie, um in regelmäßigen Abständen zum Haus der Hexen zurückzukehren.

Das Haus der Hexen gehörte den Zauberern um Nagual Mariano Aureliano gemeinsam. Es handelte sich um ein großes, massives Gebäude, das sich von den anderen Häusern in der Gegend kaum unterschied, und trotz der blühenden Bougainvillea, die sich überreichlich über die Mauer ergoß, die das Grundstück umgab, fiel es von außen kaum auf. Was die Leute darüber hinaus veranlaßte, an dem Haus vorüberzugehen, ohne ihm besondere Aufmerksamkeit beizumessen, war nach Angabe der Zauberer ein dünner, mit dem Auge gerade noch wahrnehmbarer Nebel; ein feiner Schleier, der verhinderte, daß das Gebäude ins Bewußtsein des Betrachters drang.

Einmal im Inneren des Hauses, gewann man augenblicklich den Eindruck, eine andere Welt betreten zu haben. Die drei von Obstbäumen überschatteten Terrassen ließen die dunklen Korridore und die zahllosen davon abzweigenden Räume in einem traumhaften Licht erscheinen. Die hervorstechendste Besonderheit des Hauses waren jedoch die Fußböden aus Stein und Fliesen, die zu komplizierten Mustern ausgelegt worden waren.

Die Atmosphäre im Haus der Hexen war kühl und doch freundlich. Auf keinen Fall hätte man es als Heimstatt bezeichnen können, denn in seiner Unpersönlichkeit und unerbittlichen Strenge lag etwas Niederschmetterndes. Hier empfingen der alte Nagual Mariano Aureliano und seine Zauberer ihre Träume und gingen ihrer Bestimmung nach. Da die Zauberer in ihrem Bestreben nichts mit der Welt des Alltags zu tun hatten, spiegelte sich im Haus ihre Beschäftigung mit außerweltlichen Belangen wider; das Haus war ein Ausdruck ihrer Individualität als Zauberer und nicht ihrer Individualität als gewöhnliche Menschen.

Im Haus der Hexen hatte ich Begegnungen mit allen Zauberern aus der Gruppe des Naguals Mariano Aureliano. Das Zaubern oder das Träumen lehrten sie mich nicht. Ihrer Aussage nach gab es nichts zu lehren. Meine Aufgabe bestand darin, mich an alles zu erinnern, was sich zwischen ihnen und mir bei unseren ersten Begegnungen ereignet hatte. Im besonderen sollte ich nie vergessen, was Zuleica und Florinda mir gesagt oder mit mir angestellt hatten – allerdings hatte Zuleica nie ein Wort mit mir gewechselt.

Bat ich die Zauberer um Hilfe, lehnten sie es strikt ab, mit mir auch nur irgendetwas zu tun haben zu wollen. Sie behaupteten, daß sie sich lediglich wiederholen würden und dafür keine Zeit hätten.

Zunächst erschienen mir diese Weigerungen kleinlich und ungerecht. Nach einer Weile gab ich mein Fragen und Bohren jedoch auf und erfreute mich einfach an ihrer Gegenwart. Ich erkannte, daß sie sich völlig zu Recht weigerten, an unserem intellektuellen Lieblingsspiel teilzunehmen, einem Spiel, das darin besteht, Interesse an Fragen zur sogenannten Ichfindung vorzutäuschen, Fragen, deren Antworten für uns jedoch überhaupt keine Bedeutung haben, da wir nicht über die notwendige Energie verfügen, etwas mit der Antwort anzufangen, egal wie sie ausfallen mag – wir können nur verneinen oder bejahen.

Unsere täglichen Begegnungen jedoch gewährten mir kleine

Einblicke in ihre Welt. Die Träumer und die Pirschjäger verkörperten zwei Formen weiblichen Verhaltens, die nicht unterschiedlicher hätten sein können.

Am Anfang hatte ich mich gefragt, ob die Gruppe, die mir als die Träumer vorgestellt worden war – Nélida, Hermelinda und Clara – in Wirklichkeit die Pirschjäger seien. Denn soweit ich es beurteilen konnte, fanden meine Begegnungen mit ihnen ausschließlich in der Welt des Alltags statt. Erst später erkannte ich, daß allein die Tatsache ihrer Gegenwart meine Verhaltensmuster änderte, ohne daß ich dies zunächst bemerkt hätte. Ich verspürte kein Verlangen, mich bei ihnen rückzuversichern. In ihrer Gesellschaft hatte ich keine Zweifel und keine Fragen. Ohne es je zu verbalisieren, schafften sie es, mir die Absurdität meiner Existenz zu vergegenwärtigen. Und doch verspürte ich niemals die Notwendigkeit, mich ihnen gegenüber zu verteidigen, was an dem Fehlen jeden Nachdrucks und jeder Direktheit gelegen haben mochte.

Es dauerte nicht lange, bis ich bemerkte, daß die alltäglichen Interaktionen mit den Träumern mich dazu befähigten, meine eigene Energie neu zu dirigieren. Sie hielten mich an, meine Einstellung gegenüber so alltäglichen Dingen wie dem Kochen, Putzen und Waschen, dem Studium oder dem Broterwerb zu verändern. Diese Tätigkeiten mußten ihrer Ansicht nach unter neuen Vorzeichen verrichtet werden, denn es handelte sich bei ihnen keinesfalls um lästige Pflichten, sondern um Bemühungen, die es kunstvoll und geschickt zu verrichten galt und von denen eine so wichtig wie die andere war.

Vor allem jedoch war es ihr Verhalten untereinander und in Gegenwart der Pirschjäger, das mir deutlich machte, mit welch besonderen Menschen ich es zu tun hatte. Obwohl menschlich und gewöhnlich, waren sie frei von gewöhnlichen menschlichen Unzulänglichkeiten. Ihr vollkommenes Bewußtsein koexistierte scheinbar mühelos mit ihren individuellen Charakterzügen, mochte es sich dabei um Ungeduld, Launenhaftigkeit, Unhöflichkeit, Wahnsinn oder übertriebene Liebenswürdigkeit handeln.

In der Gegenwart der Hexen hatte ich das Gefühl, mich auf einem endlosen Urlaub zu befinden. Doch das war nur Schein. Die Zauberer befanden sich in einem andauernden Kriegszustand. Und der Feind war das Konzept des Selbst.

Im Haus der Hexen traf ich ebenfalls auf Vicente und Silvio Manuel, die beiden anderen männlichen Zauberer in Nagual Mariano Aurelianos Gruppe.

Vicente war ganz offensichtlich spanischer Abstammung. Ich erfuhr, daß seine Eltern aus Katalonien stammten. Er war ein schlanker, aristokratisch aussehender Mann mit zerbrechlich wirkenden Händen und Füßen. Er pflegte in Hausschuhen herumzuschlurfen und trug gewöhnlich ein offenes Pyjamaoberteil, das über seine Khakihosen hing. Seine Wangen waren rosig, doch ansonsten war er bleich. Ein liebevoll gepflegter Kinnbart verlieh seiner geistesabwesenden Erscheinung eine unverwechselbare Note.

Er sah nicht nur wie ein Gelehrter aus, er war es auch. Die Bücher in dem Raum, der als mein Schlafzimmer diente, gehörten ihm; jedenfalls war er derjenige, der sie angesammelt hatte, sie las und sie in Ordnung hielt. Was seine Gelehrsamkeit so angenehm machte – es gab praktisch kein Gebiet, auf dem er sich nicht auskannte –, war die Tatsache, daß er sich immer als Lernender verstand, obwohl es offensichtlich war, daß er mehr wußte als die anderen. Er ließ alle an seinem Wissen mit freigiebiger Großzügigkeit teilhaben, ohne daß er dabei je einen Ungebildeten beschämt hätte.

Silvio Manuel war von mittlerer Größe, untersetzt, rasiert und braunhäutig. Geheimnisvoll und sinister aussehend, zudem von indianischer Herkunft, erschien er mir als das perfekte Abbild eines bösartigen *brujo*. Seine offen zur Schau getragene Launenhaftigkeit bereitete mir Angst, und hinter seinen wortkargen Antworten vermutete ich einen latenten Hang zur Gewalt.

Erst nachdem ich ihn besser kennengelernt hatte, merkte ich, wie sehr er es genoß, dieses Image zu kultivieren. In meinen Augen war er der offenste und angenehmste unter all den Zauberern. Seine Leidenschaft galt Geheimnissen und Klatsch; ob echt oder erfunden, spielte dabei keine Rolle. Er hatte eine unvergleichliche Art, diese Dinge an den Mann zu bringen und verfügte über einen scheinbar unerschöpflichen Fundus von Witzen, von denen die meisten schlichtweg nur als schmutzig zu bezeichnen waren. Er war der einzige, der sich etwas aus Fernsehen machte und deshalb immer auf dem laufenden war, was die neusten Ereignisse in der Welt betraf. Grob übertrieben teilte er sie den anderen mit, allerdings nicht, ohne sie vorher mit einer gehörigen Portion Bosheit gewürzt zu haben.

Silvio Manuel war ein begnadeter Tänzer. Seine Kenntnis der unterschiedlichen heiligen Tänze der Region war bereits zur Legende geworden. Er bewegte sich mit verzückter Selbstvergessenheit, und oft bat er mich, mit ihm zu tanzen. Ob venezolanischer Joropo, ob Cumbia, Samba, Tango, Twist, Rock'n Roll oder ein Bolero, er kannte und konnte sie alle.

Ich begegnete ebenfalls John, dem Indianer, den der Nagual Mariano Aureliano mir in Tucson vorgestellt hatte. Sein gemütliches, joviales Auftreten stellte sich als Fassade heraus. Von allen Zauberern war er der Unzugänglichste. Mit seinem Lieferwagen erledigte er Besorgungen für die anderen und führte außerdem alle notwendigen Reparaturen auf dem Grundstück aus.

Wenn ich schwieg und ihn nicht mit Fragen oder Kommentaren belästigte, nahm er mich mit auf seine Besorgungsfahrten und zeigte mir, wie man Reparaturen vornahm. Von ihm lernte ich, wie man Scheibenwischer wechselt und tropfende Wasserhähne oder einen Toilettentank repariert, wie ein Bügeleisen oder ein Lichtschalter funktionieren und wie ich das Öl und die Zündkerzen in meinem Wagen auswechseln kann. Unter seiner Anleitung wurde ich mit der sachgemäßen Anwendung von Hämmern, Schraubenziehern, Sägen und elektrischen Bohrmaschinen bestens vertraut.

Was mir jedoch niemand beantwortete, waren meine Fragen über die Welt, in der sie lebten. Jedes Mal, wenn ich einen von ihnen in ein Gespräch darüber verwickeln wollte, verwiesen sie mich an den Nagual Isidoro Baltazar. »Er ist der neue Nagual. Es obliegt ihm, sich mit dir zu befassen. Wir sind lediglich deine Tanten und Onkel«, pflegten sie mich zu vertrösten.

Zu Anfang war der Nagual Isidoro Baltazar mehr als nur ein Rätsel für mich. Mir war nicht einmal klar, wo er eigentlich lebte. Ohne sich um Zeitpläne oder festgelegte Abläufe zu scheren, verschwand er zu allen Tageszeiten aus seinem Apartment und tauchte ebenso unvermittelt wieder auf. Ob Tag oder Nacht, schien dabei keinen Unterschied zu machen. Er schlief, wenn er müde war – so gut wie nie – und aß, wenn er Hunger hatte – beinahe ohne Unterlaß. Zwischen seinen plötzlichen Abgängen und seinem Wiederauftauchen arbeitete er mit erstaunlicher Konzentration. Mir war seine Fähigkeit, Zeit zu komprimieren und zu dehnen, unbegreiflich. Ich war mir sicher, daß ich Stunden, sogar ganze Tage in seiner Gesellschaft verbracht hatte, wenn es sich in Wirklichkeit nur um Augenblicke gehandelt haben konnte, die er sich bei Tag und Nacht von seinen anderen Aktivitäten abknapste – worin immer diese auch bestehen mochten.

Ich selbst hatte mich stets für einen energetischen Menschen gehalten. Doch mit ihm konnte ich unmöglich Schritt halten. Agil und aktiv, befand er sich in dauernder Bewegung, immer bereit, ein neues Projekt in Angriff zu nehmen. Die Unerschöpflichkeit seiner Kraftreserven war mir einfach unerklärlich.

Erst viel später begriff ich, daß die Quelle für Isidoro Baltazars nicht versiegende Energie in seinem Mangel an Sorge um die eigene Person bestand. Sein unerschütterlicher Beistand, seine kaum wahrnehmbaren und doch meisterlichen Machenschaften waren es, die es mir erlaubten, nicht vom rechten Pfad abzuweichen. Seiner Leichtherzigkeit, einer puren Freude an seinem so subtilen wie kraftvollem Einfluß, verdankte ich es, daß ich, ohne es zu merken, auf einen neuen Weg geführt wurde; einen Weg, auf dem ich nicht länger darauf angewiesen war, intrigante Spielchen zu spielen oder mit den Waffen einer Frau für die Erreichung meiner Ziele zu kämpfen.

Was seine Führung für mich so unwiderstehlich machte, war die Tatsache, daß er keinerlei Hintergedanken hegte; er war nicht im mindesten besitzergreifend, und seine Anleitung wurde weder durch Versprechen noch Sentimentalität getrübt.

Nie drängte er mich in eine bestimmte Richtung oder riet mir dazu, bestimmte Kurse an der Universität zu belegen oder bestimmte Bücher zu lesen; diese Wahl überließ er ganz und gar mir.

Er bestand lediglich auf der Erfüllung einer einzigen Bedingung: Ich sollte für kein anderes Ziel arbeiten als für den genüßlichen und angenehmen Vorgang des Denkens selbst. Ein erstaunlicher Vorschlag! Ich hatte den Vorgang des Denkens nie in einem derartigen Licht betrachtet – auch nicht in einem anderen. Obwohl ich keine ausgesprochene Abneigung gegen den Universitätsbetrieb hegte, hatte ich Hausaufgaben nie als etwas besonders Genüßliches oder Angenehmes empfunden. Es handelte sich dabei um notwendige Pflichten, die ich gewöhnlich in aller Eile und mit möglichst geringem Aufwand zu erledigen pflegte.

Wohl oder übel mußte ich Florinda und ihren Freundinnen zustimmen, die bei unserer ersten Begegnung so unverblümt festgestellt hatten, daß ich die Universität nicht zu meiner Fortbildung besuchte, sondern um mich zu unterhalten. Die Tatsache, daß ich gute Noten erhielt, hatte ich eher meinem Glück und meiner Redseligkeit als meinem Fleiß zu verdanken. Ich verfügte über ein gutes Gedächtnis. Ich konnte mich mitteilen. Und ich wußte, wie ich andere überzeugen konnte.

Nachdem ich meine anfängliche Scham darüber überwunden und zugegeben hatte, daß meine intellektuellen Aspirationen in Wirklichkeit ein Schwindel waren und mein Denken sich auf oberflächlichste Weise vollzog, war ich erleichtert und nun bereit, mich unter die Anleitung des Zauberers zu begeben und Isidoro Baltazars Lehrplan zu folgen. Zu meiner großen Enttäuschung hatte er keinen. Er bestand lediglich darauf, daß ich aufhörte, unter freiem Himmel zu lernen und zu lesen. Er hielt den Denkprozeß für einen intimen, beinahe geheimen Vorgang, der unmöglich draußen vor den Augen der Öffentlichkeit stattfinden konnte. Er verglich den Denkvorgang mit Sauerteig, der nur in einem geschlossenen Raum aufgehen konnte.

«Am meisten versteht man selbstverständlich im Bett liegend«, sagte er einmal zu mir. Er streckte sich auf seinem Bett aus, stopfte sich einige Kissen hinter den Kopf und legte das rechte Bein über das linke, den Knöchel des erhobenen Beines auf seinem linken Knie ruhen lassend.

Ich dachte mir nichts weiter beim Anblick dieser absurden Lesestellung, doch sobald ich mich unbeobachtet glaubte, übte ich mich darin. Mit einem Buch auf meiner Brust, pflegte ich in tiefsten Schlaf zu fallen. Da ich meiner Ansicht nach unter Schlaflosigkeit litt, freute ich mich über den Schlaf mehr als über etwaige neuerworbene Kenntnisse.

Manchmal jedoch, ganz kurz vor dem Übergang ins Unterbewußte, fühlte ich, wie sich Hände um meinen Kopf legten und leicht gegen meine Schläfen drückten. Dann überflogen meine Augen – ohne daß es mir bewußt wurde – automatisch die Buchseite und hoben ganze Absätze hervor. Die Worte tanzten vor meinen Augen und formten sich zu bedeutungsvollen Gebilden, bis sie wie Offenbarungen in meinem Gehirn explodierten.

Begierig, diese neue Möglichkeit weiter zu erkunden, arbeitete ich daran, als würde ich von einem unerbittlichen Meister dazu getrieben. Zuweilen jedoch erschöpfte mich diese Kultivierung von Denkvermögen und Methode sowohl körperlich als auch geistig. Dann befragte ich Isidoro Baltazar über intuitives Wissen, über die plötzlichen Einsichten des Bewußtseins, welche es für den Zauberer vor allen anderen Dingen zu entwickeln gilt.

Er pflegte auf meine Fragen zu antworten, daß Wissen, welches auf Intuition beruhe, bedeutungslos sei. Plötzliche Erkenntnisse müßten in kohärente Gedanken gefaßt werden, ansonsten seien sie sinnlos. Er verglich sie mit der Sichtung unerklärlicher Phänomene. Beide verschwänden so schnell wie sie kamen. Würden sie nicht dauernd gefestigt, träten Zweifel und Vergeßlichkeit auf, denn der Verstand war durch praktisches Denken konditioniert und akzeptierte nur das logisch Begründbare und Nachprüfbare.

Er erklärte, daß Zauberer eher Männer des Wissens als Männer des Verstandes seien. Damit waren sie den Intellektuellen der westlichen Welt einen Schritt voraus, die annahmen, daß die oft mit Wahrheit gleichgesetzte Realität durch Verstand erfaßbar sei. Ein Zauberer behauptete, daß alle Wissenszufuhr durch den Verstand sich auf den menschlichen Denkvorgang beschränkte und erst durch ein Verstehen unseres Seins – auf seiner fortgeschrittensten und kompliziertesten Ebene – die Grenzen, durch die der Verstand Realität definiert, aufgehoben werden könnte.

Isidoro Baltazar erklärte mir, daß die Zauberer die Gesamtheit unseres Seins kultivierten. Das bedeutete, daß Zauberer nicht unbedingt zwischen unserer rationalen und unserer intuitiven Seite unterscheiden. Sie bedienten sich beider, um einen Bewußtseinszustand zu erreichen, den sie als das stille Wissen bezeichneten, einen Bereich jenseits von Sprache und Gedanken.

Wieder und wieder betonte Isidoro Baltazar, daß zunächst der Gedankenvorgang in seiner ganzen Komplexität verstanden werden mußte, um die rationale Seite zum Schweigen zu bringen. er war der Ansicht, daß die Philosophie, beginnend mit den griechischen Klassikern, den besten Weg zur Erhellung des Denkvorgangs biete. Er wurde nicht müde zu wiederholen, daß wir, egal ob Gelehrte oder Laien, Erben unserer westlichen Denkschule waren. Und dies bedeutete, daß wir unabhängig von unserer Bildung und unserem Entwicklungsstand Gefangene dieser intellektuellen Tradition und ihrer Konzeption von Realität waren.

Isidoro Baltazar behauptete, daß wir nur scheinbar bereit waren zuzugeben, daß es sich bei unserer sogenannten Realität um ein durch kulturelle Umstände gebildetes Geldankengebäude handelte. Und daß wir schließlich auf der tiefstmöglichen Ebene akzeptieren müssen, daß es sich bei Kultur um das Produkt eines langwierigen, hochselektiven, hochentwickelten und schließlich erzwungen Vorgangs handelte, der in einer Vereinbarung gipfelte, die dazu diente, uns von der Möglichkeit der Erwägung einer anderen Realität abzuschirmen. Zauberer arbeiteten aktiv an der Enthüllung der Tatsache, daß Realität durch unseren Verstand diktiert und aufrechterhalten wurde; daß Ideen und Gedanken, die aus dem Verstand stammten, zu Wissenssystemen wurden, die bestimmten, wie wir die Welt sahen und uns in ihr verhielten; und daß auf jeden von uns unglaublicher Druck ausgeübt wurde, damit wir bestimmte Ideologien akzeptierten.

Er betonte, daß Zauberer an einer Wahrnehmung der Welt außerhalb ihrer Determination durch kulturelle Umstände interessiert seien. Durch Kultur bestimmt waren unsere persönlichen Erfahrungen sowie ein gemeinsames, soziales Übereinkommen darüber, was unsere Sinne imstande waren wahrzunehmen, und dies stellte eine Beschränkung unserer Wahrnehmungsfähigkeit dar. Alles, was außerhalb dieses auf übereinstimmenden Sinneswahrnehmungen beruhenden Bereiches lag, wurde durch den Verstand automatisch aus seinem Zusammenhang, entfernt und ignoriert. Auf diese Weise wurde die dünne Hülle gemeinsamer Übereinkunft nie verletzt.

Die Zauberer lehren, daß Wahrnehmung außerhalb dessen stattfand, was durch die normalen Sinne erfaßbar war. Sie wissen, daß etwas weitaus Größeres als unser Abkommen über die Kapazität unserer Sinne existiert. Wahrnehmung findet an einem Ort außerhalb unserer Körper und jenseits unserer Sinne statt, so sagen sie. Doch genügt es nicht, an diese Prämisse zu glauben. Es reicht nicht, darüber zu lesen oder von jemand anderem darüber zu hören. Um ihr Ausdruck zu verleihen, muß man sie erfahren.

Isidoro Baltazar sagte, daß die Zauberer ihr ganzes Leben lang danach trachteten, die dünne Hülle menschlicher Annahmen zu zerreißen. Doch tauchten Zauberer nicht blindlings in die Dunkelheit. Sie bereiteten sich vor. Sie wußten, daß die Voraussetzung für jeden Sprung in das Unbekannte ein gut ausgebildeter Verstand war. Nur dadurch waren sie in der Lage, sinnvoll zu erklären, was immer sie von ihren Reisen in das Unbekannte mit zurückbrachten.

Er fügte hinzu, daß ich Zauberei nicht durch das Studium philosophischer Werke verstehen würde. Vielmehr würde ich begreifen, daß es sich bei der Philosophie wie bei der Zauberei um hochentwickelte Formen abstrakten Wissens handelte. Für den Zauberer wie für den Philosophen stand der Grund für unsere Existenz in dieser Welt im Mittelpunkt seiner Betrachtungen. Der Zauberer jedoch ging noch einen Schritt weiter. Er handelte aufgrund seiner Erkenntnisse, die ihrer Definition nach bereits außerhalb unserer kulturell akzeptierten Möglichkeiten lagen.

Isidoro Baltazar zufolge handelte es sich bei Philosophen um intellektuelle Zauberer. Doch blieben ihre Untersuchungen und Nachforschungen immer auf Gedankengebilde beschränkt. Philosophen waren außerstande, auf die Welt, die sie so gut verstanden und zu erklären wußten, einzuwirken, es sei denn im Rahmen der kulturellen Übereinkunft. Philosophen trugen so zu einem bereits bestehenden Wissen bei. Außer in psychologischer Hinsicht, wurden sie durch die aus diesem intensiven Studium resultierenden neuen Gedanken und Ideen nicht verändert. Möglicherweise wurden sie zu freundlicheren, verständnisvolleren Menschen – möglicherweise auch zum Gegenteil. Doch nichts von ihrer philosophischen Arbeit würde imstande sein, ihre sinnliche Wahrnehmung der Welt zu verändern, denn Philosophen operierten aus dem sozialen Gefüge heraus. Selbst wenn sie ihr nicht zustimmten, hielten sie die soziale Ordnung aufrecht. Philosophen waren gescheiterte Zauberer.

Auch Zauberer bauten auf bestehendes Wissen auf. Aber sie akzeptierten nicht, was bereits durch andere Zauberer etabliert und bewiesen worden war. Zauberer müssen sich selbst aufs neue beweisen, daß das als gegeben Angenommene wirklich existiert und sich der Wahrnehmung erschließt. Um dieser monumentalen Aufgabe nachzukommen, mußten Zauberer über einen außergewöhnlichen Vorrat an Energie verfügen. Den gewannen sie durch ihre Loslösung aus dem sozialen Gefüge, doch ohne sich dabei aus der Welt zurückzuziehen. Zauberer brachen die Übereinkunft, die die Realität definierte, ohne selbst dabei zu zerbrechen.

15

Kurz nachdem wir bei Mexicali die Grenze überquert hatten, wurde ich von Zweifeln heimgesucht. Meine Begründung dafür, mit Isidoro Baltazar nach Mexiko zu fahren, die mir eben noch so überaus einleuchtend erschienen war, verkümmerte jetzt zu einem fadenscheinigen Vorwand, der einzig dazu gedient hatte, meine Begeisterung zu erzwingen.

Mittlerweile bezweifelte ich, daß ich – wie angekündigt – im Haus der Hexen Gelegenheit finden würde, meine Soziologiestudien voranzutreiben.

Ich wußte, daß ich genau das tun würde, was ich dort auch bei allen vorherigen Gelegenheiten getan hatte: Viel schlafen, seltsame Träume träumen und verzweifelt versuchen herauszufinden, was die Menschen in der Welt der Zauberer von mir verlangten.

»Bereust du es, mitgefahren zu sein?« Beim Klang von Isidoro Baltazars Stimme fuhr ich hoch. Er blickte mich von der Seite an und hatte mich aller Wahrscheinlichkeit nach die ganze Zeit über beobachtet.

»Selbstverständlich nicht«, versicherte ich eilig und fragte mich, ob er sich auf meinen allgemeinen Zustand oder mein Schweigen bezog. Ich stammelte einige Bemerkungen über die Hitze und richtete meinen Blick dann aus dem Fenster.

Übellaunig und furchtsam wie ich war, sagte ich kein weiteres Wort. Ich spürte, wie sich, einem Ameisenschwarm gleich, innere Unruhe unter meiner Haut ausbreitete.

Isidoro Baltazar dagegen lief zu einer Höchstform jugendlichen Überschwangs auf. Er befand sich in Hochstimmung. Er sang und riß dumme Witze. Er rezitierte Gedichte in Englisch, Spanisch und Portugiesisch. Doch waren selbst seine deftigen Klatschgeschichten über gemeinsame Bekannte an der UCLA nicht geeignet, meine düstere Stimmung zu erhellen. Die Tatsache, daß ich nicht gerade ein begeistertes Publikum darstellte, störte ihn nicht im geringsten. Selbst als ich ihn anbrüllte, mich endlich in Ruhe zu lassen, ließ seine gute Laune nicht nach.

»Sollte uns jemand beobachten, wird er denken, wir seien ein altes Ehepaar«, sagte er zwischen einigen Lachanfällen.

Wenn Zauberer uns beobachten sollten, so dachte ich deprimiert, so werden sie merken, daß hier etwas nicht stimmt. Sie würden merken, daß Isidoro Baltazar und ich ein ungleiches Paar sind. Ich war sachlich und neigte zu unwiderruflichen Entschlüssen und Handlungen. Für ihn waren Handlungen und Entscheidungen fließend ineinander übergehende Begebenheiten mit ungewissem Ausgang. Ihre Endgültigkeit bestand nur darin, daß er bereit war, volle Verantwortung für sie zu übernehmen, egal wie nebensächlich oder wichtig sie sein mochten.

Wir fuhren direkt nach Süden und machten keine Umwege wie sonst, wenn wir zum Haus der Hexen fuhren. Als wir Guayamas verließen – niemals zuvor waren wir auf unserem Weg zum Haus der Hexen so weit nach Süden gefahren – fragte ich ihn, wohin er mich brächte.

»Wir nehmen den langen Weg. Mach' dir keine Sorgen«, sagte er beiläufig.

Als ich ihn während unseres Abendessens in Navojoa erneut fragte, gab er mit die gleiche Antwort.

Wir ließen Navojoa hinter uns und fuhren weiter nach Süden, Richtung Mazatlán. Ich war vor Sorge außer mir. Gegen Mitternacht verließ Isidoro die Hauptstraße und bog in einen schmalen Feldweg. Der Lieferwagen schaukelte und klapperte, als er durch Schlaglöcher und über Steine fuhr. Für einen kurzen Augenblick noch war die Hauptstraße hinter uns an dem Geflacker der Rücklichter zu erkennen, dann wurde sie von den Büschen am Straßenrand verschluckt und verschwand völlig aus unserem Blickfeld. Nach ziemlich langer Fahrt blieb der Wagen plötzlich stehen, und Isidoro Baltazar schaltete die Scheinwerfer aus.

»Wo sind wir hier?« fragte ich und blickte mich um. Einen Augenblick lang konnte ich nichts erkennen. Als sich meine Augen an die Dunkelheit gewöhnt hatten, sah ich unweit von uns ein paar kleine weiße Flecken. Winzige Sterne, die vom Himmel gefallen zu sein schienen. Die Erinnerung an den starken Geruch des Jasmins, der sich über das Dach rankte und über die *ramada* hinabstürzte, hatte sich so vollständig aus meinem Gedächtnis entfernt, daß ich jetzt meinte, die parfümierte Luft bisher nur im Traum eingeatmet zu haben. Ich mußte kichern. Ein beinahe kindliches Empfinden der Verwunderung und Freude übermannte mich. Wir befanden uns vor Esperanzas Haus.

»Das erste Mal war ich hier mit Delia Flores«, murmelte ich und griff nach Isidoro Baltazars Hand. »Aber wie kann das möglich sein?« fragte ich ihn. Mit einem Mal hatte ich Angst, vor Aufregung zu ersticken.

»Was ist denn?« fragte er erstaunt. Er schien aufgeregt; seine für gewöhnlich warme Hand war jetzt so kalt wie Eis.

»Dieses Haus steht am Rande von Ciudad Obrégon, mehr als hundert Meilen nördlich von hier!« rief ich. »Ich selbst bin hierher gefahren und habe die Asphaltstraße dabei kein einziges Mal verlassen.« Ich blickte mich in der Dunkelheit um und erinnerte mich, daß ich von Tucson aus an diesen Ort gelangt und noch nie im Leben in Navojoa gewesen war.

Einige Minuten schwieg Isidoro Baltazar; er schien nach einer Antwort zu suchen. Ich wußte, daß es keine gab, die mich zufriedenstellen würde. Mit einem Schulterzucken wandte er sich mir zu. Er meinte, daß ich mich auf Traumwache befunden haben mußte, als ich mit Delia Hermosillio verlassen hatte, um zum Haus der Medizinfrau zu gelangen – bei diese Worten ging eine merkwürdige Kraft von ihm aus, eine Schärfe, die auch dem Nagual Mariano Aureliano zu eigen war. »Ich schlage vor, daß du es dabei bewenden läßt«, ermahnte er mich. »Ich weiß aus eigener Erfahrung, wie sehr der Verstand dazu neigt, sich im Kreis zu drehen, um das Unverständliche zu begreifen.«

Ich wollte Einspruch erheben, doch schnitt er mir das Wort ab und zeigte auf das Licht, das sich jetzt auf uns zu bewegte. Er lächelte erwartungsvoll, als wisse er genau, zu wem der riesige schwankende Schatten gehörte.

»Das ist der Hausmeister«, murmelte ich verwundert, als der Schatten vor uns haltmachte. Ohne nachzudenken, legte ich meine Arme um seinen Hals und küßte ihn auf beide Wangen. »Sie hätte ich hier nicht erwartet«, stammelte ich.

Er lächelte verlegen und ohne ein Wort zu sagen. Er umarmte Isidoro Baltazar und klopfte ihm mehrfach auf den Rücken, wie es lateinamerikanische Männer zur Begrüßung zu tun pflegen, dann flüsterte er ihm etwas ins Ohr. So sehr ich mich auch bemühte, ich konnte kein einziges Wort verstehen. Er führte uns zum Haus.

Die massive verschlossene Eingangstür hatte etwas Bedrohliches, genau wie die vergitterten Fenster. Kein Lichtstrahl und kein Geräusch drangen durch die dicken Mauern. Wir gingen um das Haus herum auf den Hof, der von einem hohen Zaun begrenzt war, und gelangten zu einer Tür, die direkt in eines der Zimmer führte. Als ich die vier Türen wiedererkannte, fühlte ich mich etwas sicherer. Es handelte sich um den gleichen Raum, in den Delia Flores mich geführt hatte. Er war ebenso spärlich möbliert, wie ich ihn in Erinnerung hatte: ein schmales Bett, ein Tisch und mehrere Stühle.

Der Hausmeister stellte die Öllampe auf dem Tisch ab und

drängte mich, Platz zu nehmen. Er wandte sich Isidoro Baltazar zu, legte einen Arm um dessen Schulter und trat mit ihm auf den dunklen Korridor hinaus. Der plötzliche Abgang der beiden erstaunte mich. Noch bevor ich Gelegenheit hatte, mich von meiner Überraschung zu erholen und zu entscheiden, ob ich den beiden folgen sollte, kehrte der Hausmeister zurück. Er überreichte mir eine Decke, ein Kissen, eine Taschenlampe und einen Nachttopf.

»Ich würde lieber das Häuschen auf dem Hof benutzen«, sagte ich vornehm.

Der Hausmeister zuckte mit den Schultern und schob den Nachttopf unter das Bett. »Nur für den Fall, daß du mitten in der Nacht mußt.« In seinen Augen stand ein schadenfrohes Leuchten, als er mir erklärte, daß Esperanza einen großen, schwarzen Wachhund auf dem Grundstück halte. »Er liebt es nicht gerade, wenn Fremde nachts über den Hof wandern.« Wie auf Absprache, vernahm ich in diesem Moment ein lautes Bellen.

»Ich bin keine Fremde«, sagte ich pikiert und versuchte, den unheilverkündenden Ton der Bestie zu ignorieren. »Ich war schon einmal hier und kenne den Hund.«

Überrascht hob der Hausmeister eine Augenbraue. »Kennt der Hund dich auch?« fragte er.

Zornig starrte ich ihn an. Er seufzte, und im Gehen nach der Öllampe auf dem Tisch greifend, wandte er sich der Tür. zu.

»Lassen sie das Licht hier«, sagte ich und trat ihm eilig in den Weg. Ich versuchte zu lächeln, doch es gelang mir nicht.. »Wo sind die anderen?« brachte ich schließlich hervor. »Wo sind Esperanza und Florinda?«

»Im Augenblick bin ich der einzige hier«, sagte er.

»Wo ist Isidoro Baltazar?« fragte ich mit aufkommender Panik. »Er hat versprochen, mich zum Haus der Hexen zu bringen. Ich muß an meinen Semesterthemen arbeiten.« Meine Gedanken und Worte waren verwirrt und konfus, während ich weiter darüber sprach, weshalb genau ich Isidoro Baltazar nach Mexiko begleitet hatte. Als ich dem Hausmeister erzählte, wie wichtig es für mich sei, meine Arbeit zu beenden, war ich den Tränen nahe.

Er klopfte mir beruhigend auf den Rücken und machte mit dem Mund tröstliche Geräusche, so als spreche er mit einem Kind. »Isidoro Baltazar schläft. Du weißt doch, wie er ist. Sobald sein Kopf das Kissen berührt, hat er diese Welt verlassen.« Er lächelte schwach und fügte hinzu: »Ich werde meine Tür offen lassen, falls du mich brauchen solltest. Wenn du einen Alptraum hat oder sonst etwas ist, komme ich sofort.«

Noch bevor ich ihm erklären konnte, daß ich seit meiner Zeit in Sonora keinen einzigen Alptraum mehr gehabt hatte, war der Hausmeister auf dem dunklen Flur verschwunden.

Die Öllampe auf dem Tisch begann unruhig zu flackern und verlosch wenige Augenblicke später. Nun war es stockdunkel. Angekleidet legte ich mich auf mein Bett und schloß die Augen. Bis auf ein leises, keuchendes Atmen, das aus weiter Ferne an meine Ohren zu dringen schien, war nichts zu hören. Da es mir unmöglich war, das Atmen und die Härte meiner Bettstatt zu ignorieren, gab ich den Gedanken an Schlaf bald auf.

Mit der Taschenlampe in der Hand schlich ich lautlos den Korridor hinab, in der Hoffnung, Isidoro Baltazar oder den Hausmeister zu finden. Leise klopfte ich an eine Tür nach der anderen. Niemand antwortete. Aus keinem der Räume drang ein Laut. Eine merkwürdige, beinahe drückende Stille hatte sich über das Haus gelegt. Selbst das Rascheln und Gezwitscher aus dem Garten war verstummt. Man hatte mich allein im Haus zurückgelassen, genau wie ich es mir gedacht hatte.

Anstatt mir Sorgen zu machen, beschloß ich, die Zimmer in näheren Augenschein zu nehmen. Dabei handelte es sich um acht Schlafzimmer, alle von der gleichen Größe und der gleichen Beschaffenheit: klein, quadratisch, und jedes mit einem Bett und einem Nachttisch ausgestattet. Die Wände und die beiden Fenster eines jeden Zimmers waren weiß gestrichen, und in die gefliesten Böden hatte jemand komplizierte Muster eingelegt. Ich öffnete die Schiebetüren der Kleiderschränke, indem ich mit dem Fuß gegen die untere linke Ecke drückte. Erstaunlicherweise wußte ich, daß ein Stups oder ein sanfter Tritt einen Mechanismus auslöste, der die Türen öffnete.

Ich entfernte die zusammengelegten Decken, die in einem der Schränke auf dem Boden gestapelt lagen, und stieß darunter auf eine kleine Geheimtür. Mit einiger Anstrengung bediente ich den als Steckdose getarnten Türmechanismus. Mittlerweile gegen Überraschungen immun, akzeptierte ich ungefragt mein plötzlich auftauchendes Wissen über Falltüren, das über mein normales Bewußtsein hinausging.

Ich öffnete die kleine Geheimtür, kroch durch die winzige Öffnung und fand mich im Schrank des Nebenzimmers wieder. Ohne großes Erstaunen – ich wußte es bereits – entdeckte ich, daß alle acht Zimmer durch diese geheimen Türen miteinander verbunden waren.

Als meine Taschenlampe verlöschte, fluchte ich leise. In der Hoffnung, die Batterien wiederzubeleben, nahm ich sie heraus und legte sie wieder ein. Vergebens; sie waren vollkommen leer. Die Dunkelheit war so vollkommen, daß ich nicht einmal meine eigenen Hände vor Augen erkennen konnte. Aus Angst, gegen eine Tür oder eine Wand zu laufen, tastete ich mich auf allen Vieren in Richtung Flur.

Vor Anstrengung keuchend und am ganzen Körper zitternd, richtete ich mich auf und lehnte mich gegen die Wand. Eine Weile stand ich so im Korridor und fragte mich, in welcher Richtung ich mein Zimmer suchen sollte.

Aus der Ferne erklangen Wortfetzen. Ich konnte nicht mit Sicherheit sagen, ob sie von draußen oder aus dem Inneren des Hauses kamen. Ich folgte dem Klang der Stimmen, und er führte mich auf die mit Farnkräutern überwucherte Terrasse hinter dem steinernden Torbogen.

Kaum hatte ich meinen Fuß auf die Terrasse gesetzt, erblickte ich an der Wand den riesigen Schatten eines Hundes. Das Tier knurrte; seine funkelnden Augen ließen mir einen Schauer über den Rücken laufen.

Doch anstatt zu tun, was meine Furcht gebot, vielleicht auch gerade weil ich mich fürchtete, geschah etwas völlig Unerwartetes. Ich hatte auf einmal das Gefühl, als sei ich seit Ewigkeiten zusammengefaltet gewesen, wie ein japanischer Fächer oder eine Papierfigur. Und jetzt entfaltete ich mich mit einem beinahe schmerzhaften Körpergefühl.

Verwirrt sah der Hund mich an. Er begann zu wimmern, ließ die Ohren hängen und wand sich am Boden. Ich stand dort wie angewurzelt. Angst hatte ich keine, doch konnte ich mich einfach nicht bewegen. Als handelte es sich um die natürlichste Sache der Welt, faltete ich mich sodann wieder zusammen, wandte mich ab und verließ den Hof. Diesmal hatte ich keine Schwierigkeiten, mein Zimmer zu finden.

Als ich aufwachte, hatte ich Kopfweh und den Eindruck, die Nacht schlaflos verbracht zu haben; ein Gefühl, das mir nur allzu vertraut war. Meine Muskeln schienen nicht mit meinem Skelett verbunden zu sein, und als ich das Geräusch einer sich öffnenden Tür vernahm und Licht auf mein Gesicht fiel, stöhnte ich laut. Ich versuchte, mich auf die andere Seite zu drehen, ohne dabei von dem schmalen Bett zu rollen.

»Guten Morgen!« rief Esperanza und trat unter einer Woge von Röcken und Unterröcken in den Raum. »Oder besser gesagt, guten Nachmittag«, korrigierte sie sich und zeigte auf die Sonne, die durch die offene Tür schien. Mit freudiger und kraftvoller Stimme verkündete sie, daß sie diejenige gewesen sei, die daran gedacht hatte, meine Bücher und Papiere aus dem Lieferwagen zu entfernen, bevor Isidoro Baltazar mit dem alten Nagual davongefahren war.

Mit einem Schlag setzte ich mich auf. Ich war hellwach. »Weshalb hat der Nagual Mariano Aureliano mich nicht begrüßt? Weshalb hat Isidoro Baltazar mir nicht erzählt, daß er wegfährt?« platzte ich heraus.

Ich erwähnte ihr gegenüber, daß ich meine Semesterarbeit nun auf gar keinen Fall zu Ende bringen könnte und meinen Abschluß sicher nicht erreichen würde.

Mit neugierigen Augen blickte Esperanza mich an und sagte, daß meine Semesterarbeit niemals den gewünschten Effekt haben würde, wenn ich es aus rein eigennützigen Gründen anfertigte.

Noch bevor ich ihr sagen konnte, daß es mir vollkommen gleichgültig war, ob ich das Studium abschloß oder nicht, fügte sie hinzu: »Du fertigst diese Arbeit nicht an, um dein Studium abzuschließen. Du tust es, weil du es gerne tust. Und weil es im Augenblick nichts gibt, was du lieber tun würdest.«

»Es gibt -zig Sachen, die ich lieber täte.«

»Was zum Beispiel?«

Ich dachte eine Weile nach, doch fiel mir nichts ein. Ich mußte mir eingestehen, daß ich noch nie soviel Freude an der Erstellung einer Semesterarbeit gehabt hatte wie an dieser. Ich hatte diesmal sogar bereits vor Semesterbeginn mit den Recherchen und dem Verfassen begonnen anstatt wie gewöhnlich erst ein paar Tage vor dem Abgabetermin. Nur die Tatsache, daß diese Arbeit meinen Eintritt in die Berufswelt bedeuten würde, hatte mir den Spaß daran verdorben.

Als habe Esperanza meine Gedanken gelesen, sagte sie, daß ich den Abschluß vergessen und mich einzig darauf konzentrieren solle, eine gute Arbeit anzufertigen. »Wenn du einmal Teil der Welt der Zauberer geworden bist und die Beschaffenheit der Träume verstehst, wirst du auch verstehen, worum es bei der Zauberei geht. Und dieses Verständnis wird dich befreien.«

Verdutzt sah ich sie an. Ich verstand nicht, was sie damit sagen wollte.

»Du wirst davon befreit werden, dir etwas zu wünschen.« Esperanza artikulierte den Satz so sorgfältig, als sei ich taub. Sie sah mich nachdenklich an und fügte hinzu: »Du bist die Gier in Person, und doch brauchst oder willst du nichts ...« Ihre Stimme verlor sich, während sie daranging, meine Bücher und Papiere und den Stapel Karteikarten auf dem Tisch zu ordnen. Mit strahlendem Gesicht wandte sie sich mir wieder zu. In den Händen hielt sie mehrere Bleistifte. »Ich habe sie mit einer Rasierklinge für dich angespitzt«, sagte sie. »In Zukunft werde ich sie dir immer anspitzen, wenn sie stumpf sind.« Sie legte die Bleistifte neben meinen Schreibblock und öffnete ihre Arme, als wolle sie den ganzen Raum umschließen. »Dies ist ein wunderbarer Ort, um zu arbeiten. Hier wird dich niemand stören.«

»Dessen bin ich mir sicher«, sagte ich. Als ich merkte, daß sie gehen wollte, fragte ich sie, wo Isidoro Baltazar die Nacht verbracht hatte.

»Auf seiner Strohmatte. Wo sonst?« Sie kicherte leise, raffte ihre Röcke und Unterröcke und trat in den Hof hinaus. Ich sah ihr nach, bis sie hinter dem steinernen Torbogen verschwunden war. Meine Augen schmerzten von dem gleißenden Licht.

Wenige Augenblicke später hörte ich lautes Klopfen an einer der Türen, die auf den Korridor hinausgingen.

»Bist du bekleidet?« fragte der Hausmeister und stieß die Tür auf, bevor ich Zeit hatte, die Frage zu bejahen. »Nahrung für dein Hirn«, sagte er und stellte ein Bambustablett auf dem Tisch ab. Er tat mir eine Schale mit klarer Brühe auf und drängte mich dann, von den *machaca sonorense* zu essen. »Ich persönlich habe sie zubereitet«, informierte er mich.

Die Rühreier mit Fleisch, Zwiebeln und scharfen Pfefferschoten waren köstlich.

»Sobald du fertig bist, gehen wir ins Kino«, sagte er.

»Nach dem Essen?« fragte ich aufgeregt und stopfte mir eine ganze Tortilla in den Mund.

»Sobald du deine Semesterarbeit abgeschlossen hast«, erklärte er.

Nach dem Essen sollte ich mich zuerst mit dem Hund bekannt machen. »Sonst kannst du nicht vor die Tür gehen. Nicht einmal auf die Toilette.

Ich wollte ihm gerade erklären, daß ich dem Hund bereits auf meinem nächtlichen Ausflug begegnet war, als er mir mit einer Bewegung seines Kinns zu verstehen gab, ihm auf den Hof zu folgen. Dort lag der große schwarze Hund im Schatten des hohen Zaunes aus geflochtenem Rohr. Der Hausmeister ging neben dem Tier in die Hocke und schabte es hinter den Ohren. Er beugte sich tiefer und flüsterte ihm etwas ins Ohr.

Dann erhob sich der Hausmeister unvermittelt; beunruhigt trat ich einen Schritt zurück und fiel auf mein Hinterteil. Der Hund jaulte, und mit einem unglaublich hohen Satz verschwand der Hausmeister über den Zaun. Taumelnd kam ich auf die Füße und wollte so schnell wie möglich aus dem Hof verschwinden, als der Hund seine Vorderpfoten streckte und sie mir auf die Füße stellte. Ich konnte den Druck der Pfoten durch meine Schuhe hindurch spüren. Der Hund schaute zu mir auf und öffnete seine Schnauze zu einem langgezogenen Gähnen. Seine Zunge und sein Zahnfleisch waren schwarz-blau.

»Das ist ein Beweis feinster Herkunft.«

Ich war so erstaunt, die Stimme des Hausmeister hinter meinem Rücken zu vernehmen, daß ich auf dem Absatz herumwirbelte. Erneut verlor ich mein Gleichgewicht und stolperte über den Hund. Zunächst wagte ich nicht, mich zu bewegen, dann drehte ich allmählich den Kopf zur Seite. Starr waren die bernsteinfarbenen Augen des Hundes auf mich gerichtet. Er entblößte seine Zähne; allerdings knurrte er nicht, sondern schenkte mir ein ausgesprochen freundliches Hundelächeln.

»Jetzt seid ihr Freunde«, erklärte der Hausmeister und half mir auf die Beine. »Und nun ist es an der Zeit für dich, mit der Arbeit an deiner Arbeit zu beginnen.«

Die folgenden drei Tage wurden einzig und allein von meinem Wunsch dominiert, die Semesterarbeit abzuschließen. Über lange Zeiträume arbeitete ich ohne Unterbrechungen und merkte dabei nicht, wie die Zeit verging. Es lag nicht daran, daß ich so vertieft in meine Arbeit gewesen wäre; vielmehr schien die Zeit eine räumliche Qualität gewonnen zu haben. Ich begann, sie als Pausen zwischen meinen Begegnungen mit Esperanza zu empfinden.

Jeden Morgen, wenn ich in der Küche das Frühstück verzehrte, das sie für mich vorbereitet hatte, tauchte sie ohne Ankündigung auf. Lautlos schien sie sich aus dem bläulichen Rauch zu materialisieren, der zu jeder Tageszeit wie eine Wolke in der Küche schwebte. Unweigerlich ging sie daran, mein Haar mit ihrem groben Holzkamm zu kämmen. Dabei sprach sie nie ein Wort, und auch ich schwieg.

An den Nachmittagen sah ich sie erneut. Mit der gleichen Lautlosigkeit, mit der sie in der Küche aufgetaucht war, materialisierte sie sich unversehens im Hof und saß in ihrem Schaukelstuhl unter dem Steinbogen. Stundenlang starrte sie in den Raum, als sei sie in der Lage, die Begrenzungen der menschlichen Sichtweise zu durchdringen. Abgesehen von einem knappen Kopfnicken oder einem flüchtigen Lächeln fand auch zu dieser Stunde keine Interaktion zwischen uns statt. Und doch fühlte ich mich in ihrem Schweigen geborgen.

Gerade als habe der Hausmeister es ihm befohlen, wich der Hund nicht von meiner Seite. Tag und Nacht folgte er mir, selbst wenn ich das Toilettenhäuschen besuchte. Besonders freute ich mich auf unsere Ausflüge am Spätnachmittag, wenn der Hund und ich über die Felder zu einer Reihe von Bäumen rannten, die die Landparzellen voneinander trennten. Dort saßen wir im Schatten und starrten in den Raum, wie Esperanza. Manchmal schien es mir, als bräuchte ich nur meine Arme auszustrecken, um die Berge in der Ferne zu berühren. Ich lauschte auf den Wind, der durch die Zweige fuhr und wartete, bis das Licht der untergehenden Sonne die Blätter zu goldenen Glocken werden ließ. Ich wartete, bis die Blätter blau geworden waren und schließlich schwarz. Dann rannten der Hund und ich auf der Flucht vor der flüsternden Stimme des Windes, die von der Einsamkeit des verdörrten Landes erzählte, zum Haus zurück.

Am vierten Morgen erwachte ich mit einem Schrecken. Hinter der Tür, die hinaus auf den Hof führte, rief eine Stimme: »Zeit zum Aufstehen, Faulpelz!« Es war die Stimme des Hausmeisters, doch klang sie schläfrig und unbestimmt.

»Weshalb kommen Sie nicht herein?« fragte ich. »Wo haben Sie die ganzen Tage über gesteckt?«

Er antwortete nicht.

Ich war zu angespannt und gleichzeitig zu schläfrig, um selbst nachzuschauen, wo er sich versteckte, und so saß ich in meine Decke gewickelt und wartete auf sein Erscheinen. Nach einer Weile raffte ich mich auf und trat hinaus. Auf dem Hof war niemand zu sehen. Um die Schläfrigkeit zu vertreiben, schüttete ich mir einen Eimer kalten Wassers über den Kopf.

An jenem Morgen verlief mein Frühstück nicht wie gewohnt. Esperanza ließ sich nicht blicken. Und nachdem ich mich zur Arbeit niedergesetzt hatte, bemerkte ich, daß der Hund ebenfalls verschwunden war. Lustlos blätterte ich durch meine Bücher. Ich verfügte über wenig Energie und noch weniger Lust, mit der Arbeit zu beginnen. Stundenlang saß ich untätig am Tisch und starrte durch die offene Tür auf die fernen Berge.

Ab und an wurde die klare Stille des Nachmittages vom Gekratze der Hühner auf der Suche nach Samenkörner oder von dem durchdringenden Schrei der Zikaden unterbrochen, die in dem blauen, wolkenlosen Licht vibrierten, als sei es noch immer Mittag.

Ich war gerade dabei einzuschlafen, als ich ein Geräusch im Hof hörte. Ich blickte auf. Der Hausmeister und der Hund lagen Seite an Seite auf einer Strohmatte im Schatten des Zaunes. Irgendetwas an der Art, wie sie sich dort ausgestreckt hatten, erschien mir merkwürdig. Sie waren so bewegungslos, daß sie mir wie tot erschienen.

Mit einer Mischung aus Besorgnis und Neugier näherte ich mich ihnen auf Zehenspitzen. Der Hausmeister bemerkte meine Anwesenheit noch vor dem Hund. Mit übertriebener Überraschung öffnete er seine Augen und begab sich mit einer einzigen flinken Bewegung in den Schneidersitz. »Hast du mich vermißt?« fragte er.

»Habe ich!« rief ich aus und lachte unsicher. Aus seinem Munde schien dies eine merkwürdige Frage. »Weshalb sind Sie heute morgen nicht in mein Zimmer gekommen?« Ich bemerkte seinen fragenden Gesichtsausdruck und fügte hinzu: »Wo haben Sie die letzten drei Tage gesteckt?«

Anstatt zu antworten, fragte er in schroffem Ton: »Wie geht es mit deiner Arbeit voran?«

Sein Tonfall brüskierte mich derartig, daß ich nicht wußte, ob ich ihm antworten sollte, daß ihn meine Semesterarbeit nicht das Mindeste angehe, oder daß ich mit ihr nicht weiterkam.

»Verschwende deine Energie nicht mit Erklärungen«, sagte er. »Sag mir einfach die Wahrheit. Daß du nicht in der Lage bist, dein Papier ohne meine Expertenmeinung fertigzustellen.«

Aus Angst, vor Lachen herauszuplatzen, ging ich neben dem Hund in die Hocke und kraulte seinen Kopf.

»Nun?« fragte der Hausmeister fordernd. »Kannst du nicht zugeben, daß du ohne mich nicht weiter kommst?«

Ich entschied, daß es besser sei, ihn bei Laune zu halten, als ihm zu widersprechen und erklärte, daß ich in der Tat den ganzen Tag über kein Wort zu Papier gebracht und auf seine Hilfe gewartet hatte. Ich versicherte ihm, daß das Erreichen der Abschlußklasse keinesfalls in den Händen meiner Professoren lag, sondern einzig von ihm abhing.

Der Hausmeister warf mir ein strahlendes Lächeln zu und bat mich dann darum, ihm meine Papiere zu bringen. Er wollte einen Blick darauf werfen.

»Ich habe die Arbeit in Englisch verfaßt«, bemerkte ich spitz. »Sie werden sie nicht lesen können.«

Ich widerstand meinem ursprünglichen Impuls, ihm mitzuteilen, daß er sie auch dann nicht verstehen würde, wenn ich sie in Spanisch geschrieben hätte – doch ganz so übel waren meine Manieren schließlich doch nicht.

Er bestand darauf, daß ich ihm meine Arbeit vorlegte, und ich tat ihm den Gefallen. Er breitete einige der Seiten vor sich auf der Matte aus, andere auf dem staubigen Boden. Dann holte er eine Brille mit Metallgestell aus seiner Hemdtasche und setzte sie auf.

»Es ist von äußerster Wichtigkeit, wie ein gebildeter Mann zu wirken«, flüsterte er dem Hund zu. Das Tier hob ein Ohr und grollte sanft, als stimmte es ihm zu. Der Hund veränderte seine Position, und mit einer Handbewegung bedeutete der Hausmeister mir, zwischen ihm und dem Tier Platz zu nehmen.

Als er sich über die losen Blätter auf dem Boden beugte, sah er aus wie eine Eule, streng und gelehrt. Mit seiner Zunge machte er abschätzige, glucksende Geräusche. Er schabte sich am Kopf. Wieder und wieder durchwühlte er die Papiere, als wolle er eine Ordnung herstellen, die ihm bisher entgangen war.

Wegen der unbequemen Sitzposition begannen die Muskeln in meinem Nacken und in den Schultern zu schmerzen. Vor Ungeduld seufzend, lehnte ich mich an den Zaun und schloß die Augen. Trotz meiner zunehmenden Verstimmung mußte ich eingenickt sein, denn plötzlich wurde ich durch ein schwaches, beständiges Summen geweckt. Ich öffnete die Augen. In meiner Nähe saß eine hochgewachsene, prächtig gekleidete, wunderschöne Frau und blickte mich an. Sie sagte etwas zu mir, doch ich verstand sie nicht. Das Summen in meinen Ohren schwoll an.

Die Frau beugte sich vor und fragte mit deutlicher und klarer Stimme: »Willst du mich nicht begrüßen?«

»Nélida! Seit wann sind Sie hier? Ich habe versucht, mir das Summen aus den Ohren zu vertreiben«, erklärte ich.

Sie nickte, dann zog sie ihre langen, wohlgeformten Beine unter ihren Rock und schlang ihre Arme darum. »Es ist schön, dich wiederzusehen«, sagte sie mit träumerischer Stimme.

Der Hausmeister grummelte mit zusammengezogenen Augenbrauen vor sich hin und studierte die vor ihm liegenden Seiten. »Nicht nur ist dein Gekritzel schwer zu entziffern, es ist auch nicht gerade sonderlich aufschlußreich«, erklärte er nach einer Weile.

Nélida starrte mich mit kritischem Blick und zusammengekniffenen Augen an, als wolle sie mich auffordern, ihm zu widersprechen.

Unruhig begann ich zu zappeln. Ich wollte ihrem prüfenden und zermürbenden Blick entgehen. Sie beugte sich vor und packte mich mit festem Griff am Arm.

Mit ermüdender Behäbigkeit begann der Hausmeister, aus den Seiten vorzulesen. Die Worte klangen vertraut, doch ob er wirklich aus dem Text vorlas, konnte ich nicht mit Sicherheit sagen, weil ich außerstande war, mich zu konzentrieren. Zu sehr ärgerte ich mich über die kapriziöse Art und Weise, mit der er die Sätze, die Redewendungen und manchmal sogar die Worte betonte.

»Im großen und ganzen«, erklärte er, nachdem er die letzte Seite beendet hatte, »handelt es sich hier um eine schlecht verfaßte Arbeit.« Er ordnete die Blätter zu einem Stapel und lehnte sich gegen den Zaun. Bedächtig brachte er seine Beine in die gleiche Position, die Isidoro Baltazar mir gezeigt hatte – das rechte Bein über das linke, den rechten Knöchel auf dem linken Oberschenkel – und schloß die Augen. Er schwieg so lange, bis ich dachte, daß er eingeschlafen sei. Ich schrak auf, als er mit bedächtiger und wohlgesetzter Stimme begann, über Anthropologie, Geschichte und Philosophie zu sprechen. Die Gedanken schienen ihm während des Sprechens zu kommen, und seine Worte erklangen mit derartiger Klarheit und Präzision und waren von solcher Simplizität, daß ich ihnen mit Leichtigkeit folgen und sie verstehen konnte.

Aufmerksam hörte ich ihm zu. Doch gleichzeitig mußte ich daran denken, wie unmöglich es war, daß er soviel von den intellektuellen Strömungen in der westlichen Welt verstand. Wie kam es, daß er so gebildet war? Wer war er wirklich?

»Könnten Sie dies alles noch einmal wiederholen?« fragte ich, sobald er aufgehört hatte zu sprechen. »Ich würde mir gern Notizen machen.«

»Alles, was ich gesagt habe, steht in deiner Arbeit«, versicherte mir der Hausmeister. »Begraben unter einer Unzahl von Fußnoten, Zitaten und unausgegorenen Ideen.« Er lehnte sich zu mir, bis sein Kopf mich beinahe berührte. »Um deinem Papier die fehlende Wahrhaftigkeit zu verleihen, genügt es nicht, Zitate aus den Werken anderer anzuführen.«

Überrascht starrte ich ihn an. »Möchten Sie mir bei der Arbeit helfen?« fragte ich.

»Nein. Das ist mir nicht möglich«, sagte er mit ernstem Blick. »Das mußt du allein machen.«

»Aber ich kann es nicht«, protestierte ich. »Sie haben mir gerade eben erklärt, wie schlecht geschrieben meine Arbeit ist. Besser kann ich es nicht, glauben Sie mir.«

»Glaube ich nicht!« widersprach er mit Nachdruck und warf mir einen ernsten, aber freundlichen und durchaus warmen Blick zu. »Ich bin mir sicher, daß deine Professoren diese Arbeit akzeptieren werden, sobald sie sauber abgetippt ist. Ich würde es allerdings nicht. Ihr fehlt jede Originalität.«

Ich war zu fassunglos, um mich aufzuregen.

»Du gibst lediglich wieder, was du gelesen hast« fuhr der Hausmeister fort. »Ich verlange, daß du dich mehr auf deine eigenen Ansichten verläßt, selbst wenn sie dem widersprechen sollten, was von dir erwartet wird.«

»Das ist doch nur eine Semesterarbeit«, entgegnete ich defensiv. »Ich weiß selbst, daß sie noch einiger Verbesserungen bedarf, aber ich muß auch an meine Professoren denken. Die Frage, ob ich persönlich den beschriebenen Ansichten zustimme oder nicht, stellt sich nicht. Ich will in die Abschlußklasse kommen, und unter anderem muß ich es dazu auch meinen Professoren recht machen.«

»Wenn du Kraft aus der Welt der Zauberer beziehen willst«, sagte er, »kannst du nicht länger unter solchen Voraussetzungen arbeiten. Hintergedanken können in unserer magischen Welt nicht akzeptiert werden. Wenn du dein Studium abschließen willst, mußt du dich wie ein Krieger verhalten und nicht wie eine Frau, die darauf dressiert ist, anderen zu gefallen. Selbst wenn du dich von deiner widerlichsten Seite zeigst, so willst du immer noch gefallen, und das weißt du. Da du über keine Ausbildung als Autorin verfügst, sollte es dir nicht schwerfallen, beim Schreiben einen neuen Weg einzuschlagen: Den Weg des Kriegers.«

»Den Weg des Kriegers? Was meinen Sie damit?« fragte ich. »Soll ich meine Professoren bekriegen?«

»Deine Professoren nicht«, sagte er. »Du mußt dich selbst bekriegen. Auf jedem Zentimeter deines Weges. Und du mußt dabei so geschickt und kunstvoll vorgehen, daß niemand deinen Kampf bemerkt.«

Ich wußte nicht genau, was er damit meinte und wollte es auch nicht wissen. Noch bevor er Gelegenheit hatte, dem Gesagten etwas hinzuzufügen, fragte ich, weshalb er so viel von Anthropologie, Geschichte und Philosophie verstehe.

Lächelnd schüttelte er den Kopf. »Hast du nicht bemerkt, was ich getan habe?« fragte er und beantwortete gleich darauf seine eigene Frage. »Ich habe die Antworten aus der Luft gegriffen, indem ich meine Energiefasern ausgestreckt und diese Gedanken aus einem unermeßlich großen Ozean von Gedanken und Ideen geangelt habe, so wie man einen Fisch an einer Schnur fängt.« Er machte eine ausladende Geste mit den Armen, als wolle er die Luft um sich herum umschließen.

»Um Gedanken aufzufangen, so sagte mir Isidoro Baltazar, muß man wissen, welche Gedanken nützlich sind und welche nicht. Deshalb ist es notwendig, Geschichte, Philosophie und Anthropologie zu studieren«, erwiderte ich.

»Vielleicht habe ich das sogar einmal getan«, sagte er unentschlossen und kratzte sich ratlos am Kopf. »So muß es wohl gewesen sein.«

»Genau so muß es gewesen sein!« behauptete ich salbungsvoll, als hätte ich soeben eine bedeutende Entdeckung gemacht.

Laut seufzend, lehnte er sich gegen den Zaun und schloß die Augen.

»Weshalb mußt du immer recht haben?« fragte Nélida.

Erstaunt, ihre Stimme zu hören, sah ich sie mit offenem Mund an. Ihre Mundwinkel waren zu einem boshaften, verschwörerischen Lächeln gekräuselt. Sie bedeutete mir, den Mund zu schließen. Die Ausführungen des Hausmeisters zu meinem Semesterpapier hatten mich so abgelenkt, daß ich ihre Anwesenheit vergessen hatte, obwohl sie die ganze Zeit vor mir gesessen hatte. Oder etwa nicht? Der Gedanke, sie könne ohne mein Wissen verschwunden und wieder aufgetaucht sein, ließ mich unruhig werden.

»Laß dich dadurch nur nicht beirren«, sagte Nélida mit sanfter

Stimme, als habe ich meine Befürchtung soeben laut ausgesprochen. »Wir kommen und gehen andauernd, ohne daß es jemand bemerkt.«

Der beunruhigende Inhalt ihrer Behauptung wurde durch ihren Tonfall aufgehoben. Ich ließ meinen Blick vom einen zum anderen wandern und fragte mich, ob sie tatsächlich unbemerkt vor meiner Nase verschwinden würden. Ich wollte sicherstellen, daß sie nichts dergleichen taten. Deshalb streckte ich mich wie eine Katze auf der Strohmatte aus und berührte mit dem Fuß den Saum von Nélidas Kleid, während meine Hand zur Jacke des Hausmeisters wanderte. Er mußte die Berührung an seinem Ärmel gespürt haben, denn er setzte sich unvermittelt auf und starrte mich an. Ich schloß die Augen, beobachtete die beiden jedoch weiterhin durch meine Wimpern. Sie bewegten sich nicht. In ihrer aufrechten Haltung war kein Anzeichen der Erschöpfung zu erkennen, während ich mit dem Schlaf zu kämpfen hatte.

Eine kühle, nach Eukalyptus duftende Brise fuhr durch den Hof. Buntgefärbte, längliche Wolken zogen sich über den Himmel und das transparente Tiefblau wurde allmählich diffuser. So übergangslos schmolz es dahin, daß ich schließlich nicht mehr unterscheiden konnte, was Wolken und was Himmel, was Tag und was Nacht war.

Meinen Fuß unverwandt auf Nélidas Saum und meine Hand um die Jacke des Hausmeisters geklammert, gerade als hinge mein Leben davon ab, schlief ich ein. Als ich von einer Berührung geweckt wurde, schien mir, als seien nur ein paar Augenblicke vergangen.

»Florinda?« flüsterte ich, obwohl ich instinktiv wußte, daß es sich bei der Frau neben mir um jemand anderen handelte. Sie murmelte. Ich hatte den Eindruck, daß sie dies seit geraumer Zeit tat und ich nur erwacht war, um ihren Worten zu lauschen.

Ich wollte mich aufsetzen. Mit einem freundlichen, aber bestimmten Druck gegen meine Schulter hinderte mich die Frau daran. Irgendwo in der Dunkelheit brannte eine kleine Flamme und warf eine flackernde, angenehme Blässe auf ihr Gesicht. Fast sah sie aus wie ein Geist. Im Näherkommen schien sie zu wachsen. Ihre Augen wurden größer, während sie mich anstarrte. Der Bogen ihrer Augenbrauen schien wie mit einem Stift gemalt und war nachdenklich zusammengezogen.

»Nélida!« seufzte ich erleichtert.

Sie lächelte schwach und nickte.

Ich wollte sie nach dem Hausmeister und meiner Semesterarbeit fragen, doch preßte sie ihre Finger auf meine Lippen und fuhr fort zu murmeln. Sie wurde leiser und leiser. Das Murmeln schien aus großer Entfernung zu kommen und verstummte schließlich völlig.

Nélida erhob sich und bedeutete mir, es ihr gleich zu tun. Ich folgte ihr und bemerkte, daß wir uns nicht draußen auf dem Hof, sondern in einem der leerstehenden Schlafzimmer befanden, die vom Korridor abgingen.

»Wo ist meine Arbeit?« fragte ich, besorgt darüber, daß der Wind meine Seiten verstreut haben könnte. Der Gedanke, meine Arbeit von von beginnen zu müssen, ließ mich erschaudern.

Mit einer gebieterischen Kinnbewegung bedeutete Nélida mir, ihr zu folgen. Sie war um einiges größer als ich und sah genauso aus wie Florinda. Wäre sie nicht viel feiner gebaut gewesen, hätte ich die beiden nicht aueinanderhalten können. Jetzt erschien sie mir wie eine vollendete Version von Florinda – wie Florinda gewesen sein mußte, als sie jünger war. Irgendetwas an Nélida wirkte auf ungemein anziehende Weise ätherisch und zerbrechlich. Mit Isidoro Baltazar hatte ich darüber gescherzt, daß ich versuchen würde, mich ihr zu nähern, wenn sie ein Mann wäre. Er hatte erwidert – wie ich hoffte, im Scherz –, daß dies vermutlich der Grund dafür war, daß Nélida so selten mit mir sprach.

Wir bewegten uns auf mein Zimmer zu. Überall um mich herum erklangen Schritte. Nélida konnte es nicht sein, entschied ich, denn sie ging so leise, daß sie kaum den Boden zu berühren schien. Der absurde Gedanke, daß ich meine eigenen Schritte hörte, ließ mich so leise wie eine Katze auftreten. Trotzdem hörte ich weiterhin Schritte. Jemand bewegte seine Füße im gleichen Rhythmus wie ich, mit jedem meiner Schritte erklang ein schwaches Echo von den Bodenfliesen. Mehrere Male wandte ich mich um, doch natürlich war hinter mir niemand zu sehen. In der Hoffnung, damit meine Angst zu zerstreuen, kicherte ich laut.

Mit einer abrupten Bewegung drehte Nélida sich um. Ich fürchtete, sie würde mich zurechtweisen, doch begann sie ebenfalls zu lachen. Sie legte ihren Arm um meine Schultern. Ihre Berührung war weder besonders warm noch zärtlich, doch das war mir gleichgültig. Ich mochte sie, und ihre Berührung beruhigte mich. Kichernd und von Schritten umgeben, betraten wir mein Zimmer.

Von den Wänden ging ein eigenartiges Schimmern aus, so als sei Dunst durch die vier Türen in den Raum gedrungen. Dieser Dunstschleier hatte die Form des Raumes verändert und ihm seltsame Konturen verliehen, die ihn jetzt beinahe rund erscheinen ließen. Soviel ich auch blinzelte und die Augen zusammenkniff, es gelang mir nicht, mehr als den Tisch zu erkennen, an dem ich die letzten drei Tage gesessen und gearbeitet hatte. Ich trat näher. Zu meiner Erleichterung befand sich meine Arbeit – zu einem säuberlichen Stapel geordnet – auf dem Tisch. Daneben lagen meine Stifte; jemand hatte sie angespitzt.

»Nélida!« rief ich aufgeregt und dreht mich auf dem Absatz herum. Sie war nicht mehr zu sehen. Der Schleier hatte sich verdichtet. Mit jedem Atemzug zog er sich enger um mich zusammen. Er durchtränkte mich und erfüllte mich mit einem erregenden Gefühl der Unbeschwertheit und Klarheit. Von einer unsichtbaren Kraft gesteuert, setzte ich mich an den Tisch und breitete die Seiten vor mir aus. Unter meinem aufmerksamen Blick fügte sich die Struktur meiner Arbeit zusammen und legte sich wie eine Doppelbelichtung über mein Originalmanuskript.

Ich verlor mich in Bewunderung über die kunstfertige Entwicklung der Themen. Als würden sie von einer unsichtbaren denkenden und schreibenden Hand bewegt, arrangierten sich die Absätze zu einem neuen Manuskript. Alles erschien mir so klar und wunderbar, daß ich vor Freude lachte.

»Schreib es nieder.«

Eine Weile hing das schwache Echo der Worte im Zimmer. Neugierig blickte ich mich um, doch es war niemand zu sehen. In dem Bewußtsein, daß mein Erlebnis definitiv mehr als nur ein Traum war, griff ich nach Notizblock und Bleistift und begann mit rasender Eile zu schreiben. Mit unglaublicher Leichtigkeit und Klarheit empfing ich Ideen. Wie Klangwellen pulsierten sie in meinem Kopf und in meinem Körper. Ich hörte und sah die Worte zur gleichen Zeit. Und doch waren es weder meine Augen noch meine Ohren, die wahrnahmen, was sich vor mir abspielte. Vielmehr schienen es Fäden in meinem Inneren zu sein, die sich streckten und die Worte, die wie glänzende Staubpartikel vor mir lagen, aufsaugten, so als benutzte ich einen geräuschlosen Staubsauger.

Nach einer Weile verschwamm die Doppelbelichtung auf meinen Papieren; die Zeilen wurden immer schwächer. Verzweifelt versuchte ich, die wunderbare Ordnung zu erhalten, gleichzeitig wußte ich, daß alles spurlos verschwinden würde. Nur die Erinnerung an mein Bewußtsein über diese prachtvolle Klarheit blieb. Und dann war auch sie ausgelöscht, wie eine ausgeblasene Kerze. Eine gekräuselte Rauchwolke, dünn wie ein Faden, hing im Raum. Dann erging sie mit feinem Zittern, und bedrohliche Dunkelheit umgab mich. Ich war so erschöpft, daß ich wußte, ich würde gleich ohnmächtig werden.

»Leg dich nieder!«

Wohl wissend, daß ich niemanden sehen würde, machte ich mir nicht einmal die Mühe aufzuschauen. Unter großer Anstrengung erhob ich mich von meinem Stuhl und wankte auf mein Bett zu.

16

Für einen Augenblick lag ich still auf meinem Bett und versuchte, den erstaunlichen und wunderbaren Traum, der so anders als alle anderen Träume gewesen war, zu begreifen. Zum ersten Mal erinnerte ich mich an alles, was ich getan hatte.

»Nélida?« flüsterte ich, als ein leises, krächzendes Gewisper am anderen Ende des Zimmers meine Träumereien unterbrach. Ich setzte mich aufrecht, doch als das Zimmer sich zu drehen begann, legte ich mich schnell wieder hin. Ich wartete eine Weile und versuchte dann erneut, mich zu erheben. Schließlich stand ich auf und wagte einige vorsichtige Schritte. Ich brach zusammen und schlug mit dem Kopf gegen die Wand.

»Scheiße!« schrie ich, während sich das Zimmer weiterhin drehte. »Ich werde ohnmächtig.«

»Übertreib doch nicht so«, sagte Florinda und lachte, als sie mein erstauntes Gesicht sah. Sie berührte meine Stirn und dann meinen Nacken, als wollte sie feststellen, ob ich Fieber hätte. »Du wirst nicht ohnmächtig«, erklärte sie. »Du mußt deine Energie wieder auffüllen.«

»Wo ist Nélida?«

»Freust du dich nicht, mich zu sehen?« Sie ergriff meinen Arm und half mir zum Bett zurück. »Du bist ganz schwach vor Hunger.«

»Bin ich nicht«, widersprach ich ihr, mehr aus Gewohnheit als aus Überzeugung. Obwohl ich keinen Hunger verspürte, war ich mir doch sicher, daß mein Schwindelanfall auf mangelnde Nahrungszufuhr zurückzuführen war. Seit dem Frühstück hatte ich nichts mehr zu mir genommen.

»Wir haben uns gefragt wieso«, antwortete Florinda auf meine Gedanken. »Wir haben einen köstlichen Eintopf für dich zubereitet.«

»Seit wann sind Sie hier?« fragte ich. »Ich habe Sie seit Tagen gerufen.«

Mit geschlossenen Augen begann Florinda zu summen, so als helfe ihr das Geräusch dabei, sich zu erinnern. »Wir sind bereits seit einigen Tagen hier, so glaube ich zumindest«, sagte sie schließlich.

»Sie glauben!« rief ich verärgert, besann mich aber schnell eines Besseren. »Weshalb haben Sie sich nicht zu erkennen gegeben?« Ich war eher erstaunt als verletzt darüber, daß ich ihre Anwesenheit nicht bemerkt hatte. »Wie konnte ich nur so unaufmerksam sein?« murmelte ich, mehr zu mir als zu ihr.

Mit einem neugierigen Ausdruck in den Augen blickte Florinda mich an. »Hätte ich dir gesagt, daß wir hier sind, wäre es dir unmöglich gewesen, dich auf deine Semesterarbeit zu konzentrieren«, bemerkte sie weise. »Wie du wohl weißt, hättest du dich anstatt auf deine Arbeit auf unser Kommen und Gehen konzentriert. Du hättest deine gesamte Energie darauf verwandt, herauszufinden, was wir treiben, oder etwa nicht?« Ihre Stimme klang heiser und tief, und ein seltsames Leuchten in ihren Augen ließ sie noch strahlender als gewöhnlich erscheinen. »Es lag in unserer Absicht, daß du dich voll und ganz auf deine Arbeit konzentrierst, ohne von uns abgelenkt zu werden«, beruhigte sie mich.

Dann erklärte sie, daß der Hausmeister mir bei meiner Arbeit erst dann geholfen hatte, als er mit meinen bisherigen Bemühungen zufrieden gewesen war. Sie behauptete, daß er beim Träumen auf eine in meinen Notizen bereits vorhandene Struktur gestoßen sei

»Auch ich habe sie gesehen«, berichtete ich selbstgefällig. »Ebenfalls beim Träumen.«

»Ganz gewiß hast du das«, stimmte Florinda bereitwillig zu. »Wir haben dich in einen Traum gezogen, damit du an deinem Papier arbeiten konntest.«

»Ihr habt mich in einen Traum gezogen?« wiederholte ich. Irgendetwas an ihrer Behauptung erschien mir seltsam vertraut. Gleichzeitig bekam ich Angst. Ich hatte die unheimliche Gewißheit, endlich zu verstehen, was die Traumwache bedeutete, und war doch nicht in der Lage, es zu definieren. Ich erklärte Florinda, daß die Dinge ihren Lauf genommen hatten, nachdem ich den Hausmeister und den Hund im Hof gesehen hatte.

Einen folgerichtigen Ablauf der Ereignisse zu schildern fiel mir schwer, denn ich wußte selbst nicht, wann ich wach gewesen war und wann ich geträumt hatte. Zu meiner Überraschung war ich in der Lage, genau wiederzugeben, was der Inhalt der Doppelbelichtung auf der Originalversion meines Papiers gewesen war. »Meine Aufmerksamkeit war viel zu geschärft, als daß es sich dabei um einen Traum hätte handeln können«, erklärte ich.

»Genau das ist der Zustand der Traumwache«, unterbrach Florinda mich. »Deshalb erinnerst du dich so gut daran.« Sie klang wie eine ungeduldige Lehrerin, die einem zurückgebliebenen Kind eine einfache, aber fundamentale Tatsache erklärt. »Ich habe dir bereits gesagt, daß die Traumwache nichts mit Einschlafen und gewöhnlichen Träumen zu tun hat.«

»Ich habe mir Notizen gemacht«, sagte ich, als würde dies ihre Behauptung widerlegen. Sie nickte, und ich fragte sie, ob ich in der Lage sein würde, die Visionen meiner Traumwache in meinen Aufzeichnungen wiederzufinden.

»Mit Sicherheit«, sagte sie. »Aber vorher mußt du etwas Eßbares zu dir nehmen.« Sie erhob sich und half mir auf die Beine. Sie stopfte mir das Hemd in die Hose und klopfte einige Strohhalme von meinem Pullover. Dann hielt sie mich auf Armeslänge von sich und musterte mich mit kritischem Blick. Unzufrieden mit Resultat, fuhr sie mir durch die Haare und zupfte ein paar widerborstige Strähnen zurecht.

»Mit deinem wirren Schopf wirkst du ziemlich furchterregend«, erklärte sie.

»Gewöhnlich pflege ich nach dem Aufstehen eine heiße Dusche zu nehmen«, antwortete ich und folgte ihr auf den Korridor. Als ich sah, daß sie auf dem Weg in die Küche war, sagte ich ihr, daß ich zunächst das Toilettenhäuschen auf dem Hof besuchen mußte.

»Ich werde mit dir kommen.« Sie sah die Unzufriedenheit auf meinem Gesicht und fügte hinzu, daß sie lediglich sicherstellen wollte, daß ich während eines Schwächeanfalls nicht in die Grube fiel.

Kaum traten wir auf den Hof hinaus, war ich froh, sie als Stütze zu haben. Als ich sah, wie weit der Tag bereits fortgeschritten war, wäre ich vor Schreck beinahe gestürzt.

»Stimmt etwas nicht?« fragte Florinda. »Wirst du ohnmächtig?«

Ich zeigte auf den Himmel über uns. Von der Sonne war nur mehr ein schwacher Streifen zu sehen. »Ich kann unmöglich einen ganzen Tag verloren haben«, bemerkte ich kläglich. Ich kämpfte mit der Vorstellung, daß tatsächlich eine ganze Nacht und ein ganzer Tag vergangen waren, doch mein Verstand weigerte sich, diese Erkenntnis zuzulassen. Die Orientierung über den Ablauf der Zeit verloren zu haben, beunruhigte mich jetzt aufs Äußerste.

»Zauberer heben den Fluß der Zeit auf«, antwortete Florinda auf meine Gedanken. »Wenn jemand träumt, wie die Zauberer träumen, so existiert Zeit nicht länger in den Einheiten, in denen wir sie gewöhnlich messen. Zauberer dehnen oder komprimieren Zeit, wie es ihnen beliebt. Für Zauberer ist Zeit keine Angelegenheit von Minuten, Stunden oder Tagen, sondern etwas vollkommen anderes.

Während der Traumwache verschärft sich unsere Wahrnehmungsfähigkeit«, fuhr sie mit ruhiger Stimme fort. »Wenn es jedoch um die Wahrnehmung der Zeit geht, geschieht noch etwas ganz anderes. Das Empfinden der Zeit wird nicht verschärft, sondern gänzlich ausgelöscht.« Sie fügte hinzu, daß es sich bei unserem Bewußtsein über Zeit in erster Linie um einen psychologischen Zustand handelte, der von uns automatisch in physikalisch meßbare Einheiten umgewandelt wurde. Derartig tief war diese Angewohnheit in uns verwurzelt, daß wir – ohne uns dessen bewußt zu sein – auf das Ticken einer inneren Uhr lauschten, die uns über den Ablauf der Zeit informierte.

»Auf der Traumwache ist dieser Zustand aufgehoben«, betonte sie. »Eine durch und durch neue, unbekannte Struktur, die nicht wie herkömmliche Zeit verstanden und interpretiert werden kann, tritt an ihre Stelle.«

»Demzufolge wird im Zustand der Traumwache Zeit entweder gedehnt oder komprimiert«, sagte ich in einem Versuch, mir ihre Ausführungen zu eigen zu machen.

»Du wirst noch einiges mehr darüber erfahren«, versicherte sie mir energisch. »Wenn du dich einmal daran gewöhnt hast, ein erhöhtes Bewußtsein erreicht zu haben, wie Mariano Aureliano es ausdrückt, so wirst du in der Lage sein wahrzunehmen, was immer du willst. Denn Zauberer messen die Zeit nicht. Sie benützen sie, indem sie sie nach Gutdünken dehnen und komprimieren.«

»Sie haben vorhin erwähnt, daß ihr alle mir beim Träumen geholfen habt«, sagte ich. »Demnach müßten einige von Ihnen wissen, wie lange ich mich in diesem Zustand befunden habe.«

Florinda sagte, daß sie und ihre Gefährten sich ständig im Zustand der Traumwache befänden und daß meine Traumwache ihrer gemeinsamen Anstrengung zu verdanken sei; jedoch habe niemand gemessen, wie lange ich mich in jenem Zustand befunden habe.

»Wollen Sie damit sagen, daß ich mich im Augenblick auf Traumwache befinde?« fragte ich, obwohl ich die Antwort bereits wußte. »Wenn ja, was habe ich getan, um diesen Zustand zu erreichen? Welche Schritte im einzelnen?«

»Den denkbar einfachsten Schritt«, sagte Florinda. »Du hast dir nicht gestattet, dein gewöhnliches Selbst zu sein. Das ist der Schlüssel, der die Türen öffnet. Wir haben dir oft und auf unterschiedliche Weise gesagt, daß Zauberei etwas anderes ist, als du annimmst. Zu behaupten, daß das größte Geheimnis der Zauberei darin besteht, nicht dein gewöhnliches Selbst zu sein, mag vielleicht idiotisch klingen. Das ist es jedoch ganz und gar nicht. Es ist vielmehr der Schlüssel zur Kraft und deshalb das schwierigste Unterfangen, das ein Zauberer zu meistern hat. Und doch ist es nicht über alle Maßen kompliziert oder unmöglich zu verstehen. Es handelt sich dabei nicht um eine Erkenntnis, die einen um den Verstand zu bringen droht; doch genau diese Befürchtung ist der Grund, warum kaum jemand sie ernst nimmt.

Den Ergebnissen deiner letzten Traumwache nach zu urteilen, würde ich sagen, daß du durch die Vermeidung deines gewöhnlichen Selbst genügend Energie gesammelt hast.«

Sie klopfte mir auf die Schulter und wandte sich ab. »Ich sehe dich in der Küche«, flüsterte sie.

Die Küchentür war angelehnt, doch drang kein Geräusch nach draußen auf den Flur.

»Florinda?« flüsterte ich.

Ein leises Lachen war die Antwort auf mein Rufen, doch konnte ich niemanden sehen. Sobald meine Augen sich an den Halbschatten gewöhnt hatten, erkannte ich Florinda und Nélida, die am Tisch saßen. In dem zarten Licht wirkten ihre Gesichter ungewöhnlich leuchtend. Ihre Haare, Augen, Nasen und Münder waren nicht voneinander zu unterscheiden und schienen von einem inneren Glanz erfüllt. Zwei identische Wesen so nebeneinander zu sehen, hatte durchaus auch etwas Schauriges.

»Ihr beiden sei so schön, daß es mir Angst bereitet«, sagte ich und trat näher.

Als wollten sie die Richtigkeit meiner Behauptung überprüfen, blickten die beiden Frauen sich an und brachen dann in ein beunruhigendes Gelächter aus. Ich spürte, wie mir ein eigenartiges Prickeln die Wirbelsäule entlanglief. Noch bevor ich einen Kommentar über den seltsamen Klang ihres Lachens machen konnte, verstummten sie. Mit einem Winken bat Nélida mich, auf einem Stuhl neben ihr Platz zu nehmen.

Ich atmete tief durch. Nicht die Ruhe verlieren, sagte ich mir, während ich mich setzte. Von Nélida ging eine irritierende, angespannte Klarheit aus. Sie füllte einen Teller dickflüssiger Suppe aus einer mitten auf dem Tisch stehenden Terrine und stellte ihn vor mich hin.

»Ich möchte, daß du alles aufißt«, sagte sie und schob Butter und einen Korb mit warmen Tortillas in meine Richtung.

Als hätte ich seit Tagen nichts zu mir genommen, stürzte ich mich auf das Essen. Ich leerte die Terrine und spülte die gebutterten Tortillas mit drei Bechern heißer Schokolade hinunter.

Gesättigt ließ ich mich in meinen Stuhl zurückfallen. Die Tür zum Hof stand offen, und eine kühle Brise arrangierte aufs Neue das Spiel der Schatten im Raum. Die Dämmerung schien nicht enden zu wollen. Am Himmel standen immer noch die tiefgefärbten Streifen des Abendrots: Violett, Tiefblau, Zinnoberrot und Gold. Die Luft war von einer Transparenz, die die fernen Berge in scheinbar greifbare Nähe rückte. Wie von einer inneren Kraft getrieben, schien die Nacht aus dem Boden zu schießen. Rhythmisch und voller Anmut fegten die schattenreichen Bewegungen der Obstbäume im Wind die Dunkelheit gen Himmel.

Esperanza betrat den Raum und stellte eine brennende Öllampe auf den Tisch. Sie sah mich an, doch hatte sie offensichtlich Schwierigkeiten, ihren Blick zu fokussieren. Es schien, als sei sie noch mit irgendeinem außerweltlichen Mysterium befaßt und nicht gänzlich anwesend. Dann taute ihr Blick auf, und sie lächelte, als sei sie nun mit Sicherheit aus großer Entfernung zu uns zurückgekehrt.

»Meine Arbeit!« rief ich, als ich entdeckte, daß sie die losen Blätter und meinen Notizblock unter dem Arm trug.

Mit breitem Grinsen überreichte Esperanza mir meine Notizen.

Angespannt und ungeduldig untersuchte ich sie und lachte laut auf, als ich sah, daß die Seiten des Notizblocks mit präzisen und ausführlichen Anweisungen darüber gefüllt waren, wie ich die Arbeit an meinem Semesterpapier fortzusetzen hatte. Ohne den leisesten Zweifel handelte es sich bei der Handschrift um meine eigene, und die Anweisungen waren zur einen Hälfte in Spanisch und zur anderen Hälfte in Englisch abgefaßt.

»Es ist alles hier«, sagte ich aufgeregt. »Genau so habe ich es in meinem Traum gesehen!« Der Gedanke, daß ich das Abschlußsemester der Hochschule nun in Windeseile und ohne allzu harte Arbeit durchlaufen würde, ließ mich alle Angst vergessen.

»Eine gute Semesterarbeit fällt niemandem in den Schoß«, sagte Esperanza. »Nicht einmal mit Hilfe der Zauberei. Du solltest wissen, daß du ohne vorbereitende Lektüre, Notizen und mehrere unterschiedliche Fassungen des Textes niemals in der Lage gewesen wärest, den Aufbau und die Struktur deiner Arbeit im Traum zu erkennen.«

Ich nickte wortlos. Wieder hatte sie mit solch unanfechtbarer Autorität gesprochen, daß mir die Worte fehlten.

»Was ist mit dem Hausmeister?« brachte ich schließlich hervor. »War er in seiner Jugend ein Gelehrter?«

Nelida und Florinda wandten sich an Esperanza, als läge es an ihr, die Frage zu beantworten.

»Da bin ich überfragt«, antwortete sie ausweichend. »Hat er dir nicht erzählt, daß er ein Zauberer ist, der Ideen liebt?« Einen Augenblick lang schwieg sie und fügte dann leise hinzu: »Wenn er sich nicht um unsere magische Welt kümmert, wie es die Aufgabe eines Hausmeisters ist, dann liest er.«

»Abgesehen von Büchern liest er auch noch eine Unzahl von

Fachzeitschriften«, erklärte Nélida. »Er spricht mehrere Sprachen, deshalb ist er über alles auf dem laufenden. Delia und Clara sind seine Assistentinnen. Ihnen hat er Englisch und Deutsch beigebracht.«

»Gehört die Bücherei im Haus ihm?« fragte ich.

»Sie gehört uns allen gemeinsam«, sagte Nélida. »Allerdings bin ich mir sicher, daß er außer Vicente der einzige ist, der jedes Buch auf den Regalen auch gelesen hat.« Als sie meinen ungläubigen Gesichtsausdruck bemerkte, riet sie mir, mich nicht vom äußeren Eindruck der Mitglieder in der Gemeinschaft der Zauberer zu falschen Schlüssen verleiten zu lassen. »Um ihre Kenntnisse zu gewinnen, arbeiten Zauberer doppelt so hart wie gewöhnliche Leute«, versicherte sie. »Zauberer müssen sich die Welt des Alltags ebenso zu eigen machen wie die Welt der Magie. Deshalb ist es notwendig, geistig wie körperlich über außerordentliche Fähigkeiten sowie eine gewisse Subtilität zu verfügen.« Aus zusammengekniffenen Augen warf sie mir einen abschätzenden Blick zu und lachte dann leise.

»Drei Tage hast du nun an deiner Arbeit gesessen«, erklärte sie. »Das war harte Arbeit, nicht wahr?« Sie wartete auf meine Zustimmung und fügte dann hinzu, daß ich während meiner Traumwache noch härter als gewöhnlich gearbeitet hätte.

»Überhaupt nicht«, widersprach ich eilig. »Es war relativ einfach und mühelos.« Ich erklärte, daß ich lediglich eine neue Version meines ursprünglichen Papiers wie eine Doppelbelichtung auf meiner alten Fassung gesehen und diese dann kopiert hatte.

»Dazu hast du alle dir zur Verfügung stehende Kraft benötigt«, beharrte Nélida. »Während der Traumwache hast du sämtliche Energie auf ein Ziel gerichtet. Deine ganze Anstrengung und all dein Bemühen galten der Fertigstellung deiner Arbeit. In jenem Moment war nichts anders für dich von Bedeutung. Kein anderer Gedanke hat dich von deinem Vorhaben abgelenkt.«

»Hat der Hausmeister ebenfalls geträumt, als er sich meine

Arbeit ansah?« fragte ich. »Hat er gesehen, was ich gesehen habe?«

Nélida erhob sich und ging auf die Tür zu. Eine Weile spähte sie hinaus in die Dunkelheit und kehrte dann zum Tisch zurück. Sie flüsterte Esperanza etwas zu und setzte sich wieder.

Esperanza lachte glucksend und sagte dann, daß der Hausmeister etwas anderes auf meinem Papier gesehen habe als ich. »Das ist vollkommen natürlich, denn sein Wissen ist bei weitem umfangreicher als das deinige.«

Mit ihren flinken, dunklen Augen starrte Esperanza mich an. »Angeleitet durch seine Vorschläge und entsprechend deinen eigenen Fähigkeiten warst du in der Lage zu erkennen, wie dein Papier aussehen sollte. Und das hast du schließlich niedergeschrieben.«

»Während der Traumwache haben wir Zugang zu verborgenen Quellen, die wir gewöhnlich nicht nützen«, sagte Nélida und erklärte, daß ich mich in dem Augenblick, als ich mein Papier zu Gesicht bekam, an die Hinweise des Hausmeisters erinnert hatte.

Sie bemerkte meinen ungläubigen Gesichtsausdruck und rief mir ins Gedächtnis, was der Hausmeister über mein Papier gesagte hatte: »Zu viele Fußnoten, zu viele Zitate und nachlässig ausgeführte Ideen.« Amüsiert und mitfühlend blickte sie mich aus strahlenden Augen an und sagte, daß ich – da ich geträumt hätte und nicht so dumm sei, wie ich immer vorgäbe – sofort alle möglichen Querverbindungen und Zusammenhänge erkannt habe, die mir in meinem Material zuvor nicht aufgefallen seien. Erwartungsvoll beugte sich Nélida zu mir. Um ihre Lippen spielte ein schwaches Lächeln.

»Es ist an der Zeit für dich zu erfahren, weshalb du in der Lage warst, eine verbesserte Version deiner ursprünglichen Arbeit wahrzunehmen.« Esperanza setzte sich aufrecht und zwinkerte mir zu, so als sei sie im Begriff, mir ein bedeutungsvolles Geheimnis zu enthüllen. »Während der Traumwache haben wir Zugang zu unmittelbarem Wissen.«

Sie beobachtete mich eine Weile, und ich bemerkte die Enttäuschung in ihren Augen.

»Stell dich doch nicht so dumm!« schnappte Nélida ungeduldig. »Du solltest während der Traumwache gemerkt haben, daß du, wie alle Frauen, über die einmalige Fähigkeit verfügst, Wissen direkt aufzunehmen.«

Mit einer Handbewegung brachte Esperanza sie zum Schweigen und sagte: »Weißt du, daß einer der Hauptunterschiede zwischen Mann und Frau in ihrer unterschiedlichen Annäherung an Wissen besteht?«

Ich hatte keinen Schimmer, wovon sie sprach. Bedächtig entfernte sie ein unbeschriebenes Blatt von meinem Notizblock und zeichnete zwei menschliche Figuren darauf. Den Kopf der einen krönte sie mit einem Kegel und nannte ihn den Mann. Auf die Spitze des anderen Kopfes zeichnete sie den gleichen Trichter, jedoch mit der Spitze nach unten, und bezeichnete die Figur als Frau.

»Männer erwerben Wissen schrittweise«, erklärte sie und zeigte mit ihrem Bleistift auf die Figur mit dem Kegel auf dem Kopf. »Männer greifen über sich; erklettern den Weg zum Wissen. Die Zauberer behaupten, daß Männer sich zum Geist hin verjüngen, wie ein Kegel; sie verengen sich auf ihrem Weg zum Wissen. Dieser Prozeß limitiert ihre Reichweite.« Sie zog den Kegel auf der ersten Figur mit dem Stift nach. »Wie du siehst, können Männer lediglich eine bestimmte Höhe erreichen. Ihr Weg zum Wissen endet in der Spitze: der Spitze des Kegels.«

Sie sah mich aufmerksam an: »Gib acht«, warnte sie mich und zeigte mit ihrem Bleistift auf die zweite Figur, die den umbekehrten Kegel auf dem Kopf trug. »Wie du sehen kannst, steht dieser Kegel auf dem Kopf; er ist offen wie ein Trichter. Frauen sind in der Lage, sich der Quelle direkt zu öffnen. Oder besser gesagt, die Quelle erreicht sie auf direktem Weg durch den weit geöffneten Fuß des Kegels. Die Zauberer behaupten, daß die weibliche Verbindung mit dem Wissen eine expansive ist. Die der Männer dagegen ist relativ beschränkt.

»Männer stehen dem Konkreten näher«, fuhr sie fort. »Sie zielen nach dem Abstrakten. Frauen sind dem Abstrakten verbunden und versuchen trotzdem, das Konkrete nicht zu vernachlässigen.«

»Wie kommt es, daß Frauen, wenn sie doch dem Abstrakten so offen gegenüber stehen, als die Unterlegenen angesehen werden?« unterbrach ich sie.

Esperanza warf mir einen faszinierten und verzückten Blick zu. Bedächtig erhob sie sich von ihrem Stuhl und streckte sich wie eine Katze, bis die Gelenke knackten, dann setzte sie sich wieder.

»Die Tatsache, daß Frauen als minderwertig und die weiblichen Eigenschaften im besten Fall als den Mann ergänzend betrachtet werden, hat mit der unterschiedlichen Art und Weise zu tun, in der sich Männer und Frauen dem Wissen nähern«, erklärte sie. »Allgemein sind Frauen eher an Macht über sich als an Macht über andere interessiert, während letztere eindeutig eine männliche Domäne darstellt.«

»Das ist auch unter Zauberern nicht anders«, warf Nélida ein, und die Frauen lachten.

Esperanza fuhr mit ihren Ausführungen fort und erklärte, daß Frauen es ihrer Meinung nach ursprünglich nicht für notwendig erachtet hatten, ihre Auffassungsgabe als Mittel zu einem direkten und erweiterten Kontakt mit dem Geist zu benutzen. Sie sahen keinen Grund, ihre natürliche Kapazität zu intellektualisieren; es war ihnen genug, sie zu benutzen und zu wissen, daß sie sie besaßen.

»Ihre Unfähigkeit, sich direkt mit dem Geist zu verbinden, brachte Männer dazu, über den Prozeß der Wissensaneignung zu sprechen. Sie sprechen immer noch davon. Und genau diese Behauptung, nämlich zu wissen, wie man sich dem Geist nähert, das Beharren darauf, diesen Vorgang zu analysieren, gab ihnen die

Überzeugung, daß es sich bei dem Vorgang des logischen Denkens um eine typisch männliche Fertigkeit handelte.«

Esperanza erklärte, daß die Begriffsbildung des Verstandes ausschließlich von Männern unternommen worden war und daß dies den Männern erlaubt hatte, die Talente und Errungenschaften der Frauen zu schmälern. Und was noch schlimmer war, es hatte den Männern gestattet, weibliche Eigenschaften aus der Formulierung verstandesmäßiger Ideale vollständig zu verbannen.

»Natürlich glauben die Frauen mittlerweile selbst an diese Definition«, hob sie hervor. »Frauen haben gelernt zu glauben, daß einzig Männer rationell und folgerichtig zu denken imstande sind. Mittlerweile tragen Männer einen Berg unverdienter Vorteile vor sich her, der sie automatisch zu Überlegenen macht, unabhängig von ihren wirklichen Fähigkeiten oder davon, wie gut sie sich vorbereitet haben.«

»Auf welche Weise haben Frauen ihre direkte Verbindung mit dem Wissen verloren?« fragte ich.

»Sie haben diese Verbindung nicht verloren«, korrigierte Esperanza mich. »Frauen haben weiterhin eine direkte Verbindung mit dem Geist. Sie haben lediglich vergessen, wie sie zu benutzen ist und haben die Aussage der Männer übernommen, die behauptet, sie hätten diese Verbindung nicht. Seit Tausenden von Jahren haben Männer dafür gekämpft, daß Frauen diese Verbindung vergessen. Denk nur an die Heilige Inquisition. Das war ein systematisches Unterfangen mit dem Ziel, den Glauben auszurotten, der besagt, daß Frauen eine direkte Verbindung zum Geist haben. Bei jeder organisierten Religion handelt es sich um ein ausgesprochen erfolgreiches Manöver, Frauen in untergeordneten Positionen zu halten. Religionen beschwören ein göttliches Gebot, das Frauen als minderwertig beschreibt.«

Verwundert sah ich sie an und fragte mich, wie es möglich war, daß sie über eine derartige Bildung verfügte.

»Der Drang des Mannes, andere zu dominieren, und das mangelnde Interesse der Frauen am Ausdruck ihres Wissens bilden eine ausgesprochen unheilige Allianz«, fuhr Esperanza fort. »Sie ermöglicht es, Frauen vom Augenblick ihrer Geburt an zu der Überzeugung zu zwingen, daß ihre Erfüllung im Nestbau, in der Liebe und Heirat, im Gebären und in der Selbstverleugnung liegt. Frauen sind von den vorherrschenden Formen abstrakten Denkens ausgeschlossen und zur Abhängigkeit erzogen worden. Der Glauben, daß Männer für sie denken müßten, ist ihnen so gründlich antrainiert worden, daß die Frauen das Denken schließlich aufgegeben haben.«

»Frauen sind sehr wohl in der Lage zu denken«, unterbrach ich sie.

»Frauen sind in der Lage zu formulieren, was sie gelernt haben«, korrigierte Esperanza mich. »Und was sie gelernt haben, ist von Männern bestimmt worden. Männer definieren, was das Wissen an sich ist, und von dieser Definition haben sie alles mit dem Weiblichen Verbundene ausgeschlossen. Sollte es doch Bestandteil ihrer Definition sein, dann steht es ausnahmslos in negativem Licht. Und die Frauen haben sich daran gewöhnt.«

»Sie sind Jahre hinterher«, warf ich ein. »Heutzutage können Frauen alles machen, was ihr Herz begehrt. Sie haben Zugang zu fast allen Bildungsstätten und können beinahe jeden Beruf ausüben.

Das ist bedeutungslos, solange sie über keine Basis und keine systematische Unterstützung verfügen«, beharrte Esperanza. »Was nützt es schon, den gleichen Zugang wie Männer zu haben und trotzdem wie ein minderwertiges Wesen behandelt zu werden, das männliche Verhaltensweisen annehmen muß, um erfolgreich zu werden? Die erfolgreichsten Frauen sind die vollkommen Umgewandelten. Und die blicken ebenfalls auf andere Frauen herab.

»Nach Auffassung der Männer werden Frauen durch ihre Gebärmutter geistig wie körperlich behindert. Sie haben zwar Zugang zum Wissen erlangt, sind aber an der Definition dieses Wissens nicht beteiligt worden.

Nimm als Beispiel die Philosophen«, schlug Esperanza vor, »die reinen Denker. Einige von ihnen sind vehemente Frauenfeinde. Andere sind in dieser Sache etwas weniger direkt und geben zu, daß Frauen unter Umständen so fähig wie Männer sein könnten, würden sie Fragen des Verstandes nicht so desinteressiert gegenüberstehen. Sind sie dagegen interessiert, so sollten sie es nicht sein. Denn für eine Frau ist es bekömmlicher, wenn sie ihrem Wesen treu bleibt: ein unterstützender, abhängiger Begleiter des Mannes.«

Esperanza hatte diese Worte mit unerschütterlicher Autorität vorgetragen. Trotzdem wurde ich nach wenigen Augenblicken von starken Zweifeln übermannt. »Wenn es sich bei Wissen wirklich um ein männliches Konstrukt handelt, weshalb besteht ihr dann darauf, daß ich mein Studium abschließe?« fragte ich.

»Weil du eine Hexe bist und deshalb wissen mußt, was wie auf dich einwirkt«, erwiderte sie. »Bevor du etwas ablehnst, mußt du verstanden haben, weshalb du es ablehnst.«

»Das Problem ist, daß die Quelle des Wissen heutzutage einzig aus logischem Denken besteht. Doch folgen Frauen einer vollkommen anderen Herangehensweise, die niemals auch nur in Betracht gezogen wurde. Diese Herangehensweise kann ebenfalls zur Wissensbildung dienen, doch wird dieses Wissen nichts mit logischem Denken zu tun haben.«

»Womit dann?« fragte ich.

»Das mußt du selbst entscheiden, nachdem du das Handwerk des logischen Denkens und Verstehens gemeistert hast.«

Ich war mittlerweile vollends verwirrt.

»Nach Ansicht der Zauberer«, erklärte sie, »können Männer keinen ausschließlichen Anspruch auf Verstand haben. Im Augenblick scheint es jedoch so, weil sie ihren Begriff von Verstand auf ein Gebiet anwenden, das überwiegend von männlichen Vorstellungen beherrscht wird. Wenden wir den Verstand also auf ein Gebiet an, auf dem Weiblichkeit dominiert. Und bei diesem Gebiet handelt es sich selbstverständlich um den umgekehrten Kegel, den ich dir erklärt habe. Die Verbindung der Frauen mit dem Geist.«

Sie neigte ihren Kopf und überlegte, was sie als nächstes sagen sollte. »Diese Verbindung muß unter einem anderen Aspekt des Verstehens gesehen werden. Ein Aspekt, der noch nie zur Anwendung gelangt ist: die weibliche Seite des Verstandes«, sagte sie.

»Woraus besteht die weibliche Seite des Verstandes, Esperanza?«

»Aus vielen Dingen. Eines davon ist ganz gewiß die Fähigkeit zu träumen.« Sie sah mich fragend an, doch ich hatte nichts zu sagen.

Unerwartet lachte sie ihr tiefes Lachen. »Ich weiß wohl, was du von Zauberern erwartest. Du suchst nach Ritualen, Zaubersprüchen, geheimnisvollen Kulten. Du möchtest singen. Du möchtest eins mit der Natur werden. Du möchtest mit Wassergeistern kommunizieren und suchst nach dem Heidnischen. Ein romantisches Bild vom Treiben der Zauberer. Sehr germanisch.«

»Um den Sprung in das Unbekannte zu wagen«, fuhr sie fort, »brauchst du Mut und Verstand. Nur dadurch wirst du in der Lage sein, anderen von den Schätzen, die du dort finden magst, zu berichten.« Offensichtlich erpicht darauf, mir etwas Wichtiges mitzuteilen, beugte sie sich zu mir. Sie kratzte sich am Kopf und nieste fünf Mal, wie es auch der Hausmeister getan hatte. »Du mußt entsprechend deiner magischen Seite handeln«, sagte sie.

»Und was soll meine magische Seite sein?«

»Die Gebärmutter.« Sie sagte dies mit derartigem Gleichmut, als sei sie an meiner Reaktion nicht interessiert, und fast hätte ich die Antwort überhört. Als mir die Absurdität ihrer Bemerkung aufging, setzte ich mich aufrecht und starrte auf die Anwesenden.

»Die Gebärmutter!« wiederholte Esperanza. »Die Gebärmutter ist das ultimative Organ der Weiblichkeit. Sie verleiht den Frauen jene zusätzliche Kraft, die sie benötigen, um ihre Energie zu bündeln.«

Sie erklärte, daß die Männer auf ihrer Suche nach Überlegenheit die geheimnisvolle Kraft der Frauen – ihre Gebärmutter – zu einem biologischen Organ reduziert hätten, dessen einzige Funktion darin bestand, zu reproduzieren und den Samen des Mannes zu tragen.

Wie auf ein Stichwort, erhob sich Nélida, ging um den Tisch herum und stellte sich hinter mich. »Kennst du die Geschichte der Verkündung Marias?« flüsterte sie mir ins Ohr.

Kichernd wandte ich ihr mein Gesicht zu. »Nein, kenne ich nicht.«

Im gleichen vertraulichen Flüsterton erklärte sie mir, daß in der Jüdisch-Christlichen Tradition einzig Männer in der Lage waren, die Stimme Gottes zu empfangen. Frauen, mit Ausnahme der Jungfrau Maria, waren von diesem Privileg ausgeschlossen.

Daß ein Engel Maria zuflüsterte, so sagte Nélida, war selbstverständlich. Nicht so selbstverständlich war die Tatsache, daß der Engel Maria lediglich ankündigte, daß sie ein Kind Gottes austragen würde. Die Gebärmutter erhielt kein Wissen, sondern das Versprechen des Samen Gottes. Ein männlicher Gott, der wiederum einen anderen männlichen Gott erzeugte.

Ich wollte mich besinnen und über das Gesagte nachdenken, doch mein Verstand war nur noch ein wirrer Strudel. »Wie steht es mit männlichen Zauberern?« fragte ich. »Sie haben keine Gebärmutter, und doch sind sie eindeutig mit dem Geist verbunden.«

Esperanza betrachtete mich mit unverhohlener Freude; dann blickte sie über ihre Schulter, als habe sie Angst, jemand könne uns belauschen und flüsterte: »Zauberer sind in der Lage, sich nach der Absicht und nach dem Geist auszurichten. Sie haben aufgegeben, was ihre Männlichkeit ausmacht. Und sie sind keine Männer mehr.«

17

Etwas daran, wie Isidoro Baltazar den Raum durchschritt, unterschied sich davon, wie er gewöhnlich seine rechteckige Einzimmerwohnung durchmaß. Bis eben noch hatten seine Schritte gewöhnlich einen beruhigenden Effekt auf mich gehabt. Doch diesmal klangen sie auf sonderbare Weise bedrohlich. Das Bild eines Tigers, der den Busch durchstreift – nicht auf der Jagd nach Beute, sondern im Bewußtsein, etwas sei nicht in Ordnung –, kam mir in den Sinn.

Ich blickte von meiner Arbeit auf und wollte ihn gerade fragen, was los sei, als er sagte: »Wir fahren nach Mexiko!«

Die Art, wie er das sagte, brachte mich zum Lachen. Seine Schroffheit und die Ernsthaftigkeit seiner Stimme ließen mir einen Scherz gerechtfertigt erscheinen. »Wirst du mich dort heiraten?« fragte ich.

Er hielt inne und blickte mich zornig an. »Das ist kein Witz«, schnappte er ärgerlich. »Dies hier ist die Wirklichkeit.« Kaum hatte er den Satz beendet, lächelte er und schüttelte den Kopf. »Was tue ich nur?« sagte er und machte eine spaßige, hilflose Geste. »Ich ärgere mich über dich, als hätte ich dafür Zeit. Was für eine Schande! Der Nagual Juan Matus hat mich gewarnt, daß bis zum letzten Atemzug ein Miststück in uns steckt.«

Er zog mich in seine Arme und drückte mich an sich, so als wäre ich lange Zeit fort gewesen und gerade erst zurückgekehrt.

»Für mich ist es vermutlich keine so gute Idee, nach Mexiko zu gehen«, sagte ich.

»Sag' alle Vorhaben ab. Wir haben keine Zeit mehr.« Er klang wie ein Offizier, der Befehle erteilte. Ich konnte nicht umhin, ihm mit »Jawohl, mein Gruppenführer!« zu antworten.

Er lockerte sich und lachte.

Auf unserer Fahrt durch Arizona wurde ich plötzlich von einem merkwürdigen Körpergefühl heimgesucht; es war wie ein Schauern, das sich von meiner Bauchhöhle ausgehend über den gesamten Körper legte und mir eine Gänsehaut bereitete.

»Ich habe soeben eine Vorahnung gehabt. Irgendetwas stimmt nicht!« sagte ich mit einer Stimme, die gegen meinen Willen anzuschwellen schien.

Isidoro Baltazar nickte. »Die Zauberer brechen auf«, bemerkte er in sachlichem Ton.

»Wann?« Mein Aufschrei war ebenfalls unfreiwillig.

»Morgen vielleicht oder am Tag darauf«, erwiderte er. »Vielleicht auch erst in einem Monat, doch steht ihre Abreise unmittelbar bevor.«

Ich seufzte vor Erleichterung, ließ mich in meinen Sitz zurückfallen und unternahm einen bewußten Versuch, mich zu entspannen. »Das behaupten sie seit dem Tag, als wir uns vor drei Jahren getroffen haben«, murmelte ich.

Isidoro Baltazar, sein Gesicht nun eine Maske purer Verachtung, warf mir einen Blick zu. Ich konnte erkennen, wie sehr er sich bemühte, seine Unzufriedenheit mit mir zu unterdrücken. Schließlich lächelte er, tätschelte mein Knie und sage mit leiser Stimme: »Wir können in der Welt der Zauberer unmöglich faktisch sein. Wenn die Zauberer dir gegenüber etwas wiederholen, bis es dir zum Hals heraushängt, dann nur deshalb, weil sie dich auf etwas vorbereiten wollen.« Einen Augenblick lang fixierte er mich mit seinem harten Blick, aus dem jetzt alle Freundlichkeit verschwunden war. »Vermische ihr magisches Naturell nicht mit deiner eigenen Begriffsstutzigkeit.«

Ich nickte schweigend. Seine Bemerkung hatte mich nicht verärgert; dazu hatte ich viel zu viel Angst.

Diesmal schien die Reise wie im Flug zu vergehen. Wir wechselten uns beim Fahren und Schlafen ab, und gegen Mittag des folgenden Tages waren wir am Haus der Hexen angekommen. Sobald Isidoro Baltazar den Motor des Wagens abgestellt hatte, sprangen wir beide aus dem Wagen, knallten die Türen zu und liefen den Abhang zum Haus der Hexen hinauf.

»Was soll das bedeuten?« fragte der Hausmeister. Erstaunt über unsere unverhoffte und lautstarke Ankunft stand er an der Eingangstür. »Habt ihr einen Streit, oder jagt ihr einander?« Er blickte erst auf Isidoro Baltazar und dann auf mich. »Jemine! Solch eine Hektik.«

»Wann reist ihr ab? Wann werdet ihr abreisen?« wiederholte ich mechanisch, nicht länger in der Lage, meine wachsende Unruhe und Furcht zu verbergen.

Lachend klopfte mir der Hausmeister auf den Rücken und sagte: »Ich werde nirgendwohin gehen. So einfach wirst du mich nicht los.« Seine Worte klangen überzeugend, doch gegen meine Unruhe halfen sie nicht.

Ich suchte sein Gesicht und seine Augen nach Anzeigen für eine Lüge ab, doch sah ich in ihnen nur aufrichtige Freundlichkeit. Sobald ich bemerkte, daß Isidoro Baltazar nicht länger neben mir stand, versteifte ich mich wieder. Geräuschlos und schnell wie ein Schatten war er verschwunden.

Der Hausmeister, der meine Erregung bemerkt hatte, deutete mit dem Kinn auf das Haus. Ich hörte, wie sich Isidoro Baltazars Stimme erhob, so als würde er gegen etwas protestieren, dann erklang sein Lachen.

»Sind sie alle dort?« fragte ich und versuchte, mich am Hausmeister vorbeizubewegen.

»Sie sind im Haus«, sagte er und blockierte mir mit ausgestreckten Armen den Weg. »Im Augenblick können sie dich nicht empfangen.« Er sah, daß ich kurz davorstand zu protestieren und fügte hinzu: »Sie haben dich nicht erwartet. Sie möchten, daß ich zuerst mit dir spreche.« Er ergriff meine Hand und führte mich von der Tür fort. »Gehen wir auf die Rückseite und sammeln ein paar Blätter auf«, schlug er vor. »Wir verbrennen sie und lassen die Asche für die Wasserfeen zurück. Vielleicht verwandeln sie sich in Gold.«

Wir sprachen kein einziges Wort, während wir einen Haufen Laub nach dem anderen aufklaubten, doch die körperliche Beschäftigung und das Geräusch des kratzenden Rechens auf dem Boden beruhigten mich.

Mir schien, als hätten wir Stunden mit dem Sammeln und Verbrennen von Blättern verbracht, als ich mit einem Mal bemerkte, daß sich noch jemand im Hof aufhielt. Ich drehte mich herum und erblickte Florinda. In weiße Hosen und eine weiße Jacke gekleidet, saß sie wie eine Erscheinung auf der Bank unter dem Zapote-Baum. Ihr Gesicht lag im Schatten eines breitkrempigen Strohhutes, und in der Hand hielt sie einen Fächer aus Spitze. Sie schien übernatürlich und wirkte derartig entrückt, daß ich zunächst nur erstaunt und bewegungslos vor ihr stand.

Mich fragend, ob sie mich wohl zur Kenntnis nehmen würde, unternahm ich ein paar zögernde Schritte in ihre Richtung. Als ich bemerkte, daß sie meine Anwesenheit überhaupt nicht bemerkte, beschloß ich abzuwarten. Ich hatte keine Angst, von ihr zurückgewiesen oder gekränkt zu werden. Vielmehr schien ein unbestimmtes, aber unterschwellig wirkendes Gesetz mich davon abzuhalten, ihre Aufmerksamkeit auf mich zu ziehen.

Als sich jedoch der Hausmeister zu Florinda auf die Bank setzte, ergriff ich den Rechen, der an einen Baum gelehnt stand, und ging mit kleinen Schritten auf sie zu. Mit geistesabwesendem Grinsen blickte mich der Hausmeister an, doch seine ungeteilte Aufmerksamkeit gehörte Florinda und ihren Worten. Die beiden unterhielten sich in einer mir fremden Sprache. Bezaubert hörte ich ihnen trotzdem zu. Ob es an der fremden Sprache oder ihrer Zuneigung für den alten Mann lag, wußte ich nicht, doch ihre rauhe Stimme klang jetzt ungewöhnlich sanft und auf gespenstische Weise zärtlich.

Unvermittelt erhob sie sich von der Bank. Wie von einer verborgenen Feder getrieben, schwirrte sie, einem Kolibri gleich, kreuz und quer über die gerodete Fläche hinter dem Haus und verharrte für einen Augenblick an jedem der Bäume, ein Blatt oder eine Blüte berührend.

Um ihre Aufmerksamkeit auf mich zu ziehen, hob ich die Hand, wurde jedoch von einem hellblauen Schmetterling abgelenkt, der blaue Schatten in die Luft wob. Er flog auf mich zu und ließ sich auf meiner Hand nieder. Seine breiten, zitternden Flügel entfalteten sich, und dunkel legte sich ihr Schatten über meine Finger. Er rieb sich mit den Vorderfüßen den Kopf, und nachdem er seine Flügel mehrere Male geöffnet und geschlossen hatte, flog er wieder davon, an meinem Mittelfinger einen Ring in Form eines dreieckigen Schmetterlings zurücklassend.

In der Gewißheit, Opfer einer optischen Täuschung geworden zu sein, schüttelte ich mehrere Male meine Hand. »Das ist ein Trick, nicht wahr?« fragte ich den Hausmeister mit wackliger Stimme. »Oder ist es eine optische Täuschung?«

Der Hausmeister schüttelte den Kopf. Sein strahlendes Gesicht legte sich in freundliche Falten. »Was für ein wunderschöner Ring«, sagte er und hielt meine Hand. »Ein prächtiges Geschenk.«

»Ein Geschenk«, wiederholte ich. Für den Bruchteil einer Sekunde hatte ich eine Einsicht, doch verschwand sie und ließ mich verloren und verwirrt zurück. »Wer hat den Ring auf meinen Finger gesteckt?« fragte ich und starrte auf das Juwel. Die Fühler und der schlanke längliche Körper, die das Dreieck der Flügel teilten, waren filigran aus weißem Gold gefertigt und mit winzigen Diamanten besetzt.

»Ist dir der Ring zuvor nicht aufgefallen?« fragte der Hausmeister.

»Zuvor?« wiederholte ich verblüfft. »Wann zuvor?«

»Du trägst diesen Ring, seit Florinda ihn dir gegeben hat«, antwortete er.

»Aber wann soll das gewesen sein?« fragte ich und hielt mir die Hand vor den Mund, um meinen Schock zu ersticken. »Ich kann mich nicht daran erinnern, daß Florinda mir einen Ring gegeben hat«, murmelte ich, mehr zu mir selbst als zu ihm. »Und wieso ist mir der Ring nie zuvor aufgefallen?«

Der Hausmeister zuckte mit den Achseln; scheinbar wußte er ebenfalls nicht, weshalb der Ring bisher meiner Aufmerksamkeit entgangen war. Er meinte, daß es daran gelegen haben könnte, daß der Ring so gut auf meinen Finger paßte. Er schien noch etwas sagen zu wollen, doch hielt er sich zurück und schlug vor, daß wir noch einige Blätter aufsammelten.

»Ich kann nicht«, sagte ich. »Ich muß mit Florinda reden.«

»Mußt du?« sagte er nachdenklich, als hätte ich gerade einen lachhaften und vermutlich unklugen Vorschlag gemacht, allerdings unterließ er es, mir zu widersprechen. »Sie ist spazierengegangen«, erklärte er und zeigte mit dem Kinn auf den Pfad, der sich die Hügel hinaufschlängelte.

»Ich werde sie einholen«, behauptete ich. Ich sah, wie ihre weiß gekleidete Figur in der Ferne in dem hohen Chaparral kurz auftauchte und wieder verschwand.

»Sie geht weit«, warnte mich der Hausmeister.

»Das macht nichts«, versicherte ich ihm.

Ich lief Florinda hinterher und verlangsamte meine Schritte, bevor ich sie eingeholt hatte.

Ich hatte kaum je einen schöneren Gang als den ihren gesehen; sie bewegte sich mit kraftvoller, athletischer Mühelosigkeit, und ihr Rücken war kerzengerade.

Sobald sie meine Anwesenheit bemerkte, blieb sie abrupt stehen, wandte sich um und streckte mir ihre Hände zum Gruß entgegen. »Wie geht es dir, Liebling?« sagte sie und blickte mich an. Ihre rauhe Stimme klang unbeschwert, klar und sanft.

Ich war derartig begierig, etwas über die Herkunft des Ringes zu erfahren, daß ich es sogar versäumte, sie gebührend zu begrüßen. Über meine eigenen Worte stolpernd, fragte ich sie, ob sie diejenige gewesen war, die den Ring auf meinen Finger gesteckt hatte. »Gehört er jetzt mir?« fragte ich.

»Ja«, sagte sie. »Du hast ein Anrecht darauf.« Etwas an dem bestimmten Ton in ihrer Stimme erregte und erschreckte mich zur gleichen Zeit. Trotzdem kam es mir nicht in den Sinn, das wertvolle Geschenk zurückzuweisen oder an seiner Richtigkeit zu zweifeln.

»Besitzt der Ring magische Kräfte?« fragte ich und hielt meine Hand gegen das Licht, so daß die Steine atemberaubend funkelten.

»Nein«, lachte sie. »Er hat keine Kräfte, obwohl es sich um einen besonderen Ring handelt. Nicht etwa, weil er besonders viel wert ist oder weil er mir gehört hat, sondern weil ihn ein außergewöhnlicher Nagual gemacht hat.«

»War er Juwelier?« wollte ich wissen. »War er es, der die seltsamen Statuen im Zimmer des Hausmeisters angefertigt hat?«

»Genau der«, erwiderte sie. »Allerdings war er kein Juwelier. Ein Bildhauer war er auch nicht. Allein der Gedanke daran, daß Leute ihn für einen Künstler halten könnten, brachte ihn zum Lachen. Und doch wußte jeder, daß einzig ein Künstler in der Lage war, diese außerordentlichen Gegenstände zu erschaffen.«

Florinda entfernte sich ein paar Schritte von mir und ließ ihren Blick über die Hügel schweifen, als suche sie in der Ferne nach Erinnerungen. Dann wandte sie sich wieder zu mir und sagte mit kaum vernehmbarem Flüstern, daß alles, was dieser Nagual angefertigt habe – sei es nun ein Ring, eine Ziegelmauer, Fliesen für den Boden, geheimnisvolle Erfindungen oder eine einfache Pappschachtel –, einzigartig und wunderbar gewesen war. Nicht nur, weil diese Gegenstände außerordentlich sorgfältig gearbeitet, sondern weil sie von etwas Unsagbarem durchdrungen waren.

»Wenn ein derartig ungewöhnliches Wesen den Ring gefertigt hat, muß er über Kräfte verfügen«, insistierte ich.

»Der Ring selbst hat keine Macht, egal wer ihn gemacht hat«, versicherte Florinda. »Die Kraft liegt in dem Akt der Herstellung. Der Nagual befand sich so vollständig im Einklang mit der Absicht, wie Zauberer es nennen, daß er imstande war, dieses wunderbare Juwel zu schaffen, ohne ein Juwelier zu sein. Der Ring ist ein Produkt unverfälschter Absicht.«

Ich wollte nicht dumm erscheinen und wagte es daher nicht zu gestehen, daß ich keine Ahnung hatte, was mit Absicht gemeint war. Stattdessen fragte ich sie, was sie dazu veranlaßt hatte, mir ein derartig wunderbares Geschenk zu machen. »Ich glaube nicht, daß ich es verdiene«, fügte ich hinzu.

»Du wirst den Ring benutzen, um dich nach der Absicht auszurichten«, antwortete sie. Und ein kleines, bösartiges Lächeln fuhr über ihr Gesicht, als sie hinzufügte: »Und selbstverständlich weißt du bereits, was es bedeutet, sich nach der Absicht auszurichten.«

»Ich habe keinen Schimmer«, grummelte ich defensiv und gestand dann, daß ich wirklich nicht wußte, was mit Absicht gemeint war.

»Möglicherweise weißt du nicht, was das Wort bedeutet«, sagte sie leichthin, »aber intuitiv bist du in der Lage, diese Kraft anzuzapfen.« Sie kam näher und flüsterte, daß ich die Absicht immer benutzt hatte, um mich von einem Traum in die Realität zu bewegen oder meinen Traum – worum immer es sich dabei auch gehandelt haben mochte – in die Realität zu bringen. Ruhig sah sie mich an und wartete darauf, daß ich die naheliegenden Schlüsse zog. Als sie meinen verständnislosen Gesichtsausdruck bemerkte, fügte sie hinzu: »Die Erfindungen im Zimmer des Hausmeisters und der Ring wurden im Traum hergestellt.«

»Ich verstehe trotzdem nicht«, beschwerte ich mich.

»Du hast Angst vor den Erfindungen«, sagte sie ruhig. »Und an dem Ring freust du dich. Da es sich bei beiden um Träume handelt, könnte es genausogut umgekehrt sein ...«

»Sie machen mir Angst, Florinda. Was meinen Sie damit?«

»Dieses hier, mein Liebling, ist die Welt der Träume. Wir lehren dich, die Träume ohne Hilfe zu erzeugen.« Für einen Moment hielten ihre dunklen, glänzenden Augen meinen Blick. »Im Augenblick helfen dir all die Zauberer um den Nagual Mariano Aureliano, in diese Welt einzutreten und darin zu verweilen.«

»Handelt es sich tatsächlich um eine andere Welt? Oder bin ich diejenige, die anders ist?«

»Du bist die gleiche, doch in einer anderen Welt.« Einen Augenblick schwieg sie, dann stellte sie fest, daß ich über mehr Energie als zuvor verfügte. »Energie, die aus deinem Guthaben und unserem Darlehen an dich stammt.«

Ihr Vergleich aus dem Bankwesen leuchtete mir ein. Was sie mit einer anderen Welt meinte, war mir allerdings immer noch nicht klar.

»Sieh dich um!« rief sie und breitete die Arme aus. »Dies ist nicht die Welt des Alltags.« Sie schwieg für geraume Zeit und fügte dann mit sanftem, kaum vernehmlichem Flüstern hinzu: »Können Schmetterlinge sich in der Welt der alltäglichen Dinge in Ringe verwandeln? In einer Welt, die durch die Erhaltung der uns zugeteilten Rollen zu einem sicheren und überschaubar strukturierten Ort geworden ist?«

Ich drehte mich um und schaute auf die Bäume, die Büsche und die fernen Berge. Was sie mit einer anderen Welt meinen mochte, verstand ich immer noch nicht. Schließlich kam mir der Gedanke, daß der Unterschied gänzlich von der subjektiven Wahrnehmung abhängen mußte.

»Das stimmt nicht!« beharrte Florinda, die meine Gedanken gelesen hatte. »Dies ist der Traum eines Zauberers. Du bist hier, weil du über die dafür notwendige Energie verfügst.«

Mit hoffnungslosem Gesichtsausdruck schaute sie mich an. »Es gibt keinen Weg, Frauen das Träumen beizubringen. Man kann sie lediglich unterstützen, damit sie irgendwann in der Lage sind, ihr enormes Potential zu erkennen.

Da es beim Träumen der Frauen um die Verfügbarkeit von Energie geht, ist es von großer Wichtigkeit, sie davon zu überzeugen, daß sie ihre tiefreichenden sozialen Gewohnheiten verändern müssen, um sich diese Energie anzueignen. Der Vorgang der Energieverwendung ist ein automatischer; sobald sie über die notwendige Energie verfügen, beginnen Frauen damit, die Träume der Zauberer zu träumen.«

Sie gestand mir, daß die Zauberer aufgrund eigener Mängel Schwierigkeiten dabei hatten, Frauen zum Aufbruch in neue Gefilde zu bewegen. Die meisten Frauen – und dazu rechnete sie auch sich selbst – zogen ihre vertrauten Ketten dem Schrecken des Neuen vor.

»Träumen ist nur etwas für mutige Frauen«, flüsterte sie mir ins Ohr. Dann lachte sie laut. »Und natürlich für Frauen, die keine andere Wahl haben, weil ihre Umstände unerträglich geworden sind – eine Kategorie, der die meisten Frauen angehören, ohne es zu wissen«, fügte sie hinzu.

Der Klang ihres kehligen Lachens hatte einen merkwürdigen Effekt auf mich; mir schien, als sei ich plötzlich aus tiefem Schlaf erwacht und habe mich während des Schlafes an etwas längst Vergessenes erinnert. »Isidoro Baltazar hat mir von eurer bevorstehenden Abreise berichtet. Wann wirst du fahren?«

»Ich werde fürs erste hier bleiben.« Ihre Stimme klang bestimmt, doch schwang eine vernichtende Traurigkeit in ihr mit. »Deine Traumlehrerin und ich werden zurückbleiben. Die anderen werden gehen.«

Ich verstand nicht ganz, was sie meinte und machte einen scherzhaften Kommentar, um meine Konfusion zu verbergen: »Meine Traumlehrerin Zuleica hat in drei Jahren kein einziges Wort mit mir gesprochen. Sie selbst und Esperanza sind die einzigen,die mich wirklich geführt und mir etwas beigebracht haben.

Ich möchte, daß Sie mir etwas erklären, Florinda«, fuhr ich fort. »Bei welcher Gelegenheit haben Sie mir diesen Ring gegeben? Wie kommt es, daß ich in einem Augenblick noch Blätter mit dem Hausmeister sammle und im nächsten Moment diesen Ring trage?«

Freudig erklärte sie mir, daß man getrost davon ausgehen könnte, daß es sich beim Laubsammeln um eine Pforte in den Traum eines Zauberers handelte – vorausgesetzt man verfügte über genügend Energie, um die Schwelle dorthin zu überschreiten. Sie nahm meine Hand und fügte hinzu: »Ich habe dir den Ring gegeben, während du die Schwelle übertreten hast; deshalb hat dein Verstand die Handlung nicht wahrgenommen. Als du dich bereits im Traum befandest, hast du plötzlich den Ring an deinem Finger bemerkt.«

Neugierig starrte ich sie an. Etwas an ihrer Erklärung erschien mir so vage, daß ich nicht in der Lage war, es zu verstehen.

»Kehren wir zum Haus zurück«, schlug sie vor, »und übertreten wir die Schwelle in die andere Richtung. Vielleicht wirst du es dieses Mal bemerken.«

Gemächlich gingen wir in unseren Fußstapfen zurück und näherten uns dem Haus von der Rückseite. Damit mir nichts entging, ging ich einige Schritte vor Florinda her. Begierig, ein Anzeichen für den Übergang zu finden, beäugte ich Bäume, Fliesen und Wände.

Abgesehen davon, daß der Hausmeister nicht mehr anwesend war, fiel mir nichts Ungewöhnliches auf. Ich drehte mich um, um Florinda mitzuteilen, daß ich den Übergang mit großer Gewißheit wieder verpaßt hätte, doch befand sie sich nicht mehr hinter mir.

Sie war nirgendwo zu sehen. Sie war fort und hatte mich allein zurückgelassen.

Ich betrat das Innere des Hauses. Wie bereits so oft zuvor, lag es verlassen dort. Das Gefühl der Einsamkeit bereitete mir jetzt keine Angst mehr; ich hatte nicht länger den Eindruck, verlassen worden zu sein. Ohne zu überlegen, begab ich mich in die Küche und aß die Tamales, die im Korb zurückgeblieben waren. Dann legte ich mich in meine Hängematte und versuchte, Ordnung in meine Gedanken zu bringen.

Als ich aufwachte, lag ich in einem kleinen, dunklen Zimmer auf einem Feldbett. Verzweifelt versuchte ich, einen Hinweis darauf zu erhalten, was geschehen war. Ich saß kerzengerade im Bett, als ich bemerkte, daß in der Nähe der Tür große Schatten lauerten, die sich bewegten. Ich beschloß herauszufinden, ob die Tür offenstand und langte nach der Bettpfanne, von der ich irgendwie wußte, daß sie sich unter meiner Bettstatt befand. Ich schleuderte sie in Richtung der Schatten. Laut scheppernd landete der Topf im Freien.

Die Schatten verschwanden. Nicht wissend, ob es sich bei ihnen um ein reines Produkt meiner Vorstellungskraft gehandelt hatte, trat ich ebenfalls vor das Haus. Unentschlossen starrte ich auf die Reihe hoher Mesquitebüsche, die die gerodete Fläche hinter dem Haus abgrenzten. Mit einem Schlag wurde mir klar, wo ich mich befand: Ich stand hinter dem kleinen Haus.

All dies schoß mir durch den Kopf, während ich nach dem Nachttopf suchte, der bis an den Zaun gerollt war. Als ich mich bückte, um ihn aufzuheben, sah ich, wie ein Kojote sich durch die Mesquitebüsche zwängte. Instinktiv warf ich den Topf nach dem Tier, doch traf ich nur einen Felsen. Ohne sich das Geringste aus dem Krach oder meine Anwesenheit zu machen, überquerte der Kojote den Hof. Unverfroren drehte er einige Male den Kopf, um mich näher in Augenschein zu nehmen. Sein Fell schimmerte silbrig, und mit seinem buschigen Schweif streifte er wie mit einem Zauberstab über die Felsen. Bei dieser Berührung schien jeder der Felsen zum Leben zu erwachen. Mit glänzenden Augen und sich bewegenden Lippen sprangen die Felsen herum und stellten Fragen mit Stimmen, die zu leise waren, als daß ich sie hätte hören können.

Ich schrie auf; mit furchterregender Geschwindigkeit bewegten sich die Felsen auf mich zu.

Augenblicklich wurde mir klar, daß ich träumte. »Dies ist einer meiner üblichen Alpträume«, murmelte ich. »Inklusive Monstern, Angst und dem ganzen anderen Zeug.« Ich war überzeugt, daß mein Problem, sobald ich es erkannt und benannt hatte, von selbst verschwinden würde und wollte mich gerade dem Terror meines Alptraumes ergeben, als ich hörte, wie eine Stimme sagte: »Probier die Spur der Träume.«

Ich fuhr herum. Esperanza stand unter der Ramada und hütete ein Feuer aus Zuckerrohr. In dem bewegten Schein der Flammen wirkte sie wie eine Fremde, so als sei sie durch einen Raum von mir getrennt, der nichts mit der Entfernung zwischen uns zu tun hatte.

»Hab keine Angst«, befahl sie. Dann senkte sie ihre Stimme zu einem Murmeln. »Wir alle teilen die Träume des anderen, doch im Augenblick träumst du nicht.« Der Zweifel mußte mir im Gesicht gestanden haben. »Glaub' mir, du träumst nicht«, versicherte sie mir.

Ich trat ein wenig näher. Nicht nur klang ihre Stimme fremd, auch sie selbst schien sich verändert zu haben. Von meinem Standpunkt aus hatte ich eindeutig Esperanza vor mir; trotzdem sah sie aus wie Zuleica. Ich trat noch näher. Es war Zuleica! Jung und stark und wunderschön. Sie konnte nicht älter als vierzig sein. Ihr ovales Gesicht war von dunklen Locken gerahmt, die sich bereits stellenweise ins Graue verfärbten. Sie hatte ein ebenmäßiges, bleiches Gesicht mit blanken, dunklen Augen, die weit auseinanderstanden. Ihr Blick schien nach innen gerichtet, rätselhaft und außerordentlich klar. Ihre kurze dünne Oberlippe ließ auf Ernsthaftigkeit schließen, während ihre volle Unterlippe mir wie ein Zeichen der Freundlichkeit und Leidenschaft schien.

Fasziniert durch den Wandel in ihrer Erscheinung, starrte ich sie sprachlos an. Ich war mir sicher, daß ich träumte.

Ihr helles Lachen zeigte mir, daß sie meine Gedanken gelesen hatte. Sie ergriff meine Hand und sagte leise: »Du träumst nicht, meine Liebe. Ich bin es wirklich. Ich bin deine Traumlehrerin. Ich bin Zuleica. Esperanza ist mein anderes Selbst. Die Zauberer nennen es den Traumkörper.«

Mein Herz schlug so heftig, daß meine Brust zu schmerzen begann. Vor Angst und Aufregung drohte ich beinahe zu ersticken. Ich versuchte, meine Hand wieder an mich zu ziehen, doch hielt sie mich so fest umklammert, daß ich mich nicht lösen konnte. Ich kniff die Augen zu. Mehr als alles in der Welt wollte ich, daß sie verschwunden wäre, wenn ich sie wieder öffnete. Aber selbstverständlich war sie noch dort, ihre Lippen zu einem strahlenden Lächeln geöffnet. Wieder schloß ich die Augen und begann, auf und ab zu springen und auf dem Boden herumzutrampeln, als hätte ich den Verstand verloren. Mit meiner freien Hand klatschte ich mir mehrere Male ins Gesicht, bis es vor Schmerzen brannte. Doch es gelang mir nicht aufzuwachen. Jedes Mal, wenn ich die Augen öffnete, war Zuleica noch da.

»Ich denke, du hast jetzt genug«, lachte sie, und ich befahl ihr, mich zu schlagen.

Bereitwillig kam sie meinem Befehl nach und schlug mir mit einem Gehstock zwei Mal hart auf den Oberarm.

»Es nützt alles nichts, Liebling.« Sie sprach langsam, so als sei sie sehr müde. Sie atmete tief ein und ließ meine Hand los. Dann sprach sie erneut. »Du träumst nicht. Und ich bin Zuleica. Doch wenn ich träume, bin ich Esperanza und noch etwas anderes. Doch darüber werde ich jetzt nicht sprechen.«

Ich wollte etwas sagen, doch kam kein Wort über meine Lippen Meine Zunge war gelähmt, und ich brachte nur ein wimmerndes Geräusch hervor. Ich versuchte mich zu entspannen, indem ich einige Atemübungen machte, die ich in einer Yogaklasse gelernt hatte.

Scheinbar gefielen ihr meine Eskapaden, denn sie lachte glucksend. Ihr Lachen hatte einen beruhigenden Effekt; es strahlte eine solche Wärme aus, daß mein Körper sich augenblicklich entspannte.

»Du bist eine Pirschjägerin«, erklärte sie. »Und auf alle Fälle gehörst du zu Florinda.« Ihr Tonfall ließ keine Widerrede zu »Außerdem bist du Schlafwandlerin und von Natur aus eine hervorragende Träumerin, und aufgrund dieser Fähigkeiten gehörst du ebenfalls mir.«

Etwas in mir wollte laut auflachen und ihr sagen, daß sie vollkommen den Verstand verloren hatte. Eine andere Stimme jedoch befand sich in völligem Einverständnis mit ihrer Behauptung.

»Bei welchem Namen soll ich Sie rufen?« fragte ich zögernd.

»Bei welchem Namen?« wiederholte sie und sah mich an, als ob sich diese Frage von selbst beantwortete. »Ich bin Zuleica. Für was hältst du dies hier? Ein Spiel? Wir spielen hier keine Spiele.«

Eingeschüchtert durch ihr heftiges Auftreten brachte ich nur ein Murmeln hervor. »Nein, ich halte dies nicht für ein Spiel«

»Wenn ich träume, bin ich Esperanza«, fuhr sie mit scharfer Stimme fort. Ihr Gesicht war streng, doch strahlend; offen, doch ohne Mitleid, alles zur gleichen Zeit. »Wenn ich nicht träume, bin ich Zuleica. Aber ob ich Zuleica oder Esperanza oder irgendetwas ganz anderes bin, das kann dir gleichgültig sein. Ich bin immer noch die Lehrerin deiner Träume.«

Abgesehen von einem Nicken brachte ich nichts hervor. Selbst wenn ich etwas zu sagen gehabt hätte, wäre ich jetzt nicht dazu in der Lage gewesen. Kalter Angstschweiß rann mir an den Seiten hinab; meine Eingeweide rumorten, und meine Blase stand kurz vor dem Platzen. Ich wollte zur Toilette, um mich zu erleichtern und mich zu übergeben.

Schließlich konnte ich es nicht länger aushalten. Ich hatte die Wahl, mich entweder an Ort und Stelle zu besudeln oder zu der Bretterbude zu rennen. Ich verfügte über ausreichend Energie, um mich für die letztere der beiden Möglichkeiten zu entscheiden.

Zuleica lachte wie ein junges Mädchen: Ihr Lachen folgte mir bis zu dem Toilettenhäuschen.

Als ich zu der gerodeten Fläche zurückkehrte, drängte sie mich, neben ihr auf der Bank Platz zu nehmen. Automatisch leistete ich ihrer Aufforderung Folge und setzte mich schwerfällig auf den Rand, meine Hände nervös über den geschlossenen Knien haltend.

In ihren Augen stand ein harter Ausdruck, doch auch Freundlichkeit. Blitzartig wurde mit bewußt, daß es sich bei ihrer vermeintlichen Rücksichtslosigkeit in Wirklichkeit um das Resultat einer inneren Disziplin handelte. Ihre unerbittliche Selbstkontrolle hatte ihrem Wesen eine anziehende Unnahbarkeit und Verschlossenheit verliehen. Doch hatte diese nichts Verdecktes und Heimliches, sondern war vielmehr die Verschlossenheit des Mysteriösen und Unbekannten. Aus diesem Grund folgte ich ihr wie ein kleines Hündchen auf Schritt und Tritt.

»Du hast heute zwei Übergänge gehabt«, erklärte Zuleica. »Einen vom Wachzustand zur Traumwache und den anderen von der Traumwache in den normalen Wachzustand. Der erste war sanft und verlief unmerklich; der zweite war alptraumhaft. So liegen die Dinge. Wir alle erleben diese Übergänge gleich.«

Ich zwang mich zu lächeln. »Aber ich weiß immer noch nicht, was ich getan habe«, sagte ich. »Ich bin mir meiner Schritte nicht bewußt. Mir passieren die Dinge einfach, und ich finde mich in Träumen wieder, ohne zu wissen, wie ich dorthin gelangt bin.«

Plötzlich bekamen ihre Augen einen durchtriebenen Glanz, und sie sagte: »Gewöhnlich beginnt man mit dem Träumen, indem man in einer Hängematte oder in einer anderen Hängevorrichtung schläft, die von einem Dach oder Baum herabgelassen wird. Auf diese Weise verlieren wir den Kontakt mit dem Boden. Der Boden erdet uns, vergiß das nicht. Derartig aufgehängt, lernt der Anfänger, wie sich die Energie vom Wachzustand zum Träumen verlagert und vom Träumen zur Traumwache.

»Wie Florinda dir schon erklärt hat, ist dies alles eine Frage der Energie. Sobald du darüber verfügst, geht es los.«

»In deinem Fall ist es fraglich, ob du in der Lage sein wirst, selber genügend Energie zu speichern, weil die Zauberer dir keine mehr zukommen lassen können.« Mit dramatischer Miene hob Zuleica ihre Augenbrauen und fügte hinzu: »Wir werden sehen. Ich werde versuchen, dich daran zu erinnern, wenn wir unsere Träume teilen.« Als sie die Bestürzung auf meinem Gesicht sah, lachte sie wie ein Kind.

»Wie teilen wir unsere Träume?« fragte ich und starrte in ihre erstaunlichen Augen. Sie waren dunkel und glänzend, aus den Pupillen traten jetzt Lichtstrahlen hervor.

Anstatt mir zu antworten, ließ Zuleica noch einige Zweige ins Feuer fallen. Die Glut krachte und brach auf, der Schein wurde heller. Einen Augenblick lang stand sie unbeweglich dort, ihre Augen auf die Flammen gerichtet, so als würde sie das Licht in sich aufnehmen. Mit einer abrupten Bewegung drehte sie sich um und warf mir einen kurzen Blick zu. Dann hockte sie sich auf den Boden und schlang ihre starken, muskulösen Arme um ihre Schienbeine. Sanft schaukelnd lauschte sie dem Knistern des Feuers und blickte in die Dunkelheit.

»Wie teilen wir unsere Träume?« fragte ich sie erneut.

Zuleica hielt in der Bewegung inne. Sie schüttelte den Kopf; dann sah sie auf, als sei sie plötzlich erwacht.

»Es ist mir unmöglich, dir dies jetzt zu erklären«, begann sie. »Das Träumen ist unverständlich. Es muß gefühlt und nicht diskutiert werden. Genau wie in der Welt des Alltags muß etwas erst erfahren werden, bevor es erklärt oder analysiert werden kann.« Sie sprach langsam und wählte die Worte sorgfältig. Sie gab zu, daß es von Bedeutung war, unterwegs Erklärungen vorzunehmen.« Trotzdem sind diese Erklärungen oft voreilig. Und so ist es auch jetzt.«

»Eines Tages wird all dies einen Sinn ergeben«, versprach Zuleica, als sie die Enttäuschung in meinem Gesicht bemerkte.

Mit einer flinken und mühelosen Bewegung kam sie auf die Füße und starrte weiter in das Feuer, als würden ihre Augen von den Flammen genährt. Ihr riesiger Schatten wurde von den Flammen gegen die Mauer und gegen die Decke der Ramada geworfen. Ohne zum Abschied auch nur mit dem Kopf zu nicken, wandte sie sich ab und verschwand im Inneren des Hauses.

Ich war unfähig, mich zu bewegen und stand wie angewurzelt auf der Stelle. Während das Klappern ihrer Sandalen sich immer weiter entfernte, war ich kaum imstande zu atmen. »Lassen Sie mich hier nicht allein zurück!« rief ich mit panischer Stimme. »Es gibt noch einiges, was ich wissen muß.«

Augenblicklich tauchte Zuleica an der Tür auf. »Was mußt du wissen?« fragte sie mit kühler Stimme.

»Tut mir leid«, stotterte ich nach einem Blick in ihre glänzenden Augen. Beinahe hypnotisiert nahm ich sie näher in Augenschein. »Ich wollte nicht schreien«, fügte ich entschuldigend hinzu. »Ich dachte nur, Sie wären in eines der Zimmer gegangen.« Flehentlich sah ich sie an, in der Hoffnung, sie würde mir irgendetwas erklären.

Doch das tat sie nicht. Sie fragte mich lediglich noch einmal, was ich hatte wissen wollen.

»Werden sie mit mir reden, wenn wir uns wiedersehen?« platzte ich mit dem erstbesten Worten heraus, die mir in den Sinn kamen. Ich hatte Angst, sie würde mich verlassen, sobald ich aufhörte zu reden.

»Wenn ich dich wiedersehe, so wird das in einer anderen Welt sein«, sagte sie. »Wer weiß schon, was wir dort tun werden?«

»Aber vor nicht allzulanger Zeit haben Sie selbst gesagt, daß Sie meine Traumlehrerin sind!« insistierte ich. »Lassen Sie mich jetzt nicht im Ungewissen. Erklären Sie mir die Dinge. Ich kann den inneren Zwiespalt nicht länger ertragen. Ich fühle mich wie in der Mitte gespalten.«

»Das bist du auch«, sagte sie beiläufig. »Ganz gewiß sogar bist du gespalten.« Sie blickte mich freundlich an. »Doch das liegt daran, daß du nicht von deinen alten Angewohnheiten lassen willst. Du bist eine gute Träumerin. Somnambule Gehirne verfügen über ein ungeheures Potential. Vorausgesetzt du kannst dich entscheiden, deinen Charakter zu kultivieren.«

Ich hörte kaum zu. Ich war damit beschäftigt, meine Gedanken zu ordnen, doch ohne Erfolg. Mit ungeheurer Geschwindigkeit raste eine Abfolge von undeutlichen Bildern und Ereignissen durch meinen Kopf. Durch bloße Willenskraft gelang es mir nicht, Einfluß auf ihre Reihenfolge oder Beschaffenheit zu nehmen. Die Bilder verwandelten sich zu Empfindungen, die sich trotz ihrer Schärfe einer genauen Definition oder einer Beschreibung ihrer Beschaffenheit entzogen.

Zuleica war mein Unvermögen nicht entgangen, und ihr Gesicht erhellte sich zu einem breiten Grinsen. »Die ganze Zeit über haben wir alle dem Nagual Mariano Aureliano geholfen, dich in das Stadium der zweiten Aufmerksamkeit zu stoßen«, sagte sie leise und bedächtig. »Dort finden wir – wie im Alltag – Fluß und Stetigkeit der Veränderung. In beiden Stadien dominiert das Praktische. In der zweiten Aufmerksamkeit jedoch sind wir in der Lage, das Erlebnis in Stücke zu zerlegen, so daß wir damit umgehen, uns sicher fühlen und es verstehen können.«

Während Zuleica sprach, hing ich meinen eigenen Gedanken nach. ›Sie verschwendet ihre Zeit mit mir. Weiß sie denn nicht, daß ich zu dumm bin, um ihre Erklärungen zu verstehen?‹ Doch sprach sie unbeirrt und mit breitem Lächeln weiter. Zuzugeben, daß ich nicht sehr hell im Kopf war, bedeutete, daß ich mich verändert hatte; normalerweise hätte ich mir so etwas nicht in meinen geheimsten Gedanken eingestanden.

»Innerhalb der zweiten Aufmerksamkeit«, so fuhr sie fort, »oder der Traumwache, wie ich den Zustand lieber nenne, mußt du daran glauben, daß dein Traum so real ist wie die Welt des Alltags. Mit anderen Worten, du mußt dich fügen. Für die Zauberer sind alle weltlichen und außerweltlichen Bestrebungen durch untadelige Handlungen gesteuert, und hinter jeder untadeligen Handlung liegt die Fügung. Und Fügung heißt nicht Hinnahme. Fügung trägt ein dynamisches Element; sie beinhaltet Handlung.« Ihre Stimme wurde sehr leise, und in ihre Augen trat ein fiebriger Glanz, als sie ihren Vortrag beendete: »In dem Augenblick, in dem die Traumwache beginnt, öffnet sich eine Welt verführerischer und unerforschter Möglichkeiten. Eine Welt, in der die ultimative Verwegenheit zur Realität wird und in der man das Unerwartete erwarten kann. Dann beginnt das eigentliche Abenteuer der Menschheit. Die Welt wird offen für alle Möglichkeiten und Wunder.«

Lange Zeit schwieg Zuleica; sie schien zu überlegen, was sie noch sagen sollte. »Mit der Hilfe des Naguals Mariano Aureliano war es dir sogar möglich, das Glühen der Surem zu sehen«, hob sie an und ihre sanfte, wehmütige Stimme wurde noch leiser. Surem sind magische Geschöpfe, die von Zauberern nur während der Traumwache gesehen werden können. Es sind Wesen aus einer anderen Welt; sie glühen wie phosphorisierte Menschen.«

Sie wünschte mir eine gute Nacht und verschwand ins Innere des Hauses. Einen Augenblick stand ich benommen dort, dann eilte ich ihr hinterher. Bevor ich die Schwelle erreichte, hörte ich, wie Florinda hinter mir sagte: »Geh ihr nicht hinterher!«

Die Anwesenheit von Florinda kam für mich so unerwartet, daß ich mich gegen die Mauer lehnen und warten mußte, bis mein Herzschlag sich wieder normalisiert hatte. »Komm' und leiste mir Gesellschaft«, sagte Florinda. Sie saß auf einer Bank und legte Zweige ins Feuer. Das eigentümliche Leuchten in ihren Augen und das geisterhafte Weiß ihrer Haare erschien mir wie eine Erinnerung. Ich streckte mich neben ihr auf der Bank aus, und als handele es sich um die normalste Sache der Welt, legte ich meinen Kopf in ihren Schoß.

»Auf gar keinen Fall darfst du Zuleica oder einem von uns folgen, wenn du nicht ausdrücklich darum gebeten wirst«, sagte Florinda und strich mit ihren Fingern durch mein Haar. »Wie du jetzt erfahren hast, ist Zuleica nicht, was sie zu sein scheint. Sie ist weit mehr als das. Versuche nicht, sie auf etwas festzulegen; immer, wenn du meinst, sie zu kennen, wird sie dich überraschen, indem sie mehr ist, als du selbst in deinen wildesten Phantasien zu erträumen imstande bist.«

»Ich weiß«, seufzte ich zufrieden. Ich spürte, wie die Anspannung aus meinem Gesicht wich und meinen Körper verließ. »Zuleica ist ein Surem aus den Bacatete-Bergen«, sagte ich mit tiefer Überzeugung. »Ich habe die ganze Zeit über von der Existenz dieser Wesen gewußt.« Ich bemerkte das Erstaunen auf Florindas Gesicht und fuhr wagemutig fort. »Zuleica wurde nicht als normales menschliches Wesen geboren. Sie wurde etabliert. Sie ist die Zauberei selbst.«

»Nein«, widersprach Florinda mit Nachdruck. »Zuleica wurde geboren. Esperanza wurde nicht geboren.« Sie lachte auf mich hinab und fügte hinzu: »Dies sollte ein würdiges Rätsel für dich sein.«

»Ich glaube zu verstehen«, murmelte ich, »aber ich kann mein Verständnis nicht in Worte fassen.«

»Du hältst dich wirklich gut«, sagte Florinda lachend. »Doch da du normalerweise ziemlich unsensibel bist, mußt du erst hundertprozentig erwacht sein, bevor du verstehen kannst. Im Augenblick bist du nur zu 50 Prozent wach. Der Trick besteht darin, sich im erhöhten Bewußtsein aufzuhalten. Denn nur dort sind wir in der Lage, alles zu begreifen.« Sie spürte, daß ich sie unterbrechen wollte und bedeckte meine Lippen mit ihrer Hand. »Denk jetzt nicht darüber nach. Vergiß nie, daß du selbst im Zustand erhöhten Bewußtseins zwanghaft handelst und dein Denken nicht gründlich ist.«

Ich hörte, wie sich jemand in den Schatten hinter den Büschen bewegte. »Wer ist dort?« fragte ich und setzte mich aufrecht. Ich blickte mich um, konnte aber niemanden erkennen.

Von der gegenüberliegenden Seite des Hofes erklang Frauengelächter.

»Du kannst sie nicht sehen«, sagte Florinda schläfrig.

»Und warum verstecken sie sich vor mir?« fragte ich.

Florinda lächelte. »Sie verstecken sich nicht vor dir«, erklärte sie. »Ohne die Hilfe des Naguals Mariano Aureliano bist du nur nicht in der Lage, sie zu sehen.«

Ich wußte nicht, was ich darauf antworten sollte. Irgendwie klang es sinnvoll, dennoch begriff ich nicht ganz. »Könnten Sie mir dabei behilflich sein, sie zu sehen?«

Florinda nickte. »Aber deine Augen sind müde, weil sie zuviel gesehen haben. Du mußt schlafen.«

Aus Angst zu verpassen, wer immer aus den Büschen kommen mochte, sobald meine Aufmerksamkeit erlahmt war, hielt ich die Augen weit geöffnet. Ich starrte auf die Blätter und die Schatten, bis ich nichts mehr unterscheiden konnte und in einen tiefen, traumlosen Schlaf fiel.

18

Der Hausmeister döste auf seiner Lieblingsbank im Schatten unter dem Zapotebaum. Etwas anderes hatte er in den letzten beiden Tagen nicht getan. Weder fegte er die Terrassen, noch rechte er draußen Blätter. Stattdessen saß er stundenlang auf der Bank und döste oder starrte in die Ferne, als stünde er in geheimem Kontakt mit etwas, das nur er zu sehen imstande war.

Im Haus hatte sich alles verändert. »Hätte ich nicht kommen sollen, um sie zu sehen?« fragte ich mich ununterbrochen. Wie üblich, fühlte ich mich schuldig und defensiv. Und ich konnte nichts tun, als stundenlang und ohne Unterbrechung zu schlafen. Einmal erwacht, wurde mir allerdings schmerzhaft bewußt, daß nichts mehr so war wie vorher. Ziellos wanderte ich im Haus umher. Doch es nützte nichts; irgendetwas schien das Haus für immer verlassen zu haben.

Das laute und langgezogene Seufzen des Hausmeisters unterbrach meine Gedanken. Unfähig, meine Unruhe länger zu verbergen, stand ich auf und ging zu ihm. »Wollen Sie heute keine Blätter rechen und verbrennen?« fragte ich ihn.

Erstaunt sah er auf, antwortete jedoch nicht. Er trug eine Sonnenbrille. Wegen der dunklen Gläser war es mir unmöglich, den Ausdruck seiner Augen zu erkennen. Ich wußte nicht, ob ich bleiben oder gehen oder auf eine Antwort warten sollte. Da ich befürchtete, er könnte wieder einnicken, fragte ich ihn schließlich mit lauter Stimme: »Gibt es einen Grund, weshalb Sie keine Blätter mehr harken und verbrennen?«

Er parierte meine Frage mit einer anderen: »Hast du in den letzten zwei Tagen gesehen oder gehört, daß ein Blatt gefallen wäre?« Als er die Brille hob, schienen seine Augen mich förmlich zu durchbohren.

»Nein«, sagte ich. Es war eher die mir lächerlich erscheinende Ernsthaftigkeit in seiner Stimme und seinem Benehmen als der Inhalt seiner Frage, die mich veranlaßten, ihm zu antworten.

Er bedeutete mir, mich neben ihn auf die Bank zu setzen. Er lehnte sich zu mir und flüsterte mir ins Ohr: »Diese Bäume wissen genau, wann sie ihre Blätter zu verlieren haben.« Er blickte sich um, als habe er Angst, daß man uns belauschen könnte. »Und jetzt wissen die Bäume, daß es keinerlei Anlaß für die Blätter gibt, zu Boden zu fallen«, fügte er im gleichen, vertraulichen Flüsterton hinzu.

»Blätter welken und fallen ohne jeden besonderen Anlaß«, erklärte ich wichtigtuerisch. »Dabei handelt es sich um ein Naturgesetz.«

»Die Bäume sind über die Maßen launisch«, beharrte er störrisch. »Sie haben einen eigenen Willen. Sie folgen nicht den Gesetzen der Natur.«

»Woran liegt es, daß kein Blatt von den Bäumen gefallen ist?« fragte ich und versuchte, einen ernsthaften Gesichtsausdruck zu bewahren.

»Das ist eine gute Frage«, sagte er nachdenklich und rieb sich das Kinn. »Ich fürchte, ich kenne die Antwort nicht. Die Bäume haben sie mir noch nicht verraten.« Er lächelte mich an. »Ich habe dir doch schon gesagt, daß diese Bäume launisch sind«, fügte er hinzu.

Noch bevor ich etwas darauf erwidern konnte, fragte er aus heiterem Himmel, ob ich mir mein Mittagessen selbst zubereitet hätte.

Sein abrupter Themenwechsel überraschte mich. »Habe ich«, gestand ich ihm und zögerte dann für einen Augenblick. Eine aufsässige Stimmung bemächtigte sich meiner. »Ich mache mir nicht sonderlich viel aus Essen. Ich bin daran gewöhnt, tagein, taugaus das gleiche zu mir zu nehmen. Wenn ich keine Pickel davon bekäme, würde ich am liebsten von Schokolade und Nüssen leben.«

Alle Vorsicht vergessend, begann ich, mich zu beschweren. Ich erklärte dem Hausmeister, daß ich mir wünschte, die Frauen würden mit mir reden. »Sie könnten mich wenigstens über die Ereignisse auf dem laufenden halten, dafür wäre ich sehr dankbar. Die Ungewißheit macht mir langsam zu schaffen.« Nachdem ich alles gesagt hatte, was zu sagen war, fühlte ich mich erleichtert. »Stimmt es wirklich, daß sie für immer gehen werden?« fragte ich.

»Sie sind bereits für immer gegangen.«, sagte der Hausmeister. Als er meinen verständnislosen Gesichtsausdruck bemerkte, fügte er hinzu, »aber das weißt du doch bereits. Du möchtest dich nur ein wenig mit mir unterhalten, stimmt's?«

Bevor ich mich von meinem Schock erholen konnte, fragte er in aufrichtig fassungslosem Tonfall: »Weshalb sollte dich das schockieren?« als wollte er mir Zeit zum Nachdenken geben, wartete er einen Augenblick und beantwortete dann die Frage selbst. »Ah, ich weiß! Du bist wütend, weil sie Isidoro Baltazar mitgenommen haben.« Er klopfte mir mehrmals auf den Rücken, mit jedem Schlag eines seiner Worte betonend. An seinem Blick erkannte ich, daß es ihm vollkommen gleichgültig war, ob ich zu weinen begann oder einen Wutanfall bekam.

Augenblicklich verlieh mir die Gewißheit, kein Publikum zu haben, ein Gefühl der Gelassenheit.

»Das wußte ich nicht«, murmelte ich. »Ich schwöre, das wußte ich nicht.« In stummer Verzweiflung starrte ich ihn an. Ich merkte, wie mir das Blut aus dem Gesicht wich. Meine Knie schmerzten. Meine Brust war so beengt, daß ich kaum Luft bekam. Ich spürte, daß ich jeden Moment ohnmächtig werden könnte und hielt mich mit beiden Händen an der Bank fest.

Ich hörte die Stimme des Hausmeisters wie ein entferntes Geräusch. »Niemand weiß, ob er je wiederkehren wird. Nicht einmal ich weiß das.« Er beugte sich zu mir. »Meiner Ansicht nach ist er nur für eine Weile mit ihnen gegangen und wird zurückkehren; wenn nicht bald, so doch in nicht allzu ferner Zeit. Das ist meine Meinung«, fügte er hinzu.

Ich suchte in seinen Augen nach einem Zeichen dafür, daß er sich über mich lustig machte. Doch aus seinem fröhlichen Gesicht strahlten Wohlwollen und Aufrichtigkeit. Seine Augen waren arglos wie die eines Kindes.

»Wenn er zurückkehrt, wird er jedenfalls nicht mehr Isidoro Baltazar sein«, warnte er mich. »Ich glaube, der Isidoro Baltazar, den du kennst, ist bereits verschwunden. Und weißt du, was daran am betrüblichsten ist?« Er hielt einen Augenblick inne und beantwortete dann seine eigene Frage. »Du hast seine Anwesenheit als so selbstverständlich hingenommen, daß du ihm für seine Fürsorge, seine Hilfe und seine Zuneigung noch nicht einmal gedankt hast.

Unsere Tragödie liegt darin, daß wir Idioten sind, blind für alles andere außer unserer Idiotie.«

Ich fühlte mich derartig am Boden zerstört, daß ich kein einziges Wort hervorbrachte.

Mit einer abrupten Bewegung kam der Hausmeister auf die Füße. Als sei ihm meine Gesellschaft peinlich, ging er ohne ein weiteres Wort auf den Pfad zu, der zum anderen Haus führte.

»Sie können mich hier doch nicht einfach allein lassen!« rief ich ihm hinterher.

Er drehte sich um, winkte mir zu und begann zu lachen. Es war ein lautes, fröhliches Gelächter, das sich über den Chaparral erhob und als Echo zurückkehrte. Er winkte noch einmal, dann war er verschwunden, als hätten die Büsche ihn verschluckt.

Unfähig, ihm zu folgen, wartete ich auf seine Rückkehr oder

darauf, daß er plötzlich vor mir auftauchen und mich halb zu Tode erschrecken würde. Ich wappnete mich für ein körperliches Empfinden von Furcht, obwohl mein Verstand ihr Auftauchen eigentlich nicht erwartete.

Wie schon zuvor, hörte und sah ich nicht, wie Esperanza auftauchte, sondern bemerkte plötzlich ihre Gegenwart. Ich drehte mich um – und dort saß sie, auf der Bank unter dem Zapotebaum. Ihr Anblick versetzte mich unweigerlich in Hochstimmung.

»Ich dachte, Sie wären gegangen und ich würde Sie niemals wiedersehen«, seufzte ich. »Ich hatte mich fast schon damit abgefunden.«

»Ach du lieber Himmel!« rief sie mit gespielter Bestürzung.
»Stimmt es wirklich, daß Sie Zuleica sind?« platzte ich heraus.

»Nie im Leben«, erwiderte sie. »Ich bin Esperanza. Was geht hier vor? Zerbrichst du dir den Kopf mit Fragen, die niemand beantworten kann?«

Noch nie in meinem bisherigen Leben war ich einem totalen Zusammenbruch so nahe gewesen wie in diesem Moment. Ich fürchtete, daß mein Verstand dem Druck nicht mehr gewachsen war und meine inneren Qualen und das vollkommene Durcheinander mich zerreißen würden.

»Mach dich auf etwas gefaßt, Kleine«, sagte Esperanza in harschem Ton. »Das Schlimmste steht dir noch bevor. Doch kann es dir niemand ersparen. Den Druck von dir zu nehmen, nur weil du meinst, verrückt zu werden, ist für Zauberer undenkbar. Heute wirst du geprüft. Entweder wirst du leben oder sterben. Und das meine ich nicht im metaphorischen Sinn.«

»Ich werde Isidoro Baltazar niemals wiedersehen?« fragte ich mit vor Tränen erstickter Stimme.

»Ich kann nicht lügen, um es dir einfacher zu machen. Nein, er wird nicht zurückkommen. Isidoro Baltazar war nur ein Augenblick der Zauberei. Ein Traum, der verging, nachdem er geträumt worden war. Wie der Traum, so ist auch Isidoro Baltazar bereits gegangen.«

Ein kleines, beinahe wehmütiges Lächeln spielte um ihren Mund. »Ich kann allerdings noch nicht sagen, ob der neue Nagual ebenfalls für immer gegangen ist. Du verstehst natürlich, daß er, selbst wenn er zurückkehren sollte, nicht länger Isidoro Baltazar sein wird. Er wird ein anderer sein, jemand, den du von neuem kennenlernen mußt.«

»Werde ich ihn erkennen?« fragte ich und war mir nicht sicher, ob ich das wirklich wissen wollte.

»Ich weiß es nicht, mein Kind«, sagte sie. »Ich bin selbst ein Traum. Genau wie der neue Nagual. Träume wie wir sind nicht von Dauer; unsere Vergänglichkeit erlaubt uns zu existieren. Nichts außer dem Traum hält uns.«

Ich war mittlerweile beinahe blind vor Tränen und konnte sie kaum noch erkennen.

»Um deinen Schmerz zu lindern, mußt du tiefer in dich versinken«, sagte sie mit sanfter Stimme. »Setz dich mit hochgezogenen Knien auf den Boden und ergreife mit gekreuzten Armen deine Knöchel. Lege deinen Kopf auf die Knie und laß deine Trauer ziehen.«

»Die Erde wird deinen Schmerz lindern. Laß die Heilkraft der Erde auf dich wirken.«

Ich setzte mich auf die Erde, wie sie mir geraten hatte. Innerhalb weniger Augenblicke war meine Trauer verschwunden. Ein tiefes, körperliches Wohlempfinden war an die Stelle meiner Qualen getreten. Ich sah mich nur mehr im Augenblick und verlor mein Bild von mir in jedem anderen Zusammenhang. Ohne meine subjektive Erinnerung empfand ich keinen Schmerz.

Esperanza deutete auf den Platz neben sich. Sobald ich auf der Bank Platz genommen hatte, ergriff sie meine Hand und rieb sie für einen Augenblick, so als würde sie sie massieren. Dann behauptete sie, meine knochige Hand sei erstaunlich fleischig. Sie drehte die Hand herum und studierte sorgfältig deren Innenseite. Sie sagte kein Wort, sondern drückte meine Hand behutsam zu einer Faust zusammen.

Lange Zeit saßen wir schweigend dort. Es war später Nachmittag; abgesehen von der rhythmischen Bewegung der Blätter im Wind war nichts zu hören.

Als ich sie ansah, überkam mich eine unheimliche Gewißheit: Ich wußte, daß Esperanza und ich bereits ausführlich über mein Auftauchen im Haus der Hexen und die Abreise der Zauberer gesprochen hatten.

»Was ist los mit mir, Esperanza?« fragte ich. »Träume ich?«

Ihre Augen glänzten, als sie mir vorschlug, mich auf die Erde zu setzen und den Test zu machen.

Ich folgte ihrem Rat. Alles, was ich spürte, war die Kälte des Felsens, auf dem ich gesessen hatte. Doch kein Empfinden kehrte zu mir zurück. »Ich träume nicht«, stellte ich fest. »Weshalb habe ich dann den Eindruck, wir beide hätten uns bereits unterhalten?« Ich suchte ihr Gesicht nach einem Hinweis auf mein Dilemma ab. »Ich sehe dich zum ersten Mal seit meiner Ankunft. Trotzdem habe ich das Gefühl, wir hätten jeden Tag zusammen verbracht«, murmelte ich. »Jetzt sind es schon sieben Tage.«

»Es ist bereits viel mehr Zeit vergangen. Doch dieses Rätsel mußt du selbst lösen«, sagte Esperanza.

Zustimmend nickte ich. Ich wollte so vieles wissen, und doch wußte und akzeptierte ich, daß es sinnlos war zu fragen. Irgendwie war mir klar, daß alle meine Fragen bereits behandelt worden waren; ich verfügte bereits über mehr Antworten, als ich verarbeiten konnte.

Nachdenklich, so als ob sie meine Einsicht anzweifelte, sah Esperanza mich an. Dann sagte sie, ihre Worte dabei sorgfältig artikulierend: »Ich möchte dir begreiflich machen, daß das hier gewonnene Bewußtsein, egal wie tief und dauerhaft es dir auch erscheinen mag, nur von vorübergehender Dauer sein wird. Ehe du dich versiehst, wirst du wieder bei deinem alten Unfug angelangt sein. Das Schicksal von uns Frauen besteht darin, besonders schwierig zu sein.«

»Ich denke, da irren Sie sich,« protestierte ich. »Sie kennen mich einfach nicht.«

»Ich sage dies, eben weil ich dich kenne.« Sie schwieg einen Augenblick, und als sie wieder anhob, klang ihre Stimme ernst und harsch. »Frauen sind schwer zu fassen. Deine Erziehung zur Dienerin macht dich automatisch zu einem extrem verstohlenen und cleveren Wesen.« Ihr plötzliches, dröhnendes Lachen erstickte meinen Protest im Keim.

»Es wird das Beste für dich sein, den Mund zu halten«, erklärte sie. Sie nahm mich bei der Hand, zog mich auf die Füße und schlug vor, daß wir uns zu einem ausführlichen, längst überfälligen Gespräch zum kleinen Haus begeben sollten.

Vor dem Haus nahmen wir neben der Eingangstür auf einer Bank Platz. Beinahe eine Stunde saßen wir dort schweigend. Dann wandte Esperanza sich mir zu; mir schien, als sähe sie mich nicht. Ich war mir nicht einmal sicher, ob sie sich daran erinnerte, daß ich mit ihr gekommen war und neben ihr saß. Ohne Notiz von mir zu nehmen, erhob sie sich, ging ein paar Schritte in die entgegengesetzte Richtung und starrte auf das andere Haus, das eingebettet in einer Gruppe von Bäumen vor uns lag. Es dauerte eine ganze Weile, bis sie schließlich sagte: »Ich werde weit gehen.«

Ich vermochte nicht zu sagen, ob das seltsame, stechende Gefühl in meiner Magengrube meiner Hoffnung, der Aufregung oder dunklen Vorahnungen entstammte. Ich wußte jedoch, daß ihre Entfernung von mir keine Frage von Meilen, sondern von Welten war.

»Mir ist egal, wie weit wir gehen werden«, sagte ich. Doch fühlte ich mich in keiner Weise so draufgängerisch, wie ich es vorgab.

Verzweifelt wollte ich wissen, was am Ende unserer Reise stehen würde, doch traute ich mich nicht, sie danach zu fragen.

Esperanza lächelte und öffnete ihre Arme, als wolle sie die untergehende Sonne umarmen. Der Himmel im Westen war jetzt rotglühend und die Berge in der Ferne von dunklem Violett. Eine leichte Brise fuhr durch die Bäume; die Blätter glänzten und raschelten im Wind.

Eine Stunde verging, dann war überhaupt kein Geräusch mehr zu hören. Der Zauber der Dämmerung ließ alles um uns herum erstarren. Jedes Geräusch, jede Bewegung endete; die Umrisse der Büsche, Bäume und Hügel waren so klar, als habe man sie gegen den Hintergrund des Himmels ausgestochen.

Während die Schatten näherkrochen und den Himmel verdunkelten, ging ich auf Esperanza zu. Der Anblick des still daliegenden Hauses mit seinen Lichtern, die wie Glühwürmchen im Dunkeln blinkten, ließ in mir einige tief verschüttete Gefühle aufkommen. Sie hatten nichts mit dem Moment zu tun, sondern mit einer vagen, melancholischen Erinnerung aus meiner Kindheit.

Ich mußte vollkommen in Gedanken versunken gewesen sein, denn mit einem Mal bemerkte ich, wie ich neben Esperanza herging. Meine Müdigkeit und meine innere Unruhe hatten sich in Luft aufgelöst. Mit überwältigender Energie versehen, schritt ich ekstatisch und in stiller Freude dahin, die Füße nicht allein durch Willenskraft voreinander setzend.

Abrupt endete der Pfad. Hier und dort lagen riesige Felsbrocken in der Landschaft. In der Ferne erklang wie ein beruhigender, sanfter Gesang das Geräusch fließenden Wassers. Von plötzlicher Müdigkeit übermannt, lehnte ich mich gegen einen der großen Felsen und wünschte, daß dies das Ende der Reise sein möge.

»Wir haben unser Ziel noch nicht erreicht!« rief Esperanza. Sie hatte eine der Felsenformationen bereits zur Hälfte erklommen und bewegte sich mit der Behendigkeit einer Bergziege. Sie machte keine Anstalten, auf mich zu warten. Sie blickte nicht einmal zurück, um festzustellen, ob ich nachkam. Meine kurze Rast hatte mir die letzten Kraftreserven geraubt. Nach Luft schnappend, rutschte ich bei dem Versuch, ihr zu folgen, mehrfach auf den Steinen aus.

Auf halbem Weg nach oben wand der Pfad sich um einen riesigen Felsbrocken. Die karge und trockene Vegetation wich einer üppigen Pflanzenwelt, die im Schatten des frühen Abends beinahe schwarz erschien. Auch die Luft schien sich verändert zu haben; sie war jetzt feuchter und leichter zu atmen. Mit untrüglicher Sicherheit bewegte Esperanza sich auf einem engen Pfad entlang; er war voller Schatten und geheimnisvollem Geraschel. Sie kannte alle Klänge der Nacht; sie benannte das vibrierende Krächzen genauso wie jeden Schrei, jeden Ruf und jedes Zischen.

Vor ein paar in den Felsen gehauenen Stufen endete der Pfad; sie führten zu einem verborgenen Steinhügel.

»Such dir einen Stein aus«, befahl Esperanza mir, »und steck' ihn dir in die Tasche.«

So glatt wie Kiesel in einem Bachbett, sahen die Steine zunächst alle gleich aus. Bei näherer Betrachtung entdeckte ich jedoch ihre Verschiedenheit. Manche waren so glatt und glänzend, als habe man sie geschliffen und poliert.

Ich brauchte eine Weile, bis ich einen Stein gefunden hatte, der mir gefiel. Hellbraun, massiv, keilförmig und kreuz und quer von beinahe durchsichtigen, milchigen Adern durchzogen, paßte er genau in meine Handfläche.

Ein Geräusch erschreckte mich, so daß ich den Stein beinahe hätte fallen lassen. »Wir werden verfolgt«, flüsterte ich.

»Uns folgt niemand!« rief Esperanza. In ihrem Gesicht stand eine Mischung aus Belustigung und Zweifel. Als sie sah, wie ich mich hinter einem Baum versteckte, lachte sie leise und sagte, daß ich vermutlich gehört hatte, wie eine Kröte durchs Unterholz gesprungen sei.

Ich wollte ihr mitteilen, daß Kröten nicht im Dunkeln springen, war mir jedoch nicht sicher, ob das auch stimmte. Mich überraschte, daß ich dies nicht einfach mit absoluter Gewißheit behauptete, wie es sonst meine Angewohnheit war. »Irgendetwas stimmt nicht mit mir, Esperanza«, sagte ich mit besorgter Stimme. »Ich bin nicht ganz bei mir.«

»Mit dir ist alles in Ordnung, Liebling«, versicherte sie mir geistesabwesend. »Um genau zu sein, warst du noch nie näher bei dir.«

»Ich fühle mich seltsam ...« Meine Stimme verlor sich. Zum ersten Mal erkannte ich ein Muster in den Ereignissen seit meinem ersten Eintreffen im Haus der Hexen.

»Es ist äußerst schwierig, jemandem etwas so Ungegenständliches wie das Träumen beizubringen«, sagte Esperanza. »Besonders Frauen. Wir sind extrem clever und verschlagen. Schließlich sind wir unser ganzes Leben lang Sklaven gewesen; wir wissen genau, wie wir die Dinge zu manipulieren haben, damit der Status quo, an dem wir solange gearbeitet haben, nicht gefährdet wird.«

»Denken Sie, Männer tun das nicht?«

»Ganz gewiß tun sie das; allerdings gehen sie dabei um einiges unverhohlener vor. Frauen kämpfen verdeckt. Ihr Lieblingsmanöver ist das des Sklaven: Der Verstand wird ausgeschaltet. Man hört, ohne zu verstehen, man schaut, ohne zu sehen.« Sie sagte, daß es eine hohe Kunst sei, Frauen anzuleiten.

»Uns gefällt deine unverdeckte Art des Kämpfens«, fuhr sie fort. »Wir setzen große Stücke auf dich. Am meisten fürchten wir die nette Frau, die sich dem Neuen gegenüber aufgeschlossen gibt und alles tut, was von ihr verlangt wird. Sobald sie des Neuen jedoch überdrüssig ist, macht sie eine Kehrtwendung und verrät dich.«

»Ich glaube, langsam fange ich an zu verstehen«, sinnierte ich noch immer unsicher.

»Selbstverständlich hast du angefangen zu verstehen!« Esperanzas Behauptung klang auf so komische Art triumphierend, daß ich auflachen mußte. »Du hast sogar angefangen zu verstehen, was Absicht ist.«

»Meinen Sie, ich habe damit begonnen, zu einer Hexe zu werden?« fragte ich. Ich zitterte am ganzen Körper, während ich versuchte, einen Lachanfall zu unterdrücken.

«Seit deinem Eintreffen hast du dich – von einigen Unterbrechungen abgesehen – auf Traumwache befunden«, behauptete Esperanza. »deshalb schläfst du so häufig ein.« Es gelang mir nicht, in ihrem Lächeln etwas Spöttisches oder auch nur eine Spur von Herablassung zu entdecken.

Eine Weile gingen wir schweigend dahin; dann sagte sie, daß der Unterschied zwischen einem Zauberer und einem gewöhnlichen Menschen darin bestand, daß ersterer den Zustand der Traumwache bewußt herbeiführen konnte. Als wollte sie ihre Aussage unterstreichen, tippte sie ein paar Mal gegen meinen Arm und fügte in vertraulichem Tonfall hinzu: »Und du befindest dich auf Traumwache, weil wir seit der Nacht deiner Ankunft eine Blase um dich herum gebildet haben, die dir dabei behilflich ist, deine Energie zu strecken.«

Sie erklärte weiter, daß sie mich vom Augenblick unserer ersten Begegnung *fosforito*, kleines Streichholz, genannt hätten. »Du brennst zu heftig und ohne Wirkung.« Sie bedeutete mir, den Mund zu halten und fügte hinzu, daß ich nicht in der Lage sei, meine Energie zu konzentrieren. »Du setzt sie ein, um deine Vorstellung von dir selbst aufrechtzuerhalten und zu schützen.« Wieder bedeutete sie mir mit einer Bewegung zu schweigen und sagte, daß das, was wir für unser Selbst hielten, in Wirklichkeit nur eine Idee sei. Sie behauptete, daß ein Großteil unserer Energie darauf verwandt wurde, diese Idee zu verteidigen.

Esperanzas Augenbrauen hoben sich ein wenig, und auf ihrem Gesicht machte sich ein breites Grinsen breit. »Zu einem Punkt der Loslösung zu gelangen, an dem das Selbst nur noch eine beliebig veränderbare Idee ist, ist ein Akt wahrer Zauberei und zudem der schwierigste überhaupt«, erklärte sie. »Sobald die Idee des Selbst verschwindet, verfügen Zauberer über die Kraft, sich auf die Absicht auszurichten und zu mehr zu werden, als wir für möglich halten.«

»Da Frauen eine Gebärmutter haben, sind sie in der Lage, ihre Aufmerksamkeit während des Träumens mühelos auf ein Objekt außerhalb ihrer Träume zu richten«, erklärte sie. »Genau das hast du die ganze Zeit getan, ohne es zu wissen. Dieses Objekt wird zu einer Brücke, die dich mit der Absicht verbindet.«

»Und was für ein Objekt verwende ich?«

Für einen kurzen Augenblick flackerte Ungeduld in ihren Augen auf. Dann sagte sie, daß es sich dabei gewöhnlich um ein Fenster, ein Licht oder sogar ein Bett handelte. »Du bist so gut darin, daß es dir zur zweiten Natur geworden ist«, versicherte sie. »Deswegen hast du auch Alpträume. Ich habe dir dies schon einmal gesagt, als du dich tief in einer Traumwache befunden hast. Damals hast du verstanden, daß du so lange keine bösen Träumen haben wirst, wie du dich weigerst, dich vor dem Einschlafen auf irgendein Objekt zu konzentrieren.

Du bist doch geheilt, nicht wahr?« fragte sie.

Automatisch wollte ich ihr widersprechen, doch mußte ich ihr nach einem Augenblick des Nachdenkens zustimmen. Seit meiner Begegnung mit den Zauberern in Sonora hatte ich kaum noch Alpträume gehabt.

»Solange du darauf bestehst, du selbst zu sein, wirst du sie nie gänzlich loswerden«, erklärte sie. »Allerdings solltest du dir ein Talent zum Träumen bewußt machen und intelligenten Nutzen daraus ziehen. Deshalb bist du hier. Und die erste Lektion besteht darin, daß eine Frau ihre Aufmerksamkeit durch ihre Gebärmutter auf einen Gegenstand richten muß. Nicht auf einen Gegenstand aus dem Traum, sondern auf ein neutrales Objekt, eines aus der Welt vor dem Traum.

»Dabei kommt es allerdings nicht auf den Gegenstand an«, führte sie eilig aus. »Wichtig ist der Vorgang der bewußten Konzentration auf den Gegenstand, vor und während des Traumes.« Sie warnte mich, daß hierin eine gewaltige Aufgabe bestehe, für deren Erfüllung unter Umständen Jahre vonnöten waren. »Normalerweise konzentriert man sich sofort nach dem Erwachen auf einen externen Gegenstand«, erklärte sie.

»Was bedeutet es, die Gebärmutter zu benutzen?« warf ich ein. »Und wie genau wird das gemacht?«

»Du bist eine Frau«, sagte Esperanza leise. »Du weißt, wie man mit der Gebärmutter fühlt.«

Ich wollte ihr widersprechen und erklären, daß ich von derlei Dingen nicht die geringste Ahnung hatte. Bevor ich dazu Gelegenheit bekam, fuhr sie fort mir zu erklären, daß die Gefühle einer Frau ihren Ursprung in der Gebärmutter haben.

»Die Gefühle der Männer haben ihren Ursprung im Gehirn«, behauptete sie und stieß mich in den Bauch. »Denk mal darüber nach. Außer mit ihrer Brut ist eine Frau herzlos, denn ihre Fähigkeit zu fühlen stammt aus ihrer Gebärmutter.«

»Um deine Aufmerksamkeit auf die Gebärmutter zu konzentrieren, mußt du einen Gegenstand auf deinen Bauch legen oder an deinen Genitalien reiben.« Als sie meinen bestürzten Gesichtsausdruck sah, brach sie in lautes Gelächter aus und schalt mich freundlich: »So schlimm ist das nun auch nicht. Ich hätte auch sagen können, daß du den Gegenstand mit deinen Säften beschmieren mußt, aber das habe ich mir verkniffen.

Sobald du ein tiefes und vertrautes Verhältnis zu dem Gegenstand gewonnen hast, wird er dir als Brücke dienen«, fügte sie mit ernster Stimmer hinzu.

Für eine Weile gingen wir schweigend durch die Nacht; scheinbar war sie tief in Gedanken versunken. Ich wollte unbedingt etwas sagen, wußte jedoch, daß ich nichts zu sagen hatte. Als sie schließlich wieder das Wort ergriff, klang ihre Stimme streng und fordernd: »Du hast keine Zeit mehr zu verschwenden«, sagte sie. »Es liegt in der Natur unserer Begrenztheit, daß wir Dinge verpfuschen. Zauberer wissen das besser als alle anderen. Aber sie wissen auch, daß niemand eine zweite Gelegenheit erhält. Du mußt dir Kontrolle und Disziplin erwerben, denn du hast keinerlei Spielraum mehr für Fehler.«

»Du hast Mist gebaut, das weißt du. Du wußtest nicht einmal, daß Isidoro Baltazar gegangen ist.«

Der zerbrechliche Damm, der die Lawine meiner Gefühle zurückgehalten hatte, brach. Meine Erinnerung kehrte zurück, und erneute wurde ich von Trauer übermannt. Die Trauer wurde so stark, daß ich gar nicht bemerkte, wie ich mich auf den Boden setzte und langsam darin versank, so als sei er ein Schwamm. Schließlich verschluckte der Boden mich. Es handelte sich dabei nicht um eine erstickende, klaustrophobische Erfahrung. Mein Gefühl, auf der Oberfläche zu sitzen, ging einher mit dem Bewußtsein, von der Erde verschluckt zu werden – eine doppelte Empfindung, die mich zu dem Aufschrei: »Jetzt träume ich!« veranlaßte. Die laute Ankündigung löste etwas in meinem Inneren aus; ein Erdrutsch unterschiedlicher Erinnerungen brach über mich herein. Ich wußte, was mit mir nicht stimmte: Ich hatte Mist gebaut und verfügte nicht über genügend Energie zum Träumen. Seit meiner Ankunft hatte ich jede Nacht den gleichen Traum geträumt, und bis jetzt hatte ich ihn jedes Mal wieder vergessen. Ich hatte geträumt, daß sämtliche weiblichen Zauberer zu mir ins Zimmer gekommen waren und mich gründlichst über die Grundlagen der Zauberei informiert hatten. Wieder und wieder hatten sie mir gesagt, daß das Träumen die sekundäre Funktion der Gebärmutter sei – die primäre war die Reproduktion und alles, was damit zusammenhing. Sie erklärten mir, daß das Träumen bei Frauen eine natürliche Funktion sei, eine natürliche Folgeerscheinung ihrer energetischen Bedingungen.

Wenn dem weiblichen Körper genügend Energie zugeführt wurde, aktivierte er automatisch die sekundäre Funktion, und die Frau begann dann, unfaßbare Träume zu träumen.

Mit der dazu benötigten Energie jedoch verhielt es sich wie mit der Entwicklungshilfe für ein Land der Dritten Welt: Sie erreichte niemals ihren Empfänger. Etwas in der Beschaffenheit unserer sozialen Ordnung hinderte die Energie daran, für Frauen als Traumenergie erhältlich zu sein.

Würde diese Kraft freigesetzt, so erklärten die weiblichen Zauberer, würde die sogenannte »zivilisierte« Ordnung der Dinge einfach zusammenbrechen. Die große Tragik der Frauen bestand jedoch darin, daß ihr soziales Gewissen über ihr individuelles Gewissen dominierte. Frauen hatten Angst davor, anders zu sein und entfernten sich ungern allzuweit von den Annehmlichkeiten des Vertrauten. Der äußere Druck, sich anzupassen, war einfach zu überwältigend. Und anstatt sich zu verändern, fügten sie sich in das, was man verfügt hatte: Frauen existierten, um dem Mann zu dienen. Deshalb konnten sie keine Zauberträume träumen, obwohl sie über die körperlichen Voraussetzung dazu verfügten.

Das Frausein hatte die Möglichkeiten der Frauen zerstört. Ob mit religiösem oder wissenschaftlichem Anstrich versehen, brandmarkte es die Frauen doch mit dem immer gleichen Mal: Ihre Hauptfunktion bestand in der Reproduktion; und ob sie unterdessen einen Grad politischer, sozialer oder wirtschaftlicher Gleichheit erreichten, spielte letztendlich keine Rolle.

Dieses teilten mir die Frauen jede Nacht mit. Je mehr ich verstand, und an je mehr ich mich erinnerte, desto größer wurde mein Leiden. Ich trauerte nicht länger nur um mich, sondern um alle Frauen: ein Geschlecht von Schizoiden, gefangen in einer sozialen Ordnung, die uns an unsere eigenen Unfähigkeiten kettete. Gelang es uns, uns zu befreien, dann nur für einen kurzen Augenblick, einen kurzlebigen Moment der Klarheit, bevor wir freiwillige oder gezwungenermaßen wieder in die Dunkelheit zurücktauchten.

»Hör mit dem sentimentalen Müll auf!« hörte ich eine Stimme sagen. Es war die Stimme eines Mannes. Ich blickte auf und sah, wie der Hausmeister sich über mich beugte und mich anstarrte.

»Wie sind Sie herher gekommen?« fragte ich. Ich war überrascht und ein wenig beunruhigt. »Sind sie uns gefolgt?« Es handelte sich mehr um eine Anschuldigung als um eine Frage.

»Ja, und im besonderen bin ich dir gefolgt«, sagte er mit lüsternem Blick.

Ich suchte in seinem Gesicht nach einem Anzeichen für die Richtigkeit seiner Worte. Ich glaubte ihm nicht. Ich wußte, daß er sich lustig über mich machte, trotzdem verärgerte mich das intensive Glimmen in seinen Augen nicht.

»Wo steckt Esperanza?« fragte ich. Sie war nirgendwo zu sehen. »Wo ist sie ...?« stammelte ich nervös, unfähig, den Satz zu vollenden.

»Sie ist hier irgendwo«, sagte er lächelnd. »Mach dir keine Sorgen. Ich bin ebenfalls dein Lehrer. Du bist in guten Händen.«

Zögernd legte ich meine Hand in die seine. Ohne sichtbare Anstrengung zog er mich auf den flachen Felsbrocken über einem großen, ovalen Becken mit Wasser. Es wurde von einem murmelnden Bach gespeist, der aus der Dunkelheit in das Becken rann.

»Und jetzt zieh deine Kleider aus«, sagte er. »Die Zeit für dein kosmisches Bad ist gekommen!«

»Mein was?« In der Gewißheit, daß es sich um einen Witz handelte, begann ich zu lachen.

Doch ihm war es ernst. Genau wie Esperanza es getan hatte, klopfte er mir mehrfach auf den Arm und drängte mich, meine Kleidung abzulegen. Bevor ich wußte, wie mir geschah, hatte er bereits die Schnürriemen meiner Turnschuhe gelöst. »Sehr viel Zeit haben wir nicht«, mahnte er und drängte mich erneut, mit dem Ablegen meiner Kleidung fortzufahren. Sein Blick war ausdruckslos, klinisch und unpersönlich.

Der bloße Gedanke daran, in das dunkle, kalte Wasser zu steigen, das zweifellos von allen möglichen schleimigen Kreaturen wimmelte, erschien mir widerwärtig. Ich wollte der grotesken Situation ein Ende bereiten und steckte meine Zehen in das Wasser. »ich fühle überhaupt nichts!« schrie ich und zog mich voller Schrecken zurück. »Was geht hier vor? Das ist kein Wasser!«

»Sei nicht kindisch!« schalt mich der Hausmeister. »Natürlich ist es Wasser. Du fühlst es nur nicht, das ist alles.«

Mein Schrecken war verschwunden, und ich öffnete den Mund, um eine Verwünschung auszustoßen, besann mich jedoch noch rechtzeitig eines Besseren. »Weshalb kann ich das Wasser nicht spüren?« fragte ich in einem verzweifelten Versuch, Zeit zu gewinnen, wohl wissend, daß es sich hierbei um ein aussichtsloses Unterfangen handelte. Ich hatte nicht den geringsten Zweifel, daß ich schließlich im Wasser landen würde, egal ob ich es spürte oder nicht. Aber ich wollte es ihnen nicht einfach machen.

»Handelt es sich bei diesem trockenen Wasser um eine Art Reinigungsflüssigkeit?« fragte ich ihn.

Nach einem langen, mit bedrohlichen Möglichkeiten geladenen Schweigen sagte er schließlich, daß man es als eine Reinigungsflüssigkeit bezeichnen könnte. »Auf alle Fälle solltest du wissen, daß kein Ritual der Welt in der Lage ist, jemanden zu reinigen«, sage er mit Nachdruck. »Reinigung muß von innen kommen. Dabei handelt es sich um einen privaten und einsamen Kampf.«

»Weshalb bestehst du dann darauf, daß ich in dieses Wasser steige, obwohl ich es nicht fühlen kann?« fragte ich unter Aufbietung aller mir zur Verfügung stehenden Kräfte.

Seine Lippen zuckten, so als müßte er jeden Moment lachen, doch offenbar weigerte er sich, dem Impuls nachzugeben, und sein Gesicht wurde wieder ernst. »Ich werde mit dir in das Becken eintauchen«, sagte er. Und ohne eine weitere Verzögerung entkleidete er sich.

Kaum zwei Meter entfernt, stand er splitternackt vor mir. In dem seltsamen Dämmerlicht war ich imstande, jede Einzelheit seines Körpers deutlich zu erkennen. Er unternahm keinen schamhaften Versuch, seine Nacktheit zu verbergen. Im Gegenteil; er schien mehr als stolz auf seine Männlichkeit und paradierte mit unverblümter Frechheit vor mir auf und ab.

»Beeil dich und zieh' deine Kleider aus«, drängte er. »Wir haben nicht mehr viel Zeit.«

»Das werde ich nicht tun. Das ist der reine Wahnsinn!« protestierte ich.

»Genau das wirst du tun. Diese Entscheidung wirst du ganz allein fällen.« Er sprach ohne Nachdruck, ohne Ärger, doch mit einer ruhigen Bestimmtheit. »Heute nacht wirst du erfahren, daß es in dieser fremden Welt nur eine Verhaltensweise gibt: die der Zauberer.« Mit einer seltsamen Mischung aus Mitgefühl und Belustigung starrte er mich an.

Mit einem Grinsen, das mir Mut machen sollte, sagte der Hausmeister, daß mein Sprung in das Becken mich aufrütteln würde; etwas in meinem Inneren würde sich verschieben. »Diese Verschiebung wird dir später einmal dabei behilflich sein zu verstehen, wer wir sind und was wir tun«, fügte er hinzu.

Mit einem flüchtigen Lächeln, das sein Gesicht kurz erhellte beeilte er sich zu erklären, daß der Sprung ins Wasser mir nicht die Energie verschaffen würde, aus eigenem Antrieb in den Zustand der Traumwache zu gelangen. Er warnte mich, daß es ganz gewiß eine lange Zeit brauchen würde, um meine Energie zu sammeln und zu schärfen, und daß es mir unter Umständen niemals gelingen würde. »In der Welt der Zauberer gibt es keine Garantien«, sagte er. Dann räumte er ein, daß der Sprung ins Becken meine Aufmerksamkeit von meinen Alltagssorgen abwenden könnte: den

Sorgen, die man von einer Frau meines Alters in unserer Zeit erwartete.

»Handelt es sich um ein geweihtes Becken?« fragte ich.

Überrascht sah er mich an. »Es ist ein Becken der Zauberer«, erklärte er, ohne mich aus den Augen zu lassen. Er mußte bemerkte haben, daß meine Entscheidung gefallen war, denn er löste die Armbanduhr von meinem Handgelenk. »Dieses Becken ist weder gut noch böse«. Er zuckte mit seinen schmalen Schultern und befestigte meine Uhr an seinem Handgelenk. »Schau dir jetzt deine Uhr an«,befahl er mir. »Seit Jahren gehört sie dir. Fühle, wie sie an meinem Handgelenk sitzt.« Er lachte leise: »Na, los jetzt, zieh' deine Kleider aus!«

»Ich glaube, ich werde mit den Kleidern ins Becken waten«, murmelte ich. Obwohl ich nicht prüde war, konnte ich mich nicht mit dem Gedanken anfreunden, ihm gegenüber nackt dort zu stehen.

Er meinte, daß ich trockene Kleider brauchen würde, wenn ich aus dem Wasser käme. »Ich möchte nicht, daß du dir eine Lungenentzündung holst.« In seinen Augen lag eine boshafte Belustigung. »Obwohl du es nicht spürst, ist es doch echtes Wasser«, sagte er.

Widerstrebend legte ich die Jeans und mein Hemd ab.

»Deine Unterhose ebenfalls«, sagte er.

Ich lief um den mit Gras überwachsenen Rand des Beckens und fragte mich, ob ich die Sache hinter mich bringen und einfach einen Sprung in das Wasser machen oder mich nach und nach befeuchten sollte, zunächst die Beine, dann den Bauch und schließlich die Herzgegend, so wie ich es bei den alten Frauen in Venezuela gesehen hatte, bevor sie ins Meer gingen.

»Achtung, hier komme ich!« schrie ich. Anstatt zu springen, blickte ich den Hausmeister an.

Seine Unbeweglichkeit machte mir Angst. Er saß so still und aufrecht auf dem Felsen, als habe er sich in Stein verwandelt. Lediglich in seinen Augen schien Leben zu sein; sie schimmerten auf eigenartige und bezwingende Weise, ohne daß eine Lichtquelle dafür verantwortlich gewesen wäre. Als ich sah, wie Tränen seine Wangen herunterliefen, war ich eher erstaunt als betrübt. Ohne zu wissen warum, begann ich ebenfalls leise zu weinen. Seine Tränen, so dachte ich, drangen in meine Armbanduhr an seinem Handgelenk. Ich spürte das unheimliche Gewicht seiner Überzeugung, und mit einem Mal waren Furcht und Unentschlossenheit verschwunden, und ich tauchte in das Becken hinab.

Das Wasser war nicht schleimig, sondern transparent wie Seide und von grüner Farbe. Es war nicht kalt. Genau wie der Hausmeister gesagt hatte, spürte ich das Wasser nicht. Ich spürte überhaupt nichts; es war, als sei ich ein körperloses Bewußtsein in einem Becken voller Wasser, welches sich flüssig, doch nicht naß anfühlte. Ich bemerkte, daß aus der Tiefe des Wassers Licht aufstieg. Wie ein Fisch schoß ich aus dem Wasser, um Schwung zu holen; dann tauchte ich nach dem Licht.

Ich kam wieder an die Oberfläche. »Wie tief ist das Becken?«

»Es reicht bis zum Mittelpunkt der Erde.« Esperanzas Stimme war klar und laut; sie klang so selbstbewußt, daß ich ihr nur um meiner selbst willen widersprechen wollte. Doch etwas Unbehagliches, das in der Luft lag, eine unnatürliche Ruhe und Spannung, die mit einem Mal durch ein knackendes Rascheln um uns herum zerstört wurde, hinderte mich daran. Es war eine Art warnendes Flüstern, eine unheimliche Warnung, daß etwas Merkwürdiges vorgehe.

An der gleichen Stelle, an der eben noch der Hausmeister gestanden hatte, stand jetzt Esperanza; sie war splitternackt.

»Wo ist der Hausmeister?« schrie ich mit panischer Stimme.

»Ich bin der Hausmeister«, sagte sie.

In der festen Überzeugung, daß die beiden mir einen gräßlichen

Streich spielten, schwamm ich mit einer einzigen kraftvollen Bewegung zu dem überhängenden Felsen, auf dem Esperanza stand. »Was geht hier vor?« fragte ich mit einer Stimme, die nur noch ein Flüstern war. Ich konnte kaum atmen.

Mit einer Handbewegung bedeutete sie mir, mich nicht zu bewegen. Dann kam sie mit jener für sie charakteristischen fließenden Bewegung auf mich zu. Sie verrenkte sich fast den Hals, um mich ins Auge zu fassen; dann trat sie näher und zeigte mir meine an ihrem Handgelenk befestigte Armbanduhr.

»Ich bin der Hausmeister«, wiederholte sie.

Automatisch nickte ich. Doch gleich darauf befand sich vor meinen Augen anstelle von Esperanza der Hausmeister, so nackt wie zuvor, und zeigte auf meine Armbanduhr an seinem Handgelenk. Ich warf keinen Blick auf die Uhr; meine ganze Aufmerksamkeit galt seinen Geschlechtsteilen. Ich streckte meinen Arm aus, um ihn zu berühren und festzustellen, ob er vielleicht ein Hermaphrodit sei. Er war es nicht. Mit meiner Hand an seinem Geschlechtsteil spürte ich mehr als ich es sah, wie sein Körper sich nach innen faltete, bis ich die Vagina einer Frau berührte. Ich teilte die Schamlippen, um sicher zu gehen, daß dort nicht irgendwo ein Penis verborgen war.

»Esperanza ...« Mir schwand die Stimme, während sich etwas um meinen Hals legte. Ich merkte, wie sich das Wasser teilte, während irgendetwas mich tiefer in das Becken zog. Mir war kalt. Es handelte sich weniger um ein körperliches Empfinden als ein Bewußtsein über die Abwesenheit von Wärme, von Licht, von Geräuschen; die Abwesenheit jedes menschlichen Gefühls in jener Welt, in der dieses Becken existierte.

Als ich erwachte, vernahm ich ein schwaches Schnarchen; neben mir auf einer Strohmatte am Boden lag Zuleica. Sie war so schön wie immer, jung und stark. Und trotz der von ihr ausgehenden

Kraft schien sie mir – im Gegensatz zu den anderen weiblichen Zauberern – sehr verletzlich.

Einen Augenblick betrachtete ich sie; dann setzte ich mich auf, und alle Ereignisse der letzten Stunden strömten über mich herein. Ich wollte sie wachrütteln und sie zwingen, mir zu erzählen, was geschehen war, als ich bemerkte, daß wir uns nicht am Becken in den Bergen befanden, sondern an der gleichen Stelle neben der Eingangstür des Hauses der Hexen, an der wir früher am Tag gesessen hatten.

Ich fragte mich, ob alles ein Traum gewesen war und rüttelte sie sanft an der Schulter.

»Endlich bist du aufgewacht«, murmelte sie mit schläfriger Stimme.

»Was ist geschehen?« fragte ich. »Sie müssen mir alles erzählen.«

»Alles?« wiederholte sie und gähnte lautstark.

»Alles, was sich am Becken ereignet hat«, erwiderte ich ungeduldig.

Wieder gähnte sie und lachte dann. Sie untersuchte meine Armbanduhr an ihrem Handgelenk und sagte, daß etwas in mir sich weitaus stärker verschoben hatte, als ursprünglich von ihnen angenommen. »Die Welt der Zauberer verfügt über eine natürliche Barriere, die zaghafte Seelen abhält, erklärte sie. »Zauberer müssen über gewaltige Kräfte verfügen, um sie zu bewältigen. Sie ist bevölkert von Monstern, fliegenden Drachen und dämonischen Wesen, bei denen es sich natürlich um nichts anderes handelt als um reine Energie. Getrieben von unseren Ängsten, machen wir diese nicht personengebundene Energie zu Geschöpfen der Hölle.«

»Aber was ist mit Esperanza und dem Hausmeister?« unterbrach ich sie. »Ich habe geträumt, daß es sich bei den beiden in Wirklichkeit um Sie handelt.«

»Das ist richtig«, sagte sie, als gehe es dabei um das Normalste auf der Welt. »Ich habe es dir gerade erklärt. Du hast dich in tiefere

Regionen begeben, als ich annahm und einen Zustand erreicht, den die Träumer als ›*Träumen in einer anderen als dieser Welt*‹ bezeichnen.

»Du und ich haben in einer anderen Welt geträumt. Deshalb hast du das Wasser nicht gespürt. In jener Welt ist der Nagual Elias auf all seine Erfindungen gestoßen. In dieser Welt kann ich entweder Mann oder Frau sein. Und genau wie der Nagual Elias seine Erfindungen in diese Welt gebracht hat, bringe ich entweder Esperanza oder den Hausmeister. Oder besser gesagt, meine personengebundene Energie tut das.«

Ich vermochte weder meine Gedanken noch meine Gefühle in Worte zu fassen. Der überwältigende Drang überkam mich, schreiend davonzulaufen, doch war ich nicht in der Lage, ihn in die Tat umzusetzen. Die Kontrolle meiner motorischen Reflexe unterlag nicht länger meinem bloßen Willen. Bei dem Versuch, mich zu erheben und zu schreien, brach ich zusammen und fiel der Länge nach auf den Boden.

Zuleica schien durch meinen Zustand weder bewegt noch besorgt. Sie redete weiter, als habe sie nicht gesehen, wie meine Knie nachgaben und als läge ich nicht wie eine Lumpenpuppe auf dem Boden. »Du bist eine gute Träumerin. Schließlich hast du dein ganzes Leben Träume von Monstern gehabt. Jetzt ist es an der Zeit, daß du deine Energie zum Träumen selbst heranziehst, so wie die Zauberer es tun, um von personenungebundener Energie zu träumen.«

Ich wollte ihr ins Wort fallen, ihr erklären, daß an meinem Traum von Esperanza und dem Hausmeister nichts personenungebunden war, daß er im Gegenteil weitaus schlimmer gewesen war als die Monster meiner Alpträume, doch brachte ich kein Wort heraus.

»Heute nacht hat dich deine Armbanduhr aus dem tiefsten Traum, den du je hattest, zurückgeführt«, fuhr Zuleica fort, ohne den merkwürdigen Tönen, die aus meiner Kehle drangen, Beachtung zu schenken. »Und du bist sogar im Besitz eines Steines, um dies zu beweisen.«

Sie trat zu der Stelle, an der ich mit offenem Mund lag und sie anstarrte und fingerte in meiner Tasche herum. Sie hatte recht. Dort befand sich der Kiesel, den ich selbst aus dem Steinhaufen herausgeholt hatte.

19

Ein lautes, klirrendes Geräusch weckte mich. Ich setzte mich in meiner Hängematte auf, starrte in die Dunkelheit und sah, daß die Holzläden über den Fenstern heruntergelassen waren. Ein kalter Wind wehte um mich herum auf. Blätter raschelten auf der Terrasse vor meinem Zimmer; das Rascheln wurde lauter, und mit einem Mal verebbte es zu einem sanften, zischenden Geräusch. Eine trübe Helligkeit sickerte ins Zimmer; wie Dunst klebte sie an den nackten Wänden.

»Nagual!« rief ich aus. Als hätte ich ihn herbeigezaubert, stand Isidoro Baltazar für einen Augenblick am Fußende meiner Hängematte. Obwohl er echt wirkte, war irgendetwas an seiner Erscheinung unklar, so als handelte es sich bei ihm um eine Spiegelung auf einer Wasseroberfläche. Ich räusperte mich, um etwas zu sagen, doch brauchte ich, während das Bild sich in Dunst auflöste, nur ein schwaches Krächzen über die Lippen. Dann begann sich der Dunst so rastlos zu bewegen wie der Wind vor dem Haus.

Zu angespannt, um wieder einzuschlafen, setzte ich mich in meine Decke gewickelt auf und fragte mich, ob meine Entscheidung, zum Haus der Hexen zu gehen und nach dem Nagual Isidoro Baltazar zu suchen, richtig gewesen war. Ich hatte damals keine Ahnung, wohin sonst ich hätte gehen sollen. Drei Monate lang hatte ich geduldig gewartet; dann war meine innere Unruhe so groß geworden, daß ich mich schließlich gezwungen gesehen hatte zu handeln. Eines Morgens – vor sieben Tagen – war ich ohne Zwischenstop zum Haus der Hexen gefahren. Und ich hatte nicht den geringsten Zweifel daran, das Richtige getan zu haben – nicht einmal dann, als ich über die Mauer hatte klettern müssen, um durch ein unverschlossenes Fenster in das Haus zu gelangen. Nach sieben Tagen des Wartens löste sich meine Gewißheit jetzt jedoch langsam in Wohlgefallen auf.

Ich sprang aus meiner Hängematte auf den Kachelboden und landete schmerzhaft auf den Füßen. Mich so durchzurütteln hatte mir immer dabei geholfen, meine Unsicherheiten zu zerstreuen. Diesmal funktionierte es jedoch nicht, und ich legte mich wieder in die Hängematte.

Wenn es etwas gab, das ich während der drei Jahre in der Welt der Zauberer gelernt haben sollte, so war dies die Gewißheit, daß die Entscheidungen der Zauberer endgültig waren. Meine Entscheidung hatte darin bestanden, in der Welt der Zauberer zu leben und zu sterben. Nun war es an der Zeit, dies zu beweisen.

Ein gespenstisches Lachen riß mich aus meinen Träumereien. Unheimlich schallte es durch das Haus, dann war es wieder still. Angespannt wartete ich darauf, daß es zurückkehrte. Doch abgesehen vom Rascheln der trockenen Blätter, die der Wind auf der Terrasse herumblies, war nichts zu hören.

Das wie ein Flüstern klingende Rascheln der Blätter schläferte mich nicht nur ein, sondern zog mich in den gleichen Traum, den ich in den vergangenen sieben Nächten geträumt hatte.

Ich stehe in der Wüste von Sonora. Es ist Mittag. Die Sonne, eine silbrige Scheibe, ist so strahlend, daß sie fast nicht zu sehen ist. Sie ist im Zenith zum Stehen gekommen. Kein Geräusch ist zu hören, nichts bewegt sich. Die hohen Saguaros strecken ihre stacheligen Arme nach der unbeweglichen Sonne und stehen wie Wachtposten, die die Ruhe und das Schweigen bewachen.

Der Wind, als sei er mir in den Traum gefolgt, beginnt mit immenser Kraft zu wehen. Er pfeift in den Zweigen der Mesquitebäume und rüttelt an ihnen mit unglaublicher Wucht. Rote Staubteufel springen in pulvrigen Spiralen um mich herum. Ein Schwarm Krähen, wie Punkte am Himmel verteilt, stürzt in einiger Entfernung auf die Erde, sanft wie Fetzen eines schwarzen Schleiers.

So unvermittelt wie er begonnen hat, stirbt der Wind. Ich mache mich auf den Weg zu den Bergen in der Ferne. Scheinbar gehe ich viele Stunden lang, bis ich einen großen dunklen Schatten auf dem Boden sehe. Ich schaue auf. In der Luft hängt ein riesiger Vogel mit ausgestreckten Schwingen, bewegungslos, so als habe man ihn an das Himmelszelt genagelt. Erst als ich wieder auf den dunklen Schatten am Boden schaue, bemerkte ich, daß der Vogel sich bewegt. Langsam gleitet sein Schatten vor mir her.

Von einem unerklärlichen Drang getrieben, versuche ich, mit dem Schatten Schritt zu halten. Egal, wie schnell ich renne, der Schatten bewegt sich weiter und weiter fort von mir. Bald bin ich schwindlig vor Erschöpfung, stolpere über meine eigenen Füße und falle vornüber auf den Boden.

Während ich mich erhebe, um den Staub von meinen Kleidern zu klopfen, sehe ich, daß der Vogel sich auf einem Felsen in der Nähe niedergelassen hat. Sein Kopf ist leicht in meine Richtung geneigt, als gäbe er mir ein Zeichen. Vorsichtig nähere ich mich ihm. Er ist gigantisch und von goldbrauner Farbe, seine Federn glänzen wie poliertes Kupfer. Seine bernsteinfarbenen Augen sind hart und unerbittlich und ihr Blick so endgültig wie der Tod selbst.

Als ich einen Schritt zurücktrete, öffnet der Vogel seine weiten Schwingen und fliegt los. Er hebt sich in den Himmel, bis er nur noch als kleiner Fleck zu sehen ist. Doch sein Schatten auf dem Boden bildet eine gerade lange, dunkle Linie, die bis in die

Unendlichkeit reicht und die Wüste und den Himmel zusammenhält.

Im Vertrauen darauf, daß ich mit dem Vogel Schritt halten kann, wenn es mir gelingt, den Wind herbeizurufen, beginne ich einen Beschwörungsruf. doch in meinem Ruf liegt keine Kraft und keine Macht. Meine Stimme bricht in tausend schwache Flüsterer und wird eilig von der unheimlichen Stille verschluckt ...

Langsam wurde mir bewußt, daß mein Körper sich in der Hängematte befand. Durch einen trägen Schleier hindurch konnte ich die Wände mit den Regalen erkennen. Dann wurde ich vollends wach, und wie jedes Mal in den letzten Tagen, traf mich auch jetzt beim Erwachen die Erkenntnis, daß dies kein gewöhnlicher Traum war und daß ich wußte, was er zu bedeuten hatte.

Der Nagual Mariano Aureliano hatte mir einmal gesagt, daß Zauberer untereinander von der Zauberei als einem Vogel sprechen: sie nennen ihn den »Vogel der Freiheit«. Sie sagen, daß der Vogel immer in einer Geraden fliegt und niemals an einen Ort zurückkehrt. Sie sagen auch, daß der Nagual den Vogel der Freiheit anlockt. Er verführt ihn dazu, seinen Schatten auf den Pfad des Kriegers zu werfen. Ohne den Schatten gibt es keine Orientierung.

Mein Traum bedeutete, daß ich den Vogel der Freiheit verloren hatte. Ich hatte den Nagual verloren, und mit ihm alle Hoffnung und jedes Ziel. Und am schwersten lag mir die Tatsache auf dem herzen, daß der Vogel der Freiheit so schnell davongeflogen war, daß ich keine Zeit gehabt hatte, ihm gebührend zu danken und meiner tiefen Bewunderung für ihn Ausdruck zu verleihen.

Unentwegt hatte ich den Zauberern versichert, daß ich weder sie noch ihre Welt jemals als etwas Selbstverständliches angesehen hatte. Und doch hatte ich, besonders im Fall von Isidoro Baltazar, genau das getan. Ich war davon überzeugt, daß mich die Erinnerung an ihn für immer begleiten würde. Und jetzt waren sie alle fort, jeder einzelne von ihnen, verschwunden wie ein Windstoß oder eine Sternschnuppe.

Wochenlang hatte ich allein in meinem Zimmer gesessen und mir die gleiche Frage gestellt: Wie war es möglich, daß sie so einfach verschwunden waren? In Anbetracht dessen, was ich in ihrer Welt erfahren hatte, war dies eine bedeutungslose, überflüssige Frage, die lediglich den Kern meines Wesen enthüllte: duldsam und zweifelnd. Seit Jahren hatten die Zauberer mir gesagt, daß ihre eigentliche Aufgabe darin bestand zu verbrennen, zu verschwinden, von den Kräften des Bewußtseins verzehrt zu werden. Der alte Nagual und seine Gruppe von Zauberern waren bereit gewesen, doch ich hatte es nicht bemerkt. Beinahe ihr ganzes Leben hatten sie sich auf die ultimative Kühnheit vorbereitet: auf der Traumwache am Tod vorbeizuschleichen – am Tod, wie wir ihn kennen – und in das Unbekannte hinüberzuwechseln, ohne zu zerbrechen.

Am größten war mein Bedauern, wenn ich mir ins Gedächtnis rief, wie meine zweiflerische Natur immer dann auf den Plan getreten war, als ich sie am wenigsten erwartet hatte. Nicht etwa, daß ich ihren phantastischen, außerweltlichen und doch so praktischen Vorhaben und Motiven keinen Glauben geschenkt hätte. Ich war eher dazu geneigt gewesen, diese Dinge irgendwie zu erklären, sie in die alltägliche Welt des gesunden Menschenverstandes einzupassen und sie somit in den Bereich der normalen und vertrauten Erscheinungen zu verlagern.

Ohne Zweifel hatten die Zauberer alles versucht, um mich als Zeugin für ihre wichtige Reise vorzubereiten; daß sie eines Tages verschwinden würden, war mir klar gewesen. Doch nichts auf der Welt hätte mich auf die anschließende Qual und Verzweiflung vorbereiten können. Ich versank in einem Brunnen der Traurigkeit, aus dem ich glaubte, nie wieder emporsteigen zu können.

Aus Furcht, noch verzweifelter zu werden, wenn ich auch nur

einen Augenblick länger in der Hängematte verweilte, stand ich auf und bereitete mein Frühstück. Oder besser gesagt, ich wärmte die Überreste vom Vorabend auf: Tortillas, Reis und Bohnen – mein Standardessen der letzten sieben Tage, dem ich mittags eine Dose norwegischer Sardinen hinzufügte. Ich hatte sie in einem Lebensmittelgeschäft in der nahegelegenen Stadt gefunden und alle Dosen aufgekauft. Die Bohnen stammten ebenfalls aus der Dose.

Ich erledigte den Abwasch und wischte den Boden. Mit dem Besen in der Hand begab ich mich dann von einem Zimmer zum anderen und suchte nach neuen Staubflocken oder einer neuen Spinnwebe in einer von mir bisher übersehenen Ecke. Seit dem Tag meiner Ankunft hatte ich nichts anderes getan, als Böden zu schrubben, Fenster und Wände zu reinigen und die Terrassen und Korridore zu fegen. Schon immer hatten Reinigungsarbeiten mich von meinen Problemen abgelenkt und mir Trost gespendet. Doch dieses Mal half auch das nicht. Egal, wie sorgsam ich meine Pflichten auch verrichtete, ich konnte die Qual und schmerzende Leere in meinem Inneren nicht lindern.

Ein hastiges Geraschel der Blätter ließ mich meine Reinigungsarbeiten unterbrechen. Ich trat nach draußen, um nachzuschauen. Ein heftiger Wind fuhr durch die Bäume; seine Macht erschreckte mich. Ich wollte gerade die Fenster schließen, als der Wind mit einem Mal nachließ. Eine tiefe Melancholie fiel über den Hof, über die Büsche und die Bäume, die Blumen- und Gemüsebeete. Selbst die leuchtend violette, über die Mauer hängende Bougainvillea schien zu der Traurigkeit beizutragen.

Ich ging zu dem Springbrunnen in der Mitte des Hofes und kniete auf dem breiten Steinrand nieder. Geistesabwesend las ich hineingefallene Blätter und Blüten aus dem Wasser. Dann beugte ich mich vor und suchte nach meinem Abbild auf der Wasseroberfläche. Neben meinem Gesicht erschien plötzlich das wunderschöne, klare Gesicht von Florinda.

Hypnotisiert durch ihre großen dunklen, leuchtenden Augen, die in einem atemberaubenden Kontrast zu ihrem weißen Haar standen, starrte ich erstaunt auf ihr Spiegelbild. Sie lächelte ruhig. Ich lächelte zurück.

»Ich habe Sie gar nicht kommen hören«, flüsterte ich, aus Angst, es handelte sich nur um einen Traum und ihr Bild könnte wieder verschwinden.

Sie legte ihre Hand auf meine Schultern und setzte sich dann neben mich auf den steinernden Beckenrand. »Ich kann nicht lange bei dir bleiben«, sagte sie. »Doch werde ich später zu dir zurückkehren.«

Ich drehte mich um und ließ meinen angestauten Qualen und meiner Verzweiflung freien Lauf.

Florinda starrte mich an. Auf ihrem Gesicht stand unermeßliche Traurigkeit. Mit einem Mal traten ihr Tränen in die Augen, die so schnell verschwanden, wie sie gekommen waren.

»Wo ist Isidoro Baltazar?« fragte ich sie.

Ich wandte mein Gesicht ab, während mir die Tränen über die Wangen liefen. Es war kein Selbstmitleid und auch nicht Traurigkeit, die mich weinen ließen, sondern ein tiefgehendes Bewußtsein darüber, versagt zu haben, ein Bewußtsein von Schuld und Verlust; es drohte, mich zu ertränken. Florinda hatte mich in der Vergangenheit mehrfach von solchen Gefühlen gewarnt.

»Für Zauberer sind Tränen bedeutungslos«, erklärte sie mit ihrer tiefen, rauchigen Stimme. »Als du in die Welt der Zauberer eingetreten bist, wurde dir deutlich gesagt, daß die Absichten des Schicksals, worin immer sie auch bestehen mögen, lediglich Herausforderungen sind, die ein Zauberer ohne Groll oder Selbstmitleid zu bestehen hat.« Sie hielt einen Augenblick inne und wiederholte dann in ihrer vertrauten, unerbittlichen Art, was sie mir schon bei anderer Gelegenheit mehrfach gesagt hatte: »Isidoro Baltazar ist kein Mann mehr, sondern ein Nagual. Möglicherweise begleitet er den alten Nagual; in dem Fall wird er nie zurückkehren. Doch sicher ist das nicht.«

»Aber weshalb hat er ...« Meine Stimme versagte, noch bevor ich die Frage ausgesprochen hatte.

»Im Augenblick weiß ich es wirklich nicht«, erwiderte Florinda und hob die Hände, um meinem Einwand zuvorzukommen. »Es ist deine Aufgabe, dich über diese Angelegenheit zu erheben. Und wie du weißt, werden Aufgaben nicht diskutiert oder zurückgewiesen. Aufgaben werden aktiv angegangen. Zauberer sind entweder erfolgreich bei der Erledigung ihrer Aufgaben, oder sie versagen. Und es spielt dabei keine große Rolle, was geschieht, solange sie das Kommando haben.«

»Wie soll ich das Kommando haben, wenn diese Traurigkeit mich beinahe umbringt? Isidoro Baltazar ist für immer verschwunden«, sagte ich verdrießlich. Ich ärgerte mich über ihre beschauliche Art, Gefühle und Einstellungen darzulegen.

»Weshalb hältst du dich nicht an meinen Rat und benimmst dich trotz deiner Emotionen untadelig«, gab sie streng zurück. Ihr Jähzorn war so flink wie ihr strahlendes Lächeln.

»Wie um alles in der Welt soll ich das fertigbringen? Ich weiß selbst, daß das Spiel aus ist, wenn der Nagual geht.«

»Um eine untadelige Zauberin zu werden, brauchst du keinen Nagual«, bemerkte sie. »Deine Makellosigkeit sollte dich zu ihm führen, selbst wenn er sich nicht länger in dieser Welt aufhält. Unter deinen Umständen und in deiner Welt ein tadelloses Leben zu führen, darin besteht deine Aufgabe. Ob du Isidoro Baltazar morgen oder in einem Jahr oder am Ende deines Lebens siehst, sollte dir egal sein.«

Florinda kehrte mir den Rücken zu. Lange Zeit schwieg sie. Als sie sich mir wieder zuwandte, war ihr Gesicht ruhig und auf seltsame Weise ausdruckslos, beinahe wie eine Maske, so als gäbe sie sich große Mühe, ihre Gefühle zu kontrollieren. In ihrem Blick stand eine Traurigkeit, die mich meine eigenen Qualen vergessen ließ.

»Ich will dir eine Geschichte erzählen, junge Frau«, sagte sie mit ungewöhnlich harscher Stimme, so als sollte ihr Tonfall den Schmerz in ihren Augen auslöschen. »Ich bin nicht mit dem Nagual Mariano Aureliano und seiner Gruppe gegangen. Und Zuleica ebensowenig. Weißt du weshalb?«

Vor Furcht und Erwartung benommen, starrte ich sie mit offenem Mund an. »Nein, Florinda, das weiß ich nicht«, brachte ich schließlich heraus.

»Wir sind hier, weil wir nicht zu dieser Gruppe von Zauberern gehören«, sagte sie, und ihre Stimme war jetzt sanft und ruhig. »Zwar gehören wir auf gewisse Weise dazu, doch andererseits auch wieder nicht. Unsere Gefühle gehören einem anderen Nagual, dem Nagual Julián, unserem Lehrer. Der Nagual Mariano Aureliano ist unser Freund und der Nagual Isidoro Baltazar unser Schüler.«

»Wir sind genauso zurückgelassen worden wie du. Du, weil du noch nicht so weit warst, mit ihnen zu gehen; wir, weil wir noch mehr Energie brauchen, um einen größeren Sprung zu machen und uns möglicherweise mit einer anderen Gruppe von Kriegern zu verbinden, die viel älter ist. Die des Naguals Julián.«

Ich spürte Florindas Einsamkeit und ihre Isolation, die sich wie ein feiner Dunst um mich herum niederließ. Aus Angst, sie würde aufhören zu sprechen, wagte ich kaum zu atmen.

Ausführlich berichtete sie mir von ihrem Lehrer, dem Nagual Julián, der es in jeder Hinsicht zu Berühmtheit gebracht hatte. Ihre Beschreibung seiner Person war so lebhaft, daß ich sein Bild deutlich vor Augen hatte: das beseelteste Wesen, das man sich vorstellen kann. Witzig, scharfsinnig und von schnellem Verstand; ein unverbesserlicher Schelm. Ein Geschichtenerzähler, ein Magier, der mit der Wahrnehmung umzugehen verstand wie ein Bäcker mit seinem Teig und sie in jede denkbare Form kneten konnte, ohne sie dabei je aus den Augen zu verlieren. Sich in der Gesellschaft des Naguals Julián aufzuhalten, war schlichtweg unvergeßlich, so versicherte Florinda. Sie gestand mir, daß sie und Zuleica ihn weit über jedes mit Worten beschreibbares Maß hinaus liebten.

Wieder schwieg Florinda für lange Zeit und starrte auf die fernen Berge, als würde sie Kraft von ihren scharfgezackten Gipfeln beziehen. Als sie erneut zu sprechen begann, war ihre Stimme nur noch ein kaum mehr vernehmbares Flüstern: »Die Welt der Zauberer ist eine Welt der Einsamkeit, und doch währt Liebe in ihr ewig. Wie meine Liebe für den Nagual Julián. In der Welt der Zauberer bewegen wir uns auf uns selbst gestellt und sind nur für unsere eigenen Handlungen, Gefühle und für unsere Makellosigkeit verantwortlich. Was immer mein war, es ist mit dem Nagual Julián verschwunden. Und alles, was ich noch habe, ist mein Wille, mein Pflichtbewußtsein und meine Entschlossenheit.«

»Möglicherweise befinden wir uns beide im gleichen Boot.« Dies sagte sie in so sanftem Ton, daß ich es fast nicht gehört hätte.

Ich starrte sie an, und wie immer verwirrte mich ihre außerordentliche Schönheit und ihre Jugend, die von den Jahren auf zauberhafte Weise verschont worden waren.

»Ich nicht, Florinda«, sagte ich schließlich. »Sie hatten den Nagual Isidoro Baltazar und mich und all die anderen Schüler, von denen ich gehört habe. Ich habe nichts. Ich habe noch nicht einmal mehr meine alte Welt.« Ich verspürte kein Selbstmitleid, nur die vernichtende Gewißheit, daß mein bisheriges Leben zu einem Ende gekommen war. »Durch das Anrecht meiner Macht gehört der Nagual Isidoro Baltazar mir. Pflichtbewußt werde ich noch ein wenig länger auf ihn warten, doch wenn er sich nicht mehr in dieser Welt aufhält, werde ich auch gehen. Ich weiß, was zu tun ist!« Meine Stimme verlor sich; ich merkte, daß Florinda mir nicht länger zuhörte. Sie war damit beschäftigt, eine kleine Krähe zu beobachten, die sich auf dem Brunnenrand in unserer Nähe niedergelassen hatte.

»Das ist Dionysus«, sagte ich und suchte in meiner Tasche nach Tortillastückchen für ihn. Ich hatte sie vergessen. Ich war so mit meiner Traurigkeit beschäftigt gewesen, daß ich gar nicht an die kleine Krähe gedacht hatte, die gewöhnlich gegen Mittag kam, um ihr Essen abzuholen.

»Der kleine Freund ist ganz schön außer sich.« Florinda lachte über das erregte Gekrächze und blickte mir in die Augen. »Du und die Krähe seit euch recht ähnlich. Beide regt ihr euch leicht auf, und beide schlagt ihr dabei einen Heidenkrach.«

Ich konnte mich gerade noch davon abhalten zu sagen, daß man das Gleiche auch über sie sagen könnte. Florinda lachte in sich hinein, als wisse sie, wieviel Mühe es mich kostete, nicht zu weinen.

Die Krähe hatte sich auf meiner leeren Hand niedergelassen und starrte mich mit ihren kieselartigen, glänzenden Augen von der Seite an. Dann öffnete sie ihre Flügel, blieb aber sitzen; ihr dunkles Gefieder glitzerte in der Sonne.

In aller Ruhe erklärte ich Florinda, daß der Druck in der Welt der Zauberer unerträglich sei.

»Unfug!« schalt sie, als spräche sie mit einem verwöhnten Kind. »Schau, jetzt haben wir Dionysus verscheucht.« Entzückt beobachtete sie, wie die Krähe über unseren Köpfen ihre Kreise zog. Dann konzentrierte sie sich wieder auf mich.

Ich wandte mein Gesicht ab. Ich wußte nicht weshalb, denn in ihren strahlenden dunklen Augen war keine unfreundliche Regung zu erkennen. Sie schaute gelassen und vollkommen gleichgültig, als sie sagte: »Wenn du Isidoro Baltazar nicht einholen kannst, dann haben ich und die anderen Zauberer, die dich unterwiesen haben, es nicht vermocht, uns dir verständlich zu machen. Wir haben es nicht geschafft, dich herauszufordern. Für uns bedeutet dies keinen endgültigen Verlust, für dich allerdings schon.« Als sie sah, daß ich wieder kurz vor dem Heulen stand, begann sie mich zu provozieren: »Was ist aus deiner makellosen Entschlossenheit geworden? Wo sind all die Erkenntnisse, die du von uns gelernt hast?«

»Und wenn es mir nicht gelingt, Isidoro Baltazar einzuholen?« fragte ich unter Tränen.

»Kannst du weiterhin in der Welt der Zauberer existieren, ohne einen Versuch zu unternehmen, es herauszufinden?« fragte sie mit scharfer Stimme.

»Ich brauche jetzt ein wenig Verständnis«, murmelte ich und schloß die Augen, um nicht mehr weinen zu müssen. »Ich brauche meine Mutter. Wenn ich jetzt doch nur bei ihr sein könnte.«

Meine Worte überraschten mich, und doch meinte ich, was ich gesagt hatte. Ich begann wieder, hemmungslos zu weinen.

Florinda lachte. Sie machte sich nicht über mich lustig; in ihrem Lachen schwangen Mitleid und Freundlichkeit. »Du bist soweit entfernt von deiner Mutter«, sagte sie leise, mit einem schwermütigen und entfernten Ausdruck in den Augen, »daß du sie nie wieder finden wirst.« Mit sanfter Stimme erklärte sie mir, daß das Leben der Zauberer unpassierbare Barrieren um uns herum errichtete. Zauberer, so erinnerte sie mich, fanden keinen Trost im Mitleid der anderen oder im Selbstmitleid.

»Sie meinen, mein ganzes Elend rührt aus meinem Selbstmitleid?« fragte ich traurig.

»Nein. Nicht nur aus Selbstmitleid, sondern auch aus Morbidität.« Sie legte ihren Arm um meine Schultern und drückte mich an sich, als sei ich ein kleines Kind. »Die meisten Frauen sind verdammt morbide, weißt du das?« murmelte sie. »Wir beide gehören dazu.«

Ich stimmte ihr nicht zu, doch verspürte ich auch nicht den Wunsch, ihr zu widersprechen. Ich war viel zu glücklich, die Berührung ihrer Arme um meinen Körper zu fühlen. Trotz meiner ernsten Stimmung mußte ich lächeln. Wie allen anderen Frauen in der Welt der Zauberer, so fehlte auch Florinda die Fähigkeit, mütterlichen Gefühlen Ausdruck verleihen zu können. Und obwohl ich Menschen, die ich liebte, gern küßte und umarmte, hielt ich es doch nicht länger als einen Augenblick in den Armen eines anderen aus. Florindas Umarmung war keinesfalls so warm und tröstlich wie die meiner Mutter, doch auf mehr brauchte ich nicht zu hoffen.

Kurz darauf begab sie sich ins Haus.

Plötzlich wurde ich wach. Für die Dauer eines Augenblickes lag ich dort – am Fuß des Brunnens auf dem Boden – und versuchte, mich an etwas zu erinnern, das Florinda gesagt hatte, bevor ich in dem sonnendurchwirkten Schattenspiel der Blätter eingeschlafen war. Offenbar hatte ich stundenlang geschlafen. Obwohl es noch hell war, hatten sich die Abendschatten bereits in den Hof gestohlen.

Ich wollte mich im Inneren des Hauses auf die Suche nach Florinda machen, als ein unheimliches Lachen im Hof erschallte; es war das gleiche Lachen, das ich in der Nacht gehört hatte.

Ich wartete ab und lauschte. Die Stille um mich herum war nervenaufreibend. Kein Zwitschern, kein Brummen, keine Bewegung. Trotzdem meinte ich in dieser Stille Fußschritte hinter meinem Rücken zu hören, die sich so leise wie Schatten bewegten.

Ich machte auf dem Absatz kehrt. In der mir gegenüberliegenden Ecke des Hofes sah ich eine Frau auf einer Holzbank sitzen. Obwohl sie mir den Rücken zugewandt hatte, erkannte ich sie sofort.

»Zuleica?« flüsterte ich unsicher, aus Angst, der Klang meiner Stimme könnte sie verscheuchen.

»Wie ich mich freue, dich wiederzusehen«, erwiderte sie und winkte mich zu sich.

Ihre tiefe, klare Stimme schien nicht aus ihrem Körper, sondern aus großer Entfernung an meine Ohren zu dringen. Ich wollte sie umarmen, besann mich aber noch rechtzeitig eines Besseren. Zuleica mochte es nicht, wenn man sie berührte; und so setzte ich mich neben sie und erklärte, daß ich mich ebenfalls freute, sie wiederzusehen. Zu meiner völligen Überraschung nahm sie eine meiner Hände und legte sie in ihre kleine, zerbrechliche Hand. Ihr bleiches wunderschönes Gesicht war von einer seltsamen Ausdruckslosigkeit. Ihre ganze Lebendigkeit stand in ihren unglaublichen Augen: Sie waren weder schwarz noch braun, sondern von einer merkwürdigen Mischfarbe und von befremdlicher Klarheit. Lange Zeit starrte sie mich an.

»Wann sind Sie hier angekommen?« fragte ich.

»Gerade eben«, gab sie zurück, und ihre Lippen kräuselten sich zu einem engelhaften Lächeln.

»Wie sind Sie hierher gekommen? Mit Florinda?«

»Ach, du weißt doch«, sagte sie vage, »weibliche Zauberer kommen und gehen unbemerkt. Keiner achtet auf Frauen, besonders dann nicht, wenn sie alt sind. Eine gutaussehende junge Frau dagegen zieht jedermanns Aufmerksamkeit auf sich. Deshalb sollten hübsche, weibliche Zauberer immer in Verkleidung auftreten. Sind sie einigermaßen unscheinbar, brauchen sie sich keine Sorgen zu machen.«

Plötzlich gab Zuleica mir einen Klaps auf die Schulter, so daß ich vor Schreck zusammenfuhr. Als wollte sie meine Zweifel zerstreuen, faßte sie wieder nach meiner Hand und betrachtete mich dann ruhig und aufmerksam. »Um dich in der Welt der Zauberer aufzuhalten, mußt du in der Lage sein, außerordentlich zu träumen«, fuhr sie fort. Sie wandte ihren Blick ab. Der Mond stand groß und rund über den Bergen. »Die meisten Menschen verfügen weder über genügend Energie noch über einen ausreichend großen Geist, um zu träumen. Ihnen bleibt keine andere Wahl, als die Welt für etwas Gewöhnliches, sich ständig Wiederholendes zu halten. Die meisten Menschen sind so sehr mit sich selbst beschäftigt, daß sie darüber das Stadium der Idiotie erreicht haben. Idioten verspüren nicht den Wunsch, sich gegen Gewöhnlichkeit und Wiederholung zur Wehr zu setzen.«

Zuleica erhob sich von der Bank und zog ihre Sandalen an. Sie knotete sich einen Schal um die Hüfte, damit ihr Kleid nicht im Staub schleifte, und begab sich in die Mitte der Terrasse. Und noch bevor sie begonnen hatte, wußte ich, was sie jetzt tun würde. Sie würde sich drehen. Sie würde einen Tanz vollziehen, um kosmische Energie zu sammeln. Weibliche Zauberer glaubten, daß sie durch die Bewegung ihres Körpers die notwendige Stärke zum Träumen gewinnen konnten.

Mit einer kaum wahrnehmbaren Geste ihres Kinns bedeutete sie mir, ihr zu folgen und ihre Bewegungen zu imitieren. Sie schwebte über die dunklen mexikanischen Kacheln und die braunen Ziegelsteine, die Isidoro Baltazar eigenhändig zu einem uralten toltekischen Muster ausgelegt hatte; in einer geheimnisvollen Anordnung, die Generationen von Zauberern und Träumern über die Jahrhunderte durch verwobene Geheimnisse und wagemutige Taten verband – ein Muster, in das er sich selbst und all seine Kraft und seine Absicht gelegt und in dem er Mythos und Realität durch seinen Willen vereint hatte.

Zuleica bewegte sich mit der Sicherheit und Anmut einer jungen Tänzerin. Ihre Bewegungen waren unkompliziert, und doch verlangten sie eine solche Geschwindigkeit, Balance und Konzentration, daß ich sofort erschöpft war, während ich versuchte, es ihr gleichzutun. Mit unermüdlicher Grazie und Beweglichkeit drehte sie sich von mir fort. Als wollte sie sichergehen, daß ich ihr folgte, verharrte sie für einen Augenblick zwischen den Schatten der Bäume. Dann bewegte sie sich in Richtung des Torbogens, der hinter dem Haus in die Mauer eingelassen war. Bei den beiden Orangenbäumen, die auf der anderen Seite des Chaparrals wie zwei Wächter neben dem Pfad zum kleinen Haus standen, verschnaufte sie.

Ich fürchtete, sie aus den Augen zu verlieren und raste den schmalen, dunklen Pfad entlang. Dann folgte ich ihr neugierig ins Innere des Hauses und in das hinterste der Zimmer. Anstatt das

Licht anzuschalten, griff sie nach einer Öllampe, die von einem der Dachbalken hing, und entzündete sie. Die Lampe warf einen flackernden Schein, ließ die Ecken des Raumes jedoch im Dunkeln. Vor einer Holztruhe unter dem Fenster, dem einzigen im Zimmer befindlichen Möbelstück, kniete sie nieder und zog eine Matte und eine Decke hervor.

»Lege dich flach auf deinen Bauch«, sagte sie mit sanfter Stimme, während sie die Matte auf dem gefliesten Boden ausbreitete.

Ich seufzte tief und ergab mich einem angenehmen Gefühl der Hilflosigkeit, während ich mich mit dem Gesicht nach unten auf die Matte legte. Ein Gefühl des Friedens und des Wohlbefindens breitete sich in meinem Körper aus. Ich spürte, wie sich ihre Hände auf meinen Rücken legten und ihn sanft zu klopfen begannen.

Obwohl ich mich schon oft in dem kleinen Haus aufgehalten hatte, wußte ich immer noch nicht, wie viele Zimmer es hatte oder wie es eingerichtet war. Florinda hatte mir einmal gesagt, daß dieses Haus das Zentrum ihrer Abenteuer sei. Hier woben der alte Nagual und seine Zauberer ihr magisches Netz. Wie das Netz einer Spinne, unsichtbar und elastisch, fing es sie auf bei dem Sprung in die Dunkelheit, in das Unbekannte, in das Licht – ein Sprung, den Zauberer in regelmäßigen Abständen zu unternehmen pflegten.

Sie hatte ebenfalls behauptet, daß es sich bei dem Haus um ein Symbol handelte. Die Zauberer in ihrer Gruppe mußten sich nicht unbedingt im Haus oder in der Umgebung aufhalten, wenn sie durch das Träumen in das Unbekannte sprangen. Wohin sie auch gingen, trugen sie die Stimmung des Hauses in ihren Herzen mit sich. Und diese Stimmung, dieses Empfinden – was immer dies für den einzelnen bedeuten mochte – verlieh ihnen die Kraft, die Welt des Alltags mit Staunen und Entzücken zu betrachten.

Zuleicas Klaps auf meine Schulter schreckte mich auf. »Dreh' dich auf den Rücken«, befahl sie.

Ich folgte ihrem Befehl.

Als sie sich vornüberbeugte, glühte ihr Gesicht vor Hingabe und Energie. »Mythen sind die Träume außergewöhnlicher Träumer«, sagte sie. »Man braucht eine Menge Mut und Konzentration, um sie zu unterhalten. Und vor allem braucht man eine große Vorstellungskraft. Du lebst einen Mythos, einen Mythos, den man dir zur Bewahrung übergeben hat.«

Sie sprach in beinahe ehrfurchtsvollem Ton. »Du kannst diesen Mythos nicht empfangen, es sei denn, du bist tadellos. Bist du es nicht, wird sich der Mythos einfach von dir entfernen.«

Ich öffnete meinen Mund, um zu antworten, daß mir dies alles völlig klar war, bemerkte jedoch einen unerbittlichen Ausdruck in ihren Augen. Sie war nicht hier, um ein Gespräch mit mir zu führen.

Das rhythmische Schaben der Zweige an der Mauer erstarb und wurde zu einem Pochen in der Luft, einem pulsierenden Geräusch, das eher spürbar als hörbar war. Ich war kurz vor dem Einschlafen, als Zuleica meinte, ich sollte den Befehlen meines wiederkehrenden Traumes folgen.

»Woher wissen Sie, daß ich diesen Traum hatte?« fragte ich alarmiert und versuchte, mich aufzusetzen.

»Weißt du nicht mehr, daß wir unsere Träume teilen?« flüsterte sie und drückte mich auf die Matte zurück. »Ich bin diejenige, die dir die Träume bringt.«

»Es war nur ein Traum, Zuleica.« Meine Stimme zitterte, ein verzweifelter Drang zu weinen hatte mich ergriffen. Ich wußte, daß es nicht nur ein Traum gewesen war, doch wollte ich, daß sie mich belog. Kopfschüttelnd blickte sie mich an. »Nein, das war nicht nur ein Traum«, sagte sie ruhig. »Es war der Traum eines Zauberers, eine Vision.«

»Was soll ich tun?«

»Hat dir der Traum nicht gesagt, was du tun sollst?« fragte sie in forderndem Ton. »Hat Florinda es dir nicht gesagt?« Mit unergründlichem Ausdruck sah sie mich an. Dann lächelte sie, schüchtern wie ein Kind. »Du mußt verstehen, daß du Isidoro Baltazar nicht hinterherlaufen kannst. Er befindet sich nicht mehr in der Welt. Es gibt nichts mehr, was du ihm geben oder für ihn tun könntest. Du kannst an einem Nagual nicht wie an einer Person hängen.« Mit leiser, aber fester Stimme wiederholte sie, daß ich einen Mythos lebte. »Die Welt der Zauberer ist eine mystische Welt, die von der Alltagswelt durch eine geheimnisvolle Barriere aus Träumen und Verpflichtungen getrennt ist.«

»Nur wenn der Nagual von seinen Mitträumern unterstützt und bestätigt wird, ist er in der Lage, sie in andere lebensfähige Welten zu führen, von denen aus er den Vogel der Freiheit anlocken kann.« Ihre Worte verhallten im Dunkel des Raumes; sie fügte hinzu, daß Isidoro Baltazar Unterstützung in Form von Traumenergie benötigte und keinesfalls in Form weltlicher Gefühle und Aktionen.

Nach langer Pause sprach sie erneut. »Du bist Zeuge geworden, wie der alte Nagual und Isidoro Baltazar die Anwesenden, Mitzauberer und unbeteiligte Zuschauer, durch ihre bloße Gegenwart beeinflußt und ihnen deutlich gemacht haben, daß es sich bei der Welt um ein Geheimnis handelt, in welchem nichts jemals als selbstverständlich erachtet werden darf.«

Ich nickte zustimmend.

Lange Zeit hatte ich nicht verstanden, wie Naguale imstande waren, durch ihre bloße Gegenwart einen derartigen Unterschied zu machen. Nach sorgfältiger Beobachtung und dem Vergleich meiner Ansichten mit denen anderer und nach scheinbar endloser Selbstbetrachtung bin ich schließlich zu der Überzeugung gelangt, daß ihr Einfluß ein Resultat ihrer Absage an weltliche Belange ist. In unserer Alltagswelt gibt es auch Beispiele von Menschen, die weltliche Belange hinter sich gelassen haben. Wir nennen sie Mystiker und Heilige.

Doch Naguale sind weder Mystiker noch Heilige und ganz gewiß keine religiösen Menschen. Naguale sind Menschen dieser Welt, die nicht das geringste Interesse an weltlichen Belangen haben.

Dieser Widerspruch ist es, der unterschwellig für einen immensen Effekt auf die Menschen in der Gegenwart der Naguale sorgt. Wer sich in Anwesenheit eines Naguals befindet, versteht nicht, was ihm widerfährt. Und doch spürt er die Wirkung in seinem Körper in Form einer seltsamen inneren Unruhe, spürt den Drang, sich freizukämpfen oder ein Gefühl der Ungenügsamkeit, so als würde an derer Stelle etwas Transzendentales stattfinden und es ihm nicht möglich sein, dorthin zu gelangen.

Doch die Fähigkeit der Naguale, andere zu beeinflussen, resultierte nicht allein aus ihrem mangelnden Interesse an weltlichen Belangen oder aus der Stärke ihrer Persönlichkeit, sondern aus einer Kraft, die aus ihrem makellosen Verhalten rührte. Naguale sind in ihren Taten und ihren Gefühlen makellos, unberührt von allen hinterhältigen Attacken weltlicher oder jenseitiger Natur, die ihnen auf ihrem endlosen Weg begegnen. Dabei folgen die Naguale keinem vorgeschriebenem Muster von Regeln und Gesetzen, um sich tadellos zu benehmen – denn ein solches existiert nicht. Vielmehr verwenden sie ihre Imaginisation, um zu erfinden oder zu benutzen, was sie benötigen und damit den Fluß ihrer Handlungen aufrechtzuerhalten.

Anders als gewöhnliche Männer suchen Naguale für ihre Taten keinen Beifall, Respekt, Lob oder andere Formen der Belohnung von anderen, auch nicht von ihren Mitzauberern. Sie streben einzig nach der Erfüllung ihrer eigenen Maßstäbe von Makellosigkeit, Unschuld und Integrität.

Diese Tatsache macht süchtig nach Gesellschaft eines Naguals. Man wird abhängig von seiner Freiheit wie von einer Droge. Für einen Nagual ist die Welt immer brandneu. In seiner Gesellschaft sieht man die Welt, wie sie vorher nie war.

»Deshalb haben Naguale den Spiegel der Selbstbetrachtung zerbrochen«, sagte Zuleica, als sei sie meinem Gedankengang gefolgt. »Naguale sind in der Lage, sich im Spiegel des Nebels zu sehen, der nur das Unbekannte reflektierte. Es handelt sich um einen Spiegel, der nicht länger unsere gewöhnliche Menschlichkeit in ihrer Wiederholung darstellt, sondern das Gesicht der Unendlichkeit enthüllt.

»Wenn das Bild der Selbstbetrachtung und das Gesicht der Unendlichkeit verschmelzen, so glauben die Zauberer, ist der Nagual vollkommen bereit, die Grenzen der Realität zu sprengen und zu verschwinden, als bestehe er nicht aus fester Materie. Isidoro Baltazar war seit langem bereit.«

»Er darf mich nicht zurücklassen!« schrie ich. »Das wäre zu ungerecht.«

»Es ist wirklich närrisch, in Begriffen von Gerecht und Ungerecht zu denken«, sagte Zuleica. »In der Welt der Zauberer existiert lediglich Kraft. Haben wir dir das nicht beibringen können?«

»Ihr habt mir viele Dinge beigebracht«, gestand ich düster. Nach ein paar Sekunden sagte ich kaum hörbar: »Doch im Augenblick sind sie alle wertlos.«

»Gerade jetzt sind sie am wertvollsten«, widersprach sie. »Wenn auch sonst nichts, so solltest du gelernt haben, daß Krieger ihre Kräfte gerade im aussichtslosesten Moment sammeln. Ein Krieger unterwirft sich nicht der Verzweiflung.«

»Nichts von dem, was ich gelernt und erfahren habe, kann meine Traurigkeit und meine Verzweiflung lindern«, sagte ich leise. »Ich habe es sogar mit den spirituellen Gesängen meines Kindermädchens versucht. Florinda hat mich ausgelacht. Sie hält mich für einen Schwachkopf.«

»Florinda hat recht«, erklärte Zuleica. »Unsere magische Welt hat nichts mit Gesängen und Beschwörungen, mit Ritualen und bizarrem Verhalten zu tun. Bei unserer magischen Welt handelt es sich um einen Traum; sie wird durch den konzentrierten Willen jener, die daran teilhaben, manifestiert. Jeden Augenblick wird sie durch den unbeugsamen Willen der Zauberer intakt gehalten, genau wie die Alltagswelt durch den eisernen Willen ihrer Bewohner zusammengehalten wird.«

Abrupt verstummte sie. Sie schien sich bei einem Gedanken erwischt zu haben, dem sie keinen Ausdruck zu verleihen wünschte. Dann lächelte sie. Mit scherzhafter, hilfloser Geste fügte sie hinzu: »Um unseren Traum zu träumen, mußt du tot sein.«

»Heißt das, daß ich auf der Stelle tot umfallen muß?« fragte ich mit krächzender Stimme. »Sie wissen, daß ich im Handumdrehen dazu bereit wäre.«

Zuleicas Miene erhellte sich, und sie lachte, als habe ich eben einen hervorragenden Witz erzählt. »Nein, nein. Zu sterben heißt, alles in deinem Leben loszulassen, alles fallenzulassen, was du hast, alles, was du bist«, fügte sie eilig hinzu, als sie merkte, daß es mir ernst war.

»Das ist doch nichts Neues«, sagte ich. »Das habe ich in dem Augenblick getan, als ich eurer Welt beigetreten bin.«

»Offenbar nicht. Denn dann würdest du dich nicht in so einem fürchterlichen Zustand befinden. Wärest du gestorben, wie die Zauberer es gebieten, würdest du jetzt keine Qualen empfinden.«

»Was würde ich dann empfinden?«

»Pflicht! Zielbewußtsein!«

»Meine Qualen haben nicht das geringste mit meinem Zielbewußtsein zu tun!« rief ich laut. »Es ist etwas anderes, davon Unabhängiges. Ich lebe und empfinde Trauer und Liebe. Wie soll ich das verhindern?«

»Du sollst es nicht verhindern«, erklärte Zuleica, »sondern es überwinden. Ein Krieger, der nichts besitzt, fühlt nichts.«

»Was für eine leere Welt soll das schon sein?« fragte ich trotzig.

»Leer ist die Welt des Genusses, denn der Genuß schließt alle anderen Dinge als den Genuß aus.« Als erwarte sie, daß ich ihr zustimmte, blickte sie mich fragend an. »Und deshalb ist die Welt einseitig, langweilig, sich ständig wiederholend. Für die Zauberer besteht der Gegensatz zum Genießen im Sterben. Und sie denken nicht nur darüber nach, sie handeln.«

Ein kalter Schauer lief mir über den Rücken. Ich schluckte und schwieg und sah auf den wunderschönen Mond, der durch das Fenster schien. »Ich verstehe wirklich nicht, was Sie damit meinen, Zuleica.«

»Du verstehst sehr wohl«, beharrte sie. »Dein Traum begann in dem Moment, als du mir begegnet bist. Jetzt ist es Zeit für einen anderen Traum. Doch dieses Mal träume tot. Dein Fehler war, lebend zu träumen.«

»Was soll das bedeuten?« fragte ich unruhig. »Hören Sie auf, mich mit Rätseln zu foltern. Sie selbst haben mir gesagt, daß nur die männlichen Zauberer sich mit Rätseln verrückt machen. Jetzt tun Sie das gleiche mit mir.«

Zuleicas Lachen hallte von den Wänden. Es raschelte wie trockenes, vom Wind getriebenes Laub. »Lebend zu träumen bedeutet, Hoffnung zu haben. Es bedeutet, daß du um deines lieben Lebens willen an deinem Traum festhältst. Tot zu träumen heißt, ohne Hoffnung zu träumen. Du träumst, ohne an deinem Traum festzuhalten.«

Ich getraute mich nicht zu sprechen und nickte mit dem Kopf.

Florinda hatte mir gesagt, daß Freiheit in der völligen Abwesenheit der Sorge um einen selbst bestand, eine Abwesenheit, die sich einstellte, sobald die geballte Energie in unserem Inneren freigesetzt wurde. Sie hatte gesagt, daß diese Energie nur dann verfügbar war, wenn wir der überhöhten Selbsteinschätzung, die wir von uns und unserer Wichtigkeit hatten, Einhalt geboten – einer Wichtigkeit, die unserer Meinung nach nicht verletzt oder verhöhnt werden durfte.

Zuleicas Stimme war klar und schien doch aus großer Ferne zu kommen, als sie hinzufügte: »Der Preis für Freiheit ist sehr hoch. Freiheit kann nur durch das Träumen ohne Hoffnung erreicht werden, nur wenn du willens bist, alles zu verlieren, selbst den Traum.«

»Für manche von uns ist das Träumen ohne Hoffnung, der Kampf ohne Ziel der einzige Weg, mit dem Vogel der Freiheit Schritt zu halten.«

ZAUBERER *wissen, daß es in unserer Alltagswelt ständig Menschen gibt, die auf der Suche nach anderen Wirklichkeiten in das Unbekannte vorstoßen. Die Zauberer meinen, im Idealfall bestünden die Auswirkungen dieser Vorstöße darin, die ausreichende Energie aus jeder anderen Welt zu ziehen, um uns von unserer Definition von Realität zu lösen. Leider bleiben diese Vorstöße ihrer Natur meist nur geistige Anstrengungen. Kaum jemals verändert eine neue Erfahrung oder eine neue Idee wirklich etwas in uns.*
Eine der Fähigkeiten, die ich in der Welt der Zauberer entdeckt habe, ist, daß Zauberer es schaffen, jenes Abkommen, durch das unsere Realität definiert wird, zu brechen, ohne sich von der Welt zurückzuziehen und ohne sich bei dem Vorgang zu verletzen. Sie behalten unsere Welt und gewinnen viele neue Welten dazu.

FLORINDA DONNER-GRAU